Informationspflichten des Arbeitgebers gegenüber den einzelnen Arbeitnehmern bei einem Betriebsübergang

Europäische Hochschulschriften

Publications Universitaires Européennes

European University Studies

Reihe II

Rechtswissenschaft

Série II Series II

Droit

Law

Bd./Vol. 3756

PETER LANG

Frankfurt am Main · Berlin · Bern · Bruxelles · New York · Oxford · Wien

Olaf Meier

Informationspflichten des Arbeitgebers gegenüber den einzelnen Arbeitnehmern bei einem Betriebsübergang unter europarechtlichen Gesichtspunkten

PETER LANG
Europäischer Verlag der Wissenschaften

Bibliografische Information Der Deutschen Bibliothek
Die Deutsche Bibliothek verzeichnet diese Publikation in der Deutschen Nationalbibliografie; detaillierte bibliografische Daten sind im Internet über <http://dnb.ddb.de> abrufbar.

Zugl.: Halle/Wittenberg, Univ., Diss., 2003

3
ISSN 0531-7312
ISBN 3-631-51218-X

www.peterlang.de

Meinen Eltern

Vorwort

Die vorliegende Arbeit wurde im Wintersemester 2002/2003 von der Juristischen Fakultät der Martin-Luther-Universität Halle-Wittenberg als Dissertation angenommen. Sie wurde im Frühjahr 2002 abgeschlossen; später erschienene Rechtsprechung und Literatur wurde bis März 2003 berücksichtigt.

Mein besonderer Dank richtet sich zunächst an meinen Doktorvater, Herrn Prof. Dr. Wolfhard Kohte, der die Arbeit stets mit großem Interesse betreut und gefördert hat. Prof. Dr. Armin Höland danke ich für die zügige Erstellung des Zweitgutachtens.

Dank schulde ich insbesondere auch meiner Frau Kathrin, die mir während der Anfertigung dieser Arbeit mit großer Geduld zur Seite gestanden hat. Schließlich gilt vor allem meinen Eltern Dank dafür, dass sie meinen beruflichen Werdegang in jeder Hinsicht und ohne Einschränkung unterstützt haben.

Halle/Saale, im März 2003 *Olaf Meier*

Inhaltsübersicht:

Inhaltsverzeichnis:

Abkürzungen:

a.A.	anderer Ansicht/Auffassung
aaO	am angegebenen Ort
ABl. EG	Amtsblatt der Europäischen Gemeinschaften
Abs.	Absatz
AcP	Archiv für die civilistische Praxis (Zeitschrift)
a.E.	am Ende
AE	Arbeitsrechtliche Entscheidungen (Zeitschrift)
a.F.	alte Fassung
AG	Die Aktiengesellschaft (Zeitschrift)
AiB	Arbeitsrecht im Betrieb (Zeitschrift)
AktG	Aktiengesetz
Anh.	Anhang
Anm.	Anmerkung
AP	Arbeitsrechtliche Praxis (Nachschlagewerk des Bundesarbeitsgerichts)
AR-Blattei	Arbeitsrechts-Blattei
ArbG	Arbeitsgericht
ArbGG	Arbeitsgerichtsgesetz
AuR	Arbeit und Recht (Zeitschrift)
ARSt	Arbeitsrecht in Stichworten (Zeitschrift)
Art.	Artikel
AuA	Arbeit und Arbeitsrecht (Zeitschrift)
AÜG	Arbeitnehmerüberlassungsgesetz
Aufl.	Auflage
AVRAG	Arbeitsvertragsrechts-Anpassungsgesetz (Österreich)
Az.	Aktenzeichen
BAG	Bundesarbeitsgericht
BAGE	Entscheidungssammlung des Bundesarbeitsgerichts
BB	Betriebs-Berater (Zeitschrift)
BBiG	Berufsbildungsgesetz
BDA	Bundesvereinigung der deutschen Arbeitgeberverbände
BDSG	Bundesdatenschutzgesetz
BetrAVG	Gesetz zur Verbesserung der betrieblichen Altersversorgung
BetrVG	Betriebsverfassungsgesetz
BGB	Bürgerliches Gesetzbuch
BGBl	Bundesgesetzblatt
BGH	Bundesgerichtshof
BGHZ	Amtliche Sammlung von Entscheidungen des BGH in Zivilsachen
BMA	Bundesminister(ium) für Arbeit und Sozialordnung
BPersVG	Bundespersonalvertretungsgesetz
BR-Ds	Bundesratsdrucksache

BRD	Bundesrepublik Deutschland
BRRG	Beamtenrechtsrahmengesetz
BT-Ds	Bundestagsdrucksache
BVerfG	Bundesverfassungsgericht
BVerfGE	Amtliche Sammlung der Entscheidungen des Bundesverfassungsgerichts
BVerwG	Bundesverwaltungsgericht
bzgl.	bezüglich
bzw.	beziehungsweise
ca.	circa
c.i.c.	culpa in contrahendo
DB	Der Betrieb (Zeitschrift)
ders.	derselbe
d.h.	das heißt
dies.	dieselbe(n)
DiskE	Diskussionsentwurf
EAS	Europäisches Arbeits- und Sozialrecht, Systematische Darstellungen
EBR	Europäischer Betriebsrat
EBRG	Gesetz über Europäische Betriebsräte
EG	Europäische Gemeinschaft(en)
EGBGB	Einführungsgesetz zum Bürgerlichen
EGV	Vertrag zur Gründung der Europäischen Gemeinschaft
Einl.	Einleitung
etc.	et cetera
EU	Europäische Union
EU	EGV i.d.F. nach dem 01.05.1999
EuR	Europarecht (Zeitschrift)
EuroAS	Europäisches Arbeits- und Sozialrecht (Zeitschrift)
EuGH	Europäischer Gerichtshof
EuZW	Europäische Zeitschrift für Wirtschaftsrecht
EWiR	Entscheidungen zum Wirtschaftsrecht (Zeitschrift)
evtl.	eventuell
EzA	Entscheidungssammlung zum Arbeitsrecht
EzA-SD	Entscheidungssammlung zum Arbeitsrecht-Schnelldienst (Zeitschrift)
FA Arbeitsrecht	Fachanwalt Arbeitsrecht (Zeitschrift)
f.	folgende
ff.	fortlaufende
Fn.	Fußnote
FS	Festschrift
gem.	gemäß
GG	Grundgesetz für die Bundesrepublik Deutschland
ggf.	gegebenenfalls
GmbH	Gesellschaft mit beschränkter Haftung
GmbHG	Gesetz betreffend die Gesellschaften mit beschränkter Haftung

GmbHR	GmbH-Rundschau (Zeitschrift) Grabitz/EWG-
grdsl.	grundsätzlich
GS	Großer Senat
HGB	Handelsgesetzbuch
h.M.	herrschende Meinung
Hrsg.	Herausgeber
HS	Halbsatz
i.d.F.	in der Fassung
i.d.R.	in der Regel
i.S.d./v.	im Sinne (des/der)/(von)
i.V.m.	in Verbindung mit
JuS	Juristische Schulung (Zeitschrift)
JW	Juristische Wochenschrift (Zeitschrift)
JZ	Juristen-Zeitung (Zeitschrift)
KG	Kammergericht
KOM	Kommissionsdokumente
KSchG	Kündigungsschutzgesetz
LAG	Landesarbeitsgericht
LAGE	Landesarbeitsgerichtsentscheidungen
LG	Landgericht
Ls.	Leitsatz
MDR	Monatsschrift für Deutsches Recht (Zeitschrift)
m.E.	meines Erachtens
MitBestG	Gesetz über die Mitbestimmung der Arbeitnehmer
m.w.N.	mit weiteren Nachweisen
NachwG	Nachweisgesetz
n.F.	neue(re) Fassung
NJW	Neue Juristische Wochenschrift (Zeitschrift)
NJW-RR	NJW-Rechtsprechungs-Report (Zeitschrift)
Nr.	Nummer
nv	nicht veröffentlicht
NZA	Neue Zeitschrift für Arbeits- und Sozialrecht
NZA-RR	NZA-Rechtsprechungs-Report (Zeitschrift)
NZG	Neue Zeitschrift für Gesellschaftsrecht (Zeitschrift)
OLG	Oberlandesgericht
OLGZ	Amtliche Entscheidungssammlung der OLG in Zivilsachen,
OVG	Oberverwaltungsgericht
PersR	Der Personalrat (Zeitschrift)
RAG	Reichsarbeitsgericht
RdA	Recht der Arbeit (Zeitschrift)
RDV	Recht der Datenverarbeitung (Zeitschrift)
ReformG	Reformgesetz
RG	Reichsgericht

RGZ	Amtliche Sammlung von Entscheidungen des RG in Zivilsachen
RL	Richtlinie
Rn.	Randnummer
Rspr.	Rechtsprechung
S.	Seite
SAE	Sammlung arbeitsrechtlicher Entscheidungen (Zeitschrift)
SeemG	Seemannsgesetz
SGB III	Sozialgesetzbuch (3. Buch), Arbeitsförderung
Slg.	Sammlung der Rechtsprechung des EuGH
sog.	so genannt(e)
SprAuG	Sprecherausschussgesetz
SpTrUG	Gesetz über die Spaltung der von der Treuhand verwalteten Unternehmen
TVG	Tarifvertragsgesetz
TzBfG	Gesetz über Teilzeitarbeit und befristete Arbeitsverträge
UA	Unterabsatz
u.a.	unter anderem
UmwBerG	Gesetz zur Bereinigung des Umwandlungsrechts
UmwG	Umwandlungsgesetz
usw.	und so weiter
u.U.	unter Umständen
VersR	Versicherungsrecht (Zeitschrift)
vgl.	vergleiche
v.H.	vom Hundert
WiB	Wirtschaftsrechtliche Beratung (Zeitschrift)
WpÜG	Gesetz zur Regelung von öffentlichen Angeboten von Wertpapieren und von Unternehmensübernahmen
WM	Wertpapiermitteilungen (Zeitschrift)
z.B.	zum Beispiel
ZfA	Zeitschrift für Arbeitsrecht
ZGR	Zeitschrift für Unternehmens- und Gesellschaftsrecht
ZHR	Zeitschrift für das gesamte Handelsrecht und Wirtschaftsrecht
ZIAS	Zeitschrift für ausländisches und internationales Arbeits- und Sozialrecht
Ziff.	Ziffer
ZIP	Zeitschrift für Wirtschaftsrecht
ZPO	Zivilprozessordnung
ZStW	Zeitschrift für die gesamte Staatswissenschaft
z.T.	zum Teil
ZTR	Zeitschrift für Tarifrecht
z.Z.	zur Zeit

Einleitung

Informationspflichten haben Konjunktur[1]. Insbesondere aufgrund europarechtlicher Vorgaben haben sie vor allem in jüngerer Zeit eine ungeahnte gesetzliche Regelungsdichte erfahren. Nicht nur im Verbraucherschutz, sondern auch im Arbeitsrecht hat dies zu zahlreichen Informationsvorschriften geführt.
Informationspflichten des Arbeitgebers gegenüber einzelnen Arbeitnehmern beim Betriebsübergang wurden bis zum Erlass des § 613a Abs. 5, 6 BGB besonders im Zusammenhang mit dem vormals nicht geregelten Widerspruchsrecht des Arbeitnehmers gegen den Übergang seines Arbeitsverhältnisses nach § 613a Abs. 1 BGB diskutiert. Die Information des Arbeitnehmers wurde daher auch teilweise als "Reflex" des Widerspruchsrechts bezeichnet. Nunmehr hat der deutsche Gesetzgeber aufgrund europarechtlicher Vorgaben eine Information ausdrücklich gesetzlich vorgeschrieben. Die Notwendigkeit der Information ergibt sich vor allem aus dem Entscheidungskonflikt des Arbeitnehmers beim Betriebsübergang: Der Arbeitnehmer kann auf die Ausübung des Widerspruchsrechts verzichten und ein Arbeitsverhältnis mit dem Betriebserwerber eingehen. Er kann dem Übergang aber auch widersprechen und das Arbeitsverhältnis mit dem Betriebsveräußerer fortsetzen. Schließlich kommt für ihn eine Eigenkündigung oder der Abschluss eines Aufhebungsvertrages in Betracht. Zudem ist eine Betriebsveräußerung oftmals mit Umstrukturierungsmaßnahmen verbunden, was die Entscheidung des Arbeitnehmers zusätzlich beeinflussen kann. Welche Entscheidung der Arbeitnehmer trifft, will wohlüberlegt sein, da sie weit reichende finanzielle und soziale Konsequenzen haben kann.
Im Rahmen dieser Arbeit soll untersucht werden, inwieweit der Arbeitgeber bei einem Betriebsübergang verpflichtet ist, den Arbeitnehmer so zu informieren, damit dieser die Risiken abschätzen und eigenverantwortlich eine Entscheidung treffen kann. Hierbei stehen zunächst die gesetzlichen Informationsvorschriften im Mittelpunkt der Untersuchung. Alsdann wird eruiert, ob nicht geregelte nebenvertragliche Informationspflichten zum Tragen kommen.
Hinsichtlich bestehender kollektivarbeitsrechtlicher Informationsvorschriften wird grundsätzlich nur auf diejenigen des BetrVG und nicht der Personalvertretungsgesetze oder des SprAuG eingegangen.

---

[1] Grunewald, AcP 190 (1990), 609

1. Kapitel: Rechtslage bis zum Erlass des § 613a Abs. 5, 6 BGB

A. Ansicht in Rechtsprechung und Schrifttum

I. Rechtsprechung

1.) Widerspruchsrecht

Das BAG ging in ständiger Rechtsprechung[2] davon aus, dass der Arbeitnehmer dem Übergang seines Arbeitsverhältnisses widersprechen könne. Widerspreche der Arbeitnehmer wirksam dem Übergang, bestehe sein Arbeitsverhältnis mit dem Betriebsveräußerer fort. Das BAG begründete seine Ansicht lange Zeit im Wesentlichen damit, dass § 613a BGB a.F. nicht zu entnehmen sei, dass das Arbeitsverhältnis auch zwangsweise auf den Erwerber übergehe. § 613a BGB a.F. bezwecke keine Einschränkungen der Vertragsfreiheit zu Lasten des Arbeitnehmers (§ 415 Abs. 1 Satz 1 BGB analog). Ein zwangsweiser Übergang käme einem Verkauf gleich und sei mit der Menschenwürde des Arbeitnehmers (Art. 1, 2 GG) nicht vereinbar. Ansonsten sei das Grundrecht des Arbeitnehmers auf freie Arbeitsplatzwahl verletzt (Art. 12 GG). Letztlich folge das Widerspruchsrecht aus der Entstehungsgeschichte des § 613a BGB a.F.
Nachdem die Ansicht des BAG aufgrund der Entscheidungen des EuGH in Sachen Mikkelsen[3], Daddy's Dance Hall[4] und Busschers gegen Besselsen[5] heftig in die Kritik geraten war[6], hat der EuGH in seiner Entscheidung vom 16.12.1992[7] in

---

[2] BAG vom 02.10.1974, AP 1 zu § 613a BGB; BAG vom 21.7.1977, AP 8 zu § 613a BGB; BAG vom 21.7.1977, AP 1 zu § 128 HGB; BAG vom 17.11.1977, AP 10 zu § 613a BGB; BAG vom 6.2.1980, AP 21 zu § 613a BGB; BAG vom 15.2.1984, AP 37 zu § 613a BGB; BAG vom 30.10.1986, AP 55 zu § 613a BGB; BAG vom 20.04.1989, AP 81 zu § 613a BGB; BAG vom 20.5.1988, AP 5 zu § 242 BGB Prozeßverwirkung; BAG vom 21.5.1992, AP 96 zu § 613a BGB; BAG vom 7.4.1993, AP 22 zu § 1 KSchG 1969 Soziale Auswahl; BAG vom 22.4.1993, AP 102 zu § 613a BGB; BAG vom 22.4.1993, AP 103 zu § 613a BGB; BAG vom 10.12.1996, AP 32 zu § 113 BetrVG 1972; BAG vom 19.3.1998, AP 177 zu § 613a BGB; BAG vom 19.2.1998, AP 25 zu § 4 TVG Rationalisierungsschutz; BAG vom 12.11.1998 AP 5 zu § 1 KSchG 1969 Wiedereinstellung; BAG vom 15.12.1998, SAE 2001, 63; BAG vom 19.1.1999, SAE 2000, 178; BAG vom 18.3.1999, NZA 1999, 870; BAG vom 27.1.2000 - 8 AZR 106/99 nv; BAG vom 24.2.2000, NZA 2000, 764; BAG vom 25.5.2000, DB 2000, 2156; BAG vom 7.12.2000, NZA 2001, 495; BAG vom 25.1.2001, AP 215 zu § 613a BGB; BAG vom 22.3.2001 - 8 AZR 565/00, im Internet: www.bundesarbeitsgericht.de (= EWiR 2001, 989); BAG vom 8.5.2001, AP 219 zu § 613a BGB

[3] EuGH vom 11.7.1985, Slg. 1985, 2639

[4] EuGH vom 10.2.1988, Slg. 1988, 739

[5] EuGH vom 5.5.1988, Slg. 1988, 2577

[6] Vgl. Nachweise bei Felsner, Arbeitsrechtliche Rahmenbedingungen von Unternehmensübernahmen in Europa, Fn. 752

Sachen Skreb und Schroll gegen PCO sowie Katsikas gegen Konstantinidis die Diskussion um die Vereinbarkeit des Widerspruchsrechts mit den Vorgaben der Betriebsübergangsrichtlinie beendet und die Richtlinienkonformität bestätigt. Die Richtlinie verpflichte den Arbeitnehmer nicht, sein Arbeitsverhältnis mit dem Erwerber fortzusetzen, was gegen die Grundrechte des Arbeitnehmers verstoßen würde. Was in einem solchen Fall mit dem Arbeitsvertrag geschehe, sei Sache der Mitgliedsstaaten.
Das BAG hielt am Widerspruchsrecht fest, ohne auf andere Ansichten noch näher einzugehen[8]. Das Widerspruchsrecht stelle ein Gestaltungsrecht, d.h. ein Rechtsfolgenverweigerungsrecht dar, dem Rückwirkung zukäme[9]. In seinen jüngsten Entscheidungen unmittelbar vor der Regelung des § 613a Abs. 6 BGB distanzierte sich das BAG[10] jedoch von der bisherigen Begründung. Hiernach habe das Widerspruchsrecht zwar ständiger Rechtspraxis entsprochen. Es wäre in § 613a Abs. 1 S. 1 BGB zwingend angelegt. Gleichwohl nahm das BAG von der bisherigen verfassungsrechtlichen Argumentation Abstand. Es erscheine wenig überzeugend, dass die Menschenwürde des Arbeitnehmers tangiert sei; von einem "Verkauf des Arbeitnehmers" könne keine Rede sein. Die freie Wahl des Arbeitsplatzes würde durch den Übergang eher gesichert als eingeschränkt. Der Eingriff in die Vertragsfreiheit dürfte regelmäßig durch vernünftige Gründe des Allgemeinwohls gerechtfertigt sein, da dem Erhalt der konkreten Arbeitsstelle vom Gesetzgeber Vorrang eingeräumt wurde. Der Arbeitnehmer könne selbst kündigen. Auch wenn der Arbeitnehmer hierdurch die Beschäftigungsmöglichkeit verliert, zwinge dies nicht dazu, eine Wahlmöglichkeit für den Arbeitnehmer zu schaffen. Obwohl sich eine gewisse Abkehr vom Widerspruchsrecht andeutete, hielt das BAG hieran ausdrücklich fest, was angesichts der jahrzehntelangen Rechtsprechung nur mit dem Rechtsstaatsprinzip und dem daraus folgenden Gebot des Vertrauensschutzes gerechtfertigt werden kann[11].

2.) Informationsobliegenheit

Damit der Arbeitnehmer sein Widerspruchsrecht rechtzeitig ausüben kann, ging das BAG bis zum Erlass des § 613a Abs. 5 BGB von einer Obliegenheit des Arbeitgebers aus, den Arbeitnehmer über den geplanten Betriebsübergang zu unter-

---

[7] EuGH vom 16.12.1992, AP 97 zu § 613a BGB; Bestätigung durch EuGH vom 7.3.1996, NZA 1996, 413; EuGH vom 24.1.2002, NZA 2002, 265
[8] Vgl. BAG vom 22.4.1993, AP 102 zu § 613a BGB, III. der Gründe; BAG vom 19.3.1998, AP 177 zu § 613a BGB, I. 2. a) der Gründe
[9] BAG vom 22.4.1993, AP 103 zu § 613a BGB, II. 7. der Gründe
[10] BAG vom 25.1.2001, AP 215 zu § 613a BGB, III. 2. c), 3. sowie insbes. 5. der Gründe; BAG vom 8.5.2001, AP 219 zu § 613a BGB, I. 1. c) der Gründe
[11] Vgl. hierzu Larenz/Canaris, Methodenlehre, S. 259 f. m.w.N.

richten. Eine Informationspflicht lehnte das BAG ab[12]. Wie der Arbeitnehmer konkret zu informieren war, ließ das BAG offen. Allerdings gehörten zu einer "ausreichenden" Information Angaben über den neuen Arbeitgeber; der Arbeitnehmer müsse in der Lage sein, Erkundigungen und Rat einzuholen[13]. Hierzu zählte das BAG offenbar auch den Zeitpunkt des Betriebsübergangs[14].
Grundsätzlich hatte der Arbeitnehmer das Widerspruchsrecht zeitlich unbefristet, spätestens jedoch bis zum Zeitpunkt des Betriebsübergangs auszuüben[15]. Ein verspäteter Widerspruch sei unbeachtlich[16]. Hierbei ließ das BAG offen, ob der Arbeitgeber dem Arbeitnehmer eine Erklärungsfrist setzen könne, die vor dem Betriebsübergang endet[17]. Schweigt der Arbeitnehmer trotz ausreichender Unterrichtung, gelte sein Schweigen als Zustimmung[18].
Der Arbeitnehmer konnte jedoch nach Ansicht des BAG auch noch nach dem Betriebsübergang widersprechen, wenn er von seinem Arbeitgeber nicht rechtzeitig über den bevorstehenden Betriebsübergang unterrichtet wurde. Der Widerspruch könne vom Arbeitnehmer wahlweise gegenüber dem Veräußerer oder dem Erwerber erklärt werden, wenn er von keinem über den Betriebsübergang in Kenntnis gesetzt worden sei[19]. Obgleich das BAG somit nicht den Zeitpunkt des Betriebsüberganges, sondern vielmehr die Unterrichtung vom Betriebsübergang für die Ausübung des Widerspruchsrechtes für maßgeblich zu halten schien, stellte es später nicht mehr auf den Zeitpunkt der Unterrichtung, sondern allein auf die Kenntnis des Arbeitnehmers ab[20]. In der Entscheidung vom 27.01.2000 ging es zwar um die Geltendmachung des Betriebsübergangs eines zuvor gekündigten Arbeitnehmers und nicht um die Ausübung des Widerspruchsrechts. Diesen Sachverhalt hielt das BAG jedoch vergleichbar mit dem eines ungekündigten Arbeitnehmers, der sein Widerspruchsrecht ausübe[21]. Hierbei erachtete das BAG den Zeitpunkt des Überganges als entscheidende Zäsur. Das Interesse der Arbeitgeber an einer raschen Klärung der Rechtslage sei nach dem Betriebsübergang größer als zuvor, weshalb der Arbeitnehmer unverzüglich nach Kenntniserlangung von den den Betriebsübergang ausmachenden tatsächlichen

[12] BAG vom 22.5.1988, AP 5 zu § 242 BGB Prozeßverwirkung, II. 4. b) bb) der Gründe; ausdrücklich offen lassend BAG vom 25.1.2001, AP 215 zu § 613a BGB, IV. 2. b) der Gründe
[13] BAG vom 17.11.1977, AP 10 zu § 613a BGB; BAG vom 22.4.1993, AP 102 zu § 613a BGB
[14] BAG vom 22.4.1993, AP 103 zu § 613a BGB
[15] BAG vom 17.11.1977, AP 10 zu § 613a BGB; BAG vom 22.4.1993, AP 102 zu § 613a BGB; BAG vom 22.4.1993, AP 103 zu § 613a BGB; BAG vom 19.3.1998, AP 177 zu § 613a BGB;
[16] BAG vom 15.12.1984, AP 37 zu § 613a BGB, III. 1. der Gründe
[17] BAG vom 19.3.1998, AP 177 zu § 613a BG I. 3. c) bb) der Gründe
[18] BAG vom 17.11.1977, AP 10 zu § 613a BGB
[19] BAG vom 22.4.1993, AP 102, 103 zu § 613a BGB; BAG vom 25.1.2001, AP 215 zu § 613a BGB, IV. 1. a) der Gründe
[20] BAG vom 27.1.2000 - 8 AZR 106/99 - nv, II. 3. b) der Gründe; so auch BAG vom 25.1.2001, AP 215 zu § 613a BGB, IV. 2. a) der Gründe explizit zum Widerspruch
[21] BAG vom 12.11.1998, AP 5 zu § 1 KSchG 1969, III. 1. der Gründe; ähnlich LAG Berlin vom 8.10.1999 - 2 Sa 1352/99 - nv.; hiergegen LAG Berlin vom 11.2.2000, NJ 2000, 445

gung von den den Betriebsübergang ausmachenden tatsächlichen Umständen, spätestens innerhalb von drei Wochen, widersprechen müsse[22]. Eine fehlende oder unrichtige Unterrichtung würde bei schwierigen Sachverhalten lediglich dahingehend eine Rolle spielen, ob die fehlende Unkenntnis vom Arbeitnehmer verschuldet war[23]. Ob an das Informationsniveau des Arbeitnehmers vor und nach dem Betriebsübergang die gleichen Anforderungen zu stellen waren, ist der Rechtsprechung des BAG zu § 613a BGB a.F. nicht zu entnehmen. Allerdings deuten die Ausführungen des BAG zur entscheidenden Zäsur durch den Betriebsübergang[24] darauf hin, dass es ab diesem Zeitpunkt wohl geringere Anforderungen stellte.
Schließlich kam nach Auffassung des BAG kein Widerspruchsrecht in Betracht, wenn der Arbeitnehmer zusagte, dass er nicht widersprechen werde oder sich der Arbeitnehmer und der bisherige Arbeitgeber oder beide Arbeitgeber über den Übergang einigten[25]. Das Recht des Arbeitnehmers zu widersprechen, könne zudem auch verwirkt sein oder widersprüchliches Verhalten darstellen[26].
Zusammenfassend sah das BAG in der Unterrichtung des Arbeitnehmers durch den Arbeitgeber eine bloße Obliegenheit. Unterrichtete der Arbeitgeber den Arbeitnehmer nicht vom Betriebsübergang, trug er das Risiko eines späteren Widerspruchs. Der Arbeitnehmer habe das Risiko eines Widerspruches eigenverantwortlich beurteilen müssen[27]. Einen sachlichen Grund für den Widerspruch verlangte das BAG nicht[28]. Die Gründe für den Widerspruch seien vielmehr im Rahmen der Sozialauswahl bei der betriebsbedingten Kündigung des widersprechenden Arbeitnehmers zu berücksichtigen[29].
Die Instanzgerichte sahen in der Information des Arbeitgebers ebenso eine bloße Obliegenheit und verlangten lediglich eine Kenntnisnahme des Arbeitnehmers, die auch durch eine "ausreichende" Unterrichtung seitens des Arbeitgebers erfolgen könne[30]. Eine Kenntnis des Arbeitnehmers vom Betriebsübergang und von

---

[22] BAG vom 19.3.1998, AP 177 zu § 613a BGBI. 3. c) aa) der Gründe; BAG vom 12.11.1998, AP 5 zu § 1 KSchG 1969, III. 1. der Gründe

[23] So zur Geltendmachung eines gekündigten Arbeitnehmers, der sich dem Vorwurf der Prozeßverwirkung ausgesetzt sah, BAG vom 22.5.1988, AP 5 zu § 242 BGB Prozeßverwirkung, II. 4 der Gründe; BAG vom 27.1.2000 - 8 AZR 106/99 - nv. , II. 2. b) der Gründe

[24] BAG vom 19.3.1998, AP 177 zu § 613a BGB

[25] BAG vom 15.2.1984, AP 37 zu § 613a BGB, III. 2. a) der Gründe

[26] BAG vom 19.3.1998, AP 177 zu § 613a BGB, I. 3. a) der Gründe

[27] BAG vom 15.2.1984, AP 37 zu § 613a BGB, II. 3. der Gründe

[28] BAG vom 19.3.1998, AP 177 zu § 613a BGB, I. 2. b) der Gründe

[29] BAG vom 18.3.1999, NZA 1999, 870

[30] Vgl. LAG Berlin vom 20.2.1995, LAGE 39 zu § 613a BGB; LAG Frankfurt vom 25.2.1994 - 9 Sa 408/93 - nv. mit Hinweis auf BAG vom 22.4.1993, AP 102, 103 zu § 613a BGB, sowohl eine Unterrichtung als auch eine anderweitige Kenntnisnahme prüfend; LAG Schleswig-Holstein vom 17.10.2000, NZA-RR 2001, 176, ebenso mit Verweis auf BAG vom 22.4.1993, AP 102, 103 zu § 613a BGB; LAG Schleswig-Holstein vom 30.10.2002 - 5 Sa 206 c/02 - nv; wohl auch ArbG Münster vom 14.4.2000, NZA-RR 2000, 467, 468

der Person des Erwerbers sei ausreichend. Alle weiteren Fakten könne der Arbeitnehmer innerhalb der Überlegungsfrist selbst klären[31]. Das LAG Köln[32] hatte lediglich eine Informationspflicht als vertragliche Nebenpflicht erwogen, um einen Schadensersatzanspruch des vom Betriebsübergang nicht informierten Klägers herzuleiten, jedoch im Ergebnis abgelehnt, da dieser jedenfalls aufgrund von Presseberichten vom Betriebsübergang Kenntnis hatte und ihm daher ein überwiegendes Mitverschulden getroffen habe. Das LAG Berlin[33] ging in einer Entscheidung vom 7.3.2000 davon aus, dass der bisherige Arbeitgeber "eine arbeitsvertragliche Pflicht" habe, den Arbeitnehmer darüber zu informieren, dass ein Wechsel des Arbeitgebers bevorstehe. Ob das LAG damit eine dogmatische Einordnung der Unterrichtung als Pflicht vornehmen wollte, ist allerdings zu bezweifeln, da es im Ergebnis für den Beginn der Widerspruchsfrist mit Hinweis auf die Ansicht des BAG ebenso auf die Kenntnis des Arbeitnehmers abstellte und die Revision lediglich zu der Frage des richtigen Widerspruchsadressaten zuließ. Zudem sah das landesgesetzlich vorgesehene Widerspruchsrecht eine Informationspflicht vor[34]. Das BAG[35] bestätigte die Entscheidung des LAG Berlin und interpretierte die Ausführungen des LAG als Informationspflicht. Gleichwohl verwies das BAG auf seine bisherige Rechtsprechung, wonach die Kenntnisnahme entscheidend war, und ließ es ausdrücklich offen, ob die Information eine Pflicht oder Obliegenheit darstellte[36]. Diese Ausführungen verwundern um so mehr, da die Informationspflicht landesgesetzlich vorgeschrieben war und das BAG den bereits existierenden Art. 6 Abs. 6 RL 98/50/EG[37] trotz der noch laufenden Umsetzungsfrist im Rahmen der richtlinienkonformen Auslegung hätte einbeziehen müssen[38].

---

[31] LAG Köln vom 28.11.96, LAGE 58 zu § 613a BGB

[32] LAG Köln vom 9.5.2000 - 9 Sa 1442/99 -nv., offengelassen, ob Pflicht besteht (Revision zurückgenommen (8 AZR 408/00))

[33] LAG Berlin vom 7.3.2000 - 3 Sa 2740/99 - , II. 3. b) aa) der Gründe, nv.

[34] Vgl. § 13 Abs. 2 Bäder-Anstaltsgesetz-BBBG: *"Der Übergang ist jedem Arbeitnehmer persönlich und unverzüglich nach der Verkündung dieses Gesetzes im Gesetz- und Verordnungsblatt für Berlin in schriftlicher Form mitzuteilen. ... Auf Form und Frist* [des Widerspruchs] *ist in dem Schreiben nach Satz 1 hinzuweisen."*

[35] BAG vom 25.1.2001, AP 215 zu 613a BGB

[36] BAG vom 25.1.2001, AP 215 zu § 613a BGB, IV. 2. a) und b) der Gründe

[37] ABl. EG L 201 vom 17.7.1998, S. 88

[38] Siehe zur richtlinienkonformen Auslegung die Nachweise in Fn. 97.

II. Schrifttum

1.) Widerspruchsrecht

Bis zur Entscheidung des EuGH vom 05.05.1988[39] ist das Widerspruchsrecht im Schrifttum erheblich auf Kritik gestoßen[40] und wurde danach teilweise sogar als Makulatur bezeichnet[41]. Nachdem der EuGH mit der Entscheidung vom 16.12.1992[42] das Widerspruchsrecht für richtlinienkonform erklärte, hatte das deutsche Schrifttum das Widerspruchsrecht weitgehend zumindest für die Praxis akzeptiert[43]. Teilweise entnahmen einige[44] der zum Widerspruchsrecht ergange-

---

[39] EuGH vom 5.5.1988, Slg. 1988, 2577

[40] Vgl. Nachweise bei Felsner, Arbeitsrechtliche Rahmenbedingungen von Unternehmensübernahmen in Europa, S. 258 ff.

[41] Bauer, NZA 1990, 881, 883; Berger-Delhey, Anm. zu EuGH, EzA Nr. 89 zu § 613a BGB; krit. Hommelhoff, AcP 192 (1992) 71, 89 f.; Meilicke, DB 1990, 1770; ders. DB 1991, 1326, 1328; Moll, AnwBl. 1991, 282, 296

[42] EuGH vom 16.12.1992, AP 97 zu § 613a BGB; siehe Fn. 7

[43] Aus dem neueren Schrifttum: Bachner, in: Kittner/Zwanziger, Arbeitsrecht, § 115, Rn. 22 ff.; Bauer/von Steinau-Steinrück, in: Hölters, Handbuch des Unternehmens- und Beteiligungskaufs, Teil V, Rn. 113; Berkowsky, Die betriebsbedingte Kündigung, § 9, Rn. 51; Beseler, Arbeitsrechtliche Probleme, S. 44; Blanke, PersR 1995, 463, 469; ders., Privatisierungsrecht, Rn. 27; Bossmann, Die Auswirkungen des Betriebsübergangs nach § 613a BGB auf die Wettbewerbsverbote, S. 116; Dreher, BB 2000, 2358; Ehrich, NZA 1993, 635, 638; Ende, NZA 1994, 494, 495; Fitting, § 1 BetrVG, Rn. 131; Franzen, Der Betriebsinhaberwechsel im internationalen Arbeitsrecht, S. 48; Freudig, Das Widerspruchsrecht des Arbeitnehmers beim Betriebsübergang in Deutschland und Österreich, S. 11; Gaul, ZTR 1995, 387, 389; Gach, in: Semler/Volhard, Arbeitshandbuch für Unternehmensübernahmen, Bd. 1, § 27, Rn. 39; Erman-Hanau, § 613a BGB, Rn. 47; Hattesen, in: KassHB, 6.7, Rn. 111; Henssler, NZA 1994, 913, 921; Ingelfinger, ZfA 1996, 591, 592; Joost, ZIP 1993, 178, 180; ders., EWiR 2000, 1009, 1010; Kindscher, Die Kündigung wegen Betriebsübergang, S. 192; Kliemt, Formvorschriften im Arbeitsrecht, S. 350; Kreitner, Kündigungsrechtliche Probleme beim Betriebsinhaberwechsel, S. 152 m.w.N.; Lipinski, Sonderkündigungsschutz bei Betriebsübergang, S. 73; Lunk, NZA 1995, 711; Matthes, FS Wiese 1998, 293, 296; Menze, Das Widerspruchsrecht der Arbeitnehmer beim Betriebsübergang, S. 2 ff., 28; Moll, NJW 1993, 2016; Müller-Ehlen, Der Übergang von Arbeitsverhältnissen im Umwandlungsrecht, S. 80; Nebendahl, SAE 1993, 217; Niebler/Förschner, Betriebsveräußerung und Arbeitsrecht, Rn. 115; wohl auch Oetker, DZWiR 1993, 136, 137, 140 f.; KR-Pfeiffer, § 613a BGB, Rn. 109; Pfeiffer, Der Übergang von Arbeitsverhältnissen bei der Umstrukturierung von Unternehmen, S. 104; Picot, in: Picot, Unternehmenskauf und Restrukturierung, S. 415; Picot/Schnitker, Arbeitsrecht bei Unternehmenskauf und Restrukturierung, F 234; ErfK-Preis, 1. Aufl., § 613a BGB, Rn. 84 f.; Richardi/Annuß, in: Staudinger, § 613a BGB, Rn. 121; Schaub, ArbRHB, 9. Aufl., § 118 (Rn. 59); Schiefer, SAE 2000, 289; einschränkend Schlachter, NZA 1995, 705, 708, nur wenn ein vernünftiger Grund für den Widerspruch besteht; Steffan, in: Ascheid/Preis/Schmidt, § 613a BGB, Rn. 97; Thees, Das Arbeitnehmer-Persönlichkeitsrecht als Leitidee des Arbeitsrechts, S. 131;

nen Entscheidungen des EuGH, dass ein Widerspruchsrecht europarechtlich verlangt werde. In diesem Zusammenhang sollte der Terminus "Widerspruchsrecht" jedoch nicht verwandt werden[45], da vom EuGH ein Weiterbestehen des Arbeitsverhältnisses mit dem Veräußerer gerade nicht gefordert wird[46].
Die Gegner des Widerspruchsrechts stimmten mit dessen Befürwortern jedoch überein, dass dem Arbeitnehmer kein Arbeitgeber aufgezwungen werden könne, weshalb er das Arbeitsverhältnis kündigen könne. Ob dem Arbeitnehmer infolge dessen Nachteile, etwa eine Sperre des Arbeitslosengeldes, entständen, wäre wiederum davon abhängig, ob der Arbeitnehmer wichtige Gründe für den Widerspruch habe[47].
Neue Diskussionen um das Widerspruchsrecht entwickelten sich mit dem Erlass des UmwG[48], wobei das Widerspruchsrecht vom Gesetzgeber bei Schaffung des UmwG ausdrücklich anerkannt wurde[49].

Trittin, Der Betriebsübergang, S. 14; krit. MüHB-Wank, § 124, Rn. 97; Wollenschläger/Pollert, ZfA 1996, 547, 562 f.

[44] Joost, ZIP 1993, 178, 180; Müller-Ehlen, Der Übergang von Arbeitsverhältnissen im Umwandlungsrecht, S. 84

[45] Insofern missverständlich bei Müller-Ehlen, Der Übergang von Arbeitsverhältnissen im Umwandlungsrecht, S. 84, 93.

[46] So ausdrücklich auch BAG vom 25.1.2001, AP 215 zu § 613a BGB, III. 2. c) der Gründe; Fuchs/Marhold, Europäisches Arbeitsrecht, S. 145; Krimphove, Europäisches Arbeitsrecht, Rn. 562; Wenking, Der Betriebsübergang im europäischen und deutschen Arbeitsrecht, S. 40

[47] Aus dem neueren Schrifttum: RGRK-Ascheid, § 613a BGB, Rn. 177; Commandeur, NJW 1996, 2537, 2538; Birk, EuZW 1993, 156; Felsner, Arbeitsrechtliche Rahmenbedingungen von Unternehmensübernahmen in Europa, S. 287; D. Gaul, Der Betriebsübergang, H I. 4. (S. 217); Wenking, Der Betriebsübergang im europäischen und deutschen Arbeitsrecht, S. 89 ff.; krit. auch Zöllner/Loritz, Arbeitsrecht, S. 263

[48] **Für ein Widerspruchsrecht** z.B.: BAG vom 25.5.2000, ZIP 2000, 1630; ArbG Münster vom 14.4.2000, NZA-RR 2000, 467; Bachner, NJW 1995, 2881, 2882; Bauer/Mengel, Anm. zu BAG vom 25.5.2000, ZIP 2000, 1630, 1637; Bauer/von Steinau-Steinrück, in: Hölters, Handbuch des Unternehmens- und Beteiligungskaufs, Teil V, Rn. 115; 128; Boecken, Anm. zu BAG vom 25.5.2000, RdA 2001, 236, 240, 243; Buchner, GmbHR 1997, 434, 437; Däubler, RdA 1995, 136, 140; Hanau, ZGR 1990, 548, 557; Hartmann, ZfA 1997, 21, 30, 41, der allerdings bei der Ausgliederung eine Zustimmung des Arbeitnehmers verlangt; Hergenröder, AR-Blattei SD 500.2, Betriebsinhaberwechsel II, Gesamtrechtsnachfolge, Rn. 59; Joost, in: Preis/Willemsen, Umstrukturierung von Betrieb und Unternehmen im Arbeitsrecht, C 27, 93; ders., EWiR 2000, 1009, 1010; Karlsfeld, Das Widerspruchsrecht der Arbeitnehmer beim Betriebsübergang nach dem Umwandlungsgesetz, S. 138 ff.; Kreitner, in: Personalbuch 2002, Umwandlung, Rn. 8; Mengel, Umwandlungen, S. 157 ff. m.w.N.; dies., Anm. zu BAG vom 25.5.2000, ZIP 2000, 1630, 1637; Menze, Das Widerspruchsrecht der Arbeitnehmer beim Betriebsübergang, S. 41 ff.; vgl. Darstellung des Streitstandes bei Müller-Ehlen, Der Übergang von Arbeitsverhältnissen im Umwandlungsrecht, S. 77 ff.; Neef, NZA 1994, 97, 101; Oetker, Betriebsübergangsrichtlinie, EAS B 7200, Rn. 48; Picot/Schnitker, Arbeitsrecht bei Unternehmenskauf und Restrukturierung, F 236; Pfeiffer, Der Übergang von Arbeitsverhältnissen bei der Umstrukturierung von Unternehmen, S. 160 ff.; Rieble, ZIP 1997, 301, 306; Tempelmann, Arbeitsrechtliche Probleme bei Spaltungen nach dem Umwandlungsgesetz, S. 114 ff.; Thann-

2.) Informationsobliegenheit

a) Herrschende Meinung

Die überwiegende Meinung im Schrifttum folgte - teilweise trotz des Art. 6 Abs. 6 RL 98/50/EG - bis zur Regelung des § 613a Abs. 5, 6 BGB der Ansicht des BAG, wonach die vorherige Information des Arbeitnehmers lediglich eine Obliegenheit und keine Pflicht darstellte[50]. Für die Ausübung des Widerspruchsrechtes war nach dieser Auffassung allein die Kenntnis des Arbeitnehmers vom Betriebsübergang erforderlich. Diese Kenntnis könne ihm der Arbeitgeber im eigenen Interesse verschaffen. Erhalte der Arbeitnehmer dagegen anderweitig Kenntnis vom Betriebsübergang, so stehe dies einer Information durch den Arbeitgeber

---

heiser, AuA 2001, 100, 103; Willemsen, in: Willemsen, Umstrukturierung, G 154; Zerres, ZIP 2001, 359, 361; **Gegen ein Widerspruchsrecht** z.B.: Berscheid, FS Stahlhacke, 15, 27, 33 ff.; wohl auch Mayer, in: Widmann/Mayer, § 5 UmwG, Rn. 181; Heinze, ZfA 1997, 1, 6, der ein Widerspruchsrecht mit der Begründung ablehnt, da der Gesetzgeber alle Gläubiger gleich behandeln wollte. Vgl. nunmehr § 324 UmwG n.F. i.V.m. § 613a Abs. 5, 6 BGB n.F. geändert durch Art. 5 SeemannsÄndG, BGBl. Nr. 21 vom 28.03.2002, S. 1163, 1168

[49] Vgl. RegBegr. zu § 132 UmwG, abgedruckt bei: Wagner, Das neue Umwandlungsrecht, S. 173; hierauf weisen Müller-Ehlen, Der Übergang von Arbeitsverhältnissen im Umwandlungsrecht, S. 80; Richardi/Annuß, in: Staudinger, § 613a BGB, Rn. 121 hin; a.A. Menze, Das Widerspruchsrecht der Arbeitnehmer beim Betriebsübergang, S. 18 f., wonach der Gesetzgeber das Widerspruchsrecht nicht anerkannt aber gebilligt habe.

[50] Bauer/Mengel, Anm. zu BAG 25.5.2000, ZIP 2000, 1630, 1637; Bauer/von Steinau-Steinrück, in: Hölters, Handbuch des Unternehmens- und Beteiligungskaufs, Teil V, Rn. 119; Beseler, Arbeitsrechtliche Probleme, S. 47; Blanke, PersR 1995, 463, 469; ders., Privatisierungsrecht, Rn. 29; KassHB-Düwell, 6.7, Rn. 113; wohl auch Freudig, Das Widerspruchsrecht des Arbeitnehmers beim Betriebsübergang in Deutschland und Österreich, S. 15 f; Gach, in: Semler/Volhard, Arbeitshandbuch für Unternehmensübernahmen, Bd. 1, § 27, Rn. 43; Erman-Hanau, § 613a BGB, Rn. 51; KassHB-Hattesen, 6.7, Rn. 113, 116; Hergenröder, AR-Blattei SD 500.1, Rechtsgeschäftlicher Betriebsinhaberwechsel, Rn. 297 (vgl. aber Rn. 607); Karlsfeld, Das Widerspruchsrecht der Arbeitnehmer beim Betriebsübergang nach dem Umwandlungsgesetz, S. 120 ff.; Liessem, Der Übergang des Arbeitsverhältnisses bei Betriebsverpachtung, S. 65; Niebler/Förschner, Betriebsveräußerung und Arbeitsrecht, Rn. 121; Opitz, Individualarbeitsrechtliche und sozialversicherungsrechtliche Probleme des arbeitnehmerseitigen Widerspruchs beim Betriebsübergang, S. 39, 144; KR-Pfeiffer, § 613a BGB, Rn. 113, 114; ErfK-Preis, 1. Aufl., § 613a BGB, Rn. 87; ders./Steffan, DB 1998, 309, 311; Richardi/Annuß, in: Staudinger, § 613a BGB, Rn. 124 f.; wohl auch Schaub, ArbRHB, 9. Aufl., § 118 II. 9. a) (Rn. 60); Schiefer, SAE 2000, 289; Trittin, Der Betriebsübergang, S. 15 ; MüHB-Wank, §124 , Fn. 234; Widlak (Referent im BMA), FA 2001, 363; unklar Willemsen, in: Willemsen, Umstrukturierung, G 155; *vor RL 98/50/EG*: Pottmeyer, Die Überleitung der Arbeitsverhältnisse im Falle des Betriebsinhaberwechsels nach § 613a BGB und die Mitbestimmung gemäß §§ 111 ff. BetrVG, S. 171; ders., ZfA 1989, 239, 261; Seiter, Betriebsinhaberwechsel, S. 71 f., der aber auf die Informationspflicht nach § 110 BetrVG hinweist; Tschöpe, Rechtsfolgen eines arbeitnehmerseitigen Widerspruchsrechts beim Betriebsinhaberwechsel, S. 35, Fn. 4

gleich. Schließlich habe Art. 6 Abs. 5 RL 77/187/EWG a.F. eine Informationspflicht in das Ermessen des nationalen Gesetzgebers gestellt, wovon der deutsche Gesetzgeber keinen Gebrauch gemacht habe.
Auf eine vorherige Information des Arbeitnehmers ging die Ansicht, die statt eines Widerspruchsrechtes die Möglichkeit der Kündigung des Arbeitnehmers befürwortete, nicht ein.

b) Mindermeinung

Nur vereinzelt wurde in der Literatur dazu Stellung genommen, ob gegenüber einzelnen Arbeitnehmern eine Pflicht zur vorherigen Information bestand.
Mit Hinweis auf die frühere Ansicht des BAG, wonach eine Zustimmung des Arbeitnehmers verlangt wurde, bejahte *Stratmann*[51] eine Mitteilungspflicht, ohne sich jedoch mit dem Begriff der Obliegenheit auseinander zu setzen. Sie begründete ihre Ansicht damit, dass die Zustimmung zum Betriebsübergang eine Willenserklärung sei. Der Arbeitnehmer könne seinen Willen jedoch nur erklären, wenn er sich einen Willen habe bilden können, weshalb sie von einer Mitteilungspflicht bzw. einer Aufklärungspflicht ausging.
Eine andere Ansicht stellte auf die besondere Bedeutung und die erheblichen Rechtsfolgen des Betriebsübergangs für den Arbeitnehmer ab, die mit dem Widerspruchsrecht verbunden sein können.
So kam *Moll*[52] wegen der mit dem Betriebsübergang für den Arbeitnehmer verbundenen Gefahren und Risiken aufgrund der Fürsorgepflicht zu einer Informationspflicht. Zwar wäre eine Informationsobliegenheit grundsätzlich ausreichend, wenn die Rechtsstellung des Arbeitnehmers durch einen möglichen nachträglichen Widerspruch gewahrt ist. Es seien jedoch Konstellationen denkbar, in welchen eine bloße Obliegenheit, mangels Schadensersatzanspruches des Arbeitnehmers, dessen Interessen nicht gerecht würde. Als Beispiel nannte er das Bonitätsrisiko des Betriebserwerbers, wenn der Arbeitnehmer nach dem Betriebsübergang widerspricht.
Andere leiteten eine Informationspflicht aus der grundrechtlichen Relevanz des Widerspruchsrechtes her.
Pietzko[53] war der Ansicht, dass der Arbeitgeber verpflichtet wäre, den Arbeitnehmer vorher zu informieren, da das Widerspruchsrecht durch eine fehlende Information nicht "ausgehöhlt" werden dürfe. Der Schutz des Arbeitnehmers vor einer Objektstellung sei auch bei Arbeitnehmern vonnöten, die in Unkenntnis des Arbeitgeberwechsels Leistungen gegenüber dem neuen Arbeitgeber erbringen. Dieses Ziel ließe sich nur durch eine Informationspflicht beider Betriebsinhaber realisieren. Dieser Argumentation folgte auch *Menze*. Die Pflicht folge "insbe-

---

[51] Stratmann, Anm. zu BAG, SAE 1976, 78, 80 (Fn. 21)
[52] Moll, Anm. zu BAG, AP 103 zu § 613a BGB; unklar noch Moll, NJW 1993, 2016
[53] Pietzko, Der Tatbestand des § 613a BGB, S. 291 f.

sondere auch aus der Fürsorge- und Treuepflicht aus dem Arbeitsvertrag"[54]. Ohne vorherige Information sei mit dem Betriebsübergang die Menschenwürde des Arbeitnehmers verletzt, wenn sein Wille keine Berücksichtigung fände. Der (spätere) Widerspruch könne diese Verletzung nicht rückgängig machen. Ohne vorherige Information könne der Arbeitnehmer sein Widerspruchsrecht gar nicht ausüben. Der Schutz der Arbeitnehmer verlange einen zusätzlichen Druck auf die Arbeitgeber, durch die Sanktionierung der Pflichtverletzung mittels Schadensersatzansprüchen[55]. Ähnlich argumentierten *Blank u.a.*[56], die eine Informationspflicht über § 81 Abs. 2 BetrVG unter Heranziehung derselben verfassungsrechtlichen Gesichtspunkte herleiteten, die für das Widerspruchsrecht als maßgeblich angesehen wurden. Ferner wäre bereits vor der Fassung des § 613a BGB eine Kenntnis des Arbeitnehmers vom Betriebsübergang als Voraussetzung für den Übergang des Arbeitsverhältnisses notwendig gewesen. Da § 613a BGB die Rechtsstellung des Arbeitnehmers stärken soll, sei an einer individualrechtlichen Informationspflicht festzuhalten.

Nach *Ingenfeld*[57], allerdings nicht zwischen Auskunftsanspruch und Informationspflicht differenzierend, ergab sich ein "Unterrichtungsanspruch" über den Arbeitgeberwechsel im betriebsratsfähigen Betrieb aus den §§ 81 ff. BetrVG analog. Im nicht betriebsratsfähigen Kleinbetrieb bestände ein Auskunftsanspruch des Arbeitnehmers aus §§ 611, 613, 242 BGB[58]. Die Unkenntnis des Arbeitnehmers würde sich nicht mit dem personenrechtlichen Einschlag des Arbeitsverhältnisses vertragen. Schließlich sei Art. 12 GG nicht nur bei dem Betriebsübergang selbst, sondern auch bereits bei der Vorfrage nach der Person des Erwerbers tangiert[59].

Hallenberg[60] war der Ansicht, dass aus § 75 Abs. 2 BetrVG eine Informationspflicht des Arbeitgebers resultiere, den Arbeitnehmer über einen bevorstehenden Betriebsübergang zu unterrichten. Es sei anderenfalls mit der Persönlichkeit des Arbeitnehmers kaum vereinbar, wenn der Arbeitnehmer hiervon etwa erst aus den Medien erfahre.

Schließlich gab es einige, die eine Informationspflicht daraus herleiteten, dass dem Arbeitnehmer die Möglichkeit des Widerspruchsrechts nicht genommen werden dürfe.

---

[54] Menze, Das Widerspruchsrecht der Arbeitnehmer beim Betriebsübergang, S. 204

[55] Menze, Das Widerspruchsrecht der Arbeitnehmer beim Betriebsübergang, S. 202 f., wobei sie weniger auf die Kenntnis, sondern aus Gründen der Rechtssicherheit auf eine Fristsetzung und Information durch die Arbeitgeber abstellt (S. 55).

[56] Blank u.a, Arbeitnehmerschutz bei Betriebsaufspaltung und Unternehmensteilung, S. 253

[57] Ingenfeld, Die Betriebsausgliederung aus der Sicht des Arbeitsrechts, S. 162

[58] Ingenfeld, Die Betriebsausgliederung aus der Sicht des Arbeitsrechts, S. 166

[59] Ingenfeld, Die Betriebsausgliederung aus der Sicht des Arbeitsrechts, S. 164, Fn. 307

[60] Hallenberg, Die Pflicht des Arbeitgebers zur Förderung der freien Persönlichkeitsentfaltung nach § 75 Abs. 2 BetrVG, S. 142 f.

So war *Schmalenberg*[61] der Ansicht, dass sich eine Informationspflicht aus Art. 6 Abs. 1 RL 77/187/EWG ergab, um dem Arbeitnehmer die Möglichkeit des Widerspruchs zu geben. *Fischer*[62] und *Bossmann*[63] gingen ebenso von einer Informationspflicht aus, da der Arbeitnehmer nur so sein Widerspruchsrecht ausüben könne. Insbesondere *Löw*[64] sah den individuellen Informationsanspruch der Arbeitnehmer als notwendigen "Reflex" ihres Widerspruchsrechtes an. Da die Arbeitnehmer ihr Widerspruchsrecht nur dann ausüben könnten, wenn sie vom Betriebsübergang Kenntnis hätten, bestände eine vertragliche Nebenpflicht zur ausreichenden Information. Diese Ansicht fand insbesondere mit Erlass der RL 98/50/EG wachsende Zustimmung[65].
Eine vermittelnde Ansicht vertrat *Dreher*[66]. Hiernach würde es für die Ausübung des Widerspruchsrechts im Anschluss an die h.M. auf die Kenntniserlangung des Arbeitnehmers vom Betriebsübergang ankommen, die der Arbeitnehmer zuverlässig nur vom Veräußerer oder Erwerber erhalten könne. Demgegenüber beständen, quasi auf einer zweiten Stufe, vertragliche bzw. vorvertragliche Nebenpflichten, die vom Arbeitnehmer geforderten Auskünfte zu erteilen.
Andere erwogen lediglich eine Informationspflicht[67] oder begründeten ihre Ansicht nicht[68].

B. Folgen der Einordnung als Obliegenheit

Nach ganz überwiegender Auffassung werden als charakteristische Merkmale einer Obliegenheit die fehlenden Erfüllungs- und Schadensersatzansprüche angeführt; Obliegenheiten seien Pflichten minderer Intensität und im eigenen Interesse

---

[61] Schmalenberg, NZA 1989, Beil. 3, 14, 15
[62] Fischer, DB 2001, 331, 333
[63] Bossmann, Die Auswirkungen des Betriebsübergangs nach § 613a BGB auf die Wettbewerbsverbote, S. 123 ff., wobei seine Auffassung etwas missverständlich ist, da er einerseits den Terminus Informationspflicht erwähnt aber andererseits auf die bloße Kenntnis abstellt.
[64] Löw, Die Betriebsveräußerung im europäischen Arbeitsrecht, S. 177 f.; unklar bei Debong, Die EG-Richtlinie über die Wahrung der Arbeitnehmeransprüche bei Betriebsübergang, S. 94, wonach dem Arbeitgeber Informationspflichten "obliegen" würden, damit der Arbeitnehmer sein Widerspruchsrecht aus üben könne.
[65] Franzen, RdA 1999, 361, 371; Oetker, Europäisches Betriebsverfassungsrecht, EAS B 8300, Rn. 367; Oetker, NZA 1998, 1193, 1201; Waas/Johanns, EuZW 1999, 458, 462; Zachert/Kocher, FS zum 50-jährigen Bestehen der Arbeitsgerichtsbarkeit in Rheinland-Pfalz, 171, 184 f.; Zachert/Kocher, EuroAS 1999, 213, 219; ähnlich KSchR-Zwanziger, § 613a BGB, Rn. 4
[66] Dreher, BB 2000, 2358, 2359, 2362
[67] Sehr vage Gussen, Anm. zu BAG AP 5 zu § 1 KSchG 1969 Wiedereinstellung ("*möglicherweise unter dem Gesichtspunkt der schon so häufig bemühten arbeitgeberseitigen Fürsorgepflicht*")
[68] So Schirge, AiB 1994, 429

nachzukommen. Mehr als diese negativen Abgrenzungsmerkmale zu den Pflichten haben Rechtsprechung und Lehre allerdings noch nicht entwickelt[69].

I. Fehlender Erfüllungsanspruch

Häufig werden als wesentliche Merkmale der Obliegenheiten der fehlende Erfüllungsanspruch sowie die fehlenden Klage- und Vollstreckungsmöglichkeiten angeführt[70]. Auch das BAG scheint als Unterscheidungsmerkmal zwischen Obliegenheit und Pflicht die fehlende Einklagbarkeit anzuerkennen, wie insbesondere früheren Entscheidungen[71] und den Ausführungen des BAG[72] zur Rechtsnatur des Auskunftsanspruchs über den anderweitigen Verdienstes beim Annahmeverzug zu entnehmen ist.

---

[69] Kritisch hierzu bereits Canaris, Die Vertrauenshaftung im Deutschen Privatrecht, S. 199. Wie wenig geeignet die drei vorgenannten Merkmale sind, zeigt auch die Entscheidung des BGH vom 17.4.1984 (JZ 1984, 673) zur Einordnung der Erklärungs"pflicht" des Drittschuldners nach § 840 Abs. 1 ZPO als Obliegenheit. Obgleich der BGH von einem ausschließlichen Alleininteresse des Pfändungsgläubigers ausgeht und eine Schadensersatzpflicht nach § 840 Abs. 2 ZPO besteht, kommt er im Wege der Einzelfallbetrachtung zu dem Ergebnis, dass lediglich eine Obliegenheit und keine Pflicht des Drittschuldners gegeben sei.

[70] Vgl. BGH vom 17.4.1984, JZ 1984, 673, 674 (zust. Anm. Brehm); Ballerstedt, ZHR 121 (1958), 78, 82; Boemke, Schuldvertrag und Arbeitsverhältnis, S. 93; Hadding/Hammen, Anm. BAG AP 53 zu § 74 HGB; Hanau AcP 165 (1965), 220, 237; Palandt/Heinrichs, Einl. vor § 241 BGB, Rn. 11; Henssler, Risiko als Vertragsgegenstand, S. 340; wohl auch Ehmann, AcP 188 (1988), 230, 254; Fikentscher, Schuldrecht, § 16 II. 3., Rn. 56 (S. 56); Hoffmann, Kompetenzzuweisungen an den Betriebsrat, S. 331; MüKo-Kramer, Einl. zu § 241 BGB, Rn. 49; Larenz/Wolf, BGB AT, § 13, Rn. 48; von Mohrenfels, Abgeleitete Informationsleistungspflichten im deutschen Zivilrecht, S. 26, 28; Rieble, Anm. LAG Hamm, LAGE 65 zu § 5 KSchG, S. 11; Esser/Eike Schmidt, SchuldR, Bd. 1, § 6 VI (S. 113); Soergel/Teichmann, vor § 241 BGB, Rn. 7; Erman-Werner, Einl. § 241 BGB, Rn. 32; Wieling, AcP 176 (1976), 334, 346; Willemsen/Lembke, NJW 2002, 1159, 1161; kritisch hierzu: J. Schmidt, in: Staudinger, Einl. zu §§ 241 ff. BGB, Rn. 272; Taupitz, Die zivilrechtliche Pflicht zu unaufgeforderten Offenbarung eigenen Fehlverhaltens, S. 101, weil es auch nicht einklagbare Nebenpflichten und Naturalobligationen (oder so genannte unvollkommene Verbindlichkeiten) gebe, die in diesem Falle auch zu den Obliegenheiten zählen würden. Das BAG (vgl. BAG vom 19.7.1979, SAE 1979, 132, II. 1. der Gründe; ähnlich Hadding/Hammen, Anm. zu BAG, AP 53 zu § 74 HGB, die das Unterlassen von Wettbewerb als Obliegenheit, als eine "unvollkommene Verbindlichkeit" ansehen) hat teilweise unselbständige Nebenpflichten und Obliegenheiten als identisch angesehen, obgleich hiermit wohl keine dogmatische Einordnung des Begriffes "Obliegenheiten" erfolgen sollte.

[71] Vgl. insbesondere BAG vom 7.5.1966, BAGE 18, 301, 305; BAG vom 17.5.1968, BAGE 21, 37, 45

[72] Vgl. BAG vom 29.7.1993, AP 52 zu § 615 BGB, II. 2. a) der Gründe:"*Entgegen dieser Ansicht, die lediglich von einer Obliegenheit des Arbeitnehmers zur Auskunftserteilung ausgeht, ist jedoch ein selbständig einklagbarer Auskunftsanspruch des Arbeitgebers anzuerkennen.*"

Die früher herrschende Ansicht nahm nur teilweise dazu Stellung, ob der Arbeitnehmer einen Anspruch auf Unterrichtung hatte und ob er diesen Anspruch gerichtlich durchsetzen konnte[73]. Das BAG hatte hierzu keine Aussage getroffen. Nachdem es für den Zeitpunkt des Widerspruchsrechtes nach dem Betriebsübergang nicht mehr nur auf die Unterrichtung an sich, sondern vielmehr auf die Kenntnis des Arbeitnehmers vom Betriebsübergang abstellte[74], bedeutete dies im Umkehrschluss, dass der Arbeitgeber den Arbeitnehmer nicht unterrichten musste, sondern es kam lediglich auf die - wenn auch zufällig erlangte - Kenntnis des Arbeitnehmers an. Eine Klagemöglichkeit wurde somit verneint.

II. Fehlen von Schadensersatzansprüchen

Fernerhin wird für Obliegenheiten das Fehlen von Schadensersatzansprüchen bei Nichtvornahme der normierten Handlung oder Unterlassung als charakteristisch angesehen, da dem Belasteten für den Fall der Nichtbeachtung andere Rechtsnachteile in Aussicht gestellt sind[75]. Das Fehlen von Schadensersatzansprüchen ist auch nach Ansicht des BAG[76] für Obliegenheiten charakteristisch.
Die früher h.M. nahm nicht explizit dazu Stellung, ob dem Arbeitnehmer ein Schadensersatzanspruch zustand, wenn der Arbeitgeber ihn nicht vor dem Betriebsübergang informierte[77]. Lediglich *Moll*[78] und *Menze*[79], die von einer Pflicht

---

[73] Für eine Obliegenheit und daher eine Klagemöglichkeit verneinend: Pottmeyer, ZfA 1989, 239, 261.
[74] BAG vom 19.3.1998, AP 177 zu § 613a BGB, I. 3. c) aa) der Gründe
[75] Ballerstedt, ZHR 121 (1958), 78, 82; Boemke, Schuldvertrag und Arbeitsverhältnis, S. 93; Hanau, AcP 165 (1965), 220, 237; Fikentscher, Schuldrecht, § 16 II. 3., Rn. 56 (S. 56); Hadding/Hammen, Anm. BAG AP 53 zu § 74 HGB; Palandt/Heinrichs, Einl. vor § 241 BGB, Rn. 11; Henssler, Risiko als Vertragsgegenstand, S. 340; Hoffmann, Kompetenzzuweisungen an den Betriebsrat, S. 331; Larenz/Wolf, BGB AT, § 13, Rn. 48; Enneccerus/Lehmann, Schuldrecht, 15. Bearbeitung, § 3 II.(S. 14); v. Mohrenfels, Abgeleitete Informationsleistungspflichten im deutschen Zivilrecht, S. 26; Enneccerus/Nipperdey, BGB AT, 15. Aufl., § 74 IX. (S. 444); Esser/Eike Schmidt, SchuldR, Bd. 1, § 6 VI (S. 113); R. Schmidt, Obliegenheiten, S. 315; Soergel/Teichmann, vor § 241 BGB, Rn. 7; Erman-Werner, Einl. § 241 BGB, Rn. 32; Wieling, AcP 176 (1976), 334, 346; Willemsen/Lembke, NJW 2002, 1159, 1161; kritisch Canaris, Die Vertrauenshaftung im Deutschen Privatrecht, S. 199 f.; kritisch hierzu, weil das gleiche Verhalten oftmals zu Schadensersatzansprüchen führt: Ehmann, AcP 188 (1988), 230, 254; Esser, AcP 154 (1954), 49, 51; J. Schmidt, in Staudinger, Einl. zu §§ 241 ff. BGB, Rn. 274; Taupitz, Die zivilrechtliche Pflicht zu unaufgeforderten Offenbarung eigenen Fehlverhaltens, S. 100; vgl. auch BGH vom 17.4.1984, JZ 1984, 673, 674 (zust. Anm. Brehm), der gerade aufgrund der Schadensersatzpflicht nach § 840 Abs. 2 ZPO in der Erklärungs"pflicht" des Drittschuldners eine Obliegenheit sieht.
[76] Vgl. BAG vom 7.5.1966, BAGE 18, 301, 305; BAG vom 17.5.1968, BAGE 21, 37, 45
[77] Vgl. aber LAG Köln, 9.5.2000 - 9 Sa 1442/99 - nv., offengelassen, ob Pflicht besteht, da es die Kausalität verneinte und von einem überwiegenden Mitverschulden des Arbeitnehmers ausging; der Arbeitgeber informierte über die Presse.

ausgingen, führten aus, dass eine Obliegenheitsverletzung nicht geeignet sei, zu Schadensersatzansprüchen des Arbeitnehmers zu führen. Es ist jedoch zu differenzieren, ob die Unterrichtung nicht, nicht rechtzeitig, unrichtig oder nur sehr vage erfolgte. Kam es zu keiner vorherigen Unterrichtung, so konnte der Arbeitnehmer nach der damals herrschenden Meinung auch noch nach dem Betriebsübergang widersprechen, solange er nicht anderweitig hiervon Kenntnis erlangte. Andere Nachteile hatte der Arbeitgeber nicht zu erwarten. Informierte der Arbeitgeber den Arbeitnehmer jedoch falsch, so kam auch nach Ansicht des BAG und h.M. ein Schadensersatzanspruch in Betracht, da Auskünfte, so sie denn erteilt werden, zumindest der Wahrheit entsprechen müssen[80]. Problematisch für den Arbeitnehmer waren vielmehr die Fälle, in denen der Arbeitgeber den Arbeitnehmer nur sehr vage Informationen erteilte. Das BAG forderte vom Arbeitgeber vor Betriebsübergang lediglich eine Unterrichtung dergestalt, dass der Arbeitnehmer in der Lage war, Erkundigungen und Rat einzuholen[81]. Nach Betriebsübergang war eine - wie auch immer erfolgte - Kenntniserlangung vom Betriebsübergang ausreichend[82]. Zog der Arbeitnehmer aus den nur sehr vage erteilten Informationen falsche Schlussfolgerungen oder erhielt er von dritter Seite aufgrund der vagen Hinweise des Arbeitgebers einen falschen Rat, so bestand mangels Rechtspflicht keine Schadensersatzpflicht des Arbeitgebers[83]. Aufgrund der bestehenden Unsicherheiten für den Arbeitnehmer lehnte beispielsweise *Berscheid*[84] das Widerspruchsrecht ab, da es nicht "des Pudels Kern" des Widerspruchsrechts sei, wenn der Arbeitnehmer bei leicht fehlerhafter Einschätzung der Lage widerspreche und so seinen Arbeitsplatz verliere.

---

78 Moll, Anm. zu BAG, AP 103 zu § 613a BGB

79 Menze, Das Widerspruchsrecht der Arbeitnehmer beim Betriebsübergang, S. 202

80 Ganz allgemeine Ansicht, vgl. nur BAG vom 10.3.1988, AP 99 zu § 611 BGB Fürsorgepflicht; BAG vom 23.5.1989, AP 28 zu § 1 BetrAVG Zusatzversorgungskassen; BAG vom 17.10.2000, NZA 2001, 206, 207; BAG vom 21.11.2000, NZA 2002, 618, 620; BGH vom 6.4.2001, NJW 2001, 2875, 2876 m.w.N.; Breidenbach, Die Voraussetzungen von Informationspflichten beim Vertragsschluß, S. 80; Boemke, Schuldvertrag und Arbeitsverhältnis, S. 345; Erman-Ehmann, Anh. § 12 BGB, Rn. 647; Ernst, Aufhebungsverträge zur Beendigung von Arbeitsverhältnissen, S. 123; Grigoleit, Informationshaftung, S. 6; Henssler, Risiko als Vertragsgegenstand, S. 133; Krebs, Sonderverbindung und außerdeliktische Schutzpflichten, S. 508; MüKo-Roth, § 242 BGB, Rn. 261; Schumacher, Vertragsaufhebung wegen fahrlässiger Irreführung unerfahrener Vertragspartner, S. 79; Schwarze, Anm. LAG Hamburg, LAGE 9 zu § 611 BGB Aufhebungsvertrag, II. 4. (S. 35); Schwarze, Vorvertragliche Verständigungspflichten, S. 112; a.A. offenbar Grobys, BB 2002, 726, 727; offen bei BAG vom 21.11.2000, NZA 2002, 618, 620

81 Vgl. BAG vom 17.11.1977, AP 10 zu § 613a BGB

82 Vgl. BAG vom 19.3.1998, AP 177 zu § 613a BGB

83 So auch Schwarze, Anm. LAG Hamburg, LAGE 9 zu § 611 BGB Aufhebungsvertrag, II. 4. (S. 35), zu Aufklärungspflichten im Zusammenhang mit einem Aufhebungsvertrag

84 Berscheid, FS Stahlhacke, 15, 36

III. Obliegenheiten als Pflichten oder Gebote "im eigenen Interesse"

Teilweise werden Obliegenheiten als Pflichten im eigenen Interesse des Belasteten beschrieben, deren Verletzung sich als "Verschulden gegen sich selbst darstelle"[85]. Nach anderer Ansicht werden die Interessen beider Parteien[86] geschützt. Das BAG spricht in diesem Zusammenhang von "einer Verpflichtung gegen sich selbst" und bejaht eine Obliegenheit, wenn sie im Interesse des Belasteten erfolgt[87]. Auch diese Orientierung am Telos der Rechtssätze wird kritisiert, da eine Abgrenzung zu den Pflichten aufgrund dieses Merkmals nicht einwandfrei möglich ist[88]. Wie wenig relevant dieses Merkmal für die Unterscheidung ist, zeigt eine frühere Entscheidung des BAG[89], wonach eine Obliegenheit auch im beiderseitigen Interesse bestehen kann, ohne dass von einem Anspruch ausgegangen werden könne.

Schiefer[90], der die Unterrichtung ebenfalls als Obliegenheit einordnete, war der Ansicht, das es sich bei der Unterrichtung um eine Verpflichtung des Arbeitgebers gegen sich selbst handelte, mit der er die Erklärungsfrist für den Widerspruch ausgelöste. Das BAG äußerte sich nicht ausdrücklich dazu, in wessen Interesse die Unterrichtung durch den Arbeitgeber erfolgen sollte. Zum einen sei

---

[85] Ballerstedt, ZHR 121 (1958), 78, 84; Boemke, Schuldvertrag und Arbeitsverhältnis, S. 93; Fikentscher, Schuldrecht, § 16 II. 3., Rn. 56 (S. 56; "Sorgfaltspflicht gegen sich selbst"); differenzierter nach Art der Obliegenheit aber im Ergebnis bejahend Hanau, AcP 165 (1965), 22, 238; Palandt/Heinrichs, Einl. vor § 241 BGB, Rn. 11; MüKo-Kramer, Einl. § 241 BGB, Rn. 49; Larenz/Wolf, BGB AT, § 13 Rn. 48 ("in erster Linie"); Larenz, Schuldrecht AT, § 31 I. Fn. 2 (S. 540); Rieble, Anm. LAG Hamm, LAGE 65 zu § 5 KSchG, S. 11; Esser/Eike Schmidt, SchuldR, Bd. 1, § 6 VI (S. 113); Wieling, AcP 176 (1976), 334, 346

[86] Enneccerus/Lehmann, Schuldrecht, 15. Bearbeitung, § 3 II. (S. 14, 16); Enneccerus/Nipperdey, BGB AT, 15. Aufl., § 74 IV. (S. 444) ; Fikentscher, Schuldrecht, § 16 II. 3., Rn. 56 (S. 56; "im eigenen und im Schuldnerinteresse"); Larenz/Wolf, BGB AT, § 13, Rn. 48 ("zugleich auch im Interesse des Anderen"); v. Mohrenfels, Abgeleitete Informationsleistungspflichten im deutschen Zivilrecht, S. 26

[87] Vgl. BAG vom 6.10.1983, AP 12 zu § 9 MuSchG 1968; BAG vom 15.11.1990, AP 17 zu § 9 MuSchG 1968; BAG vom 5.7.1990, AP 1 zu § 15 SchwbG 1986; BAG vom 16.1.1985, AP 14 zu § 12 SchwbG; BAG vom 23.1.2002, NZA 2002, 800, 805

[88] Taupitz, Die zivilrechtliche Pflicht zu unaufgeforderten Offenbarung eigenen Fehlverhaltens, S. 99; kritisch auch J. Schmidt, in: Staudinger, Einl. zu §§ 241 ff. BGB, Rn. 277 ff., beide mit Hinweis auf v. Thur, BGB AT I, § 4 III (S. 100), der trotz "dieser auf der Unvollkommenheit aller Zwangsmittel beruhenden Argumentation" Rechtspflichten und (nach heutige Terminologie) Obliegenheiten unter dem Blickwinkel der Entscheidungsmöglichkeit unterscheidet, aber zugleich ausführt, dass die Grenze "rechtsphilosophisch nicht ganz einwandfrei" zu ziehen sei. Wie wenig geeignet diese Merkmal ist, zeigt die Entscheidung des BGH vom 17.4.1984, JZ 1984, 673, 674 (zust. Anm. Brehm), wonach die Erklärungs"pflicht" des Drittschuldners nach § 840 Abs. 1 ZPO "allein den Interessen des Pfändungsgläubigers" diene, der BGH gleichwohl von einer Obliegenheit ausgeht.

[89] BAG vom 17.5.1968, BAGE 21, 37, 45

[90] Schiefer, SAE 2000, 289, 290

die vorherige Information eine Grundlage dafür, dass der Arbeitnehmer Rat und Erkundigungen einholen könne[91]. Andererseits wäre dem Arbeitnehmer nach Betriebsübergang der Widerspruch verwehrt, wenn er ab Kenntnis vom Betriebsübergang nicht unverzüglich, spätestens binnen einer Erklärungsfrist von höchstens drei Wochen widerspreche[92]. Somit könnte man annehmen, dass die Unterrichtung vor Betriebsübergang nach der früheren Ansicht des BAG auch dem Informationsinteresse des Arbeitnehmers diente. Dagegen erfolge die Unterrichtung durch den Arbeitgeber nach Betriebsübergang vielmehr im Interesse der Arbeitgeber an der raschen Klärung der Rechtslage. Erlangte der Arbeitnehmer nach Betriebsübergang von diesem keine Kenntnis, so trugen nach früherer Ansicht des BAG sowohl Betriebsveräußerer als auch Betriebserwerber das Risiko eines späteren Widerspruchs. Allerdings hatte das BAG dem Arbeitnehmer auch nach erfolgtem Betriebsübergang eine Überlegungsfrist von höchstens drei Wochen eingeräumt, so dass die Unterrichtung nach Betriebsübergang wohl auch dem Interesse des Arbeitnehmers diente. Daher ist die frühere Einordnung der Information als Obliegenheit anhand ihres Interessenzweckes nicht zweifelsfrei möglich.

C. Zusammenfassung

Das BAG und die h.M. ordneten bis zum Erlass des § 613a Abs. 5, 6 BGB die vorherige Information des Arbeitnehmers als Obliegenheit und nicht als Pflicht ein. Folgt man der überwiegenden Ansicht, wonach Wesensmerkmale einer Obliegenheit fehlende Erfüllungs- und Schadensersatzansprüche sind und die Erfüllung der Obliegenheit im vorrangigen Interesse des Belasteten erfolgt, so kommt man zu dem Ergebnis, dass dem Arbeitgeber als einziger Nachteil ein auch nach Betriebsübergang möglicher Widerspruch drohte.

Derjenigen Ansicht, die von einer vertraglichen Nebenpflicht zur Information als "Reflex" des Widerspruchsrechts ausging[93], ist zuzugeben, dass der Arbeitnehmer zur Ausübung des Widerspruchsrechts vom Betriebsübergang Kenntnis haben muss. Die Information war jedoch kein zwingend notwendiger "Reflex", da es nicht auf die Information, sondern vielmehr auf die Kenntnis des Arbeitnehmers ankam. Selbst die h.M. ging davon aus, dass der Arbeitnehmer vom Betriebsübergang Kenntnis haben musste, um sein Widerspruchsrecht ausüben zu können. Eine Einordnung als Informationspflicht folgte daraus jedoch nicht. Auch die Obliegenheit, den Arbeitnehmer zu informieren, kann als "Reflex" angesehen

---

[91] Vgl. nur BAG vom 17.11.1977, AP 10; BAG vom 22.4.1993, AP 102 zu § 613a BGB

[92] BAG vom 19.3.1998, AP 177 zu § 613a BGB

[93] Debong, Die EG-Richtlinie über die Wahrung der Arbeitnehmeransprüche bei Betriebsübergang, S. 94; Fischer, DB 2001, 331, 333; Löw, Die Betriebsveräußerung im europäischen Arbeitsrecht, S. 177 f.; Oetker, Europäisches Betriebsverfassungsrecht, EAS B 8300, Rn. 367; Oetker, NZA 1998, 1193, 1201

werden[94]. Ein "Reflex" an sich ist als dogmatische Herleitung einer Informationspflicht daher nicht geeignet.
Fernerhin ist die Ansicht von *Stratmann*[95] abzulehnen, wonach eine Informationspflicht deshalb vorgelegen hätte, weil dies für die Willensbildung einer Willenserklärung - sei es die Zustimmung oder der Widerspruch - erforderlich sei. Diese Meinung entspricht bereits nicht der heutigen Rechtsgeschäftslehre, wonach ein bestimmter Geschäftswille gerade nicht Wirksamkeitsvoraussetzung einer Willenserklärung ist[96].

[94] So BAG vom 16.1.1985, AP 14 zu § 12 SchwbG, III. 4. a) der Gründe, wonach die Unterrichtung des Arbeitnehmers von seiner Schwerbehinderung eine Obliegenheit sei, die sich als *Reflex* daraus ergebe, dass der Arbeitgeber ab einem bestimmten Zeitpunkt darauf vertrauen dürfe, dass es der Einleitung eines Zustimmungsverfahrens nicht bedarf.
[95] Stratmann, SAE 1976, 78, 80, Fn. 21
[96] Vgl. nur Lorenz, Der Schutz vor dem unerwünschten Vertrag, S. 226 f. m.w.N.; LAG Hamm vom 28.8.1997, LAGE 64 zu § 613a BGB (Ls.), unter 2.2.2. der Entscheidungsgründe hinsichtlich der Voraussetzungen einer Widerspruchserklärung

2. Kapitel: Die Information nach § 613a Abs. 5 BGB

Nach § 613a Abs. 5 BGB hat der bisherige Arbeitgeber oder der neue Inhaber die von einem Übergang betroffenen Arbeitnehmer vor dem Übergang in Textform zu unterrichten. Gem. § 613a Abs. 6 S. 1 BGB kann der Arbeitnehmer dem Übergang des Arbeitsverhältnisses innerhalb eines Monats nach Zugang der Unterrichtung schriftlich widersprechen. Mit der Neuregelung sind einige der oben dargestellten Ansichten zum Widerspruchsrecht obsolet geworden. Zum besseren Verständnis bedarf es einer näheren Betrachtung des der Norm zu Grunde liegenden Art. 7 Abs. 6 RL 2001/23/EG.

Es entspricht ganz herrschender Meinung, dass nationale Vorschriften "im Lichte" der Bestimmungen der Richtlinie auszulegen sind, um dieser ihre volle Wirksamkeit zu verleihen[97]. Hierbei ist nicht nur die zur Umsetzung der Richtlinie geschaffene Norm, sondern das nationale Recht im Allgemeinen richtlinienkonform auszulegen[98]. Begrenzt wird die richtlinienkonforme Auslegung zum einen durch

---

[97] Vgl. EuGH vom 10.4.1984, Slg. 1984, 1891, Rn. 26; EuGH vom 13.11.1990, Slg. 1990, 4135, Rn. 8; EuGH vom 16.12.1993, Slg. 1993, 6911, Rn. 20; EuGH vom 14.7.1994, Slg. 1994, 3325, Rn. 26; EuGH vom 7.121995, Slg. 1995, 4321, 4346, Rn. 17; EuGH vom 23.2.1999, C-63/97 (Rn. 22); EuGH vom 3.10.2000, NZA 2000, 1227; EuGH vom 14.9.2000, ZIP 2000, 1996, 1998, Rn. 21; BAG vom 2.4.1996, AP 5 zu § 87 BetrVG 1972 Gesundheitsschutz; LG Berlin vom 9.4.2001, ZIP 2001, 1636, 1637; aus der Literatur: Bechmann, Die richtlinienkonforme Auslegung, S. 32 ff. mit umfangreichen Nachweisen; Alvensleben, Die Rechte der Arbeitnehmer bei Betriebsübergang im europäischen Gemeinschaftsrecht, S. 139; Däubler, NZA 1992, 577, 584; Di Fabio, NJW 1990, 947, 949; Franzen, RdA 1999, 361, 370; Gaul, NJW 1995, 228, 232; Götz, NJW 1992, 1849, 1854; Herrnfeld, in: Schwarze, Art. 94 EGV, Rn. 70 m.w.N.; Jarass, EuR 1991, 211, 217 ff.; Kliemt, Nachweis des Arbeitsvertrages, EAS B 3050, Rn. 86; Krause, NZA 1998, 1201, 1204; Krimphove, Europäisches Arbeitsrecht, S. 61; Lörcher, AuR 1994, 450, 452; Mayer, Veränderung und Abweichung tarifvertraglicher Arbeitsbedingungen nach Betriebsübergang, S. 12 m.w.N.; Schmidt, Der Einfluß europäischer Richtlinien auf das innerstaatliche Privatrecht am Beispiel des Einwendungsdurchgriffs bei verbundenen Geschäften, S. 82 ff.; Wißmann, AuR 2001, 370, 371

[98] EuGH vom 10.4.1984, Slg. 1984, 1891; EuGH vom 10.4.1984, Slg. 1984, 1921, beide Rn. 26: "*Daraus folgt, daß das nationale Gericht bei der Anwendung des nationalen Rechts,* ***insbesondere*** *auch der Vorschriften eines speziell zur Durchführung der Richtlinie 76/207 erlassenen Gesetzes, dieses nationale Recht im Lichte des Wortlauts und des Zwecks der Richtlinie auszulegen hat,...*"; EuGH vom 8.10.1987, Slg. 1987, 3982, Rn. 12; EuGH vom 23.2.1999, C-63/97 (Rn. 22): "*Jedoch ist das anwendbare nationale Recht, soweit irgend möglich, im Lichte des Wortlauts und der Ziele der Richtlinie auszulegen, ...*"; BAG vom 2.4.1996, AP 5 zu § 87 BetrVG 1972, II. 2. b) der Entscheidungsgründe; BAG vom 23.1.2002, NZA 2002, 800, 803; BAG vom 24.1.2002, BB 2002, 1661, 1663; BGH vom 4.7.2002, - I ZR 55/00; ArbG Berlin vom 25.01.2002, NZA-RR 2003, 85, 88 zu RL 2001/23/EG; Alvensleben, Die Rechte der Arbeitnehmer bei Betriebsübergang im europäischen Gemeinschaftsrecht, S. 140; Götz, NJW 1992, 1849, 1854; Jarass, EuR 1991, 211, 220; Krimphove, Europäisches Arbeitsrecht, S. 61; Lörcher, AuR 1994, 450, 452; Krause, NZA 1998, 1201, 1204; Erfk-Preis, § 613a BGB, Rn. 1;

die jeweilige nationale Vorschrift[99]. Zum anderen wird die richtlinienkonforme Auslegung durch den Anwendungsbereich der Richtlinie selbst begrenzt. Sieht die Richtlinie, wie Art. 8 RL 2001/23/EG, die Möglichkeit einer günstigeren nationalen Regelung vor, so ist damit eine "günstigere" nationale Auslegung nicht ausgeschlossen[100]. Aufgrund dessen spielt die Richtlinie nicht nur bei der Auslegung des § 613a BGB, sondern auch bei etwaigen anderen Informationspflichten eine erhebliche Rolle. Wegen der überragenden Bedeutung wird der Richtlinie, unabhängig von der dogmatischen Einordnung der richtlinienkonformen Auslegung innerhalb der herkömmlichen Auslegungsmethoden[101], ein gesonderter Abschnitt gewidmet.

A. Art. 7 Abs. 6 RL 2001/23/EG

Nach der Neufassung der Betriebsübergangsrichtlinie 77/187/EWG[102] durch die Ergänzungsrichtlinie 98/50/EG[103] wurde der bisherige Art. 6 Abs. 5, der lediglich eine fakultative vorherige Information der Arbeitnehmer vorsah[104] und in Deutschland nicht umgesetzt wurde[105], durch Art. 7 Abs. 6 RL 2001/23/EG[106]

Schmidt, Der Einfluß europäischer Richtlinien auf das innerstaatliche Privatrecht am Beispiel des Einwendungsdurchgriffs bei verbundenen Geschäften, S. 83 ff. m.w.N.; Wank, in: Handbuch des europäischen Arbeits- und Sozialrechts, § 9, Rn. 261 ff.; Wendeling-Schröder/Welkobowsky, NZA 2002, 1370, 1373 zu RL 2002/14/EG; a.A. Brechmann, Die richtlinienkonforme Auslegung, S. 62 (Fn. 129), der diese Ansicht den Ausführungen des EuGH nicht entnehmen kann, jedoch zu dieser Frage nicht explizit Stellung nimmt.

[99] EuGH vom 23.2.1999, C-63/97 (Rn. 22); BSG vom 20.6.2001 - B 11 AL 3/01 R; LG München vom 19.12.2001, WM 2002, 285, 287; Brechmann, Die richtlinienkonforme Auslegung, S. 125, 265 m.w.N.; Franzen, RdA 1999, 361, 370; Herrnfeld, in: Schwarze, Art. 94 EGV, Rn. 72; Jarass, EuR 1991, 211, 218; Schmidt, Der Einfluß europäischer Richtlinien auf das innerstaatliche Privatrecht am Beispiel des Einwendungsdurchgriffs bei verbundenen Geschäften, S. 95 ff. m.w.N.; a.A. Lutter, JZ 1992, 593, 604, Fn. 135

[100] Brechmann, Die richtlinienkonforme Auslegung, S. 273 ff. m.w.N.

[101] Hierzu umfassend Schmidt, Der Einfluß europäischer Richtlinien auf das innerstaatliche Privatrecht am Beispiel des Einwendungsdurchgriffs bei verbundenen Geschäften, S. 93 f. m.w.N., der den Streit zutreffend als "müßig" bezeichnet.

[102] ABl. EG L 61 vom 5.3.1977, S. 26

[103] ABl. EG L 201 vom 17.7.1998, S. 88 = NZA 1998, 1211; Zusammenfassung in RL 2001/23/EG, Abl. EG L 82 vom 22.3.2001, S. 16, die keine inhaltliche Neuregelung enthält, Art. 6 RL 77/187/EWG n. F. ist nunmehr Art. 7 RL 2001/23/EG

[104] Die Vorschrift lautete: "*Die Mitgliedsstaaten können vorsehen, daß die betreffenden Arbeitnehmer für den Fall, daß es in einem Unternehmen oder in einem Betrieb keine Vertreter der Arbeitnehmer gibt, vorher über den unmittelbare bevorstehenden Übergang im Sinne des Artikels 1 Absatz 1 zu informieren sind.*"

[105] Debong, Die EG-Richtlinie über die Wahrung der Arbeitnehmeransprüche bei Betriebsübergang, S. 94; Oetker, NZA 1998, 1193, 1201, Löw, Die Betriebsveräußerung im europäischen Arbeitsrecht, S. 177 f.; vgl. dagegen Art. 1 § 3 Abs. 3 Satz 2 Arbeitsvertragsrechts-Anpassungsgesetz in Österreich (BGBl. Nr. 459/1993): "*Der Erwerber hat dem Arbeitnehmer*

neu gefasst. Hiernach sind die betroffenen Arbeitnehmer für den Fall, dass es unabhängig von ihrem Willen keine Vertreter der Arbeitnehmer gibt, vorher zu informieren[107]. Die Bedeutung dieser Vorschrift und deren Reichweite ist bislang noch nicht hinreichend geklärt.

I. Meinungen im Schrifttum zu Art. 7 Abs. 6 RL 2001/23/EG

Die Meinungen zu Art. 7 Abs. 6 RL 2001/23/EG gingen bereits dahingehend auseinander, ob Deutschland überhaupt verpflichtet war, diese Vorschrift umzusetzen.

Obgleich die Richtlinie keine Sanktion für die Nichtbeachtung der Informationen nach Abs. 6 vorsehe, sei Deutschland nach Auffassung einiger verpflichtet gewesen, geeignete und effektive Kontrollsysteme zu erlassen[108]. Andere sahen dagegen keine Umsetzungspflicht, weil sich - im Anschluss an *Oetker* - Informationspflichten gegenüber den einzelnen Arbeitnehmern bereits als Nebenpflicht aus dem Arbeitsvertrag ergeben hätten[109]. Schließlich erwähnten einige[110] ohne nähere Begründung lediglich den Anpassungsbedarf in Deutschland, während vor allem *Hanau*[111] der Ansicht war, dass es bei der Unterrichtungsobliegenheit verbleiben könne, da der Richtlinie keine weitergehenden Informationspflichten zu entnehmen seien.

Hinsichtlich der Information selbst sehen einige, die bereits eine nebenvertragliche Informationspflicht als "Reflex" des Widerspruchsrechts bejahten, in Abs. 6 eine unmittelbare und individuelle Informationspflicht des Arbeitgebers gegenüber einzelnen Arbeitnehmern[112]. Auch *Willemsen/Annuß*[113] und *Buschmann*[114]

---

jede auf Grund des Betriebsübergangs erfolgte Änderung der Arbeitsbedingungen unverzüglich mitzuteilen."

[106] ABl. EG L 82 vom 22.3.2001, S. 16

[107] Die Vorschrift lautet: " *Die Mitgliedsstaaten sehen vor, daß die betreffenden Arbeitnehmer für den Fall, daß es unabhängig von ihrem Willen in einem Unternehmen oder in einem Betrieb keine Vertreter der Arbeitnehmer gibt, vorher zu informieren sind über*
- *den Zeitpunkt bzw. den geplanten Zeitpunkt des Übergangs,*
- *den Grund für den Übergang,*
- *die rechtlichen, wirtschaftlichen und sozialen Folgen des Übergangs für die Arbeitnehmer,*
- *die hinsichtlich der Arbeitnehmer in Aussicht genommenen Maßnahmen.*"

[108] Franzen, RdA 1999, 361, 371; Oetker, Europäisches Betriebsverfassungsrecht, EAS B 8300, Rn. 334

[109] Waas/Johanns, EuWZ 1999, 458, 462; Zachert/Kocher, FS zum 50-jährigen Bestehen der Arbeitsgerichtsbarkeit in Rheinland-Pfalz, 171, 184 f.; dies., EuroAS 1999, 213, 218 f.

[110] MüHB-Birk, § 19, Rn. 269; wohl auch Düwell, FA 1998, 282, 283; KassHB-Düwell, 6.7, Rn. 8; Richardi/Annuß, in: Staudinger, § 613a BGB, Rn. 38

[111] Erman-Hanau, § 613a BGB, Rn. 51

[112] Franzen, RdA 1999, 361, 371; Oetker, NZA 1998, 1193,1201; ders., Europäisches Betriebsverfassungsrecht, EAS B 8300, Rn. 332, allerdings mit dem Terminus "Informationsanspruch", der jedoch von einer "Informationspflicht" zu unterscheiden ist.

gehen von einer Informationspflicht gegenüber einzelnen Arbeitnehmern aus. Demgegenüber besteht nach ersten Äußerungen zu § 613a Abs. 5 BGB keine individuell-detaillierte Informationspflicht[115].
Der EuGH hat sich bislang weder mit Art. 6 Abs. 5 RL 77/187/EWG noch mit dem neuen Art. 7 Abs. 6 RL 2001/23/EG eingehend befasst. Lediglich Art. 6 Abs. 1 RL 77/187/EWG war bereits Gegenstand einer Entscheidung[116].

II. Eigene Ansicht

1.) Adressat

Adressat der Information sind "die betreffenden Arbeitnehmer". Der Wortlaut lässt vielerlei Möglichkeiten Raum, welche Personen zu informieren sind. Dies betrifft sowohl das Adjektiv "betreffenden", da hierunter auch nur mittelbar vom Betriebsübergang betroffene Arbeitnehmer zu verstehen sein könnten, als auch das Wort "Arbeitnehmer", welches sich auf einzelne Arbeitnehmer oder auf die Belegschaft beziehen kann.

a) Arbeitnehmereigenschaft

Der Adressat der Information muss Arbeitnehmer sein. Art. 2 Abs. 1 d) RL 2001/23/EG überlässt die Bestimmung des Arbeitnehmerbegriffs ausdrücklich den Mitgliedsstaaten. Obgleich hierdurch der beabsichtigte Mindeststandard nur teilweise erreicht wird, gibt es angesichts der eindeutigen Regelung keine Veranlassung, den Arbeitnehmerbegriff, wie etwa im Bereich der Freizügigkeit, einheitlich zu bestimmen[117]. Dies hat der EuGH[118] bereits mehrfach bestätigt und klargestellt, dass keine vollständige Harmonisierung gewollt ist. Voraussetzung ist lediglich, dass die Arbeitnehmer nach nationalem Recht irgendeinen, wenn

---

[113] Willemsen/Annuß, NJW 1999, 2073, 2080
[114] DKK-Buschmann, § 81 BetrVG, Rn. 2
[115] Bauer/von Steinau-Steinrück, ZIP 2002, 457, 462; Gaul, Aktuelles Arbeitsrecht 2001, 319; Gaul, FA 2002, 299, 300; Gaul, Betriebs- und Unternehmensspaltung, § 11, Rn. 18; Gaul/Otto, DB 2002, 634, 635; wohl auch Grobys, BB 2002, 726, 727; Huke, FA 2002, 263, 265; unklar Düwell, FA 2002, 107, 109 ("individualrechtliche Rechtspflichten"); ErfK-Preis, § 613a BGB, Rn. 85; Wisskirchen, AE 01/2002, V, VI; Willemsen/Lembke, NJW 2002, 1159, 1163
[116] EuGH vom 8.6.1994, Slg. 1994, 2435 ff.
[117] Kritik an dieser Regelung insbes. von: Alsbaek, Der Betriebsübergang und seine individualrechtlichen Folgen in Europa, S. 35; Alvensleben, Die Rechte der Arbeitnehmer bei Betriebsübergang im europäischen Gemeinschaftsrecht, S. 164 ff., 170; Joussen, Die Auslegung europäischen (Arbeits-)Rechts aus deutsch-italienischer Sicht, S. 224 ff.; Richardi/Annuß, in: Staudinger, § 613a BGB, Rn. 25; Willemsen/Annuß, NJW 1999, 2073, 2075
[118] EuGH vom 7.2.1985, Slg. 1985, 2653; EuGH vom 11.6.1985, Slg. 85, 2639; EuGH vom 19.3.1992, Slg. 1992, 3189; EuGH vom 14.9.2000, ZIP 2000, 1996

auch nur eingeschränkten Schutz genießen[119], was jedoch nicht dazu führen darf, dass der Richtlinie ihre praktische Wirksamkeit genommen wird[120].
Die Arbeitnehmereigenschaft setzt zudem ein bestehendes Arbeitsverhältnis voraus, weshalb bereits ausgeschiedene Arbeitnehmer nicht zu informieren sind. Es können nur diejenigen Arbeitnehmer Rechte aus der Richtlinie herleiten, deren Arbeitsverhältnis zum Zeitpunkt des Übergangs besteht, d.h. auch ruhende Arbeitsverhältnisse. Das beurteilt sich wiederum nach innerstaatlichem Recht, wobei die zwingenden Vorschriften über den Schutz der Arbeitnehmer gegen eine wegen des Übergangs erfolgte Kündigung beachtet werden müssen[121]. Verstößt die Kündigung gegen Art. 4 Abs. 1 RL 2001/23/EG, besteht das Arbeitsverhältnis daher fort[122]. Dem gekündigten Arbeitnehmer stehen in diesem Fall die Rechte aus der Richtlinie zu.

b) "Betreffenden" Arbeitnehmer

Art. 7 Abs. 6 RL 2001/23/EG verlangt eine Information der "betreffenden" Arbeitnehmer. Dies können einerseits die Arbeitnehmer sein, die im verbleibenden Betrieb und im aufnehmenden Betrieb beschäftigt sind oder andererseits lediglich die "übergehenden" Arbeitnehmer.
Letzteres wird teilweise in der Literatur[123] hinsichtlich der Regelung eines Übergangsmandates der Arbeitnehmervertreter in Art. 6 Abs. 1 UA 3, 4 RL 2001/23/EG vertreten, wobei sich diese Ansicht insbesondere auf den Wortlaut der englischen, französischen und italienischen Fassungen stützt, der in Art. 6 Abs. 1 UA 3, 4[124] und Art. 6 Abs. 1 UA 1, Art. 7 Abs. 1 UA 1, 3[125] jeweils unterschiedlich ist.
So ging z.B. der österreichische Gesetzgeber zunächst offenbar von einem unterschiedlichen Verständnis von Art. 7 Abs. 1 und 6 RL 2001/23/EG aus, da der zur Umsetzung der RL 98/50/EG ergangene Entwurf des § 3a AVRAG lediglich eine

---

[119] EuGH vom 19.3.1992, Slg. 1992, 3189, 3219 (Rn. 18)
[120] EuGH vom 8.6.1994, Slg. 1994, 2461
[121] EuGH vom 7.2.1985, Slg. 1985, 462, 466 (Rn. 13), EuGH vom 17.12.1987, Slg. 1987, 5479, 5486 (Rn. 25); EuGH vom 15.6.1988, Slg. 1988, 3071, 3077 (Rn. 17); EuGH vom 25.7.1991, Slg. 1991, 4139, 4143 (Rn. 10)
[122] EuGH vom 15.6.1988, Slg. 1988, 3071, 3077 (Rn. 18); EuGH vom 12.3.1998, Slg. 1998, 1079, 1091 (Rn. 35)
[123] Vgl. insbes. Willemsen/Annuß, NJW 1999, 2073, 2077
[124] englische Fassung: "*transferred employees*"; französische Fassung: "*travailleurs transférés*"; italienische Fassung: "*lavoratori trasferiti*"
[125] englische Fassung: "*employees affected by the transfer*"; französische Fassung: "*travailleurs concernés*" (Art. 5 Abs. 1 UA 1, Art. 6 Abs. 1 UA 1) sowie "*travailleurs affectés*" (Art. 6 Abs. 1 UA 3); italienische Fassung: "*lavoratori dal trasferimento*" (Art. 5 Abs. 1 UA 1, Art. 6 Abs. 1 UA 1)

Information durch den Veräußerer und nicht durch den Erwerber vorsah[126], während sich § 3 Abs. 3 S. 2 AVRAG[127] auf den übergehenden Arbeitnehmer beschränkt. Nunmehr hat der österreichische Gesetzgeber eine ähnliche Regelung wie in § 613a Abs. 5 BGB erlassen[128].
Der EuGH[129] hat betont, dass Art. 6 Abs. 5 RL 77/187/EWG nicht isoliert und unabhängig von den anderen Bestimmungen des Art. 6 betrachtet werden dürfe. Er dürfe nicht so verstanden werden, dass überhaupt keine Arbeitnehmervertreter bestellt werden brauchen, um den Verpflichtungen nach Art. 6 nachzukommen. Weitere Ausführungen zum Verhältnis zwischen Art. 7 Abs. 1 und Abs. 6 RL 2001/23/EG sind der Rechtsprechung des EuGH jedoch nicht zu entnehmen.
Der Wortlaut zwischen Art. 7 Abs. 1 und Abs. 6 RL 2001/23/EG differiert beispielsweise auch in der englischen Fassung[130], ist im Übrigen jedoch in den meisten anderen Fassungen gleich. Art. 7 Abs. 1 RL 2001/23/EG sieht die Information der Arbeitnehmervertreter sowohl des Veräußerers als auch des Erwerbers vor. Dies ergibt sich aus UA 2, 3. Es stellt sich daher die Frage, wie sich Art. 7 Abs.1 zu Abs. 6 RL 2001/23/EG verhält, d.h. ob Abs. 6 etwas anderes regelt als Abs. 1. Gegen unterschiedliche Regelungen spricht zunächst der Wortlaut, der zumindest in den meisten sprachlichen Fassungen gleich ist. Auch die Stellung innerhalb des Art. 7 deutet auf eine subsidiäre Anwendungen des Abs. 6 hin. Allerdings hätte auch ein Hinweis auf Abs.1 in Abs. 6 genügt, ohne den Inhalt der Information nochmals zu wiederholen, wie dies bei Art. 6 Abs. 5 RL 77/187/EWG der Fall war. Eine gesonderte Funktion dieser wiederholten Aufzählung ist der Richtlinie jedoch nicht zu entnehmen. Aus Art. 7 Abs. 1 UA 2, 3 RL 2001/23/EG geht hervor, dass auch die beim Veräußerer verbleibenden Arbeitnehmer und die Arbeitnehmer des Erwerbers "unmittelbar betroffen" sein können; beispielsweise können sich bestimmte Schwellenwerte ändern, die an die Arbeitnehmerzahl anknüpfen. Zwar sieht Art. 7 Abs. 6 RL 2001/23/EG eine vorherige Information vor und scheint sich augenscheinlich nur auf Art. 7 Abs. 1 UA 2 RL 2001/23/EG zu beziehen. Dann wären lediglich die Veräußererarbeitnehmer zu informieren.

---

[126] Vgl. Ministerialentwurf für eine AVRAG-Novelle, abgedruckt bei Binder, AVRAG, S. XVIII: *"Besteht in einem Unternehmen oder Betrieb keine Arbeitnehmervertretung, so hat der Veräußerer die vom Betriebsübergang betroffenen Arbeitnehmer rechtzeitig und im Vorherein über ... zu informieren. Diese Information kann auch über einen öffentlichen Aushang erfolgen."*

[127] BGBl. 1993/459 i.d.F. BGBl. 1994/450, BGBl. 1995/895: *"Der Erwerber hat dem Arbeitnehmer jede auf Grund des Betriebsübergangs erfolgte Änderung der Arbeitsbedingungen unverzüglich mitzuteilen."*

[128] § 3a AVRAG: *"Besteht in einem Unternehmen oder Betrieb keine Arbeitnehmervertretung, so hat der Veräußerer oder der Erwerber die vom Betriebsübergang betroffenen Arbeitnehmer im Vorhinein über ... schriftlich zu informieren. Diese Information kann auch durch Aushang an einer geeigneten, für den Arbeitnehmer leicht zugänglichen Stelle im Unternehmen oder Betrieb erfolgen."*; BGBl. Nr. 52/2002

[129] EuGH vom 14.4.1994, Slg. 1994, 1321, 1326 (Rn. 22, 24)

[130] "*employees affected*" (Art. 7 Abs. 1), "*employees concerned*" (Art. 7 Abs. 6)

Gleichwohl ist auch nach Art. 7 Abs. 1 UA 3 RL 2001/23/EG vorher zu informieren, was sich nicht auf den Vollzug des Übergangs jedoch auf das unmittelbare Betroffensein bezieht. Art. 7 Abs. 6 RL 2001/23/EG differenziert nicht zwischen den verschiedenen Zeitpunkten, was für eine Information sämtlicher Arbeitnehmer spricht. Die Informationsvorschriften können dem Zweck der Unterrichtung sämtlicher Arbeitnehmer nur umfänglich gerecht werden, wenn sie extensiv ausgelegt werden[131], weshalb alle und nicht nur die übergehenden Arbeitnehmer zu informieren sind[132].
Andererseits müssen die Arbeitnehmer überhaupt von einem Übergang betroffen sein. Dies setzt einen bevorstehenden Betriebsübergang im Sinne von Art. 1 a) RL 2001/23/EG voraus. Bei einem Übergang kraft Gesetzes, bei Anteilskaufverträgen, sog. share deals, oder bei Betriebsstillegungen ist das z.B. nicht der Fall. Ferner sind vom Anwendungsbereich nach Art. 1 Abs. 1 c) S. 1 die Übertragung von Verwaltungsaufgaben sowie nach Art. 1 Abs. 3 Seeschiffe ausgeschlossen.

c) Globalinformation versus Individualinformation

Als nächstes ist zu eruieren, ob jeder einzelne Arbeitnehmer detailliert über die Folgen des Übergangs hinsichtlich seines Arbeitsverhältnisses informiert werden muss, beispielsweise über konkrete Änderungen seiner Gehaltshöhe aufgrund eines Tarifvertragswechsels, des Direktionsrechts, des Wettbewerbsverbots oder anderer insbesondere unternehmensabhängiger Leistungen wie Aktienoptionen oder Tantieme. Dann müssten die zu erteilenden Informationen individuell-detailliert sein. Andererseits kann sich die Information auch auf typisierende Globalinformationen beschränken, die nicht einzelnen Arbeitnehmern gegenüber, sondern vielmehr den Arbeitnehmern als Belegschaft zu erteilen sind. Als Beispiel sei die Geltung eines neuen Tarifvertrages genannt, aus dem sich dann die individuell-detaillierten Änderungen ergeben. Diese Frage spielt nicht nur für den Adressatenkreis eine Rolle, sondern ist auch für den Umfang der zu erteilenden Informationen von wesentlicher Bedeutung.

(1) Grammatische Auslegung

Nach der grammatischen Auslegung einer Richtlinie ist zu ermitteln, welchen Sinn den Richtlinienworten nach dem allgemeinen Sprachgebrauch oder dem

---

[131] Vgl. zur gebotenen extensiven Auslegung der RL: Schlussanträge des Generalanwalts Georgios Cosmas vom 10.5.1995 zu EuGH vom 19.9.1995, Slg. 1995, 2745, 2753 (Rn. 14); von Alvensleben, Die Rechte der Arbeitnehmer bei Betriebsübergang im europäischen Gemeinschaftsrecht, S. 121; Oetker, NZA 1998, 1193, 1194; ders., Europäisches Betriebsverfassungsrecht, EAS B 8300, Rn. 322; für eine restriktive Auslegung zu § 613a Abs. 5 BGB dagegen Bauer/von Steinau-Steinrück, ZIP 2002, 457, 462

[132] Franzen, RdA 2002, 258, 261; wohl auch Nowak, Die EWG-Richtlinie über die Unterrichtung und Anhörung der Arbeitnehmer, S. 121

rechtstechnischen juristischen Sprachgebrauch der Richtlinie unter Beachtung der Regeln der Grammatik zukommen kann[133]. Die Auslegung einer gemeinschaftsrechtlichen Vorschrift erfordert hierbei stets einen Textvergleich ihrer sprachlichen Fassungen[134].
Art. 7 Abs. 6 RL 2001/23/EG führt in sämtlichen sprachlichen Versionen stets nur die Arbeitnehmer in der Mehrzahl an[135]. Wäre eine Individualinformation gewollt, so hätte der Adressat in der Einzahl formuliert werden können. Beispielsweise erwähnt Art. 2 Abs. 2 der Nachweisrichtlinie 91/533/EWG[136] und Art. 12 Abs. 1 der Arbeitsschutzrahmenrichtlinie 89/391/EWG[137] den berechtigten Arbeitnehmer im Singular; ferner besteht zum Beispiel in Österreich gem. § 3 Abs. 3 S. 2 AVRAG[138] eine Informationspflicht des Erwerbers gegenüber "dem Arbeitnehmer". Dagegen hat nach § 6 Abs. 1 der Rahmenvereinbarung über befristete Arbeitsverträge nach der Richtlinie über befristete Arbeitsverträge 1999/70/EG[139] der Arbeitgeber "die befristet beschäftigten Arbeitnehmer" über freie Stellen zu informieren, wobei die Information auch durch allgemeine Bekanntgabe erfolgen kann. Auch diese Information muss daher nicht individuell gegenüber jedem einzelnen Arbeitnehmer erteilt werden. Insbesondere die englische und portugiesische Fassung[140] des Art. 7 Abs. 6 RL 2001/23/EG deuten mehr auf eine typisierend-globale denn individuell-detaillierte Information hin. *Von Alvensleben*[141], der hierzu nicht explizit Stellung genommen hat, spricht im Zusammenhang mit der Klärung des Begriffes "Maßnahmen" ebenso nicht von einzelnen Arbeitnehmern, sondern vielmehr von der "Arbeitnehmerschaft".
Andererseits könnte man ebenso gut argumentieren, dass das Wort "betreffenden" auf eine Individualinformation hindeutet, da der Adressatenkreis bestimmbar ist. Hätte man das Wort "betreffenden" weggelassen, so wäre der weite A-

---

[133] Anweiler, Die Auslegungsmethoden des Gerichtshofs der Europäischen Gemeinschaften, S. 84, 145; Schmidt, Der Einfluß europäischer Richtlinien auf das innerstaatliche Privatrecht am Beispiel des Einwendungsdurchgriffs bei verbundenen Geschäften, S. 50

[134] EuGH vom 7.2.1985, Slg. 1985, 462, 466; EuGH vom 7.3.1996, Slg. 1996, 1267, 1276 (Rn. 28); EuGH vom 15.10.1996, Slg. 1996, 5013, 5020; Anweiler, Die Auslegungsmethoden des Gerichtshofs der Europäischen Gemeinschaften, S. 149; Joussen, Die Auslegung europäischen (Arbeits-)Rechts aus deutsch-italienischer Perspektive, S. 56; Lutter, JZ 1992, 593, 599; Schmidt, Der Einfluß europäischer Richtlinien auf das innerstaatliche Privatrecht am Beispiel des Einwendungsdurchgriffs bei verbundenen Geschäften, S. 50 f.; Wank, in: Handbuch des europäischen Arbeits- und Sozialrechts, § 9, Rn 214 ff.

[135] Sämtliche Fassungen findet man im Internet unter: http://europa.eu.int/eur-lex

[136] ABl. EG L 288 vom 18.10.1991, S. 32

[137] ABl. EG L 183 vom 12.6.1989, S. 1

[138] Siehe Fn. 127

[139] ABl. EG L 175 vom 10.7.1999, S. 43

[140] Die Begriffe "employees" sowie "trabalhadores" können ebenso "Arbeitnehmerschaft" bedeuten.

[141] Alvensleben, Die Rechte der Arbeitnehmer bei Betriebsübergang im europäischen Gemeinschaftsrecht, S. 121

dressatenkreis eindeutiger. Hiergegen spricht jedoch, dass auch die nicht zum übergehenden Betriebsteil gehörenden Arbeitnehmer im Sinne der Richtlinie vom Übergang "betroffen" sein können.
Nationales Sprachverständnis spielt für die grammatische Auslegung von Richtlinien keine Rolle, da sich innerhalb der EU eine eigene Rechtssprache entwickelt hat. Dies gilt selbst dann, wenn die Richtlinie nationalen Ursprungs ist[142]. Es kommt somit beispielsweise nicht auf den Terminus "betroffenen Arbeitnehmer" im Sinne von § 76 Abs. 5 S. 3 BetrVG an, der sich auch auf einzelne Arbeitnehmer beziehen kann[143].

Die Semantik deutet daher eher auf eine typisierend-globale denn individuell-detaillierte Information hin.

(2) Systematische Auslegung

Die systematische Auslegung einer Richtlinie bezieht sich auf den Zusammenhang und die Stellung derselben im Gesamtkomplex der Richtlinie oder der Rechtsordnung. Es geht darum, den einzelnen Rechtsgedanken als Teil eines Kontextes zu verstehen, ihn in den Sinnzusammenhang zu stellen und "im Lichte des Gemeinschaftsrechts" auszulegen[144].
Zunächst spricht der Hilfscharakter des Art. 7 Abs. 6 gegenüber Abs. 1 RL 2001/23/EG gegen eine individuell-detaillierte Information. Art. 7 Abs. 1, 2 RL 2001/23/EG sind unzweideutig kollektivrechtliche Normen. Sie gehören zum kollektiven europäischen Arbeitsrecht. Aufgrund des Hilfscharakters von Abs. 6 gegenüber Abs. 1 ist keine grundverschiedene Regelungsintention anzunehmen.
RL 2001/23/EG stützt sich insbesondere auf Art. 94 EG. Diese Kompetenznorm setzt einen Regelungszweck voraus, welcher der Errichtung oder dem Funktionieren des Gemeinsamen Marktes dient. Ein erklärtes Ziel der lange Zeit erfolglosen gemeinschaftsweiten betrieblichen Mindestmitbestimmung ist die Harmonisierung der wirtschaftlichen Belastungen aufgrund der betrieblichen Mitbe-

---

[142] Lutter, JZ 1992, 593, 602; Schmidt, Der Einfluß europäischer Richtlinien auf das innerstaatliche Privatrecht am Beispiel des Einwendungsdurchgriffs bei verbundenen Geschäften, S. 51, 60 m.w.N.
[143] Vgl. Fitting, § 76 BetrVG, Rn. 100; Hoffmann, Kompetenzzuweisungen an den Betriebsrat, S. 42, jedenfalls - so einschränkend - bei Einzelfallentscheidungen; GK-Kreutz, § 76 BetrVG, Rn. 118 m.w.N.
[144] EuGH vom 6.10.1982, Slg. 1982, 3415, 3430; Anweiler, Die Auslegungsmethoden des Gerichtshofs der Europäischen Gemeinschaften, S. 87, 172 ff. m.w.N.; Joussen, Die Auslegung europäischen (Arbeits-)Rechts aus deutsch-italienischer Perspektive, S. 58; Schmidt, Der Einfluß europäischer Richtlinien auf das innerstaatliche Privatrecht am Beispiel des Einwendungsdurchgriffs bei verbundenen Geschäften, S. 54; Wank, in: Handbuch des europäischen Arbeits- und Sozialrechts, § 9, Rn. 227 ff.

stimmung[145]. Die kollektive Information dient somit unzweifelhaft dem Ziel des Art. 94 EG. Anders verhält es sich jedoch mit individuell-detaillierten Informationen. Insofern ist es zweifelhaft, ob diese der Errichtung und dem Funktionieren des Gemeinsamen Marktes dienen und erforderlich sind. So wurden bereits erhebliche Bedenken geäußert, ob die Nachweisrichtlinie dem Ziel des Art. 94 EG dient[146].
Maßgeblich für RL 2001/23/EG ist ferner Ziffer 17[147] der am 09.12.1989 verabschiedeten Gemeinschaftscharta der sozialen Grundrechte der Arbeitnehmer (Sozialcharta)[148], wie sich aus Ziff. 5 der Erwägungsgründe ergibt. Diese ist ebenfalls Grundlage der Art. 136 ff. EG, wie Art. 136 Abs. 1 EG klarstellt. RL 2001/23/EG führt unter Ziff. 5 der Erwägungsgründe Nr. 17, 18 der Sozialcharta als ein Umsetzungsziel der Richtlinie an. Allein aus Nr. 17, 18 der Sozialcharta sowie Art. 2 Abs. 1, 3 des Protokolls über die Sozialpolitik, dass der Umsetzung der Sozialcharta diente, ist nicht ersichtlich, ob auch einzelne Arbeitnehmer informiert werden sollen. Es sind stets die Arbeitnehmer im Plural genannt. Mit vorgenanntem Abkommen sollte weniger eine individuelle Information eingeführt als vielmehr die Mitbestimmung auf betrieblicher Ebene gefördert werden.
Andere Schlussfolgerungen lassen sich zudem nicht aus Art. 136, 137 EG herleiten. Art. 136 EG verweist lediglich auf die Ziele der Sozialcharta ohne weitergehenden Inhalt. Ebenso wenig eindeutig ist der Wortlaut der Regelung in Art. 137 Abs.1 e) EG[149]. Zudem erwähnt Art. 137 Abs. 1 f) EG explizit nur die kollektiven Arbeitnehmerinteressen und nicht Individualinteressen. Auch aus Art. 117, 118 EGV a.F. lassen sich keine Anhaltspunkte für eine Individualinformation herleiten.
Des Weiteren führt ein Vergleich mit anderen Richtlinien zu keinem anderen Ergebnis[150]. Wie RL 2001/23/EG nehmen auch RL 75/129/EWG i.d.F. vom 24.06.1992[151] bei Massenentlassungen sowie RL 94/45/EG[152] über die Einset-

---

145 Vgl. Ziff. 11 der Erwägungsgründe der Richtlinie zur Festlegung eines allgemeinen Rahmens für die Information und Anhörung der Arbeitnehmer, RL 2002/14/EG, ABl. EG L 80 vom 23.3.2002, S. 29

146 Skeptisch Birk, NZA 1996, 281, 282; Lörcher, AuR 1994, 450, 451; Müller-Glöge, RdA 2001, Beil. zu Heft 5, 46; Preis, NZA 1997, 10

147 *"Unterrichtung, Anhörung und Mitwirkung der Arbeitnehmer müssen in geeigneter Weise, unter Berücksichtigung der in den verschiedenen Mitgliedstaaten herrschenden Gepflogenheiten weiterentwickelt werden. Unterrichtung, Anhörung und Mitwirkung sind rechtzeitig vorzusehen, vor allem bei der Umstrukturierung oder Verschmelzung von Unternehmen, wenn dadurch die Beschäftigung der Arbeitnehmer berührt wird."*

148 KOM(89)248 endg.

149 A.A. Rebhahn, in: Schwarze, Art. 137 EG, Rn. 13 wonach unter Abs. 1 jedenfalls die Information gegenüber einzelnen Arbeitnehmern *und* gegenüber der Belegschaft falle.

150 Einen derartigen Vergleich nahm auch der Generalanwalt Walter von Gerven in seinen Schlussanträgen zu EuGH vom 8.6.1994, Slg. 1994, 2435, 2445 (Rn. 11) vor.

151 RL 75/129/EWG, ABl. EG L 48 vom 17.2.1975, S. 29, zuletzt geändert durch RL 92/56/EG, ABl. EG L 245 vom 24.6.1992, S. 3

zung eines Europäischen Betriebsrats auf Nr. 17 der Sozialcharta Bezug, ohne dass diese Vorschriften eine Unterrichtung einzelner Arbeitnehmer vorsehen. Desgleichen enthält RL 2002/14/EG zur Festlegung eines allgemeinen Rahmens für die Information und Anhörung der Arbeitnehmer[153] keine individuell-detaillierte Information einzelner Arbeitnehmer. Auch diese Richtlinie stützt sich nach Ziff. 2 der Erwägungsgründe auf Nr. 17 der Sozialcharta und nimmt in Art. 9 Abs. 1 auf die Informationsvorschriften der RL 2001/23/EG explizit Bezug. Demgegenüber bezieht sich die Nachweisrichtlinie[154], die unstrittig den einzelnen Arbeitnehmer schützt, nicht auf Nr. 17, sondern vielmehr auf Nr. 9 der Sozialcharta. Entgegen Nr. 17 führt Nr. 9 ausdrücklich den einzelnen Arbeitnehmer als Schutzadressaten an.

Die systematische Auslegung erfordert des Weiteren eine Auslegung im Lichte des Grundsatzes der Verhältnismäßigkeit[155]. Bei Informationsvorschriften ist das "Recht auf Unterrichtung" der Arbeitnehmer nach Art. 27 S. 1 und das Recht auf "Unternehmerische Freiheit" nach Art. 16 der Grundrechtscharta, die zwar (vorerst) lediglich eine politische Erklärung darstellt, deren Wertaussagen bei der Auslegung jedoch zu berücksichtigen sind[156], beiderseitig begrenzend auszulegen. Beispielsweise ist in Portugal für die Bildung einer Arbeitnehmervertretung Voraussetzung, dass mindestens 150 Arbeitnehmer beschäftigt sind. Wird nun ein Betrieb mit 149 Arbeitnehmern veräußert und in einen Betrieb mit 149 Arbeitnehmern integriert, so wären 298 Arbeitnehmer zu informieren. Die Zahl würde sich entsprechend erhöhen, wenn mehrere nicht arbeitnehmervertretungsfähige Betriebe veräußert und zu einem Betrieb verschmolzen würden. Auch in zahlreichen anderen Mitgliedsländern ist der Schwellenwert höher als 5 Arbeitnehmer[157]. Selbst in Deutschland ist es theoretisch denkbar, dass mehrere nicht betriebsratsfähige Betriebe mit einer insgesamt hohen Arbeitnehmerzahl veräußert und verschmolzen werden. Informationen nach Art. 7 Abs. 1 RL 2001/23/EG sind dann nicht zu erteilen; gleichwohl ist die Zahl der betroffenen Arbeitnehmer unter Umständen sehr hoch.

Dem Grundsatz der Verhältnismäßigkeit dient neben Art. 5 Abs. 3 EG beispielsweise auch Art. 2 Abs. 2 S. 2 des Protokolls über die Sozialpolitik und Art. 137

---

[152] ABl. EG L 254 vom 30.09.1994, S. 64

[153] ABl. EG L 80 vom 23.3.2002, S. 29

[154] RL 91/533/EWG, ABl. EG L 288 vom 18.10.1991, S. 32

[155] Anweiler, Die Auslegungsmethoden des Gerichtshofs der Europäischen Gemeinschaften, S. 192 m.w.N.

[156] Däubler, AuR 2001, 380, 382 m.w.N.; Schmitz, JZ 2001, 833; Weiss, AuR 2001, 374, 378; Steinmeyer, in: Handbuch des europäischen Arbeits- und Sozialrechts, § 9, Rn. 47; Zachert, NZA 2001, 1041; z.B. wird im RL-Vorschlag für eine RL über die Arbeitsbedingungen von Leiharbeitnehmern vom 20.03.2002, KOM(2002) 149 endgültig, auf die Grundrechtscharta verwiesen.

[157] Vgl. Übersicht bei Krimphove, Europäisches Arbeitsrecht, S. 407 ff.; z.B. in Frankreich, Belgien und Spanien jeweils mindestens 50 Arbeitnehmer.

Abs. 2 b) S. 2 EG[158]. Fernerhin sah der Richtlinienvorschlag der Kommission[159] einen Schwellenwert von 50 Arbeitnehmern vor, der jedoch nicht Eingang in die Richtlinie fand. Ein ähnlicher Schwellenwert ist wiederum in Art. 3 Abs. 1 RL 2002/14/EG zur Festlegung eines allgemeinen Rahmens für die Information und Anhörung der Arbeitnehmer[160] enthalten und dient nach Ziff. 17, 19 der Erwägungsgründe der Wahrung des Verhältnismäßigkeitsgrundsatzes. Der Europäische Gesetzgeber geht somit nicht von einer schrankenlosen Information aus. Insbesondere sollen kleinere Unternehmen geschützt werden. Dies spricht dafür, dass nicht die einzelnen Arbeitnehmer individuell-detailliert, sondern vielmehr sämtliche betroffene Arbeitnehmer in ihrer Gesamtheit informiert werden sollen. Eine individuell-detaillierte Information geht weit über eine typisierende Globalinformation hinaus. Ein entsprechender Wille des europäischen Gesetzgebers hätte aus Gründen der Verhältnismäßigkeit eindeutig zum Ausdruck gebracht werden müssen.
Allerdings scheint dieser Auffassung der Durchsetzungsanspruch des Arbeitnehmers nach Art. 9 RL 2001/23/EG zu widersprechen. Hiernach sollen die Mitgliedsstaaten Regelungen erlassen, um allen Arbeitnehmern die Möglichkeit einzuräumen, ihre Forderungen, die aus der Nichtbeachtung der aus der Richtlinie ergebenden Verpflichtungen resultieren, durch ein Gerichtsverfahren einzuklagen. Diese Durchsetzungsmöglichkeit bezieht sich ausnahmslos auf sämtliche Pflichten der Richtlinie. Dies spricht für einen individuellen Anspruch der einzelnen Arbeitnehmer. Indes schließen sich Klagemöglichkeit und typisierende Globalinformation nicht aus. So ist es ebenso denkbar, dass einzelne Arbeitnehmer die typisierenden Globalinformationen einklagen. Während der Inhalt lediglich typisierende Globalinformationen enthält, die an alle "betroffenen" Arbeitnehmer gerichtet sind, ergibt sich aus Art. 9 RL 2001/23/EG lediglich, dass die einzelnen Arbeitnehmer die Möglichkeit haben müssen, diese an alle Arbeitnehmer gerichteten Informationen jeweils geltend machen zu können.

Die systematische Auslegung spricht zusammenfassend für eine typisierende Globalinformation.

(3) Teleologische Auslegung

Nach der teleologischen Auslegung einer Richtlinie ist die einzelne Bestimmung im Rahmen ihres möglichen Wortsinns in dem Sinne auszulegen, der den Zwe-

---

[158] Vgl. Art. 137 Abs. 2 b) S. 2 EG : *"Diese Richtlinien sollen keine verwaltungsmäßigen, finanziellen oder rechtlichen Auflagen vorschreiben, die der Gründung und Entwicklung von kleinen und mittleren Unternehmen entgegenstehen."*; zum Verhältnismäßigkeitsgrundsatz vgl. Schlussanträge des Generalanwalts Walter van Gerven vom 2.3.1994 zu EuGH vom 8.6.1994, Slg. 1994, 2435, 2446 (Rn. 11, Fn. 12)
[159] ABl. EG C 274 vom 1.10.1994, S. 10
[160] ABl. EG L 80 vom 23.3.2002, S. 29

cken der Regelung optimal entspricht, wobei dieser Auslegungsmethode vom EuGH wohl der Vorrang eingeräumt wird[161].

Die Richtlinie selbst soll die Arbeitnehmer vor Nachteilen schützen, die sich für sie aus den Änderungen in den Unternehmensstrukturen ergeben können, welche durch einen Betriebsübergang bedingt sind. Dieses allgemeine Ziel leitet der EuGH aus der Präambel und den ersten Begründungserwägungen der RL 77/187/EWG her[162]. Als weiteres Ziel erwähnen Ziff. 3, 4 der Erwägungsgründe zu RL 77/187/EWG den Abbau von Unterschieden in Bezug auf den Umfang des Arbeitnehmerschutzes und das Funktionieren des gemeinsamen Marktes. Die Erwägungsgründe der RL 98/50/EG nennen unter Ziff. 2 wiederum die Harmonisierung nationaler Vorschriften sowie die Notwendigkeit der Anpassung der RL 77/187/EWG an die Rechtsprechung des EuGH. Zu Art. 6 Abs. 6 RL 98/50/EG selbst gibt es keine Ausführungen. Die Erwägungsgründe der RL 2001/23/EG wiederholen lediglich das Harmonisierungsziel (Ziff. 4, 6) als auch den Schutz der Arbeitnehmer bei einem Inhaberwechsel sowie die Gewährleistung der Ansprüche der Arbeitnehmer (Ziff. 3).

Neben dem Primärzweck der Richtlinie, Gewährleistung der Aufrechterhaltung der Arbeitnehmerrechte[163], hat der EuGH betont, dass die Richtlinie den Bestand der übertragenden wirtschaftlichen Einheit sichern[164] als auch die mit den aus der Richtlinie folgenden Unternehmensbelastungen harmonisieren soll[165].

Sinn und Zweck der Information nach Art. 7 Abs. 1 RL 2001/23/EG ist vorrangig, die Arbeitnehmervertreter über die möglichen nachteiligen Folgen eines Betriebsübergangs zu informieren, damit die Arbeitnehmervertreter mit dem Arbeitgeber entsprechende soziale Maßnahmen vereinbaren können. Dies ergibt sich aus Art. 7 Abs. 2 RL 2001/23/EG, wonach mit den Arbeitnehmervertretern über die in Betracht gezogenen Maßnahmen im Rahmen einer Konsultation Übereinkunft anzustreben ist. Der Zusammenhang zwischen Information und Konsultation war bereits Regelungszweck der Informationspflicht der ursprünglich geplanten Richtlinie bei Fusionen[166] sowie der geplanten sog. "Vredeling-Richtlinie"[167].

---

161 Anweiler, Die Auslegungsmethoden des Gerichtshofs der Europäischen Gemeinschaften, S. 199 m.w.N.; Joussen, Die Auslegung europäischen (Arbeits-)Rechts aus deutsch-italienischer Perspektive, S. 61 f.; Schmidt, Der Einfluß europäischer Richtlinien auf das innerstaatliche Privatrecht am Beispiel des Einwendungsdurchgriffs bei verbundenen Geschäften, S. 61; Wank, in: Handbuch des europäischen Arbeits- und Sozialrechts, § 9, Rn. 241 ff.

162 Vgl. EuGH vom 15.10.1996, Slg. 1996, 5013, 5019 (Rn. 13)

163 Vgl. EuGH vom 5.5.1988, Slg. 1988, 2577, 2581 (Rn. 12); EuGH vom 25.7.1991, Slg. 1991, 4139, 4143 (Rn. 9)

164 EuGH vom 5.5.1988, Slg. 1988, 2577, 2582 (Rn. 13); vgl. auch die Schlussanträge des Generalanwalts G. Federico Mancini zu EuGH vom 5.5.1988, Slg. 1988, 2573, 2574:"*...das mit der Richtlinie verfolgte Ziel - die Förderung der Unternehmensmobilität unter Wahrung der Rechte des Unternehmenspersonals...*"

165 EuGH vom 8.6.1994, Slg. 1994, 2461, 2466 (Rn. 15)

166 Vgl. Begr. zu Art. 8 des RL-Vorschlages, RdA 75, 124, 125:"*Zunächst gilt es, sowohl den Veräußerer wie den Erwerber zu verpflichten, ihre jeweiligen Arbeitnehmervertreter rechtzei-*

Der Zweck der Information erschöpft sich somit nicht als Selbstzweck. Vielmehr soll das Ergebnis der Information eine möglichst sozialverträgliche Gestaltung des Betriebsübergangs sein. Eine Konsultation der Arbeitnehmer mit dem Veräußerer bzw. Erwerber wie in Abs. 2 sieht Abs. 6 jedoch nicht vor. Zwar ist es nicht ausgeschlossen, dass der Arbeitgeber direkt mit den Arbeitnehmern Gespräche führt und freiwillige soziale Regelungen mit den einzelnen Arbeitnehmern trifft. Dennoch spricht viel dafür, dass mit den sozialen Maßnahmen nicht einzelne Verträge zwischen den jeweiligen Arbeitsvertragsparteien gemeint sind, sondern vielmehr "eine" Übereinkunft nach Art. 7 Abs. 2 RL 2001/23/EG zwischen den Betriebsparteien. Dieses Verständnis bestätigt im Übrigen Art. 7 Abs. 3 RL 2001/23/EG, wonach sich die Informationspflicht auf den Fall beschränken kann, in dem der vollzogene Übergang eine Betriebsänderung hervorruft, die wesentliche Nachteile für einen erheblichen Teil der Arbeitnehmer zur Folge haben kann. Dieser Fall betrifft ohne Zweifel kollektive Interessen. Eine Konsultation bezweckt die unmittelbare Information nach Abs. 6 daher nicht. Zudem dient die Information nicht der Ausübung des vom EuGH anerkannten "Lösungsrechts". Hinsichtlich dessen finden sich in der Richtlinie keinerlei Anhaltspunkte, obgleich das "Lösungsrecht" bei Erlass der RL 98/50/EG bekannt war[168]. Der EuGH als auch Generalanwalt *Mancini* sind in der Rechtssache Berg und Busschers gegen Besselsen auf die Informationsvorschriften nach Abs. 5 a.F. in keinster Weise eingegangen, obgleich die Kläger ein Informationsdefizit gegenüber den beteiligten Arbeitgebern monierten[169]. In der Rechtssache Kommission gegen Vereinigtes Königreich führt der EuGH[170] lediglich aus: *"Damit die Arbeitnehmer in einem solchen Fall nicht ohne jeden Schutz sind, können die Mitgliedsstaaten nach Artikel 6 Absatz 5 der Richtlinie vorsehen, daß die Arbeitnehmer trotzdem über den unmittelbar bevorstehenden Übergang unterrichtet werden müssen."* Trotz der Informationsmöglichkeit nach Art. 6 Abs. 5 RL 77/187/EWG habe der Gemeinschaftsgesetzgeber nicht gewollt, überhaupt keine Arbeitnehmervertreter zu bestellen, was jedoch erforderlich sei, um den Verpflichtungen aus Art. 6 nachzukommen. Damit misst der EuGH der Informationsvorschrift gegenüber den Arbeitnehmern lediglich eine untergeordnete Bedeutung zu, die bereits durch

---

tig und ausführlich über den beabsichtigten Vorgang zu unterrichten. Insbesondere sind die Auswirkungen auf die Arbeitnehmer und die für sie geplanten Maßnahmen zu erläutern. Ferner ist der Fall zu regeln, daß die Vertreter der Arbeitnehmer zu der Auffassung gelangen, der beabsichtigte Vorgang werde die Interessen der Arbeitnehmer nachteilig berühren. Dann sollen die Arbeitnehmervertreter die Möglichkeit haben, Verhandlungen mit ihrem Arbeitgeber einzuleiten, um zu einer Einigung über die für die Arbeitnehmer zu treffenden Maßnahmen zu gelangen."

167 ABl. EG C 217 vom 12.8.1983, S. 3

168 Menze, Das Widerspruchsrecht der Arbeitnehmer beim Betriebsübergang, S. 202; Moll/Jacobi, Anm. zu BAG, AP 177 zu § 613a BGB; Waas/Johanns, EuWZ 1999, 458, 463

169 Vgl. Sitzungsbericht zu EuGH vom 5.5.1988, Slg. 1988, 2559, 2564

170 EuGH vom 8.6.1994, Slg. 1994, 2461, 2468 (Rn. 23)

deren subsidiären Charakter gegenüber Abs. 1 deutlich wird. Hätte der europäische Gesetzgeber mit der unmittelbaren Information eine detaillierte Individualinformation bezweckt, damit der betroffene Arbeitnehmer über sämtliche ihn betreffende Änderungen umfassend Kenntnis erlangt, so hätte er die Informationsvorschriften generell unabhängig von einer Arbeitnehmervertretung ausgestaltet. Aufgrund des größeren Aufwandes der Informationen nach Abs. 6 dient die Vorschrift auch der Bildung von Arbeitnehmervertretungen, hinsichtlich dessen seit Jahrzehnten eine Harmonisierung angestrebt wird. Zudem bezweckt die Information selbstverständlich auch einen Schutz der nicht vertretenen Arbeitnehmer. Hierbei handelt es sich jedoch lediglich um einen Schutz mit "Hilfscharakter".

Die teleologische Auslegung führt daher trotz gebotener extensiver Sichtweise zu dem Ergebnis, dass zwar die Arbeitnehmer zu informieren sind, sich die Information jedoch auf einen typisierenden Globalinhalt beschränkt.

(4) Historische Auslegung

Die historische Auslegung ermittelt den Sinn und die Tragweite einer Richtlinie durch Heranziehung von historischen Materialien, die Aufschluss über deren Entstehungsgeschichte geben[171], wobei dieser Auslegungsmethode eine gewisse Subsidiarität gegenüber den anderen Methoden zukommt[172].

(a) Der politische Kontext

Zum besseren Verständnis der Richtlinie ist zunächst auf die politischen Umstände einzugehen. Insbesondere die Entwicklung des kollektiven europäischen Arbeitsrechts lässt Rückschlüsse zum Verständnis der Norm zu.
Allgemein werden zur Entwicklung des europäischen Arbeitsrechts mehrere Phasen angeführt[173]: Die erste Phase (1960 - 1974) ist durch die Gründung des Europäischen Sozialfonds[174] (vgl. Art. 123 -125 EGV a.F. bzw. Art. 146-148 EG) hinsichtlich der Freizügigkeit und der Beschäftigungsmöglichkeiten sowie einem sozialpolitischen Aktionsprogramm gekennzeichnet[175]. Die zweite Phase (1974 -

---

[171] Anweiler, Die Auslegungsmethoden des Gerichtshofs der Europäischen Gemeinschaften, S. 88, 246

[172] Anweiler, Die Auslegungsmethoden des Gerichtshofs der Europäischen Gemeinschaften, S. 88, 384 m.w.N.; Joussen, Die Auslegung europäischen (Arbeits-)Rechts aus deutsch-italienischer Perspektive, S. 59 f. m.w.N.; Wank, in: Handbuch des europäischen Arbeits- und Sozialrechts, § 9, Rn. 232 ff.

[173] Vgl. Krimphove, Europäisches Arbeitsrecht, S. 15 ff.

[174] Verordnung Nr. 9 des Rats vom 25.8.1960, ABl. EG 56, S. 1189

[175] ABl. EG C 13 vom 12.2.1974, S. 1

1980) wird gelegentlich als "Blütezeit"[176] oder "Goldene Jahre"[177] des europäischen Arbeitsrechts bezeichnet. Hauptanliegen waren die Gleichberechtigung, der Arbeitsschutz sowie die soziale Sicherheit. Zum letzteren ist auch die Betriebsübergangsrichtlinie (RL 77/187/EWG) sowie die Massenentlassungsrichtlinie (RL 75/129/EWG) zu zählen. Aufgrund von Rationalisierungsmaßnahmen des AKZO-Konzerns und des Fokker-Konzerns sollte eine Harmonisierung auf europäischer Ebene erreicht werden, damit sich derartige Maßnahmen nicht auf die Länder beschränken, in denen der soziale Schutz geringer ist[178]. Wegen der Weltwirtschaftskrise kam es zwischen 1980 und 1984 zur Stagnation des kollektiven Arbeitsrechts. In der Zeit zwischen 1984 und 1992 erfolgte durch die Schaffung des einheitlichen Binnenmarktes eine Weiterentwicklung. Zu nennen ist hier insbesondere die Einführung der Art. 118 a, b EGV durch die Einheitliche Europäische Akte[179] sowie die Gemeinschaftscharta der sozialen Grundrechte[180] nebst Protokoll[181] und Abkommen[182]. Protokoll und Abkommen wurden im Wesentlichen durch den Vertrag von Amsterdam vom 02.10.1998[183] in den EG integriert. Aus neuerer Zeit wurde der hier maßgebliche Art. 137 EGV durch den Vertrag von Nizza[184] aufgrund der beabsichtigten Osterweiterung novelliert. Neben der Osterweiterung wird insbesondere die Charta der Grundrechte der Europäischen Union[185], die bislang lediglich eine politische Erklärung darstellt, weiteren Einfluss auf das kollektive Arbeitsrecht haben. In ihr sind zahlreiche arbeitsrechtliche Grundrechte enthalten (vgl. Art. 27 ff.), die über denen des Grundgesetzes hinausgehen. Zudem zeichnen sich neue Tendenzen im Rahmen der Mitbestimmung ab[186].

---

176 Krimphove, Europäisches Arbeitsrecht, S. 16

177 Blanpain, Europäisches Arbeitsrecht, S. 315

178 Vgl. hierzu Alsbaek, Der Betriebsübergang und seine individualrechtlichen Folgen in Europa, S. 22; Alvensleben, Die Rechte der Arbeitnehmer bei Betriebsübergang im europäischen Gemeinschaftsrecht, S. 87 f.; Blanpain, Europäisches Arbeitsrecht, S. 315; Fuchs/Marhold, Europäisches Arbeitsrecht, S. 9 f.; Schiek, Europäisches Arbeitsrecht, S. 141 f.; Wenking, Der Betriebsübergang im europäischen und deutschen Arbeitsrecht, S. 11

179 ABl. EG L 169 vom 17.2.1986, S. 29; Deutschland: BGBl. 1986 II, S. 1104

180 KOM(89)248 endg.

181 Protokoll über die Sozialpolitik (BGBl. 1992 II, S. 1313), geändert durch Beitrittsvertrag vom 24.6.1994 (BGBl. 1994 II, S. 2022) i.d.F. des Beschlusses vom 1.1.1995 (ABl. EG L 1, S. 1)

182 Abkommen zwischen den Mitgliedsstaaten der Europäischen Gemeinschaft mit Ausnahme des Vereinigten Königreichs Großbritannien und Nordirland über die Sozialpolitik (BGBl. 1992 II, S. 1314)

183 BGBl. 1998 II, S. 386; vgl. Krimphove, Europäisches Arbeitsrecht, S. 30 ff.

184 ABl. EG C 80 vom 10.3.2001, S. 1; vgl. BT-Ds. 14/6146; BR-Ds. 822/01 vom 9.11.2001

185 Im Internet: http://europa.eu.int

186 Vgl. Verordnung Nr. 2157/2001 des Rates vom 8.10.2001 über das Statut der Europäischen Gesellschaft (SE), ABl. EG L 294 vom 10.11.2001, S. 1, sowie RL 2001/86/EG, ABl. EG L 294 vom 10.11.2001, S. 22, zur Ergänzung des Statuts der Europäischen Gesellschaft hinsichtlich der Beteiligung der Arbeitnehmer

Neben der allgemeinen Entwicklung ist für das Verständnis der Norm insbesondere das europäische kollektive Arbeitsrecht von Interesse. Das kollektive Arbeitsrecht ist bis dato auf europäischer Ebene lediglich punktuell ausgestaltet[187]. Ein einheitlicher Rahmen ist bislang insbesondere am Widerstand Großbritanniens gescheitert. So hatte Großbritannien weder die Gemeinschaftscharta der sozialen Grundrechte unterzeichnet noch das Abkommen über die Sozialpolitik umgesetzt. Trotz zahlreicher Bemühungen ist es lange Zeit nicht gelungen, ein umfassendes Informationssystem beispielsweise durch die "Vredeling-Richtlinie"[188] oder die nunmehr erlassene Richtlinie zur Festlegung eines allgemeinen Rahmens für die Information und Anhörung der Arbeitnehmer[189] zu errichten. Zudem galt auch die RL 94/45/EG[190] über den Europäischen Betriebsrat zunächst nicht in Großbritannien. Das europäische kollektive Arbeitsrecht war bislang stets auf bestimmte punktuelle Schwerpunkte beschränkt. Das Problem der nicht durchsetzbaren umfassenden organisatorischen Regelung hat man durch auf wenige Fälle begrenzte funktionale Normierungen zu lösen versucht.
Die Schwierigkeiten im Zusammenhang mit der Schaffung eines kollektiven Arbeitsrechts lassen sich insbesondere auch der "*Mitteilung der Kommission zur Information und Konsultation der Arbeitnehmer*"[191] entnehmen. So verweist die Kommission zunächst auf die politische Sensibilität dieses Themas und auf die hierzu geführten "heftigen" Diskussionen (Rn. 2). Alsdann betont sie den punktuellen Ansatz der Übergangsrichtlinie (Rn. 5). In diesem Zusammenhang hebt sie ausdrücklich den Ausnahmecharakter der Richtlinie über den Europäischen Betriebsrat hervor. Diese Richtlinie stelle eine "Premiere" dar, da die gemeinschaftlichen Vorschriften, die bisher in diesem Bereich erlassen wurden, lediglich ganz bestimmte Situationen im Unternehmen oder Arbeitsverhältnis betreffen (Fn. 9). Bislang würde jedoch ein allgemeiner Rahmen zur Unterrichtung und Konsultation fehlen (Rn. 10). Die Kernpunkte der Mitteilung werden in der Begründung des Richtlinienvorschlages zu RL 2002/14/EG zur Festlegung eines allgemeinen Rahmens für die Information und Anhörung der Arbeitnehmer in der Europäischen Gemeinschaft nochmals betont[192].
Aus vorstehenden Ausführungen wird deutlich, dass es sich bei Art. 7 Abs. 1 RL 2001/23/EG um eine betriebsverfassungsrechtliche, d.h. kollektiv-funktionale Norm handelt. Der kollektive Charakter wird aufgrund der subsidiären Regelung des Abs. 6 nicht in einen individuellen transformiert. Dies spricht für eine typisierende Globalinformation.

---

[187] Vgl. Reichold, NZA 2003, 289, 290
[188] ABl. EG C vom 12.3.1983, S. 3
[189] ABl. EG L 80 vom 23.3.2002, S. 29
[190] ABl. EG L 254 vom 22.9.1994, S. 64; in Großbritannien erst seit 15.12.1999, vgl. ABl. EG L 10 vom 16.1.1998, S. 22
[191] KOM(95)547 endg. vom 14.11.1995; Zuleitung an den Bundesrat, BR-Ds. 129/96
[192] ABl. EG C 2 vom 5.1.1999, S. 3, unter II. der Begründung

(b) Entwicklung des Art. 7 Abs. 6 RL 2001/23/EG

Der Richtlinienvorschlag zur RL über die Wahrung der Arbeitnehmerinteressen bei Verschmelzungen[193] enthielt in Art. 8 Abs. 1 lediglich eine Informationspflicht gegenüber den Arbeitnehmervertretern. Eine Information der Arbeitnehmer selbst war nicht vorgesehen. Demgegenüber sah die Stellungnahme des Europäischen Parlaments[194] in Art. 8 Abs. 1 eine Information der Arbeitnehmer für den Fall vor, dass es in einem Unternehmen oder einer Gesellschaft keine Arbeitnehmervertreter gibt. Der Wirtschafts- und Sozialausschuss[195] ging hierauf nicht näher ein. Alsdann wurde die RL 77/187/EWG[196] mit der bereits erwähnten fakultativen Information der Arbeitnehmer in Art. 6 Abs. 5 erlassen. Der Richtlinienvorschlag der Kommission zur RL 98/50/EG[197] ging über den jetzigen Abs. 6 hinaus und verlangte eine Information der Arbeitnehmer, wenn es keine Arbeitnehmervertreter gibt. In der Begründung hierzu heißt es lediglich, dass es insofern Klärungsbedarf gebe. Der Wirtschafts- und Sozialausschuss[198] nahm zu dieser Problematik explizit keine Stellung. Er verlangte lediglich Vorschriften zum Geheimnisschutz und lehnte den von der Kommission vorgeschlagenen Schwellenwert von 50 Arbeitnehmern und das hieraus resultierende Wahlrecht der Mitgliedsstaaten ab. Der Ausschuss der Regionen[199] schloss sich der diesbezüglichen Kritik an, obgleich er für eine Festlegung des Zeitpunktes der Information plädierte. Die Äußerung des Parlaments stellte die Bestimmung eines Schwellenwertes zurück bis eine Harmonisierung auf europäischer Ebene über Information und Konsultation der Arbeitnehmervertreter erreicht ist. Die Anhörung der Arbeitnehmervertreter sollte erfolgen, sobald ein Übergang in Erwägung gezogen wird. Schließlich räumte das Europäische Parlament[200] den Mitgliedsstaaten im Hinblick auf Art. 6 Abs. 1 und 3 ein Wahlrecht ein, wonach die Information fakultativ ist, wenn die Arbeitnehmerzahl die Bedingungen für die Wahl oder Bestellung eines Kollegiums als Arbeitnehmervertreter nicht gegeben ist. Mit letzterer Einschränkung gegenüber dem Vorschlag der Kommission wurde Art. 6 Abs. 6 RL 98/50/EG aufgrund geänderten Vorschlags[201], der wiederum nur auf die Existenz einer Arbeitnehmervertretung abstellte, erlassen[202]. Allerdings ist nach der endgültigen Fassung weder die fehlende Existenz einer Arbeitnehmervertretung noch deren Wahlvoraussetzung maßgeblich, sondern vielmehr, ob es unabhängig vom

---

[193] Mit Begründung abgedruckt, in: RdA 75, 124 ff.
[194] ABl. EG C 95 vom 28.4.1975, S. 17
[195] ABl. EG C 255 vom 7.11.1975, S. 25
[196] ABl. EG L 61 vom 5.3.1977, S. 26
[197] ABl. EG C 274 vom 1.10.1994, S. 10
[198] ABl. EG C 133 vom 31.5.1995, S. 13
[199] ABl. EG C 100 vom 2.4.1996, S. 25
[200] ABl. EG C 33 vom 3.2.1997, S. 81
[201] ABl. EG C 124 vom 21.4.1997, S. 48
[202] ABl. EG L 201 vom 17.7.1998, S. 88

Willen der Arbeitnehmer keine Arbeitnehmervertretung gibt. Aus welchen Gründen die Information eingeschränkt wurde, geht nicht aus den Materialien hervor. Der Erlass der RL 2001/23/EG[203] brachte im Vergleich zur RL 98/50/EG keine materiellen Änderungen. Weitergehende Erkenntnisse aus deren Historie lassen sich daher nicht gewinnen.

Insbesondere ergibt sich aus der Entwicklung des europäischen kollektiven Arbeitsrechts, dass bislang punktuell-funktional begrenzt war, der kollektive Charakter der Informationen nach Art. 7 Abs. 6 RL 2001/23/EG. Aus der Entstehungsgeschichte der Norm selbst lassen sich dagegen keine näheren Erkenntnisse gewinnen.

d) Zwischenergebnis

Zusammenfassend ist zu konstatieren, dass nach Art. 7 Abs. 6 RL 2001/23/EG zwar die einzelnen Arbeitnehmer zu informieren sind. Sie müssen nach Art. 9 RL 2001/23/EG Gelegenheit erhalten, ihre durch die Richtlinie gewährten Forderungen einzuklagen. Gleichwohl beschränkt sich die Information auf einen typisierenden Globalinhalt. Im Gegensatz zu individuell-detaillierten Informationen, beinhalten die typisierenden Globalinformationen lediglich Folgen und Maßnahmen des Betriebsübergangs für die Arbeitnehmer in ihrer Gesamtheit, d.h. für die Belegschaft. Individuell-detaillierte Informationen sind nach der Richtlinie dagegen nicht vorgesehen. Zwar müssen sich typisierend-globale und individuell-detaillierte Informationen nicht gegenseitig ausschließen. Insbesondere sind erstere in letzteren meistens mit enthalten. Beide können unter Umständen auch gleich sein. Sobald jedoch weitere individuelle Umstände hinzukommen, gehen die individuell-detaillierten Informationen über die typisierend-globalen hinaus.

2.) Informationspflichtiger

Art. 7 Abs. 6 RL 2001/23/EG benennt keinen Informationspflichtigen. Fraglich ist daher, wer die Arbeitnehmer zu informieren hat. Allerdings ergibt sich bereits aus der Subsidiarität des Abs. 6, dass Abs. 1 entsprechend gelten muss[204].
Nach Art. 7 Abs. 1 UA 1 RL 2001/23/EG sind sowohl der Veräußerer als auch der Erwerber zur Information *ihrer jeweiligen* von einem Übergang betroffenen Arbeitnehmer verpflichtet. Die Einzelheiten ergeben sich aus UA 2, 3. Der Veräußerer ist nach UA 2 verpflichtet, den Vertretern *seiner* Arbeitnehmer rechtzeitig vor dem Vollzug des Übergangs die genannten Informationen zu übermitteln. Der Erwerber muss nach UA 3 die Vertreter *seiner* Arbeitnehmer rechtzeitig informieren, auf jeden Fall jedoch bevor diese vom Übergang unmittelbar betroffen

---

[203] ABl. EG L 82 vom 22.3.2001, S. 16
[204] So auch Franzen, RdA 2002, 258, 261

werden. Eine Information der Veräußererarbeitnehmer durch den Erwerber ist dagegen nicht ausdrücklich vorgesehen. Aufgrund dessen sind grundsätzlich der Veräußerer und der Erwerber zur Information gegenüber ihren jeweiligen Arbeitnehmern verpflichtet[205]. Für die unmittelbar übergehenden Arbeitnehmer folgt aus Art. 7 Abs. 6 i.V.m. Art. 7 Abs. 1 UA 2 RL 2001/23/EG, dass diese vor dem Vollzug (vorerst) nur vom Veräußerer zu informieren sind. Daher wäre es für diese Arbeitnehmer beispielsweise unbedenklich, wenn - wie in Österreich zunächst geplant - der Erwerber gem. § 3 Abs. 3 S. 2 AVRAG[206] lediglich unverzüglich nach aber der Veräußerer gem. § 3a AVRAG-E[207] im "Vorhinein" den "übergehenden" Arbeitnehmer zu informieren hätte.
Diese Lösung ist solange unproblematisch, als es dem Veräußerer tatsächlich möglich ist, die Informationen zu erteilen, was jedoch angesichts des zukunftsorientierten Inhalts nicht stets der Fall sein wird. Mit dem Betriebsübergang ist der Betrieb dem Einflussbereich des Veräußerers grundsätzlich entzogen. Bei wörtlichem Verständnis des Art. 7 Abs. 6 i.V.m. Abs. 1 UA 3 RL 2001/23/EG käme man jedoch nicht zu einer Informationspflicht des Erwerbers gegenüber den Veräußererarbeitnehmern. Diese sind (noch) nicht "seine Arbeitnehmer". Andererseits ist nicht eine Auslegung dahingehend ausgeschlossen, wonach der Erwerber "seine [künftigen] Arbeitnehmer" informieren muss. Jedoch würden bei dieser Lösung die beim Veräußerer verbleibenden Arbeitnehmer benachteiligt, was der Intention des Art. 7 Abs. 1 widerspräche. Zudem ist es denkbar, dass der Erwerber gehalten ist, Informationen aus seiner Sphäre dem Veräußerer zu übermitteln, wie dies in Deutschland vertreten wird[208]. Allerdings spricht hiergegen bereits die Regelung in Art. 3 Abs. 2 RL 2001/23/EG; eine Informationspflicht des Erwerbers gegenüber dem Veräußerer ist gerade nicht vorgesehen. Aufgrund dessen vermögen lediglich Gründe der praktischen Wirksamkeit (effet utile), die der EuGH vor allem in der bofrost-Entscheidung anführte[209], eine über den Wortlaut hinausgehende Informationspflicht des Erwerbers gegenüber den Veräußererarbeitnehmern zu statuieren. Ohne rechtzeitige Informationen aus der Sphäre des Erwerbers sind die zu erteilenden Informationen nur von eingeschränktem Wert. Gerade die künftige Entwicklung ist von Interesse. Anderenfalls würde der zukunftsorientierte Zweck, der sich insbesondere aus der Konsultationspflicht nach Abs. 2 ergibt, weitestgehend ausgehöhlt. Daher ist der Erwerber ausnahmsweise auch gegenüber den Veräußererarbeitnehmern zur Information verpflichtet,

---

[205] Löw, Die Betriebsveräußerung im europäischen Arbeitsrecht, S. 188
[206] Siehe Fn. 127
[207] Siehe Fn. 126
[208] Siehe hierzu S. 61 f.
[209] EuGH vom 29.3.2001, EuroAS 2001, 141 (Rn. 32): *"Aus Gründen der praktischen Wirksamkeit der Richtlinie ist es ... unerlässlich, den betroffenen Arbeitnehmern Zugang zu den Informationen zu verschaffen, aufgrund deren sie feststellen können, ob sie einen Anspruch ... haben."*

wenn nur so die von der Richtlinie vorgesehenen Informationen erteilt werden können.
Schließlich sieht Art. 7 Abs. 4 RL 2001/23/EG eine Regelung vor, wenn ein beherrschendes Unternehmen am Betriebsübergang beteiligt ist.

3.) Zeitpunkt

Nach Art. 7 Abs. 1 UA 2 RL 2001/23/EG sind die Arbeitnehmervertreter vom Veräußerer "rechtzeitig vor dem Vollzug des Übergangs" und vom Erwerber nach UA 3 rechtzeitig vor dem unmittelbaren Betroffensein zu informieren. Die Informationspflichten bestehen daher zu unterschiedlichen Zeitpunkten[210]. Demgegenüber sind die Arbeitnehmer nach Abs. 6 "vorher" zu informieren. Aufgrund der Subsidiarität der Information gelten hinsichtlich des Zeitpunktes die Regelungen in Abs. 1 UA 2, 3 entsprechend. Das Wort "rechtzeitig" in Abs. 1 bezieht sich auf den Vollzug des Übergangs und nicht auf den Abschluss der Übertragungsvereinbarung[211]. Die Rechtzeitigkeit der Information wird von der Richtlinie nicht näher spezifiziert. Dennoch ergibt sich aus der Konsultationspflicht nach Abs. 2, dass die Arbeitnehmervertreter mit dem Veräußerer bzw. Erwerber aufgrund der Informationen eine Übereinkunft über die in Betracht gezogenen Maßnahmen anstreben sollen. Sie dürfen daher nicht vor vollendete Tatsachen gestellt werden[212]. Demgegenüber sieht Abs. 6 keine Konsultationspflicht mit den Arbeitnehmern vor, so dass die Arbeitnehmer nach dieser Vorschrift später zu informieren sind, als die Arbeitnehmervertreter. Dennoch muss die Information der übergehenden Arbeitnehmer in jedem Falle noch vor dem Übergang erfolgen. Der Übergang und das unmittelbare Betroffensein fällt bei diesen Arbeitnehmern zeitlich zusammen. Eine zeitliche Vorgabe, wie etwa spätestens zwei Monate vor der Durchführung des vorgesehenen Vorgangs[213], fand keinen Eingang in die Richtlinie. Zudem ist das Widerspruchs- bzw. Lösungsrecht nicht Gegenstand der Richtlinie. Entsprechende Überlegungsfristen, wie etwa von einem Monat nach §

---

[210] Alvensleben, Die Rechte der Arbeitnehmer bei Betriebsübergang im europäischen Gemeinschaftsrecht, S. 119; MüHB-Birk, § 19, Rn. 260; Löw, Die Betriebsveräußerung im europäischen Arbeitsrecht, S. 189, jedoch mit der unzutreffenden Ansicht, daß die Information auch nach dem Betriebsübergang erfolgen könne, wenn dies vor der Durchführung der "Maßnahme" geschehe.

[211] Alvensleben, Die Rechte der Arbeitnehmer bei Betriebsübergang im europäischen Gemeinschaftsrecht, S. 120

[212] Alvensleben, Die Rechte der Arbeitnehmer bei Betriebsübergang im europäischen Gemeinschaftsrecht, S. 120

[213] Vgl. Stellungnahme des Europäischen Parlaments zum Kommissionsvorschlag für eine RL über die Wahrung von Ansprüchen und Vergünstigungen der Arbeitnehmer bei Gesellschaftsfusionen, Betriebsübergängen sowie Unternehmenszusammenschlüssen, ABl. EG C 95 vom 28.4.1975, S. 16 (Art. 8 Abs. 1); vgl. auch die Fristen in Art. 3 Abs. 1 (2 Monate), Art. 5 (1 Monat) RL 91/533/EWG (Nachweisrichtlinie).

613a Abs. 6 BGB, sind zumindest nach der Richtlinie von den beteiligten Arbeitgebern nicht zu berücksichtigen. Aufgrund dessen genügt eine Information nach Art. 7 Abs. 6 RL 2001/23/EG auch dann noch den Anforderungen, wenn sie unmittelbar vor dem Vollzug bzw. dem unmittelbaren Betroffensein erfolgt.

4.) Umfang

Der Umfang der zu erbringenden Informationen ergibt sich aus Art. 7 Abs. 1 UA 1 bzw. dem insofern wortgleichen Art. 7 Abs. 6 RL 2001/23/EG. Wie bereits dargestellt[214], ist er auf typisierende Globalinformationen beschränkt. Dies vorausgeschickt, soll nun auf die Einzelheiten eingegangen werden:

a) Zeitpunkt des Übergangs

Wann der Übergang erfolgt, ergibt sich nicht aus der Richtlinie. Für den Zeitpunkt des Übergangs kommt es nicht auf den Vertrag oder auf die gesellschaftsrechtliche Verschmelzung, sondern auf die tatsächliche Betriebsübernahme an. Maßgeblich ist insofern, wann die tatsächliche Leitungsmacht über die wirtschaftliche Einheit auf den Erwerber übergeht[215]. Aus der Formulierung "*den Zeitpunkt bzw. den geplanten Zeitpunkt*" folgt insbesondere auch, dass die Informationen erst recht erteilt werden müssen, wenn der Betriebsübergang bereits erfolgte, da dies oftmals nicht ohne weiteres erkennbar ist. Mit dem Betriebsübergang hat sich die Information daher nicht erledigt. Ändern sich die mitgeteilten Informationen ist eine Änderungsmitteilung zu machen. Anderenfalls wären die erteilten Informationen unrichtig[216].

b) Grund für den Übergang

Der Grund für den Übergang bezieht sich auf den Betriebsübergang an sich und nicht etwa auf den Übergang des einzelnen Arbeitsverhältnisses. Somit ist zu informieren, aufgrund welchen Rechtsgeschäfts, z.B.: Kaufvertrag, Verpachtung oder Verschmelzung, der Betriebsübergang erfolgte. Insbesondere aus der Singularformulierung und der Wortwahl, "Grund" und nicht "Hintergrund", ergibt sich,

---

[214] Siehe oben S. 27 ff.

[215] EuGH vom 10.2.1988, Slg. 1988, 739; EuGH vom 5.5.1988, Slg. 1988, 2559; EuGH vom 15.6.1988, Slg. 1988, 3057; Oetker, Betriebsübergangsrichtlinie, EAS B 7200, Rn. 34; Löw, Die Betriebsveräußerung im europäischen Arbeitsrecht, S. 56;

[216] So zu § 613a Abs. 5 BGB: Gaul, FA 2002, 299, 300; Gaul, Betriebs- und Unternehmensspaltung, § 11, Rn. 22 (aus Fürsorgepflicht); wohl auch Palandt/Putzo, § 613a BGB, Rn. 42; Wulff, AiB 2002, 594; a.A. Bauer/von Steinau-Steinrück, ZIP 2002, 457, 463

dass über die wirtschaftlichen Überlegungen keine Informationen zu erteilen sind[217].

Da der Grund des Betriebsübergangs und nicht der des Übergangs des Arbeitsverhältnisses anzugeben ist, gehört hierzu beispielsweise nicht eine Zuordnung wie nach § 323 Abs. 2 UmwG. Diese gehört vielmehr zu den rechtlichen Folgen des Betriebsübergangs.

c) Folgen des Übergangs und in Aussicht genommene Maßnahmen

Ferner ist über die rechtlichen, wirtschaftlichen und sozialen Folgen des Übergangs für die Arbeitnehmer sowie hinsichtlich der Arbeitnehmer in Aussicht genommenen Maßnahmen zu informieren. Was die Begriffe "Folgen" und "Maßnahmen" bedeuten, lässt die Richtlinie offen.

(1) Ansicht in der Literatur

Einige stellen auf den Zweck der Richtlinie - effektiver Schutz der Arbeitnehmer bei Betriebsübergang - ab und plädieren für eine extensive Auslegung. Sie verstehen deshalb unter "Maßnahmen" jede vom Veräußerer oder Erwerber im Zuge des Inhaberwechsels herbeigeführte Änderung der wirtschaftlichen, rechtlichen oder sozialen Lage der Arbeitnehmer im Betrieb oder Unternehmen, die sich nicht unerheblich zum Nachteil der Arbeitnehmer auswirken kann[218].

---

[217] Vgl. Wortlaut der englischen Fassung in Art. 7 Abs. 1: *"the reasons"*, in Art. 7 Abs. 6: *"the reason"*, in der französischen Fassung: *"le motif"* und *"du motif"*, wobei in den verschieden sprachlichen Fassungen teilweise der Plural verwandt wird; wie hier zu § 613a Abs. 5 BGB: Bauer/von Steinau-Steinrück, ZIP 2002, 457, 462; Gaul, FA 2002, 299, 300; Gaul, Betriebs- und Unternehmensspaltung, § 11, Rn. 14; Gaul/Otto, DB 2002, 634, 635; Grobys, BB 2002, 726, 727; Huke, FA 2002, 263, 265; ErfK-Preis, § 613a BGB, Rn. 85; Worzalla, NZA 2002, 353, 354; a.A. Franzen, RdA 2002, 258, 265, der auf die englische und französische Fassung verweist; Meyer, AuA 2002, 159, 160; Palandt/Putzo, § 613a BGB, Rn. 43; Wulff, AiB 2002, 594.

[218] Alvensleben, Die Rechte der Arbeitnehmer bei Betriebsübergang im europäischen Gemeinschaftsrecht, S. 121; wohl auch Blanke, PersR 2000, 43, 45; Gaul, Aktuelles Arbeitsrecht 2001, 320; Gaul, Betriebs- und Unternehmensspaltung, § 11, Rn. 19; Gaul, FA 2002, 299, 300; Gaul/Otto, DB 2002, 634, 635; Nowak, Die EWG-Richtlinie über die Unterrichtung und Anhörung der Arbeitnehmer, S. 121; Oetker, NZA 1998, 1193, 1194; ders., Europäisches Betriebsverfassungsrecht, EAS B 8300, Rn. 322; Rademacher, Der Europäische Betriebsrat, 1996, S. 58; Trümner, PersR 1997, 197, 201, Fn. 40; Wenking, Der Betriebsübergang im europäischen und deutschen Arbeitsrecht, S. 35; wohl auch Wulff, AiB 2002, 594, 595; unklar Bauer/von Steinau-Steinrück, ZIP 2002, 457, 463

(2) Stellungnahme

Die Richtlinie selbst definiert die Begriffe nicht. Nach dem Wortlaut der Vorschrift bezieht sich der Terminus "Folgen" auf die rechtlichen, wirtschaftlichen und sozialen Änderungen des Übergangs für die Arbeitnehmer. Demgegenüber verweisen die Informationen nach dem 4. Spiegelstrich auf die "in Aussicht genommenen Maßnahmen". Letzteres würde wiederum für eine Interpretation der vorstehenden Literaturansicht sprechen. Allerdings bezieht sich die Konsultationspflicht nach Art. 7 Abs. 2 RL 2001/23/EG lediglich auf Maßnahmen und nicht auf Folgen.

Ob unter "Maßnahmen" über den Betriebsübergang hinausgehende beabsichtigte Änderungen zu verstehen sind, bleibt nach dem Wortlaut offen. Ein Vergleich mit den anderen sprachlichen Fassungen der Richtlinie bringt keine eindeutigen Ergebnisse.

Insbesondere aus Art. 8 des Richtlinienvorschlages zur Richtlinie über die Wahrung der Arbeitnehmerinteressen bei Verschmelzungen[219] und dessen Begründung wird der Unterschied zwischen "Folgen" und "Maßnahmen" deutlich. Art. 8 Abs. 1 S. 1, 2 des Vorschlages lautet:

"Vor Durchführung des beabsichtigten Vorgangs sind der Veräußerer und der Erwerber gehalten, ihre jeweiligen Arbeitnehmervertreter im Sinne des Artikels 7 dieser Richtlinie über die Gründe, die den beabsichtigten Vorgang veranlaßt haben, sowie über die rechtlichen, wirtschaftlichen und sozialen ***Auswirkungen*** *auf die Arbeitnehmer zu informieren. Außerdem sind* ***ihnen gegenüber zu ergreifende Maßnahmen*** *anzugeben."*

Die Begründung hierzu führt aus:

"Zunächst gilt es, sowohl den Veräußerer wie den Erwerber zu verpflichten, ihre jeweiligen Arbeitnehmervertreter rechtzeitig und ausführlich über den beabsichtigten Vorgang zu unterrichten. Insbesondere sind die ***Auswirkungen*** *auf die Arbeitnehmer und die* ***für sie geplanten Maßnahmen*** *zu erläutern."*

Dieser Wortlaut wird in der Stellungnahme des Europäischen Parlaments[220], des Wirtschafts- und Sozialausschusses[221] zum Richtlinienvorschlag wiederholt. Bekanntlich wurde diese Richtlinie nicht erlassen. Sie war jedoch Vorbild der RL 77/187/EWG[222]. Der Wortlaut des Art. 7 Abs. 1, 6 RL 2001/23/EG ist insofern

---

[219] Abgedruckt in: RdA 1975, 124 ff.

[220] ABl. EG C 95 vom 28.4.1975, S. 19

[221] ABl. EG C 255 vom 7.11.1975, S. 25

[222] Alvensleben, Die Rechte der Arbeitnehmer bei Betriebsübergang im europäischen Gemeinschaftsrecht, S. 98 ff.; gleicher Terminus im Übrigen in den Materialien zur 3. (Verschmelzungs)richtlinie (vgl. Vorschlag der Kommission, ABl EG C 89 vom 14.7.1970, S. 20 (Art. 6 Abs. 1: *"Das Verwaltungsorgan jeder der fusionierenden Gesellschaften erstellt einen ausführ-*

gleich lautend, erweitert die Informationspflicht jedoch um Mitteilung des Zeitpunktes des Übergangs. Es bestehen keine Anhaltspunkte dafür, dass die Begriffe durch die RL 2001/23/EG eine andere Bedeutung erhalten sollten.
Aus der Systematik und der Entstehungsgeschichte ergibt sich somit, dass unter "Folgen" die Auswirkungen und unter "Maßnahmen" die beabsichtigte sozialverträgliche Umsetzung zu verstehen ist. Dies entspricht im Übrigen der Terminologie des Art. 2 Abs. 2 der Massenentlassungsrichtlinie 75/129/EWG[223], wonach sich die Konsultationen auch auf die Möglichkeit erstrecken, durch "soziale Begleitmaßnahmen" die "Folgen" der Massenentlassungen zu mildern.
Hiergegen könnte jedoch Ziff. 3 der Leitkriterien der Kommission zur Anwendung der RL 77/187/EWG[224] sprechen. Ziff. 3 lautet insofern:

"Diese Verpflichtung [zur Konsultation] *besteht, sofern der Veräußerer oder der Erwerber Maßnahmen hinsichtlich ihrer jeweiligen Arbeitnehmer in Betracht ziehen (Art. 6.2). Dies wäre bei der Möglichkeit der Verringerung der Belegschaft der Fall."*

Aus dieser Formulierung lässt sich jedoch nicht herleiten, ob mit "Maßnahmen" im vorstehenden Sinne der Begriff der "Maßnahmen" i.S.d. Richtlinie definiert werden sollte, da "Maßnahmen", wie z.B. eine Verringerung der Belegschaft ebenso beabsichtigte "Folgen" des Betriebsüberganges sein können. Zu einem anderen Ergebnis käme man nur dann, wenn man unter "Folgen" alle unmittelbaren und unter "Maßnahmen" alle mittelbaren, in naher Zukunft eintretenden Auswirkungen verstünde. Dies widerspräche jedoch der gebotenen extensiven Auslegung, wonach unter "Folgen" alle, somit auch die mittelbaren und geplanten Auswirkungen zu verstehen sind. Im Übrigen kommt den - zeitlich nachfolgenden - Leitkriterien der Kommission wie auch etwaigen Protokollerklärungen bei der Auslegung von Richtlinien allenfalls eine untergeordnete Bedeutung zu[225].
Die anzugebenden Folgen und Maßnahmen selbst bestimmen sich wiederum nach nationalem Recht. Die Richtlinie enthält hinsichtlich der unmittelbaren Folgen zahlreiche Möglichkeiten für unterschiedliche nationale Regelungen; zu nennen sind: Art. 3 Abs. 3 UA 2 (Bestandsschutzzeitraum), Abs. 4 a) (betriebliche Altersversorgung), Art. 4 Abs. 1 UA 2 (Kündigungsschutz) sowie Art. 5 (Insolvenz). Zu den rechtlichen Folgen gehören beispielsweise die Person des neuen

---

lichen Bericht, in dem die Fusion begründet und ihre rechtlichen, wirtschaftlichen und sozialen Auswirkungen auf die Arbeitnehmer der Gesellschaft und die für die Arbeitnehmer daraufhin zu treffenden Maßnahmen erläutert werden.")).

[223] RL 75/129/EWG vom 17.2.1975, ABl. EG L 48, S. 29, zuletzt geändert durch RL 92/56/EWG vom 24.6.1992, ABl. EG L 245, S. 3

[224] Abgedruckt in: ZTR 1998, 8

[225] Vgl. EuGH vom 30.1.1985, Slg. 1985, 427, 436; Anweiler, Die Auslegungsmethoden des Gerichtshof der Europäischen Gemeinschaften, S. 257 ff. m.w.N.; Herdegen, ZHR 155 (1991), 52, 64; Schmidt, Der Einfluß europäischer Richtlinien auf das innerstaatliche Privatrecht am Beispiel des Einwendungsdurchgriffs bei verbundenen Geschäften, S. 59 f.

Arbeitgebers sowie etwaige (beabsichtigte) Änderungen von normativen Regelungen; wirtschaftliche Folgen sind unter anderem finanzielle Belastungen aufgrund längerer Fahrtwege oder Gefahren durch Insolvenz. Zu den sozialen Folgen zählen z.B. beabsichtigte Rationalisierungsmaßnahmen und Änderungen der Arbeitnehmervertretungen[226].
In Aussicht genommene Maßnahmen stellen beispielsweise Umschulungen oder Beschäftigungsgesellschaften dar, die der Arbeitgeber auch dann anbieten kann, wenn keine Sozialplanpflicht besteht.
Obgleich die Richtlinie entgegen dem Vorschlag des Ausschusses der Regionen[227] keinen Geheimnisschutz enthält und generell extensiv auszulegen ist[228], bedeutet dies keine Offenbarungspflicht von Geheimnissen, die den Arbeitgebern einen nicht unerheblichen Nachteil zufügen würden. Dies folgt aus dem Grundsatz der Verhältnismäßigkeit und dem Recht des Arbeitgebers auf unternehmerische Freiheit sowie seinem Eigentumsrecht[229]. Auch wenn Art. 7 Abs. 1, 6 RL 2001/23/EG die zu erteilenden Informationen nicht lediglich beispielhaft aufzählt, so wird es kaum Sachverhalte geben, die nicht hierunter zu subsumieren sind. Angesichts dessen muss in bestimmten Fällen, obgleich diese ohnehin nur äußerst selten sein werden, eine Einschränkung aufgrund einer Reduktion der Norm erfolgen. So hat auch der EuGH in der bofrost-Entscheidung das Geheimnisschutzproblem mit Hilfe der "Erforderlichkeit" eingeschränkt[230]. Dies gilt jedoch nicht, wenn bereits das nationale Recht Geheimnisschutzregelungen enthält, wie z.B. § 79 BetrVG. Als Maßstab für die Geheimhaltungsinteressen der Arbeitgeber kann insofern an Art. 6 Abs. 2 RL 2002/14/EG angeknüpft werden, d.h. wenn aufgrund objektiver Kriterien die Informationen die Tätigkeit der Arbeitgeber erheblich beeinträchtigen oder diesen schaden könnten.
Allerdings besteht jedoch eine Informationsgrenze: Die zu erteilenden Informationen beziehen sich stets auf den Betriebsübergang. Obwohl hinsichtlich dessen

---

[226] A.A. Willemsen/Lembke, NJW 2002, 1159, 1162, die meinen, "Folgen...für die Arbeitnehmer" bedeute zugleich, dass Folgen für die Arbeitnehmervertretungen nicht anzugeben seien; zustimmend: Gaul, Betriebs- und Unternehmensspaltung, § 11, Rn. 17. Angesichts der gebotenen extensiven Auslegung und des besonderen Schutzes der Arbeitnehmervertreter in Art. 6 RL 2001/23/EG ist dies wenig überzeugend.
[227] ABl. EG C 100 vom 2.4.1996, S. 25
[228] Vgl. zur gebotenen extensiven Auslegung der RL: Schlussanträge des Generalanwalts Georgios Cosmas vom 10.5.1995 zu EuGH vom 19.9.1995, Slg. 1995, 2745, 2753 (Rn. 14); von Alvensleben, Die Rechte der Arbeitnehmer bei Betriebsübergang im europäischen Gemeinschaftsrecht, S. 121; Oetker, NZA 1998, 1193, 1194; ders., Europäisches Betriebsverfassungsrecht, EAS B 8300, Rn. 322; dagegen für eine restriktive Auslegung des § 613a Abs. 5 BGB: Bauer/von Steinau-Steinrück, ZIP 2002, 457, 462
[229] Vgl. Art. 16, 17 Abs. 1 Grundrechtscharta
[230] Vgl. EuGH vom 29.3.2001, EuroAS 2001, 141, (Rn. 40); wesentlich umfassender zum Problem des Geheimnisschutzes die Schlussanträge des Generalanwalts Saggio (Rn. 18 f.), im Internet: http://curia.eu.int; restriktiv zum Geheimnisschutzproblem in Großbritannien: Löw, Die Betriebsveräußerung im europäischen Arbeitsrecht, S. 192.

grundsätzlich keine weitere Einschränkung existiert und aufgrund der gebotenen weiten Auslegung sowohl über unmittelbare als auch mittelbare Folgen zu informieren ist, so müssen die am Betriebsübergang beteiligten Arbeitgeber die Arbeitnehmer nicht über die Folgen eines nationalen Widerspruchs- bzw. Lösungsrechts informieren.

5.) Sanktionen

Die Betriebsübergangsrichtlinie enthält selbst keine Sanktionen für den Fall, dass der Veräußerer oder der Erwerber gegen die Informationspflichten verstößt. Jedoch hat der EuGH einer sanktionslosen Umsetzung eine klare Absage erteilt. EuGH in der Rechtssache Kommission gegen Vereinigtes Königreich[231]:

"Enthält eine gemeinschaftsrechtliche Richtlinie keine besondere Sanktion für den Fall eines Verstoßes gegen ihre Vorschriften oder verweist sie insoweit auf die nationalen Rechts- und Verwaltungsvorschriften, so sind die Mitgliedstaaten nach Art. 5 EWG-Vertrag verpflichtet, alle geeigneten Maßnahmen zu treffen, um die Geltung und die Wirksamkeit des Gemeinschaftsrechts zu gewährleisten. Dabei müssen die Mitgliedsstaaten, denen allerdings die Wahl der Sanktionen verbleibt, darauf achten, daß die Verstöße gegen das Gemeinschaftsrecht nach sachlichen und verfahrensrechtlichen Regeln geahndet werden, die denjenigen entsprechen, die für nach Art und Schwere gleichartige Verstöße gegen nationales Recht gelten, wobei die Sanktion jedenfalls wirksam, verhältnismäßig und abschreckend sein muß..."

Zudem sieht Art. 9 RL 2001/23/EG vor, dass das nationale Recht allen Arbeitnehmern und ihren Vertretern, die ihrer Ansicht nach durch die Nichtbeachtung der sich aus der Richtlinie ergebenden Verpflichtungen benachteiligt sind, die Möglichkeit einräumen muss, ihre Forderungen durch Gerichtsverfahren einzuklagen. Die Klagemöglichkeit war in der RL 77/187/EWG noch nicht enthalten. Der Vorschlag der Kommission[232] zur RL 98/50/EG enthielt in Art. 8 die Ergänzung: *"Die gleichen Maßnahmen gelten auch für die Arbeitnehmervertreter hinsichtlich ihrer in den Artikeln 4 (Absätze 3, 4 und 5), 5 und 6 genannten Rechte."* Der Vorschlag bezeichnete die Information somit als einklagbare Verpflichtung. Eine abweichende Formulierung des Europäischen Parlaments[233], welches lediglich allgemeine Sanktionen verlangte, wurde nicht Inhalt der Richtlinie. Aufgrund dieses Richtlinienvorschlages ist davon auszugehen, dass zu den einklagbaren Forderungen nicht nur die materiell-rechtlichen Regelungen des Art. 3 RL

---

[231] EuGH vom 8.6.1994, Slg. 1994, 2461, 2457 (Rn. 55); vgl. auch EuGH vom 10.4.1984, Slg. 1984, 1891 (Rn. 23 f.); EuGH vom 8.11.1990, EzA Nr. 7 zu § 611a BGB; EuGH vom 22.4.1997, EzA Nr. 12 zu § 611a BGB (Rn. 25)

[232] ABl. EG C 274 vom 1.10.1994, S. 10; so auch noch im geänderten Vorschlag, ABl. EG C 124 vom 21.4.1997, S. 48

[233] ABl. EG C 33 vom 3.2.1997, S. 81

2001/23/EG, sondern auch die Informationen gehören. In Art. 7 Abs. 1 UA 2, 3 RL 2001/23/EG ist stets von einer Pflicht die Rede. Nach der Rechtsprechung des EuGH bestehen keine Zweifel am Pflichtencharakter des Art. 7 Abs. 1 RL 2001/23/EG[234]. Zwar erwähnt Art. 7 Abs. 6 RL 2001/23/EG nicht ausdrücklich den Terminus "Pflicht" oder "ist verpflichtet", sondern lediglich "zu informieren sind", was aber ebenso eine Pflicht beschreiben kann. Es ist nicht ausgeschlossen, dass auch Obliegenheiten, je nach Nachteil für den Belasteten, der Umsetzung von Richtlinien dienen können. Dennoch ergibt sich aus dem subsidiären Zusammenhang der Absätze 6 und 1 der Pflichtencharakter der Information auch nach Art. 7 Abs. 6 RL 2001/23/EG. Daher stellen die Informationen nach Abs. 6 "sich aus dieser Richtlinie ergebenden Verpflichtungen" i.S.d. Art. 9 RL 2001/23/EG dar[235]. Es kann deshalb dahinstehen, ob auf der Ebene der EU und in den anderen Mitgliedsstaaten ein Terminus "Obliegenheit" wie nach deutschem Verständnis existiert[236]. Jedenfalls aufgrund der vorgesehen Klagemöglichkeit sind die zu erteilenden Informationen nicht mit dem herkömmlichen Verständnis einer Obliegenheit in Einklang zu bringen[237].

6.) Zwischenergebnis

Nach Art. 7 Abs. 6 RL 2001/23/EG besteht eine einklagbare Pflicht des Veräußerers und des Erwerbers sämtliche von einem Betriebsübergang betroffenen Arbeitnehmer vorher zu informieren. Hierzu gehören nicht nur die übergehenden Arbeitnehmer. Die Information ist in zweierlei Hinsicht begrenzt: Erstens sind die Informationen auf den Betriebsübergang im Sinne der Richtlinie begrenzt; Informationen über die Folgen eines etwaigen Widerspruchs werden von der Richtlinie somit nicht verlangt. Zudem besteht die Informationspflicht nicht gegenüber bereits vor dem Übergang ausgeschiedenen Arbeitnehmern. Zweitens beschränkt sich die Information ihrem Inhalt nach auf typisierende Globalinformationen. Anders als bei individuell-detaillierten Informationen haben diese nur einen begrenzten Bezug zum konkreten Arbeitsverhältnis. Innerhalb dieser Grenzen ist die Informationspflicht jedoch weit auszulegen. Unter "Folgen" sind sämtliche (beabsichtigte) unmittelbare und mittelbare Änderungen und unter "Maßnahmen" deren sozialverträgliche Umsetzung gemeint. Eine bestimmte Form der Informationserteilung sieht die Richtlinie nicht vor.

---

[234] Vgl. EuGH vom 7.2.1985, Slg. 1985, 457, 465 (Rn. 8); EuGH vom 7.2.1985, Slg. 1985, 469, 481 (Rn. 6); EuGH vom 7.2.1985, Slg. 1985, 511, 516 (Rn. 4); EuGH vom 10.4.1984, Slg. 1985, 2639, 2648 (Rn. 7); EuGH vom 10.7.1986, Slg. 1986, 2291, 2298 (Rn. 4); EuGH vom 8.6.1994, Slg. 1994, 2461 (Rn. 4, 9, 16, 23)

[235] So auch Franzen, RdA 2002, 258, 262; wohl auch Willemsen/Lembke, NJW 2002, 1159, 1161

[236] Vgl. zur Belehrungsobliegenheit nach der Haustürgeschäfterichtlinie 85/577/EWG: EuGH vom 13.12.2001, NJW 2002, 281, 283 (Rn. 47)

[237] Siehe oben S. 13 ff.

B. § 613a Abs. 5 BGB

I. Einleitung

Am 01.04.2002 ist das Gesetz zur Änderung des Seemannsgesetzes und anderer Gesetze in Kraft getreten[238]. Mit Art. 4 dieses Artikelgesetzes wurde § 613a BGB geändert; nunmehr ist die Information bei einem Betriebsübergang als auch das Widerspruchsrecht gesetzlich geregelt. Nach § 613a Abs. 5 BGB hat der bisherige Arbeitgeber oder der neue Inhaber die von einem Übergang betroffenen Arbeitnehmer vor dem Übergang in Textform zu unterrichten über: den Zeitpunkt oder den geplanten Zeitpunkt des Übergangs, den Grund für den Übergang, die rechtlichen, wirtschaftlichen und sozialen Folgen des Übergangs für die Arbeitnehmer und die hinsichtlich der Arbeitnehmer in Aussicht genommenen Maßnahmen. Nach § 613a Abs. 6 BGB kann der Arbeitnehmer dem Übergang des Arbeitsverhältnisses innerhalb eines Monats nach Zugang der Unterrichtung nach Abs. 5 schriftlich widersprechen. Der Widerspruch kann gegenüber dem bisherigen Arbeitgeber oder dem neuen Inhaber erklärt werden.

Mit der Regelung des Widerspruchsrechtes wird die jahrzehntelange Diskussion um dessen Anerkennung beendet. Gleichwohl lässt das Gesetz zahlreiche Folgeprobleme des Widerspruchsrechtes offen, wie z.B. Berücksichtigung bei der Sozialauswahl oder die Rückabwicklung nach erfolgtem Widerspruch. Die allgemeine Begründung verweist unter Bezugnahme auf die bisherige Rechtsprechung des BAG darauf, dass es mit der Menschenwürde, dem Persönlichkeitsrecht und dem Recht auf Arbeitsplatzwahl unvereinbar wäre, wenn ein Arbeitnehmer verpflichtet würde, für einen nicht frei gewählten Arbeitgeber zu arbeiten[239]. Offenbar hat der Gesetzgeber die neuen Tendenzen des BAG[240] nicht beachtet und schlichtweg die alte Argumentation zum Widerspruchsrecht übernommen.

Eine vorherige Information ist nunmehr gesetzlich vorgeschrieben. Deren Rechtscharakter, Umfang und die Rechtsfolgen der Missachtung sind nicht eindeutig dem Gesetzestext zu entnehmen und bedürfen daher unter Berücksichtigung der Ergebnisse zur RL 2001/23/EG einer genaueren Betrachtung.

---

[238] BGBl. Nr. 21 vom 28.03.2002, S. 1163, 1168

[239] RegBegr. zu § 613a Abs. 5 BGB, BR-Ds. 831/01, S. 43 = BT-Ds. 14/7760, S. 20, mit Verweis auf BAG vom 22.4.1993, AP 103 zu § 613a BGB sowie EuGH vom 16.12.1992, AP 97 zu § 613a BGB; vgl. auch Widlak (Referent im BMA), FA 2001, 363, 364

[240] Siehe Fn. 10

II. Die Information nach § 613a Abs. 5 BGB

1.) Adressat

a) Arbeitnehmereigenschaft

Nach dem Gesetzeswortlaut sind "*die von einem Betriebsübergang betroffenen Arbeitnehmer*" zu informieren. Demgemäß muss der Adressat der Information ein Arbeitnehmer sein. Andere Personen sind nicht zu unterrichten. Nach Art. 2 Abs. 1 d) RL 2001/23/EG, der für das Verständnis des § 613a BGB maßgeblichen Vorschrift, ist "Arbeitnehmer" i.S.d. Richtlinie jede Person, die in dem betreffenden Mitgliedsstaat aufgrund einzelstaatlichen Arbeitsrechts geschützt ist. Hierfür reicht es aus, wenn das nationale Recht irgendeinen, wenn auch nur eingeschränkten Schutz gewährt[241]. Daher ist zutreffend allgemein anerkannt, dass z.B. auch leitende Angestellte dem Schutzbereich des § 613a BGB unterliegen[242]. Nicht zu den Arbeitnehmern in diesem Sinne gehören nach überwiegender Auffassung jedoch Heimarbeiter[243], was jedoch aufgrund des - wenn auch geringfügigen - arbeitsrechtlichen Schutzes bedenklich ist.
§ 613a BGB knüpft in Übereinstimmung mit RL 2001/23/EG an ein bestehendes Arbeitsverhältnis an. Somit ist es ausgeschlossen, dass bereits ausgeschiedene Arbeitnehmer informiert werden müssen. Zu nennen sind beispielsweise Ruhestandsverhältnisse[244] oder Arbeitnehmer, die noch an ein nachvertragliches Wett-

---

[241] EuGH vom 19.5.1992, Slg. 1992, 3212, 3219 (Rn. 18); siehe S. 24

[242] Vgl. BAG vom 22.2.1978, AP 11 zu § 613a BGB (krit. Anm. Küchenhoff); BAG vom 19.1.1988, AP 70 zu § 613a BGB; Bracker, Betriebsübergang und Betriebsverfassung, S. 33; Commmandeur, Betriebs-, Firmen- und Vermögensübernahme, S. 23; Hergenröder, AR-Blattei SD 500.1, Rechtsgeschäftlicher Betriebsinhaberwechsel, Rn. 250; Lepke, BB 1979, 526, 527 m.w.N.; Moll, AnwBl. 1991, 282, 283; Oetker, Betriebsübergangsrichtlinie, EAS B 7200, Rn. 29; Picot, in: Picot, Unternehmenskauf und Restrukturierung, S. 405; Posth, Arbeitsrechtliche Probleme beim Betriebsinhaberwechsel, S. 89; ErfK -Preis, § 613a BGB, Rn. 67; Richardi/Annuß, in: Staudinger, § 613a BGB; vgl. demgegenüber zur alten Rechtslage vor § 613a BGB: BAG vom 18.2.1960, AP 1 zu § 419 BGB Betriebsnachfolge; BAG vom 29.4.1969, NJW 1966, 1984

[243] Vgl. BAG vom 3.7.1980, AP 23 zu § 613a BGB; BAG vom 24.3.1998, AP 178 zu § 613a BGB m.w.N.; Bauer/von Steinau-Steinrück, in: Hölters, Handbuch des Unternehmens- und Beteiligungskaufs, Teil V, Rn. 97; Commmandeur, Betriebs-, Firmen- und Vermögensübernahme, S. 24 m.w.N.; ErfK-Preis, § 613a BGB, Rn. 67; a.A. KR-Pfeiffer, § 613a BGB, Rn. 13

[244] Es entspricht ganz überwiegender Ansicht, das § 613a BGB bei der Einzelrechtsnachfolge trotz bestehender Probleme bei so genannten mittelbaren Versorgungszusagen und der Insolvenzsicherung nicht auf bestehende Ruhestandsverhältnisse und bereits ausgeschiedene Versorgungsanwärter Anwendung findet: RGRK-Ascheid, § 613a BGB, Rn. 24; Bauer/von Steinau-Steinrück, in: Hölters, Handbuch des Unternehmens- und Beteiligungskaufs, Teil V, Rn. 99; Blomeyer/Otto, BetrAVG, Einl., Rn. 433 f. m.w.N.; Commmandeur, Betriebs-, Firmen- und Vermögensübernahme, S. 24; KassHB-Hattesen, 6.7, Rn. 159; Lohkemper, Die Erwerber-

bewerbsverbot mit dem Veräußerer gebunden sind[245]. Ausgeschiedene Arbeitnehmer können zwar ebenso ein erhebliches Interesse an den zu vermittelnden Informationen haben, z.B. um einen Wiedereinstellungsanspruch geltend machen zu können. Sie gehören jedoch nicht zum geschützten Personenkreis des § 613a Abs. 5 BGB. Wird einem Arbeitnehmer unwirksam gekündigt, so ist er gleichwohl ein Arbeitnehmer in diesem Sinne. Schließlich ergibt sich aus dem Sinn und Zweck der Vorschrift sowie der Richtlinie, dass es sich um Arbeitnehmer des Veräußerers oder des Erwerbers handeln muss. Arbeitnehmer anderer nicht beteiligter Arbeitgeber sind nicht nach § 613a Abs. 5 BGB zu informieren, obgleich sie auch vom Betriebsübergang betroffen sein können, beispielsweise Leiharbeitnehmer[246].

b) Die "betroffenen" Arbeitnehmer

Nach § 613a Abs. 5 BGB sind "*die von einem Übergang betroffenen Arbeitnehmer*" zu unterrichten. In Betracht kommen wie bei Art. 7 Abs. 6 RL 2001/23/EG auch hier die widerspruchsberechtigten Arbeitnehmer, d.h. deren Arbeitsverhältnisse auf den Erwerber nach § 613a Abs. 1 S. 1 BGB übergehen, oder aber sämtliche vom Betriebsübergang betroffene Arbeitnehmer des Veräußerers und des Erwerbers. Das können beispielsweise Arbeitnehmer sein, die im bisherigen Betriebsteil verbleiben oder die im Betrieb des Erwerbers beschäftigt sind. Die bislang überwiegende Ansicht im Schrifttum sieht lediglich die "übergehenden" Ar-

---

haftung für Ruhegeldanwartschaften bei der übertragenden Sanierung, S. 64 f.; Picot, in: Picot, Unternehmenskauf und Restrukturierung, S. 407; ErfK-Preis, § 613a BGB, Rn. 69; Richardi/Annuß, in: Staudinger, § 613a BGB, Rn. 163; Schaub, NZA 1987, 1 ff.; Willemsen, in: Willemsen, Umstrukturierung, G 138; a.A. insbes. Säcker/Joost, DB 1978, 1030, 1078, die dies u.a. mit dem Konkursrisiko begründen.

[245] Umstritten; ***gegen einen Übergang***: Bachner, in: Kittner/Zwanziger, Arbeitsrecht, § 115, Rn. 53; Bauer/Diller, Wettbewerbsverbote, Rn. 687; Commmandeur, Betriebs-, Firmen- und Vermögensübernahme, S. 24; GK-HGB-Etzel, §§ 74-75d HGB, Rn. 66; Kreitner, in: Personalbuch 2002, Betriebsübergang, Rn. 45; Picot, in: Picot, Unternehmenskauf und Restrukturierung, S. 409; Posth, Arbeitsrechtliche Probleme beim Betriebsinhaberwechsel, S. 138 ff.; Richardi/Annuß, in: Staudinger, § 613a BGB, Rn. 161; Willemsen, in: Willemsen, Umstrukturierung, G 190; Zöllner/Loritz, Arbeitsrecht, § 20 III. 6. (S. 264); KSchR-Zwanziger, § 613a BGB, Rn. 95a; ***für einem Übergang***: Bossmann, Die Auswirkungen des Betriebsübergangs nach § 613a BGB auf die Wettbewerbsverbote, S. 159 ff. m.w.N.; KassHB-Welsau, 6.1, Rn. 555; KR-Pfeiffer, § 613a BGB, Rn. 15; ErfK-Preis, § 613a BGB, Rn. 80; Seiter, Betriebsinhaberwechsel, S. 80 f.

[246] Insofern hat der Leiharbeitnehmer gegenüber dem Entleiher einen Auskunftsanspruch nach § 13 AÜG durch Art. 6 Erste Gesetz für moderne Dienstleistungen am Arbeitsmarkt, BGBl. I Nr. 87 vom 30.12.2002, S. 4607. Wegen des neuen Gleichbehandlungsgebotes liegt allerdings eine Informationspflicht nahe.

beitnehmer geschützt[247]. Insbesondere *Franzen*[248] folgert dies aus dem Wortlaut, wonach der "bisherige" Arbeitgeber, die von einem Übergang "betroffenen" Arbeitnehmer zu informieren habe, womit offenkundig die Situation bei dem Betriebsveräußerer vor dem Betriebsübergang in den Blick genommen würde. Zudem folge aus dem engen Bezug zum Widerspruchsrecht, dass lediglich die unmittelbar übergehenden Arbeitnehmer zu informieren seien, obgleich der deutsche Gesetzgeber damit hinter den Vorgaben der Richtlinie zurückbleibe, da diese auch eine Information der Erwerberarbeitnehmer verlange.
Da für das Verständnis der Norm die RL 2001/23/EG maßgeblich ist[249], kommt es darauf an, ob der nationale Gesetzgeber bewusst eine von der Richtlinie abweichende Regelung erlassen wollte.

(1) Grammatische Auslegung

Auch im deutschen Recht beginnt die Auslegung eines Textes mit dem Wortsinn. Hierunter versteht man die Bedeutung eines Ausdrucks oder einer Wortverbindung im Allgemeinen oder hilfsweise im besonderen Sprachgebrauch[250].
Nach dem Wortlaut sind die "*von einem Übergang betroffenen Arbeitnehmer*" zu unterrichten. Diese Formulierung lässt sowohl eine weite als auch enge Auslegung zu. Die Formulierung im Plural spricht wie bei der Richtlinie jedoch für eine weite Auslegung. Es haben "*der bisherige Arbeitgeber oder der neue Inhaber*" zu informieren, nach RL 2001/23/EG dagegen der Veräußerer *und* der Erwerber. Die Richtlinie knüpft an die Parteien des dem Betriebsübergang zu Grunde liegenden Rechtsgeschäfts an, weshalb auch sämtliche der dort beschäftigten Arbeitnehmer "betroffen" sein können. § 613a Abs. 5 BGB bezieht sich dagegen zum einen auf den Arbeitsvertragspartner ("Arbeitgeber") und zum anderen auf den neuen Inhaber. Der "neue Inhaber" ist nach dem Terminus der übrigen Bestimmungen des § 613a BGB der neue Arbeitgeber. Dies würde auf einen eingrenzten Personenkreis hindeuten, da die Bezeichnung übergangsbezogen ist[251]. So wären z.B. die Arbeitnehmer des Erwerbers nicht zu informieren. Gleichwohl ist der neue Inhaber immer auch der Erwerber. Trotz der unterschiedlichen Terminologie ergibt sich somit kein Unterschied zur Richtlinie.

---

[247] Grobys, BB 2002, 726, 727; Huke, FA 2002, 263, 265; ErfK-Preis, § 613a BGB, Rn. 86; Palandt/Putzo, § 613a BGB, Rn. 41; Willemsen/Lembke, NJW 2002, 1159, 1161; Worzalla, NZA 2002, 353; Wulff, AiB 2002, 594
[248] Franzen, RdA 2002, 258, 261
[249] Siehe hierzu S. 25 ff.
[250] Larenz/Canaris, Methodenlehre, S. 141
[251] So Franzen, RdA 2002, 258, 261

(2) Systematische Auslegung

Im Rahmen der systematischen Auslegung ist das nationale Gesetz im Lichte des Regelungskomplexes, dem es angehört, zu untersuchen. Hierbei kommt es auf die äußere Systematik des Gesetzes ebenso an wie auf den inneren Bedeutungszusammenhang[252].
Die Regelung der Information unter dem sechsten Titel des BGB, Dienstvertrag, könnte zunächst dafür sprechen, dass lediglich die übergehenden Arbeitnehmer zu informieren sind. Dieser Titel regelt das Verhältnis der Arbeitsvertragsparteien, mithin grundsätzlich ein Zwei-Personen-Verhältnis. Eine Information gegenüber einer Vielzahl von Arbeitnehmern auch außerhalb des Arbeitsverhältnisses - der Wortlaut schließt eine Information des Erwerbers gegenüber die beim Veräußerer verbleibenden Arbeitnehmer nicht aus - geht jedoch über dieses Zwei-Personen-Verhältnis bzw. Drei-Personen-Verhältnis hinaus. Dennoch ist eine weite Auffassung nicht ausgeschlossen, da § 613a BGB ohnehin eine Ausnahmevorschrift darstellt.
Die Systematik innerhalb des § 613a BGB deutet zunächst auf ein eingeschränktes Verständnis des Adressatenkreises hin, da sich die anderen Regelungen dieser Norm grundsätzlich auf die übergehenden Arbeitsverhältnisse beziehen. Dies gilt insbesondere für § 613a Abs. 6 BGB. Andere Arbeitnehmer werden hiervon nicht erfasst. Hingegen ist zu beachten, dass jede Norm für sich auszulegen ist. Dies gilt selbst für verschiedene Regelungen innerhalb eines Paragraphen. Es ist nicht ausgeschlossen, dass § 613a Abs. 5 BGB abweichend von den anderen Regelungen des § 613a BGB eine gesonderte Bedeutung zukommt, so dass auch nicht übergehende gleichwohl betroffene Arbeitnehmer Schutzadressaten sein können. So ist es möglich, dass neben den widerspruchsberechtigten Arbeitnehmern - auch - die anderen vom Betriebsübergang betroffenen Arbeitnehmer zu informieren sind. Die systematische Auslegung führt daher nicht zu einem von der Richtlinie abweichenden Ergebnis.

(3) Teleologische Auslegung

Im Rahmen der nationalen teleologischen Auslegung ist auf den objektiven Zweck abzustellen, den der Gesetzgeber durch die Norm zu verwirklichen sucht[253].
Nach der allgemeinen Begründung zum Gesetz über die Änderung des SeemG und anderer Gesetze dient Art. 4 (§ 613a Abs. 5, 6 BGB) zum einen der Umsetzung von RL 2001/23/EG *als auch* der Information zum Zwecke des Widerspruchs[254]. Die besondere Begründung zu Art. 4 verweist explizit auf die be-

---

[252] Larenz/Canaris, Methodenlehre, S. 145 f.
[253] Larenz/Canaris, Methodenlehre, S. 153 ff.
[254] Vgl. Allgemeine RegBegr., BR-Ds. 831/01, S. 21 = BT-Ds. 14/7760, S. 12

zweckte Umsetzung des Art. 7 Abs. 6 RL 2001/23/EG und die gewollte Rechtssicherheit hinsichtlich des Widerspruchs. Es wäre daher verfehlt, allein auf den widerspruchbezogenen Zweck abzustellen[255].

§ 613a BGB selbst dient zum einen dem Bestandsschutz, ferner der Kontinuität des Betriebes und hiermit der Gewährleistung der betrieblichen Mitbestimmung und schließlich der Haftung des Veräußerers und des Erwerbers[256]. Dieser Zwecktrias betrifft jedoch in erster Linie die übergehenden Arbeitnehmer, weniger die beim Veräußerer verbliebenen oder die beim Erwerber bereits beschäftigten Arbeitnehmer. Nur der Inhalt der übergehenden Arbeitsverhältnisse wird von § 613a Abs. 1 BGB erfasst. Geht man allerdings davon aus, dass ein Betriebsübergang häufig Anlass von Umstrukturierungsmaßnahmen ist und oftmals aufgrund verschiedener Synergieeffekte zu Rationalisierungen führt, so ist es auch für die nicht unmittelbar übergehenden Arbeitnehmer von Interesse, über den Betriebsübergang informiert zu werden. Zudem ist es denkbar, dass sich bestimmte Schwellenwerte ändern, die an die Beschäftigtenzahlen anknüpfen oder verschiedene Betriebsteile zu einem neuen Betrieb zusammengefasst werden, was wiederum Auswirkungen auf bestehende Betriebsvereinbarungen haben kann. Von einem Betriebs(teil)übergang können somit nicht nur die übergehenden Arbeitnehmer betroffen sein. Um den Bestandsschutzzweck umfassend zu gewährleisten, ist eine Information aller Arbeitnehmer erforderlich. Diese Zwecksetzung wird zwar nicht ausdrücklich erwähnt; sie ergibt sich jedoch aus den Vorgaben der Richtlinie und reiht sich in den bisherigen Zwecktrias ein.

Anders verhält es sich jedoch mit dem widerspruchsbezogenen Zweck. Das Widerspruchsrecht steht nur den übergehenden Arbeitnehmern zu. Die dahingehenden Informationen beschränken sich auf diesen Adressatenkreis.

Da § 613a Abs. 5 BGB zweierlei Zwecken dient, sind die zu erteilenden Informationen bei gebotener extensiver Auslegung nicht auf die übergehenden Arbeitnehmer begrenzt.

(4) Historische Auslegung

Die nationale historische Auslegung dient der Berücksichtigung der Regelungsabsicht und Normvorstellungen des Gesetzgebers[257].

Die Formulierung in Abs. 5 des Referentenentwurfs unterschied sich maßgeblich vom jetzigen Gesetz und lautete:

"(5) Der bisherige Arbeitgeber oder der neue Inhaber hat ***den Arbeitnehmer schriftlich*** *zu unterrichten über:*

---

[255] So aber Grobys, BB 2002, 726, 727; Huke, FA 2002, 263, 264; Willemsen/Lembke, NJW 2002, 1159, 1161

[256] Statt aller: Richardi/Annuß, in: Staudinger, § 613a BGB, Rn. 10 m.w.N.; ErfK-Preis, § 613a BGB, Rn. 2

[257] Larenz/Canaris, Methodenlehre, S. 149 ff.

1. den Zeitpunkt oder den geplanten Zeitpunkt des Übergangs,
2. den Grund für den Übergang,
*3. die rechtlichen, wirtschaftlichen und sozialen Folgen des Übergangs für **den Arbeitnehmer** und*
*4. die hinsichtlich **des Arbeitnehmers** in Aussicht genommenen Maßnahmen."*[258]

Mit dem Bezug auf den einzelnen Arbeitnehmer wird deutlich, dass die Unterrichtung und der Beginn für die Widerspruchsfrist als Ergänzung zu § 613a Abs. 1 S. 1 BGB zu verstehen war, weshalb der Referentenentwurf eine individuell-detaillierte Schutzrichtung hatte. Von Arbeitgeberseite wurde der Referentenentwurf wegen des bürokratischen Aufwandes, jeden einzelnen Arbeitnehmer zu informieren, gerügt[259]. Ob der Entwurf aufgrund dieser Kritik geändert wurde, ist den maßgeblichen Unterlagen nicht zu entnehmen. In jedem Fall wurde die Singular- in eine Pluralformulierung geändert und wieder dem Richtlinienwortlaut angepasst. Insbesondere die gegenüber dem Referentenentwurf weitergehende Formulierung der Regierungsbegründung zu Art. 4 (§ 613a BGB), es sei *"deshalb geboten, dass **alle Arbeitnehmer** über den Übergang und die für sie eintretenden Folgen unmittelbar durch die beteiligten Arbeitgeber unterrichtet werden"*[260] , schließt aus, dass nur die widerspruchsberechtigten Arbeitnehmer zu informieren sind.

(5) Richtlinienkonforme Auslegung

§ 613a Abs. 5 BGB dient neben der Regelung der Widerspruchsfrist insbesondere und vor allem der Umsetzung des Art. 7 Abs. 6 RL 2001/23/EG. Aufgrund dessen ist für das Verständnis dieser Norm die Auslegung der Formulierung "betreffenden Arbeitnehmer" der Richtlinie maßgeblich. Wie die Ausführungen zur Richtlinie gezeigt haben[261], beschränkt sich die Richtlinie nicht auf die übergehenden Arbeitnehmer.

Da in Deutschland zumindest die Informationspflichten nach Art. 7 Abs. 1 RL 2001/23/EG umgesetzt sind, hätte es einer derart weiten Regelung nicht bedurft. Der deutsche Gesetzgeber hätte sich auf die Information in Kleinbetrieben und auf die widerspruchsberechtigten Arbeitnehmer beschränken können. Dies ist jedoch, entgegen den Vorschlägen der Opposition[262], nicht erfolgt. Im Gegenteil: Nicht nur der Wortlaut von Art. 7 Abs. 6 RL 2001/23/EG und § 613a Abs. 5 BGB ist nahezu identisch. Vielmehr ergibt sich aus der Gesetzesbegründung,

---

[258] Änderungen zum Gesetzeswortlaut vom Verfasser fett gekennzeichnet.
[259] Vgl. Stellungnahme der BDA zum Referentenentwurf vom 21.8.2001, S. 3.
[260] RegBegr. zu § 613a BGB, BR-Ds. 381/01, S. 41 = BT-Ds. 14/7760, S. 19
[261] Siehe oben S. 25 ff.
[262] Vgl. den Vorschlag der CDU/CSU-Fraktion mit "1:1 Umsetzung" der Richtlinie, sowie den etwas weitergehenden Vorschlag der FDP-Fraktion; beide Ausschussvorschläge sind im Ausschussbericht enthalten, BT-Ds. 14/8128 vom 30.1.2002, S. 4.

dass Art. 7 Abs. 6 RL 2001/23/EG trotz seiner auf Kleinbetriebe eingeschränkten Reichweite überobligationsmäßig umgesetzt werden sollte. In der Begründung zu Art. 4 (§ 613a BGB) heißt es[263]:

"Die Regelung im neuen § 613a Abs. 5 des Bürgerlichen Gesetzbuchs dient der Umsetzung von Artikel 7 Abs. 6 der Richtlinie 2001/23/EG...Danach sind die Mitgliedsstaaten verpflichtet, eine Regelung zur Information der von einem Betriebsübergang betroffenen Arbeitnehmer über ... zu treffen, wenn unabhängig vom Willen der Arbeitnehmer ... keine Arbeitnehmervertretung besteht. ... Die Unterrichtungspflicht des Arbeitgebers gegenüber den von dem Übergang betroffenen Arbeitnehmern soll unabhängig von der Betriebsgröße und auch dann bestehen, wenn die Arbeitnehmervertretung über den Übergang zu informieren ist. ... Der Inhalt der Unterrichtungspflicht wird ***übereinstimmend*** *mit Artikel 7 Abs. 6 der Richtlinie 2001/23/EG geregelt."*

Eine derart weit reichende Regelung war nicht zwingend notwendig, zumal Art. 7 Abs. 6 RL 2001/23/EG gegenüber Mitgliedsstaaten mit geringerer betrieblicher Mitbestimmung, zu denen Deutschland nicht gehört, aufgrund des Aufwandes ein Anreiz sein sollte, die Mitbestimmung auszubauen. Es ist zu vermuten, dass die überobligationsmäßige Umsetzung auf ein Versehen des Gesetzgebers beruht. So lautete die Begründung des Referentenentwurfs zu Art. 5 (§ 613a BGB)[264]:

"Die Regelung im neuen § 613a Abs. 5 des Bürgerlichen Gesetzbuchs dient der Umsetzung von Art. 7 Abs. 6 der Richtlinie 2001/23/EG... Danach sind die Mitgliedsstaaten verpflichtet, eine Regelung zur Information der von einem Betriebsübergang betroffenen Arbeitnehmer über ... zu treffen. Nach der Rechtsprechung des Bundesarbeitsgerichts besteht für den Arbeitgeber bereits nach geltendem Recht die ***Verpflichtung****, den Arbeitnehmer über eine bevorstehende Betriebsveräußerung und deren Folgen zu unterrichten.* ***Diese arbeitsvertragliche Nebenpflicht*** *wird insbesondere aus dem Recht des Arbeitnehmers abgeleitet, einem Betriebsübergang zu widersprechen (Urteile vom 22. April 1993, 2 AZR 313/92 und 2 AZR 50/92). Die Unterrichtungspflicht des Arbeitgebers soll deshalb unabhängig davon bestehen, ob auch die Arbeitnehmervertretung über den Übergang zu informieren ist. Der Inhalt der Unterrichtungspflicht wird übereinstimmend mit Artikel 7 Abs. 6 der Richtlinie 2001/23/EG geregelt."*

Aus dieser Begründung geht hervor, dass der Referentenentwurf die jahrzehntelange ständige Rechtsprechung des BAG als auch die herrschende Meinung, wonach die vorherige Unterrichtung gerade keine Pflicht, sondern vielmehr eine Obliegenheit darstellte, nicht beachtet hat. Die Regierungsbegründung stellte diesen Irrtum zwar richtig. Gleichwohl war der erste Schritt auf dem Weg zum Gesetz mit dem Zwang zur Richtlinienumsetzung in der ablaufenden Legislaturperiode

---

263 RegBegr. zu § 613a BGB, BR-Ds. 381/01, S. 40 f. = BT-Ds. 14/7760, S. 19 (Hervorhebung durch den Verfasser)
264 Vgl. BegrRefE zu Art. 5, S. 35 (Hervorhebung durch den Verfasser)

gemacht. Ferner ging der Referentenentwurf vermutlich davon aus, dass nur eine Arbeitnehmervertretung zu informieren ist, was aus der Singularformulierung folgt. Dies entspricht jedoch nicht der Intention des Art. 7 Abs. 1 UA 2, 3 RL 2001/23/EG. Insbesondere beim Betriebsteilübergang mit anschließendem Zusammenschluss der Betriebsteile sind mehrere Arbeitnehmervertretungen nach der Richtlinie zu informieren, was sich wegen des Hilfscharakters des Art. 7 Abs. 6 RL 2001/23/EG auch auf dessen Adressatenkreis auswirkt.
Angesichts des uneingeschränkten Umsetzungswillens sind sämtliche vom Betriebsübergang betroffenen Arbeitnehmer und nicht nur die widerspruchsberechtigten nach § 613a Abs. 5 BGB zu informieren. Anderenfalls würde § 613a Abs. 5 BGB der Richtlinie nicht gerecht werden[265]. Insbesondere bei Kleinstbetrieben unter fünf Arbeitnehmern entstände eine Informationslücke, was nicht der Richtlinie entspräche.

c) Globalinformation versus Individualinformation

Wie bei Art. 7 Abs. 6 RL 2001/23/EG besteht bei § 613a Abs. 5 BGB ebenso das Problem, ob sich die Information an die Belegschaft richtet, d.h. lediglich typisierende Globalangaben enthält, oder aber individuell-detailliert gegenüber einzelnen Arbeitnehmern zu erteilen ist. Solange der deutsche Gesetzgeber von der Umsetzung der Richtlinie nicht erkennbar abgewichen ist, kann auf die Ausführungen hierzu verwiesen werden[266]. Geht der Gesetzgeber jedoch über die Richtlinie zugunsten der Arbeitnehmer hinaus, was nach Art. 8 RL 2001/23/EG ausdrücklich möglich ist, so bedarf es einer gesonderten Bestimmung über die Reichweite der Norm.
Der DAV geht davon aus, dass § 613a Abs. 5 BGB nunmehr eine individuelle umfassende Information vorsieht[267]. Demgegenüber ist der überwiegende Teil des Schrifttums der Auffassung, dass sich die Information lediglich auf die Belegschaft und nicht auf einzelne Arbeitsverhältnisse bezieht[268].

---

[265] Vgl. Franzen, RdA 2002, 258, 261; Worzalla, NZA 2002, 353, 357
[266] Siehe oben S. 27 ff.
[267] Stellungnahme des DAV, NZA 2002, Heft 2, S. VIII, IX, allerdings ohne Begründung
[268] Bauer/von Steinau-Steinrück, ZIP 2002, 457, 462; Gaul, Aktuelles Arbeitsrecht 2001, 319; Gaul, FA 2002, 299, 300; Gaul, Betriebs- und Unternehmensspaltung, § 11, Rn. 18; Gaul/Otto, DB 2002, 634, 635; wohl auch Grobys, BB 2002, 726, 727; Huke, FA 2002, 263, 265; unklar Düwell, FA 2002, 107, 109 ("individualrechtliche Rechtspflichten"); ErfK-Preis, § 613a BGB, Rn. 85; Wisskirchen, AE 01/2002, V, VI; Willemsen/Lembke, NJW 2002, 1159, 1163

(1) Grammatische Auslegung

Nach § 613a Abs. 5 BGB sind "die" Arbeitnehmer zu unterrichten. Die Semantik deutet eher auf eine Globalinformation als eine Individualinformation hin[269]. Anderenfalls hätte der Gesetzgeber unschwer eine Singularformulierung wählen können. Jedoch weist § 613a Abs. 6 BGB den besonderen Bezug der Information zum Widerspruchsrecht auf, erwähnt den widerspruchsberechtigten Arbeitnehmer im Singular und verlangt einen Zugang der Information. Der Wortlaut des Abs. 6 deutet daher auf eine Individualinformation hin.
§ 613a Abs. 6 BGB betrifft einen von mehreren Adressaten der Unterrichtung, Abs. 5 dagegen den Inhalt und die anderen Adressaten. Nach der grammatischen Auslegung sind daher zumindest die widerspruchsberechtigten Arbeitnehmer zu informieren, wobei sich der Inhalt selbst auf typisierende Globalinformationen beschränken kann. Es handelt sich nach dem Wortlaut um eine individuell zu erteilende typisierende Globalinformation. Es bestehen keine Unterschiede zur Richtlinie, da hiernach die einzelnen Arbeitnehmer das Recht haben müssen, die Informationen geltend machen zu können[270].

(2) Systematische Auslegung

Die systematische Stellung des § 613a Abs. 5 BGB innerhalb des § 613a BGB steht der grammatischen Auslegung nicht entgegen. Zwar könnte man aufgrund der Regelung im BGB und beispielsweise nicht im BetrVG folgern, dass der Inhalt der Information bezogen auf die Arbeitsvertragsparteien individuell-detailliert sein muss. Gleichwohl ist auch hier die Sonderstellung des Abs. 5 innerhalb des § 613a BGB zu beachten, der sich ausdrücklich an alle Arbeitnehmer richtet und einen kollektiven Bezug aufweist.

(3) Teleologische Auslegung

Die Unterrichtung dient zum einen der Richtlinienumsetzung und zum anderen der Regelung der Widerspruchsfrist, damit für alle am Betriebsübergang beteiligten Personen Rechtssicherheit herrscht[271]. Ersteres erfordert keine individuell-detaillierte Information. Letzteres setzt - nach der bis zum Erlass des § 613a Abs. 5, 6 BGB ständigen Rechtsprechung des BAG und der herrschenden Ansicht - lediglich eine rechtzeitige Grundinformation und keine individuell-detaillierte Information voraus[272]. Die beabsichtigte Rechtssicherheit tritt zumindest nach der

---

[269] So auch Gaul, Betriebs- und Unternehmensspaltung, § 11, Rn. 18; Gaul/Otto, DB 2002, 634, 635; Huke, FA 2002, 263, 265 (Fn. 20)
[270] Siehe oben S. 47 f.
[271] RegBgr. zu § 613a BGB, BR-Ds. 831/01, S. 41 = BT-Ds. 14/7760, S. 19
[272] Siehe hierzu S. 179 ff.; ebenso der Gesetzentwurf der FDP-Fraktion, BT-Ds. 14/8144; Stellungnahme des DAV, NZA 2002, Heft 2, S. VIII

bis zur Neuregelung überwiegenden Auffassung nicht erst dann ein, wenn jeder Arbeitnehmer individuell und umfassend vom Betriebsübergang informiert wird. Der für ausreichend erachtete Grundkenntnisstand wird auch durch typisierende Globalinformationen gewährleistet; individuell-detaillierte Informationen setzte weder die bislang herrschende Meinung voraus noch war eine solche Information nach dieser Auffassung notwendig, um die verlangte Rechtssicherheit zu erreichen.

Dieses Verständnis wird durch den Ersatz der ursprünglich im Referentenentwurf vorgesehenen Schrift- in eine Textform bestätigt. Vom Betriebsübergang ist in der Regel eine Vielzahl von widerspruchsberechtigten Arbeitnehmern betroffen. Das können unter Umständen mehrere tausend Arbeitnehmer sein, die insbesondere darüber in Kenntnis gesetzt werden sollen, ob, wann und welche neuen Bedingungen nach dem Betriebsübergang gelten. Eine auf typisierende Globalinformationen beschränkte Unterrichtung wäre gegebenenfalls für alle Arbeitnehmer gleichlautend. Für diese Art der Unterrichtung ist die gewählte Textform prädestiniert. So heißt es in der Begründung zu § 126b BGB[273]:

"Solche Anwendungen betreffen beispielsweise Massenvorgänge mit sich wiederholenden, meist gleichlautenden Erklärungen".

Die bislang herrschende Meinung hatte eine Unterrichtung in Betriebsversammlungen oder am Schwarzen Brett für ausreichend erachtet. Es gibt keine Anhaltspunkte dafür, dass der Gesetzgeber, mit Ausnahme der Form und des von der Richtlinie bestimmten Inhalts, hiervon abweichen wollte. In der Gegenäußerung der Bundesregierung zur vom Bundesrat geforderten Schriftform wird vielmehr darauf hingewiesen, dass bei der Textform im Gegensatz zur Schriftform nicht jedem betroffenen Arbeitnehmer ein eigenhändig unterzeichnetes Schriftstück zugeleitet werden müsse[274].

Hiermit unvereinbar wäre eine individuell-detaillierte Information. Es würde gegen das BDSG sowie das allgemeine Persönlichkeitsrecht des betreffenden Arbeitnehmers verstoßen, wenn ihm auf der betriebsinternen Homepage mitgeteilt würde, wie sich beispielsweise das individuelle Gehalt, das Wettbewerbsverbot oder sonstige Einzelabreden änderten[275].

(4) Historische Auslegung

Nicht zuletzt spricht die Entstehungsgeschichte des § 613a Abs. 5 BGB für eine typisierende Globalinformation. Der Referentenentwurf beinhaltete noch eine

---

[273] BT-Ds. 14/4987, S. 21; ähnlich die Ausführungen von Widlak (Referent im BMA), FA 2001, 363, 364

[274] BT-Ds. 14/7797 vom 12.12.2001

[275] Siehe hierzu die Darstellung zum UmwG, S. 102.

Unterrichtung einzelner Arbeitnehmer. Hiernach hatten die Arbeitgeber "den" Arbeitnehmer zu unterrichten, u.a. über die Folgen des Übergangs für "den" Arbeitnehmer und hinsichtlich "des" Arbeitnehmers in Aussicht genommene Maßnahmen. Der Referentenentwurf wurde hinsichtlich dessen auch von Arbeitgeberseite heftig gerügt[276]. Die Singularformulierung wurde alsdann durch den Plural ersetzt. Nunmehr hat der Arbeitgeber oder der neue Inhaber "die" Arbeitnehmer zu unterrichten u.a. über die Folgen des Übergangs für "die" Arbeitnehmer und hinsichtlich "der" Arbeitnehmer in Aussicht genommenen Maßnahmen. In einer Stellungnahme der BDA[277] zum Regierungsentwurf heißt es denn auch:

"Wir haben aber im Rahmen der Anhörung erreicht, dass nicht mehr jeder einzelne Arbeitnehmer über die Folgen, den Grund, den Zeitpunkt und die wegen des Übergangs in Aussicht genommenen Maßnahmen zu informieren ist. Vielmehr muß diese Information nur gegenüber dem Kollektiv der Arbeitnehmer erfolgen."

Es finden sich zwar auch Passagen in der Begründung, die auf eine Individualinformation hindeuten[278]. Jedoch ist diesen Formulierungen nicht eindeutig zu entnehmen, ob damit eine Individual- oder aber Globalinformation gemeint ist. Zudem ist die Entstehungsgeschichte der Pluralformulierung ein stärkeres Argument, als die allgemeinen Ausführungen des Gesetzgebers, der sich bewusst einer Stellungnahme zum Verhältnis zwischen § 613a BGB und § 111 BetrVG enthalten wollte.

(5) Richtlinienkonforme Auslegung

Wie bereits dargelegt, verlangt die Richtlinie keine detailliert-individuelle Information einzelner Arbeitnehmer[279]. Nach Auslegung der nationalen Norm wollte der deutsche Gesetzgeber über die Richtlinie hinsichtlich der typisierenden Globalinformationen nicht hinausgehen. Vielmehr ergibt sich insbesondere aus der

---

[276] Stellungnahme der BDA zum RefE vom 21.08.2001, S. 3:*"Eine Verpflichtung der Arbeitgeber, jeden einzelnen Arbeitnehmer schriftlich über den geplanten Betriebsübergang zu informieren, würde zu einen immensen bürokratischen Aufwand bzw. zu unzumutbaren Kosten führen und ist daher abzulehnen. ... Ist keine Arbeitnehmervertretung vorhanden, muss die Möglichkeit einer formfreien Unterrichtung bestehen, z.B. die Arbeitnehmer durch einen Aushang am 'Schwarzen Brett' zu unterrichten."*

[277] Stellungnahme der BDA zum Regierungsentwurf vom 5.10.2001, S. 2

[278] RegBegr. zu § 613a Abs. 5 BGB, BR-Ds. 831/01, S. 41 = BT-Ds. 14/7760, S. 19:*"Ein Betriebsinhaberwechsel kann für den einzelnen Arbeitnehmer mit wesentlichen Änderungen der Arbeitsbedingungen und der beruflichen Entwicklungsmöglichkeiten verbunden sein, die ihn gegebenenfalls veranlassen, dem Übergang des Arbeitsverhältnisses auf einen anderen Arbeitgeber zu widersprechen. Es ist deshalb geboten, dass alle Arbeitnehmer über den Übergang und die für sie eintretenden Folgen unmittelbar durch die beteiligten Arbeitnehmer unterrichtet werden."*

[279] Siehe oben S. 27 ff.

Entstehungsgeschichte, dass ein derartiges Vorhaben ausdrücklich aufgegeben wurde.

2.) Informationspflichtiger

Nach § 613a Abs. 5 BGB haben der bisherige Arbeitgeber *oder* der neue Inhaber zu unterrichten. Diese Formulierung weicht von der Richtlinie ab, welche in Art. 7 Abs. 1 den Veräußerer *und* den Erwerber als Informationspflichtige benennt. Nach dem Wortlaut scheint eine Divergenz zwischen Alternativität und Kumulation der Informationspflichtigen vorzuliegen. In der Gesetzesbegründung heißt es hierzu lediglich[280]:

"Zur Unterrichtung der Arbeitnehmer sind der bisherige Arbeitgeber oder der neue Inhaber verpflichtet. Beide sollen sich untereinander verständigen, in welcher Weise sie ihre Informationspflicht erfüllen."

Offenbar hatte der Gesetzgeber wiederum die bisherige Rechtsprechung in Deutschland und das Widerspruchsrecht im Blick. So verwies das BAG bis zum Erlass des § 613a Abs. 5 BGB darauf, dass es Sache der Parteien des dem Betriebsübergang zu Grunde liegenden Vertrages sei, sich im Innenverhältnis aufgrund ihrer nebenvertraglichen Pflichten gegenseitig zu informieren[281]. In der Literatur bestand teilweise im Anschluss an dieser Rechtsauffassung des BAG die Ansicht, dass Veräußerer und Erwerber als *"eine Person"* angesehen werden müssten und daher beide zur Information verpflichtet seien[282].
Indes zeigt sich jedoch, dass keine Abweichung von der Richtlinie vorliegt. In der konsequenten Anwendung des Art. 7 Abs. 6 i.V.m. Abs. 1 UA 2, 3 RL 2001/23/EG ergibt sich vor dem Vollzug des Übergangs eine Informationspflicht des Veräußerers gegenüber seinen Arbeitnehmern. Hierzu gehören auch die widerspruchsberechtigten Arbeitnehmer. Die Informationspflicht des Erwerbers nach Art. 7 Abs. 6 i.V.m. Abs. 1 UA 3 RL 2001/23/EG besteht grundsätzlich nur gegenüber seinen Arbeitnehmern. Informiert der Veräußerer nicht, so entsteht - daneben - eine Informationspflicht des Erwerbers spätestens im Zeitpunkt des Übergangs, da die übergegangenen Arbeitnehmer nunmehr seine Arbeitnehmer

---

[280] RegBegr. zu § 613a BGB, BR-Ds. 831/01, S. 42 = BT-Ds. 14/7760, S. 19; so auch Bauer/von Steinau-Steinrück, in: Hölters, Handbuch des Unternehmens- und Beteiligungskaufs, Teil V, Rn. 119; Widlak (Referent im BMA), FA 2001, 363, 364, die sich jedoch im Wesentlichen auf die Wiedergabe der Gesetzesbegründung beschränken.
[281] BAG vom 22.4.1993, AP 103 zu § 613a BGB, II. 5. b) bb) der Gründe; BAG vom 25.1.2001, AP 215 zu § 613a BGB, IV. 1. a) der Gründe; Bauer/von Steinau-Steinrück, in: Hölters, Handbuch des Unternehmens- und Beteiligungskaufs, Teil V, Rn. 118, 119; Willemsen, in: Willemsen, Umstrukturierung, G 159, der einen Auskunftsanspruch des Veräußerers gegenüber dem Erwerber bejaht; Willemsen/Lembke, NJW 2002, 1159, 1162
[282] Menze, Das Widerspruchsrecht der Arbeitnehmer beim Betriebsübergang, S. 64

sind. In diesem Sinne ist auch § 613a Abs. 5, 6 BGB zu verstehen. Vor dem Übergang hat grundsätzlich der Veräußerer zu informieren, nach dem Übergang - auch - der Erwerber. Da die Informationspflicht nicht mit dem Übergang erlischt, sondern erst recht fortbesteht, haben nach dem Übergang der Veräußerer und der Erwerber zu informieren.
Hat jedoch lediglich der Erwerber die Möglichkeit, die Arbeitnehmer über die künftigen Auswirkungen zu informieren, so ist auch er ausnahmsweise zur Information der Veräußererarbeitnehmer verpflichtet. Dies ergibt sich aus der richtlinienkonformen Auslegung des § 613a Abs. 5 BGB[283] und der über die Richtlinie hinausgehenden Bedeutung der Informationen für die widerspruchsberechtigten Arbeitnehmer. In diesem Falle sind Veräußerer und Erwerber als Gesamtschuldner anzusehen[284].
Allerdings sieht § 613a Abs. 5 BGB keine Umsetzung des Art. 7 Abs. 4 UA 2 RL 2001/23/EG bei Konzernentscheidungen vor, wie dies beispielsweise in § 17 Abs. 3a KSchG geschehen ist. Dies ist jedoch weniger eine Frage der Informationspflicht denn der Rechtsfolgen ihrer Verletzung.

3.) Zeitpunkt

Nach § 613a Abs. 5 BGB sind die Arbeitnehmer "*vor dem Übergang*" zu unterrichten. Einen bestimmten Zeitpunkt enthält § 613a Abs. 5 BGB nicht. Es kommt ein Zeitraum lange vor dem Betriebsübergang oder aber auch unmittelbar davor in Betracht
Der Wortlaut lässt nicht erkennen, wann die widerspruchsberechtigten Arbeitnehmer informiert werden müssen. In jedem Falle wäre eine Information nach dem Übergang zu spät.
Auch die systematische Auslegung führt zu keinem eindeutigen Ergebnis. Die Unterrichtung stellt anders als beispielsweise § 111 BetrVG nicht auf die Planungsentscheidung ab. Die Arbeitnehmer haben hinsichtlich des Betriebsübergangs kein Konsultations- oder Mitentscheidungsrecht. Sie können daher ohne weiteres unmittelbar vor vollendete Tatsachen gestellt werden.
Die Neuregelung dient zum einen der Umsetzung der Richtlinie, deren Zweck der Gesetzesentwurf nicht gesondert erwähnt; zum anderen der Rechtssicherheit der am Betriebsübergang beteiligten Personen, da Abs. 6 festlegt, dass der Arbeitnehmer innerhalb eines Monats ab Unterrichtung widersprechen kann. Der Wi-

---

[283] Zur ausnahmsweisen Information der Veräußererarbeitnehmer durch den Erwerber nach der Richtlinie vgl. S. 39 f.
[284] So im Ergebnis: Bauer/von Steinau-Steinrück, ZIP 2002, 457, 458 ("gesamtschuldnerische Obliegenheit"); Franzen, RdA 2002, 258, 264; Gaul, Aktuelles Arbeitsrecht 2001, 338; Gaul, Betriebs- und Unternehmensspaltung, § 11, Rn. 24; Gaul, FA 2002, 299; wohl auch Gaul/Otto, DB 2002, 634, 639; Franzen, RdA 2002, 258, 264; Palandt/Putzo, § 613a BGB, Rn. 41; Willemsen/Lembke, NJW 2002, 1159, 1162; a.A. Worzalla, NZA 2002, 353, 354

derspruch ist nach der Begründung zu § 613a Abs. 6 BGB auch noch nach dem Betriebsübergang möglich[285]. Damit ist für den Widerspruch nicht mehr die mögliche Kenntnis von den dem Betriebsübergang ausmachenden Umständen, sondern die Unterrichtung selbst entscheidend. Gleichwohl ist aufgrund der beabsichtigten Rechtssicherheit eine Unterrichtung, wenn möglich, mindestens einem Monat vor dem (geplanten) Betriebsübergang zu verlangen. Dies ergibt sich aus §§ 241 Abs. 2, 242 BGB. Der Zeitpunkt, mindestens einen Monat vorher, ist geboten. Zum einen wird dies der Rechtssicherheit am besten gerecht. Alle Beteiligten, Veräußerer, Erwerber und Arbeitnehmer, wissen dann bereits im Zeitpunkt des Übergangs von welcher Situation sie auszugehen haben. Es gibt in diesem Falle auch keine Rückabwicklungsprobleme oder sonstige Eingriffe in zwischenzeitliche Dispositionen. Zum anderen steht trotz der Frist in § 613a Abs. 6 BGB über dem Widerspruchsrecht das Damoklesschwert der Verwirkung[286], was insbesondere die bislang geringen Voraussetzungen der herrschenden Meinung hieran belegen. Eine ähnliche Problematik stellt sich für diejenigen Arbeitnehmer, denen unter Verstoß gegen § 613a Abs. 4 BGB gekündigt wurde und die eine Beschäftigung bei dem Erwerber geltend machen. Auch hier steht alsbald der Tatbestand der Verwirkung im Raum. Schließlich besteht die Gefahr, dass eine Tätigkeit des Arbeitnehmers nach Betriebsübergang als konkludente Zustimmung oder Widerspruchsverzicht gewürdigt wird. Aufgrund dessen erfordert die Rechtssicherheit grundsätzlich eine Unterrichtung der widerspruchsberechtigten Arbeitnehmer einen Monat vor dem geplanten Übergang.

Die teleologische Bestimmung des Unterrichtungszeitpunktes wird zudem durch die historische Auslegung bestätigt. Nach bislang herrschender Meinung konnte der Arbeitnehmer bis zum Übergang zeitlich unbeschränkt, danach aber nur unverzüglich innerhalb von drei Wochen ab Kenntnisnahme widersprechen. Der Betriebsübergang stellte die entscheidende Zäsur dar[287]. Die Begründung zu § 613a Abs. 5 BGB nimmt explizit auf die Entscheidungen des BAG vom 22.04.1993[288] Bezug. Obgleich nunmehr die Unterrichtung das wesentliche Kriterium darstellt, hält der Gesetzgeber offenbar daran fest, dass eine Klärung über die Ausübung des Widerspruchs möglichst zeitlich zusammenhängend mit dem Übergang erfolgen soll. Der Ausnahmecharakter ergibt sich aus der Regierungsbegründung zu § 613a Abs.5 BGB[289], wonach der Widerspruch *"auch"* dann er-

---

[285] RegBegr. zu § 613a BGB, BR-Ds. 831/01, S. 43 = BT-Ds. 14/7760, S. 20: "*Die dreiwöchige Widerspruchsfrist beginnt, nachdem der bisherige Arbeitgeber oder der neue Inhaber den Arbeitnehmer gemäß dem neuen § 613a Abs. 5 des Bürgerlichen Gesetzbuchs über den Übergang und dessen Folgen in Textform unterrichtet hat. Das gilt auch dann, wenn der Betriebsübergang ohne vorherige Unterrichtung des Arbeitnehmers vollzogen wurde und die Unterrichtung erst nach dem Übergang erfolgt.*"

[286] Franzen, RdA 2002, 258, 266

[287] Siehe oben S. 4 ff.

[288] BAG vom 22.4.1993, AP 102, 103 zu § 613a BGB

[289] Siehe Fn. 285

klärt werden kann, wenn der Betriebsübergang ohne vorherige Unterrichtung vollzogen wurde und die Unterrichtung *"erst"* nach dem Übergang erfolgt. Hieraus wird deutlich, dass der Gesetzgeber dem zeitlich nach dem Betriebsübergang erfolgten Widerspruch weiterhin Ausnahmecharakter beimisst und die Informationen auch - erst recht - nach Betriebsübergang zu erteilen sind[290].
Die richtlinienkonforme Auslegung ergibt für den Zeitpunkt der widerspruchsberechtigten Arbeitnehmer kein eindeutiges Ergebnis, da die Richtlinie keinen bestimmten Unterrichtungszeitpunkt verlangt. Die Informationen nach Art. 7 Abs. 6 RL 2001/23/EG dienen weder der Ausübung des Widerspruchsrechts noch sonst einem vom EuGH anerkannten Lösungsrecht des Arbeitnehmers. Weil die Information die Wahrung der Ansprüche der Arbeitnehmer bezweckt, könnte erwogen werden, das "Lösungsrecht" als einen derartigen "Anspruch" anzusehen, weshalb jeder Mitgliedsstaat zur Wahrung der national vorgesehenen "Ansprüche" eine rechtzeitige Information vorsehen muss, was in Deutschland nur bei einer Unterrichtung einen Monat vor dem Übergang der Fall ist. Indes würde diese Interpretation zu weit führen. Hierfür gibt es keinerlei Anhaltspunkte in der Richtlinie. Die Informationen dienen wie schon RL 77/187/EWG nicht dem Lösungsrecht des Arbeitnehmers. Die Erwägungsgründe der RL 98/50/EG bzw. RL 2001/23/EG wurden trotz der geänderten Rechtsauffassung des EuGH seit 1992 nicht ansatzweise um diesbezügliche Zwecke ergänzt. Daher gebietet die richtlinienkonforme Auslegung keine Information grundsätzlich einen Monat vor dem (geplanten) Übergang. Hinsichtlich der neben den Widerspruchsberechtigten zu informierenden Arbeitnehmer kann auf den Zeitpunkt der Richtlinie verwiesen werden[291]. Nationale Abweichungen des deutschen Gesetzgebers sind nicht ersichtlich. Eine zeitgleiche Information sieht die Richtlinie nicht vor, was sich insbesondere aus Art. 7 Abs. 1 UA 2,3 RL 2001/23/EG ergibt.
Da die Informationen nicht nur dem Widerspruchsrecht dienen, sondern vielmehr auch der Umsetzung von Art. 7 Abs. 6 RL 2001/23/EG, sind sie auch dann zu erteilen, wenn ein Widerspruchsrecht nicht mehr besteht, etwa weil hierauf verzichtet oder es bereits ausgeübt wurde. Desgleichen gebietet die Wahrheitspflicht, dass auch über zwischenzeitliche Änderungen informiert wird[292].

---

[290] Franzen, RdA 2002, 258, 266; Gaul, Aktuelles Arbeitsrecht 2001, 335; Gaul, Betriebs- und Unternehmensspaltung, § 11, Rn. 28; Gaul, FA 2002, 299, 301; Huke, FA 2002, 263, 265; ErfK-Preis, § 613a BGB, Rn. 88; Willemsen/Lembke, NJW 2002, 1159, 1163; Worzalla, NZA 2002, 353, 357; a.A. Bauer/von Steinau-Steinrück, ZIP 2002, 457, 459
[291] Siehe oben S. 41 f.
[292] Gaul, FA 2002, 299, 300; Gaul, Betriebs- und Unternehmensspaltung, § 11, Rn. 22 (aus Fürsorgepflicht); a.A. Bauer/von Steinau-Steinrück, ZIP 2002, 457, 463

4.) Umfang

a) Angaben der Ziffern 1 - 4

Hinsichtlich des Umfangs der geforderten Unterrichtung verweist die Gesetzesbegründung explizit auf Art. 7 Abs. 6 RL 2001/23/EG. Die maßgebliche Passage lautet:

*"**Der Inhalt der Unterrichtungspflicht wird übereinstimmend mit Artikel 7 Abs. 6 der Richtlinie 2001/23/EG geregelt.** Außer über Zeitpunkt und Grund des Übergangs müssen die von einem Übergang betroffenen Arbeitnehmer über die für sie eintretenden rechtlichen, wirtschaftlichen und sozialen Folgen des Übergangs sowie über die für sie vorgesehenen Maßnahmen informiert werden. Die rechtlichen, wirtschaftlichen und sozialen Folgen des Betriebsübergangs ergeben sich vor allem aus den unverändert weitergeltenden Regelungen des § 613a Abs. 1 bis 4 des Bürgerlichen Gesetzbuches. Das betrifft die Fragen der Weitergeltung oder Änderung der bisherigen Rechte und Pflichten aus dem Arbeitsverhältnis, der Haftung des bisherigen Arbeitgebers und des neuen Inhabers gegenüber dem Arbeitnehmer sowie des Kündigungsschutzes. Zu den hinsichtlich der Arbeitnehmer in Aussicht genommenen Maßnahmen gehören Weiterbildungsmaßnahmen im Zusammenhang mit geplanten Produktionsumstellungen oder Umstrukturierungen und andere Maßnahmen, die die berufliche Entwicklung der Arbeitnehmer betreffen."*[293]

Aus der Begründung wird dreierlei deutlich:
Zum einen hat der Gesetzgeber den Wortlaut der Richtlinie übernommen und wollte diese hinsichtlich des Inhaltes kongruent umsetzen[294]; das Gesetz sieht weder Einschränkungen noch Erweiterungen vor. Für das Verständnis der Norm ist die Richtlinie daher von überragender Bedeutung, auch wenn die Richtlinie selbst in Art. 7 Abs. 6 nicht so weit geht. Die in der Begründung genannten Beispiele bestätigen, dass - wie bei der Richtlinie - unter "Folgen" die Auswirkungen und unter "Maßnahmen" die beabsichtigte sozialverträgliche Umsetzung zu verstehen ist. Die beispielhafte Erwähnung von Weiterbildungsmaßnahmen bezieht sich auf Produktionsumstellungen oder Umstrukturierungen, d.h. "Maßnahmen" in diesem Sinne sind nicht die Umstrukturierungen selbst, sondern die Weiterbildungsmaßnahmen.
Als zweites wird beschränkt sich die Unterrichtung nicht auf die Folgen nach § 613a Abs. 1 - 4 BGB, sondern erstreckt sich aufgrund der offenen Formulierung und gebotenen weiten Auslegung auf über diese Vorschriften hinausgehenden Folgen, weshalb z.B. auch über bevorstehende Umstrukturierungsmaßnahmen zu unterrichten ist.

---

[293] RegBegr. zu § 613a BGB, BR-Ds. 831/01, S. 41 = BT-Ds. 14/7760, S. 19 (Hervorhebung durch den Verfasser)
[294] So ausdrücklich der Referent im BMA Widlak, FA 2001, 363 ("deckungsgleich").

Drittens wird mit dem ausschließlich auf die Richtlinie hinweisenden Inhalt klar, dass der bezweckten Rechtssicherheit hinsichtlich des Widerspruchsrechtes keine inhaltsausweitende Bedeutung zukommt. Somit sind die Arbeitnehmer nach § 613a Abs. 5 BGB beispielsweise nicht über die Folgen des Widerspruches zu unterrichten, da dies von der Richtlinie nicht verlangt wird[295]. Desgleichen sind die Arbeitnehmer nicht über die Möglichkeit des Widerspruchs zu informieren, da das Widerspruchsrecht insbesondere nicht zu den "Folgen" des Betriebsübergangs gehört[296]. Das Widerspruchsrecht ist keine "Folge" des Übergangs, sondern vielmehr dessen negative Tatbestandsvoraussetzung.
Welche Auswirkungen der Betriebsübergang für die betroffenen Arbeitnehmer hat, richtet sich nach deutschem Recht. Hierzu sind allgemeine Ausführungen angesichts zahlreichen Konstellationen nicht möglich. Da sich der Inhalt auf typisierende Globalangaben beschränkt, sind beispielsweise keine detaillierten Änderungen der Entgelthöhe, des Direktionsrechtes oder sonstiger einzelvertraglicher Bestimmungen anzuführen. Zu den individuellen Details gehören auch spezielle Interessen vereinzelter Arbeitnehmer, z.B. von Tendenzträgern. Die Information setzt stets einen kollektiven Bezug voraus. Daher ist über Änderungen kollektiver Art, wie in § 613a Abs. 1 S. 2 - 4 BGB, immer zu informieren. Kollektiven Bezug weisen auch arbeitsvertragliche Regelungen auf, die auf so genannten allgemeinen Arbeitsbedingungen beruhen; hierzu gehören Gesamtzusage, betriebliche Übung oder arbeitsvertragliche Einheitsregelung[297]. Ob eine arbeitsvertragliche Einheitsregelung oder aber ein "gewöhnlicher" Einzelarbeitsvertrag gegeben ist, muss im Einzelfall entschieden werden. Abgrenzungsprobleme kann es beispielsweise bei einzelvertraglichen Verweisungsklauseln auf normative Normen geben. Da die Informationen lediglich typisierende Globalangaben erhalten müssen, reicht es aus, wenn die neuen normativen Regelungen mitgeteilt werden. Inwiefern sich das einzelne Arbeitsverhältnis ändert, ist nicht anzugeben. Die Arbeitnehmer sind beispielsweise lediglich über das neue Tarifsystem, nicht jedoch über die konkreten Auswirkungen im Einzelarbeitsvertrag, z.B. neue Tarifgruppe oder über den konkreten Entgeltbetrag, in Kenntnis zu setzen. Die konkrete Änderung unternehmensbezogener Vergütungsbestandteile, z.B. Tantieme, Provisionen, Aktienoptionen etc., ist ebenso nicht mitzuteilen. Stehen Umstrukturierungsmaßnahmen - beim Veräußerer oder Erwerber - an oder sind geplant, so muss hierüber informiert werden. Dagegen sind aufgrund der typisierenden Globalangaben zwar die Arbeitnehmer als Belegschaft, nicht jedoch einzelne womöglich von den Umstrukturierungsmaßnahmen betroffene Mitarbeiter in Kenntnis zu setzen. Eine derartige Informationspflicht ergibt sich jedenfalls nicht aus der Richtlinie oder § 613a Abs. 5 BGB. Zudem enthält weder RL 2001/23/EG

---

[295] A.A. Willemsen/Lembke, NJW 2002, 1159, 1163 (ohne Begründung)
[296] Bauer/von Steinau-Steinrück, ZIP 2002, 457, 463; Gaul, Betriebs- und Unternehmensspaltung, § 11, Rn. 16; ErfK-Preis, § 613a BGB, Rn. 86; Willemsen/Lembke, NJW 2002, 1159, 1163; a.A. Worzalla, NZA 2002, 353, 355
[297] BAG GS vom 16.9.1986, AP 17 zu § 77 BetrVG 1972

noch § 613a Abs. 5 BGB einschränkende Regelungen über die Information normativer Vorschriften, so dass ein ausnahmsweise zulässiger Verweis wie in § 2 Abs. 1 S. 2 Nr. 10, Abs. 3 NachwG ausscheidet. Vielmehr sind die neuen normativen Vorschriften umfänglich mitzuteilen.

b) Grenzen

Nach der Richtlinie sind die Informationen nicht unbeschränkt zu erteilen[298], was auch bei § 613a Abs. 5 BGB gelten muss[299]. Würde die Information aufgrund objektiver Kriterien zu einem nicht unerheblichen Nachteil für die Arbeitgeber führen, so braucht sie nicht erteilt zu werden. Aufgrund der gebotenen weiten Auslegung sind jedoch strenge Voraussetzungen an den Nachteil zu stellen.
Hierbei ist zu bedenken, dass § 613a Abs. 5 BGB über die Richtlinie hinausgeht, da sämtliche Arbeitnehmer unabhängig von der Existenz einer Arbeitnehmervertretung zu unterrichten sind. Zudem hat die Information in Textform zu erfolgen. Von Arbeitgeberseite und Opposition[300] ist daher die "Ausuferung der Unterrichtungspflichten" sowie ein "nicht gerechtfertigter Verwaltungsaufwand" gerügt worden. Die über die Richtlinie hinausgehenden Pflichten beurteilen sich nach deutschem Recht, insbesondere den deutschen Grundrechten des Arbeitgebers. Die Kosten für die Unterrichtung tangieren zwar die Arbeitgeber in ihren Grundrechten. Sie sind jedoch gerechtfertigt und verhältnismäßig, da die Arbeitgeber etwa durch eine kostengünstige elektronische Form informieren können. Die Information aller betroffenen Arbeitnehmer ist grundsätzlich nicht problematisch, da diese nach Art. 7 Abs. 6 RL 2001/23/EG u.U. ohnehin zu informieren wären. Belastungen des Arbeitgebers könnten allenfalls aus der Doppelinformation, d.h. gegenüber Arbeitnehmervertretung und Arbeitnehmer, erwachsen, wobei aufgrund der elektronischen Form beliebig viele Adressaten ohne weiteres informiert werden können.

5.) Art und Weise der Unterrichtung

a) Textform

Nach § 613a Abs. 5 BGB sind die Arbeitnehmer in Textform zu informieren. Der Referentenentwurf hatte noch Schriftform vorgesehen. Diese strengere Formvor-

---

298 Siehe oben S. 46

299 Im Ergebnis ebenso Bauer/von Steinau-Steinrück, ZIP 2002, 457, 461; Franzen, RdA 2002, 258, 265; Grobys, BB 2002, 726, 728; Wisskirchen, AE 01/2002, V, XI; Willemsen/Lembke, NJW 2002, 1159, 1163

300 Stellungnahme der BDA vom 21.8.2001 zum RefE, S. 3; vgl. Änderungsvorschlag der FDP-Fraktion, BT-Ds. 14/8144 vom 30.1.2002, zu 1. a); Stellungnahme des DAV, NZA 2002, Heft 2, S. VIII

schrift wurde nach heftiger Kritik seitens der Arbeitgeberverbände, die den bürokratischen Aufwand und die Kosten rügten, und dem während des Gesetzgebungsverfahrens erlassenen Gesetz zur Anpassung der Formvorschriften des Privatrechts und anderer Formvorschriften an den modernen Rechtsgeschäftsverkehr[301] aufgegeben und trotz der Empfehlung des Rechtsausschusses des Bundesrates[302] nicht (wieder) in § 613a Abs. 5 BGB aufgenommen. Die Unterrichtung soll nunmehr nach § 126b BGB erfolgen. Nach der Regierungsbegründung zu § 613a Abs. 5 BGB stehe bei der Unterrichtung der Arbeitnehmer die Informations- und Dokumentationsfunktion, nicht aber die Beweis- oder Warnfunktion im Vordergrund. Es komme in erster Linie darauf an, dass die Information nicht nur flüchtig (mündlich) zugehe, sondern der Arbeitnehmer die Möglichkeit der dauerhaften Verfügbarkeit habe, was bei einer mündlichen Unterrichtung beispielsweise in einer Betriebsversammlung nicht möglich sei[303]. Aufgrund der erheblichen Gefahren, die durch den Widerspruch drohen, erscheint die Wertung, eine Beweis- oder Warnfunktion komme der Unterrichtung nicht zu bzw. sei nicht erforderlich, sehr zweifelhaft. Die Textform ist nach dem Willen des Gesetzgebers insbesondere für die Bereiche vorgesehen, "*in denen es sich um Erklärungen ohne erhebliche Beweiswirkung sowie mit nicht erheblichen oder leicht wieder rückgängig zu machenden Rechtsfolgen handelt und es keines dem schriftlichen Formgebot immanenten Schutzes des Erklärenden mittels der Warnfunktion bedarf.*"[304] Diese Wertungen treffen auf einen Betriebsübergang nicht ohne weiteres zu; gleichwohl ist der gesetzgeberische Wille zu akzeptieren.

Nach § 126b BGB muss die Erklärung so abgegeben werden, dass sie in Schriftzeichen lesbar, die Person des Erklärenden angegeben und der Abschluss der Erklärung in geeigneter Weise erkennbar gemacht ist. Die Textform verlangt lediglich eine in lesbaren Schriftzeichen fixierte Erklärung oder Mitteilung und verzichtet auf die eigenhändige Unterschrift.

Diesen Formvorschriften kann auch eine Homepage im Intranet oder Mitteilung per E-Mail gerecht werden[305]. Eine derartige Unterrichtung entspricht § 126b BGB und wurde von den Arbeitgeberverbänden in der Stellungnahme zum Referentenentwurf ausdrücklich gefordert. Eine andere Frage stellt in diesem Zusammenhang der Zugang bzw. die Kenntnisnahme der Unterrichtung dar.

---

301 BGBl. I vom 13.7.2001, S. 1542

302 BR-Ds. 831/1/01 vom 19.11.2001; vgl. Gegenäußerung der Bundesregierung, BT-Ds. 14/7797 vom 12.12.2001

303 RegBegr. zu § 613a Abs. 5 BGB, BR-Ds. 831/01, S. 42 = BT-Ds. 14/7760, S. 19

304 BT-Ds. 14/4987, S. 21

305 Bauer/von Steinau-Steinrück, ZIP 2002, 457, 459; Franzen, RdA 2002, 258, 266; Gaul, Aktuelles Arbeitsrecht 2001, 321; Gaul, Betriebs- und Unternehmensspaltung, § 11, Rn. 25; Gaul, FA 2002, 299, 300; Grobys, BB 2002, 726, 727; Huke, FA 2002, 263, 265; ErfK-Preis, § 613a BGB, Rn. 87; Kossens, AuA 2002, 158; Willemsen/Lembke, NJW 2002, 1159, 1164; Worzalla, NZA 2002, 353, 356; Wulff, AiB 2002, 594

b) Andere Form der Unterrichtung

Der Regierungsentwurf schreibt eine Unterrichtung in Textform vor. Aus dem Rechtsgedanken des § 126 Abs. 4 BGB folgt, dass die Textform als "einfachste" der gesetzlichen Formen durch strengere Formen, wie die schriftliche, elektronische Form oder notarielle sowie öffentliche Beglaubigung ersetzt werden kann[306]. Demgegenüber handelt es sich nicht um eine Unterrichtung im Sinne von § 613a Abs. 5 BGB, wenn sie nicht mindestens der Textform entspricht, wie etwa mündliche Erklärungen, mögen sie auch noch so umfangreich sein. Diese Unterrichtung ist keine Unterrichtung i.S.d. § 613a Abs. 5 BGB. Gleichwohl ist eine mündliche Unterrichtung oder Ergänzung nicht völlig unerheblich. Derartige Informationen können im Rahmen der Verwirkung oder der Kausalität eine Rolle spielen, wenn es um die Anfechtung von Willenserklärungen oder um Schadensersatzansprüche geht.

6.) Sanktionen[307]

Der deutsche Gesetzgeber hat keine Sanktionen für den Fall der Missachtung der Informationspflicht vorgesehen[308]. § 613a Abs. 6 BGB sieht lediglich einen auch nach Betriebsübergang möglichen Widerspruch vor. § 613a Abs. 6 BGB setzt per se RL 2001/23/EG nicht vollständig um, da das Widerspruchsrecht durch die Richtlinie nicht vorgesehen ist und auch die nicht widerspruchsberechtigten Arbeitnehmer zu informieren sind. Allein § 613a Abs. 6 BGB ändert im Vergleich zur bisherigen herrschenden Meinung, die in der Information lediglich eine Obliegenheit sah, nichts Wesentliches. Gleichwohl statuiert § 613a Abs. 5 BGB zwingend eine Informationspflicht und nicht lediglich eine Obliegenheit im Sinne der früher herrschenden Meinung. Dies würde der Richtlinie widersprechen[309]. § 613a Abs. 6 BGB regelt lediglich den Beginn der Widerspruchsfrist; er ist keinesfalls abschließend zu verstehen. Aufgrund dessen kommen die allgemeinen Haftungsregelungen in Betracht, die bei Informationspflichtverletzungen maßgeblich sind.

---

[306] BT-Ds. 14/4987, S. 39

[307] Vgl. zu den Sanktionen bei nebenvertraglichen Informationspflichten auch die Ausführungen unten S. 216 ff.

[308] Beispielsweise scheint auch in Österreich eine unzureichende Information lediglich zum verzögerten Beginn verschiedener Fristen führen, vgl. Binder, § 3 AVRAG, Rn. 81.

[309] So auch Franzen, RdA 2002, 258, 262; im Ergebnis: Gaul, Betriebs- und Unternehmensspaltung, § 11, Rn. 11; Gaul, FA 2002, 299, 302 (Fn. 37); ErfK-Preis, § 613a BGB, Rn. 90; Palandt/Putzo, § 613a BGB, Rn. 39; Willemsen/Lembke, NJW 2002, 1159, 1161; Worzalla, NZA 2002, 353, 354, der allerdings der früheren Rechtsprechung eine nebenvertragliche Unterrichtungspflicht entnimmt; dies verkennen: Bauer/von Steinau-Steinrück, ZIP 2002, 457, 458; Grobys, BB 2002, 726, 727.

a) § 613a Abs. 6 BGB

Nach § 613a Abs. 6 BGB kann der Arbeitnehmer dem Übergang des Arbeitsverhältnisses innerhalb eines Monats nach Zugang der Unterrichtung nach Abs. 5 widersprechen.
Somit löst die Widerspruchsfrist nicht wie nach der früheren Ansicht[310] der Betriebsübergang bzw. dessen Kenntnis, sondern allein der Zugang der Unterrichtung als rechtsgeschäftsähnliche Handlung aus[311]. Dies gilt selbst bei positiver Kenntnis des Arbeitnehmers.
Hierbei muss es sich um eine Unterrichtung im Sinne von § 613a Abs. 5 BGB handeln. Entspricht die Unterrichtung nicht der Textform oder dem geforderten Inhalt ist ein Widerspruch daher auch noch bis zum Zugang einer ordnungsgemäßen Information - bis zur Grenze des Rechtsmissbrauchs und der Verwirkung[312] - möglich. Eine Umsetzung der in Art. 9 RL 2001/23/EG geforderten Klagemöglichkeit und der vom EuGH verlangten effektiven Sanktionierung stellt Abs. 6 jedoch nicht dar.
Die in § 613a Abs. 6 BGB gewählte Zugangslösung ist für den widerspruchsberechtigten Arbeitnehmer nicht ohne Risiko. Für den Beginn der Widerspruchsfrist ist allein der Zugang der Information erforderlich. Das Gesetz verlangt weder eine Kenntnisnahme noch eine persönliche Information, so dass der Zugang auch gegenüber Empfangsboten oder Empfangsvertretern bewirkt werden kann. Versäumt der Arbeitnehmer die Frist trotz Zugangs aber ohne Kenntnisnahme, z.B. während urlaubsbedingter Abwesenheit, so kann er nach dem Gesetzeswortlaut nicht mehr widersprechen. Eine Vorschrift wie § 5 KSchG fehlt, so dass allenfalls eine Analogie, d.h. eine maximal zweiwöchige Nachfrist, in Betracht kommt. Hiergegen spricht jedoch, dass der Gesetzgeber dieses Problem erkannt hat und lediglich auf einen möglichen Rechtsmissbrauch der Arbeitgeber hinwies[313].

b) Erfüllungsanspruch

Es ist fraglich, ob der widerspruchsberechtigte Arbeitnehmer die Informationen verlangen und einklagen kann[314]. Dann würde es sich nicht um eine Obliegenheit,

---

310 Siehe oben S. 4 ff.

311 Kossens, AuA 2002, 158, 159; Willemsen/Lembke, NJW 2002, 1159, 1160; Wulff, AiB 2002, 594, 595; a.A. wohl Bauer/von Steinau-Steinrück, ZIP 2002, 457, 464; vgl. BGH vom 7.5.2002 - XI ZR 197/01 - wonach bei rechtsgeschäftsähnlichen Erklärungen nicht jedoch bei bloßen Benachrichtigungen, z.B. nach 666 BGB, der Zugang maßgeblich sei.

312 Vgl. hierzu Franzen, RdA 2002, 258, 266

313 Vgl. Ausschussbericht, BT-Ds. 14/8128 vom 30.1.2002, S. 6

314 Für einen einklagbaren Anspruch: Franzen, RdA 2002, 258, 262; Palandt/Putzo, § 613a BGB, Rn. 40; Willemsen/Lembke, NJW 2002, 1159, 1161, 1164; dagegen: Bauer/von Steinau-

sondern um eine Pflicht handeln. Ein einklagbarer Erfüllungsanspruch setzt naturgemäß voraus, dass der Arbeitnehmer Anhaltspunkte für einen Betriebsübergang hat. Obgleich § 613a Abs. 6 BGB für einen Charakter der Information als Obliegenheit spricht, ist in jedem Fall Art. 9 RL 2001/23/23 im Rahmen der richtlinienkonformen Auslegung zu beachten. Zudem ist in der Begründung zu § 613a Abs. 5 BGB stets von "Pflicht" und nicht "Obliegenheit" die Rede. Die Informationspflicht erschöpft sich nicht in der Vermittlung von Kenntnissen, um die Widerspruchsfrist auszulösen. Vielmehr haben die Arbeitnehmer auch nach dem Betriebsübergang ein Interesse an vorenthaltenen Informationen. Für den nicht widersprechenden Arbeitnehmer ergibt sich dieses Interesse daraus, dass er die neuen Arbeitsbedingungen und den neuen Arbeitgeber möglicherweise nicht kennt. Insofern besteht bereits ein einklagbarer Anspruch nach dem NachwG. Zudem sind nicht nur die widerspruchsberechtigten Arbeitnehmer zu informieren. Der Terminus "unterrichten" in § 613a Abs. 5 BGB und die vorgesehene Klagbarkeit in Art.9 RL 2001/23/EG sprechen nicht nur für eine gesetzlich geregelte nebenvertragliche Aufklärungspflicht, sondern vielmehr für eine (auch unaufgefordert) zu erfüllende Informationspflicht. Dies schließt nicht aus, dass dem Arbeitnehmer im Einzelfall das erforderliche Rechtsschutzbedürfnis fehlen kann, falls er von den verlangten Informationen, wenn auch nicht in der vorgeschriebenen Form, bereits Kenntnis hat oder die Informationen für ihn nicht mehr von Interesse sind, etwa weil die Umstrukturierungsmaßnahmen, über die zu informieren war, bereits durchgeführt wurden.

c) Schadensersatzansprüche

Des Weiteren kommen Schadensersatzansprüche in Betracht[315]. Die Information stellt keine Willens- sondern eine Wissenserklärung dar. Kommt ein besonderer Bindungswille der Informationspflichtigen nicht explizit zum Ausdruck, so kann daher in der Unterrichtung kein Schuldanerkenntnis oder eine Zusage gesehen werden[316].

Wird die Information unrichtig oder nicht erteilt, können hierdurch kausal geschädigten Arbeitnehmern Schadensersatzansprüche aus positiver Vertragsverletzung bzw. culpa in contrahendo nach §§ 280 Abs. 1, 311 Abs. 2, 241 Abs. 2 BGB erwachsen. Es bestehen insofern Parallelen mit der im allgemeinen Zivilrecht an-

---

Steinrück, ZIP 2002, 457, 463; Gaul, FA 2002, 299, 302; Gaul, Betriebs- und Unternehmensspaltung, § 11, Rn. 1, 82; Grobys, BB 2002, 726, 727

315 Für mögliche Schadensersatzansprüche: Gaul, Aktuelles Arbeitsrecht 2001, 336 f.; Gaul, Betriebs- und Unternehmensspaltung, § 11, Rn. 76 ff.; Gaul, FA 2002, 299, 302; Gaul/Otto, DB 2002, 634, 639; Franzen, RdA 2002, 258, 267; ErfK-Preis, § 613a BGB, Rn. 90; Palandt/Putzo, § 613a BGB, Rn. 47; Willemsen/Lembke, NJW 2002, 1159, 1164; gegen Schadensersatzansprüche: Bauer/von Steinau-Steinrück, ZIP 2002, 457, 458; Grobys, BB 2002, 726, 727; siehe auch die Ausführungen unten auf S. 227 ff.

316 So auch Grobys, BB 2002, 726, 727

erkannten Prospekthaftung. Gerade die Unterrichtung einer Vielzahl von Arbeitnehmern in Textform wird eine arbeitsrechtliche Prospekthaftungspflicht zur Folge haben[317]. Als möglicher Schaden kommt beispielsweise die Auflösung des Arbeitsverhältnisses durch einen uninformierten Arbeitnehmer aufgrund Widerspruchs, Eigenkündigung oder Aufhebungsvertrages oder Versäumung von Ausschlussfristen in Betracht.
Schließlich sind auch Ansprüche aus unerlaubter Handlung nicht ausgeschlossen. § 613a Abs. 5 BGB stellt jedoch kein Schutzgesetz i.S.v. § 823 Abs. 2 BGB dar. Ein Schutzgesetz in diesem Sinne muss neben dem Schutz der Allgemeinheit gerade dazu dienen, den einzelnen gegen die Verletzung eines Rechtsgutes zu schützen. Die Schaffung eines individuellen Schadensersatzanspruchs muss erkennbar vom Gesetzgeber angestrebt sein oder zumindest im Rahmen des haftpflichtrechtlichen Gesamtsystems tragbar erscheinen[318]. Ein Schutzgesetz muss dem individuellen und nicht nur dem institutionellen Gläubigerschutz dienen[319]. § 613a Abs. 5 BGB richtet sich ebenso wie Art. 7 Abs. 1, 6 RL 2001/23/EG an eine Vielzahl von Arbeitnehmern, an die Belegschaft. Dieser kollektive Bezug spricht gegen ein Schutzgesetz. Daneben soll die Unterrichtung in Deutschland den widerspruchsberechtigten Arbeitnehmern dienen, d.h. einer grundsätzlich individualisierbaren Gläubigergruppe. Gleichwohl wollte der deutsche Gesetzgeber den kollektiven Charakter der Information nicht ändern. § 613a Abs. 6 BGB stellt vielmehr lediglich ein Reflex der typisierenden Globalinformationen nach § 613a Abs. 5 BGB dar. Dennoch kann ein Schadensersatzanspruch nach § 826 BGB wegen vorsätzlicher sittenwidriger Schädigung nach den allgemeinen Grundsätzen in Betracht kommen[320].

d) Anfechtung

Schließlich ist die Anfechtung von Willenserklärungen nach § 123 BGB möglich, die auf einer nicht erfolgten oder unrichtigen Information beruhen, da eine Pflicht zur Unterrichtung besteht[321]. Die Täuschung kann entweder durch ein pflichtwidriges Unterlassen oder Tun erfolgen. So ist eine Anfechtung des Widerspruchs, der Zustimmung zum Übergang, des Widerspruchsverzichts, einer Eigenkündi-

---

[317] Bei der Prospekthaftung haben sich folgende Verhaltenspflichten entwickelt: 1. Pflicht zur Wahrheit, 2. Pflicht zur Vollständigkeit, 3. Pflicht zur Klarheit, 4. Pflicht zu zeitnahen Nachforschungen und Überprüfungen und 5. Pflicht zur Berichtigung unrichtiger Angaben (vgl. Böhner, BB 2001, 1749, 1753 m.w.N.).
[318] Palandt/Thomas, § 823 BGB, Rn. 141 m.w.N.
[319] BAG vom 17.4.2002, NZA 2002, 1096, 1099 m.w.N.; Lindena, DB 1988, 1114, 1116 zu § 8 TVG; Schmidt, ZGR 1993, 366, 367
[320] Vgl. BGH vom 16.10.2001, WM 2001, 2313 (falsche Information gem. § 53 Abs. 2 BörsG).
[321] So auch Bauer/von Steinau-Steinrück, ZIP 2002, 457, 465, allerdings nur bei erfolgter bewusster Täuschung; Franzen, RdA 2002, 258, 267; Willemsen/Lembke, NJW 2002, 1159, 1164

gung oder eines Aufhebungs- oder Änderungsvertrages nach § 123 BGB möglich.

7.) Zwischenergebnis

§ 613a Abs. 5 BGB gewährt allen vom Betriebsübergang betroffenen Arbeitnehmern vorherige Informationen. Diese beschränken sich allerdings auf typisierende Globalangaben und sind nicht gegenüber bereits ausgeschiedenen Arbeitnehmern zu erteilen. Innerhalb dessen sind die Arbeitnehmer jedoch umfassend zu informieren. Für den einzelnen widerspruchsberechtigten Arbeitnehmer bieten die zu erteilenden Informationen gerade aufgrund des typisierenden Inhalts je nach Arbeitsvertrag u.U. nur eine sehr eingeschränkte Entscheidungsgrundlage. Die Informationen vermitteln ihm keine Kenntnis über die individuell-detaillierten Folgen des Betriebsübergangs. Zudem ist er nicht über die Folgen eines etwaigen Widerspruches zu informieren. Gerade diese Informationen sind für den Arbeitnehmer jedoch bedeutsam, da er sonst eine sachgerechte Entscheidung über die Ausübung des Widerspruchsrechtes nicht zu treffen vermag. Aufgrund dessen ist weiter zu eruieren, ob und inwiefern diese Informationslücke geschlossen werden kann.

3. Kapitel: Andere gesetzliche Informationsvorschriften

Neben § 613a Abs. 5 BGB bestehen weitere gesetzliche Informationsvorschriften bei einem Betriebsübergang, die möglicherweise dazu geeignet sind, diese Informationslücke zu schließen. Zu nennen sind die kollektivrechtlichen Informationsvorschriften des BetrVG oder die auf bestimmte Konstellationen beschränkten Regelungen des UmwG[322] und des WpÜG[323]; ferner die individuellen Nachweisvorschriften[324] und die Informationen gegenüber einzelnen Arbeitnehmern nach dem BetrVG[325].

A. Kollektivrechtliche Informationsvorschriften

I. Kollektivrechtliche Informationsvorschriften des BetrVG

Möglicherweise sind die kollektiven Informationsvorschriften des BetrVG geeignet, das Informationsdefizit zu beseitigen. Es ist zunächst zu klären, inwiefern die Arbeitnehmervertretung vor einem Betriebsübergang zu unterrichten ist. Alsdann stellt sich die Frage, ob diese Information dem einzelnen Arbeitnehmer nützt.

1.) Unterrichtung des Wirtschaftsausschusses, § 106 BetrVG

a) Adressat

Nach § 106 Abs. 2 BetrVG hat der Unternehmer den Wirtschaftsausschuss rechtzeitig und umfassend über die wirtschaftlichen Angelegenheiten des Unternehmens, die in § 106 Abs. 3 BetrVG beispielhaft aufgezählt sind, zu unterrichten und mit ihm zu beraten. Adressat der Information ist nach dem Gesetzeswortlaut der Wirtschaftsausschuss, der den Betriebsrat über das Ergebnis aller Beratungen und aller erhaltenen Auskünfte zu informieren hat. Der Wirtschaftsausschuss ist ein im Gesetz besonders erwähnter Ausschuss, der in grundsätzlich allen Unternehmen mit in der Regel mehr als einhundert ständig beschäftigten Arbeitnehmern vom Betriebsrat bzw. Gesamtbetriebsrat zu errichten ist[326]. Zum Wirt-

---

322 Hierzu S. 94 ff.
323 Hierzu S. 114 ff.
324 Hierzu S. 121 ff.
325 Hierzu S. 131 ff.
326 Ausnahme: Tendenzunternehmen nach § 118 Abs. 1 Nr. 2, Abs. 2 BetrVG und im öffentlichen Dienst (vgl. hierzu Blanke, PersR 2000, 43); vgl. § 32 Abs. 1 SprAuG zu den Unterrichtungspflichten in wirtschaftlichen Angelegenheiten gegenüber dem Sprecherausschuss

schaftsausschuss gehört nach § 107 Abs. 1 BetrVG mindestens auch ein Betriebsratsmitglied.
Nach einer Mindermeinung[327], die insbesondere von *Fabricius* vertreten wird, nimmt der Betriebsrat unterhalb des Schwellenwertes die Aufgaben des Wirtschaftsausschusses wahr. Der Betriebsrat dürfe als Hauptorgan keine schwächere Rechtsstellung als das von ihm gebildete Hilfsorgan haben.
Diese Ansicht wird von der Rechtsprechung und herrschenden Lehre abgelehnt. Das BAG[328] begründet seine Auffassung mit dem Wortlaut des Gesetzes, dessen Entstehungsgeschichte[329], den unterschiedlichen Beteiligungsebenen des BetrVG, die an verschiedene Beschäftigungszahlen anknüpfen, sowie den gegenüber dem Betriebsrat eigenständigen Aufgaben des Wirtschaftsausschusses. Der Betriebsrat sei gegebenenfalls nach § 80 Abs. 2 BetrVG zu beteiligen, wenn ein Aufgabenbezug besteht; ein Konkurrenzverhältnis zwischen beiden Vorschriften bestünde nicht. Die überwiegende Ansicht in der Literatur[330] folgt zu Recht dieser Begründung. Neben den bereits vorgebrachten Argumenten bestätigt Art. 13 UmwBerG diese Auffassung[331]. Hiermit wurde § 106 Abs. 3 Nr. 8 BetrVG geändert, wonach der Wirtschaftsausschuss nunmehr bei der Spaltung von Unternehmen und Betrieben zu beteiligen ist. Demgegenüber sieht die Änderung zu § 111 S. 3 Nr. 3 BetrVG lediglich eine Beteiligung bei der Spaltung von Betrieben und nicht von Unternehmen vor. Damit hat der Gesetzgeber das nach Beschäftigtenzahl gestaffelte Informationsgefüge des BetrVG und die bis dato überwiegende Ansicht bestätigt. Letzteres lässt sich zudem der Beibehaltung des Schwellenwertes im Rahmen der Reform des BetrVG entnehmen.

---

[327] Bösche-Moderegger/Grimberg, AuR 1990, 298; GK-Fabricius, § 106 BetrVG, Rn. 11, 15 ff.; Mayer, AuR 1991, 14 ff.; Wendeling-Schröder, AiB 1986, 226, 228
[328] BAG vom 5.2.1991, AP 10 zu § 106 BetrVG 1972; BAG vom 5.2.1991, AP 9 zu § 613a BGB
[329] Vgl. Gesetzesbegründung zu § 106 BetrVG 1972 (BR-Drucks. 715/70, S 53): „*Der Entwurf hält an der Errichtung des Wirtschaftsausschusses im Grundsatz fest. Absatz 1 Satz 1 beschränkt die Errichtung des Wirtschaftsausschusses wie im geltenden Recht auf Betriebe mit mehr als 100 Arbeitnehmer, macht die Errichtung eines Wirtschaftsausschusses ausdrücklich zur Pflicht. Satz 2 konkretisiert gegenüber dem geltenden Recht die allgemeine Aufgabenstellung des Wirtschaftsausschusses. An die Stelle der Förderung der vertrauensvollen Zusammenarbeit zwischen Betriebsrat und Unternehmen und der Sicherstellung der gegenseitigen Unterrichtung in wirtschaftlichen Angelegenheiten tritt die Pflicht des Wirtschaftsausschusses zur Beratung wirtschaftlicher Angelegenheiten mit dem Unternehmer und zur Unterrichtung des Betriebsrats.*“
[330] DKK-Däubler, § 106 BetrVG, Rn. 22; Fitting, § 106 BetrVG, Rn. 16; Hergenröder, AR-Blattei SD 500.1, Rechtsgeschäftlicher Betriebsinhaberwechsel, Rn. 603; HSG, § 106 BetrVG, Rn. 2; Ingenfeld, Die Betriebsausgliederung aus der Sicht des Arbeitsrechts, S. 48 ff.; MüHB-Joost, § 319, Rn. 8; Oetker/Lunk, DB 1990, 2320, 2321; MüHB-Matthes, § 326, Rn. 12; Richardi/Annuß, § 106 BetrVG, Rn. 16; Schweibert, in:Willemsen, Umstrukturierung, C 399
[331] Mengel, Umwandlungen im Arbeitsrecht, S. 328

Des Weiteren wird teilweise eingewandt, der Wirtschaftsausschuss sei keine Arbeitnehmervertretung im Sinne der Betriebsübergangsrichtlinie[332]. Dies ergebe sich zwar nicht aus Art. 2 Abs. 1 c) RL 2001/23/EG, der lediglich auf die nationalen Rechtsvorschriften verweise, sondern aus Art. 7 des Richtlinienentwurfes von 1974[333] sowie dessen Begründung, der als Arbeitnehmervertretung nur solche Personengruppen erfasste, die zur Wahrnehmung der Arbeitnehmerinteressen gegenüber dem Arbeitgeber berufen seien[334]. Die Aufgabe des Wirtschaftsausschusses als Hilfsorgan der eigentlichen Arbeitnehmerinteressenvertreter bestünde allein darin, die Zusammenarbeit zwischen Unternehmer und Betriebsrat zu unterstützen, indem er wirtschaftliche Angelegenheiten mit dem Unternehmer berät und den Betriebsrat ständig darüber berichtet. Überdies sei der Anwendungsbereich des § 106 BetrVG auf Unternehmen mit mehr als 100 Arbeitnehmer begrenzt, was gegen Art. 7 Abs. 5 RL 20001/23/EG verstieße, da ein mehrköpfiger Betriebsrat bereits ab 21 Arbeitnehmern gebildet würde, und gewähre nicht das nach Art. 7 Abs. 2 RL 2001/23/EG erforderliche Recht auf Konsultation[335].

Der Wirtschaftsausschuss ist zwar ein Hilfsorgan des Betriebsrats. Gleichwohl handelt es sich um ein Betriebsverfassungsorgan[336]. Er ist somit Interessenvertretung der Arbeitnehmer auf Unternehmens- und Betriebsebene[337]. Seine Hauptaufgabe besteht in der Informationsvermittlung zwischen Unternehmensleitung und Betriebsrat[338]. Demnach nimmt der Wirtschaftsausschuss primär Arbeitnehmerinteressen gegenüber dem Unternehmer wahr und entspricht somit der Diktion der Begründung zu Art. 7 des Richtlinienvorschlages von 1974, zumal dieser unternehmensbezogen ist[339]. Die Richtlinie verlangt keine unmittelbare Informa-

---

[332] Debong, Die EG-Richtlinie über die Wahrung der Arbeitnehmeransprüche bei Betriebsübergang, S. 95 f.; Franzen, RdA 1999, 361, 372; Gaul, Betriebs- und Unternehmensspaltung, § 28, Rn. 107; Löw, Die Betriebsveräußerung im europäischen Arbeitsrecht, S. 179 ff.; Oetker, NZA 1998, 1193, 1200; Oetker, Europäisches Betriebsverfassungsrecht, EAS B 8300, Rn. 362; Wank, in: Handbuch des europäischen Arbeits- und Sozialrechts, § 18, Rn. 151; hiergegen: Erman-Hanau, § 613a BGB, Rn. 77; Reichold, NZA 2003, 289, 299; Schreiber, RdA 1982, 137, 145

[333] Abgedruckt in: RdA 1974, 124

[334] Oetker, NZA 1998, 1193, 1200

[335] Gaul, Betriebs- und Unternehmensspaltung, § 28, Rn. 107; Löw, Die Betriebsveräußerung im europäischen Arbeitsrecht, S. 181; Oetker, NZA 1998, 1193, 1201

[336] Zöllner/Loritz, Arbeitsrecht, S. 528

[337] GK-Fabricius, vor § 106 BetrVG, Rn. 125; Zöllner/Loritz, Arbeitsrecht, S. 528

[338] GK-Fabricius, vor § 106 BetrVG, Rn. 123; Fitting, § 106 BetrVG, Rn. 5; Zöllner/Loritz, Arbeitsrecht, S. 528

[339] Vgl. Begründung zum Richtlinienvorschlag zu Art. 7, ABl. C 104, 1974, S. 1 ff., mit Begründung abgedruckt in: RdA 74, 124, 125:"*Unter Arbeitnehmervertretung ist hier zu verstehen jede Person, Gruppe von Personen und jedes Organ, die auf Grund der Rechts- und Verwaltungsvorschriften der Mitgliedsstaaten oder nach Gemeinschaftsrecht, auf Grund von Kollektivverträgen oder in sonstiger Weise dazu berufen sind, die Interessen der Arbeitnehmer im*

tion des Betriebsrates, solange die mittelbare - über den Wirtschaftsausschuss - mindestens ebenso effektiv ist[340]. Überdies wollte der Wirtschafts- und Sozialausschuss in seiner Stellungnahme zum Richtlinienvorschlag[341] zur RL 98/50/EG einen Hinweis auf RL 94/45/EG zum Europäischen Betriebsrat aufnehmen[342]. Eine explizite Regelung diesbezüglich erfolgte nicht, da der europäische Gesetzgeber offenbar keinen Zweifel daran hatte, dass der Europäische Betriebsrat eine Arbeitnehmervertretung ist. Der Europäische Betriebsrat ist jedoch, gemessen am deutschen Betriebsverfassungsrecht, dem Wirtschaftsausschuss vergleichbar[343]. Seine Aufgabe besteht nach § 35 Abs. 1 EBRG ebenso in einer Informationsvermittlung zwischen der zentralen Leitung arbeitgeberseits und den örtlichen Arbeitnehmervertretern. Mit Erlass der RL 98/50/EG wurde weder der Begriff der Arbeitnehmervertreter näher spezifiziert noch der Schwellenwert geändert. Im Gegenteil, Art. 6 Abs. 6 des Kommissionsentwurfes[344] sah eine fakultative Belegschaftsstärke von "normalerweise 50 oder mehr" Arbeitnehmern vor. Nach Kritik des Wirtschafts- und Sozialausschusses[345], des Ausschusses der Regionen[346] und insbesondere des Parlaments[347] wurde von einer bestimmten Belegschaftsstärke abgesehen, so dass es bei den nationalen Vorschriften verbleibt. In Portugal beträgt die Mindestbelegschaftsstärke für die Errichtung des Betriebsrates beispielsweise 150 Arbeitnehmer[348]. Daher ist trotz des Schwellenwertes in § 106 Abs. 1 BetrVG davon auszugehen, dass die Anforderungen an eine Arbeitnehmervertretung i.S.d. Richtlinie erfüllt sind. Dies gilt jedenfalls bis zur Umsetzung der RL 2002/14/EG zur Festlegung eines allgemeinen Rahmens für die Unterrichtung und Anhörung der Arbeitnehmer, welche in Art. 3 Abs. 1 einen Schwellenwert von 50 Arbeitnehmern in Unternehmen und von 20 Arbeitnehmern in Betrieben vorsieht. Zwar existiert ein Kollegium der Arbeitnehmervertreter nach Art. 7 Abs. 5 RL 2001/23/EG in Deutschland bereits ab 21 Arbeitnehmern. Indes ist es bei mehreren nationalen Kollegien nicht zwingend, dasjenige mit der geringsten Arbeitnehmerzahl für maßgeblich zu halten, weil die Richtlinie gerade keinen bestimmten Schwellenwert verlangt. Sie setzt lediglich voraus, ihre praktische Wirksamkeit nicht dadurch zu nehmen, indem überhaupt keine

---

***Unternehmen** gegenüber dem Arbeitgeber wahrzunehmen.*“(Hervorhebung durch den Verfasser)

340 Löw, Die Betriebsveräußerung im europäischen Arbeitsrecht, S. 180; Oetker, Europäisches Betriebsverfassungsrecht, EAS B 8300, Rn. 363; Reichold, NZA 2003, 289, 299

341 ABl. EG C 274 vom 1.10.1994, S. 10

342 ABl. EG C 133 vom 31.5.1995, S. 12, 15

343 Grobys, in: Geibel/Süßmann, § 10 WpÜG, Rn. 78; Hromadka, DB 1995, 1125, 1128; Zöllner/Loritz, Arbeitsrecht, S. 526 a.E.

344 ABl. EG C 274 vom 1.10. 1994, S. 10

345 ABl. EG C 133 vom 31.5.1995, S. 12

346 ABl. EG C 100 vom 2.4.1996, S. 24

347 ABl. EG C 33 vom 3.2.1997, S. 80

348 Vgl. Übersicht bei Krimphove, Europäisches Arbeitsrecht, S. 416

Arbeitnehmervertretung existiert[349]. Schließlich wurde die Problematik des Schwellenwertes durch Art. 7 Abs. 6 RL 2001/23/EG etwas abgemildert.

b) Wirtschaftliche Angelegenheit

Nach § 106 Abs. 2 BetrVG ist der Wirtschaftsausschuss über die wirtschaftlichen Angelegenheiten des Unternehmens zu unterrichten. Die Aufzählung in § 106 Abs. 3 ist beispielhaft für wirtschaftliche Angelegenheiten i.S.v. § 106 Abs. 2 BetrVG[350]. Erschöpft sich ein bevorstehender Betriebsübergang nicht im Übergang an sich und hat noch weitere Folgen, so kommen die Beispiele nach § 106 Abs. 3 Nr. 6 - 9 BetrVG in Betracht. Es wird nicht verlangt, dass die in Nr. 1-9 genannten Beispiele die Interessen der Arbeitnehmer wesentlich berühren müssen, obgleich Nr. 10 diese Einschränkung enthält[351]. Nach Nr. 10 ist der Wirtschaftsausschuss über alle Vorgänge und Vorhaben zu informieren, welche die Interessen der Arbeitnehmer wesentlich berühren können. Die ganz überwiegende Ansicht zählt hierzu einen Betriebsübergang[352], obgleich einige hiervon der Auffassung sind, dass ein Betriebsübergang an sich keine Betriebsänderung dar-

---

349 EuGH vom 8.6.1994, Slg. 1994, 2435, 2469, Rn. 28

350 DKK-Däubler, § 106 BetrVG, Rn. 62; Dütz, FS Westermann, 37, 40; GK-Fabricius, § 106 BetrVG, Rn. 88; Fitting, § 106 BetrVG, Rn. 33; ErfK-Hanau/Kania, § 106 BetrVG, Rn. 7; MüHB-Joost, § 319, Rn. 26; Richardi/Annuß, § 106 BetrVG, Rn. 21, 37; Schweibert, in: Willemsen, Umstrukturierung, C 406; a.A. Galerpin/Löwisch, § 106 BetrVG, Rn 42, welche den Katalog aufgrund Nr. 10 „soweit" für abschließend halten.

351 DKK-Däubler, § 106 BetrVG, Rn. 62; Fitting, § 106 BetrVG, Rn. 33; Schweibert, in: Willemsen, Umstrukturierung, C 406; a.A. HSG, § 106 BetrVG, Rn. 30

352 BAG vom 22.1.1991, AP 9 zu § 106 BetrVG; Bachner, AiB 1996, 291, 17; Bauer/von Steinau-Steinrück, in: Hölters, Handbuch des Unternehmens- und Beteiligungskaufs, Teil V, Rn. 280; Blank u.a., Arbeitnehmerschutz bei Betriebsaufspaltung und Unternehmensteilung, S. 130; Bracker, Betriebsübergang und Betriebsverfassung, S. 29; Commmandeur, Betriebs-, Firmen- und Vermögensübernahme, S. 51; DKK-Däubler, § 106 BetrVG, Rn. 78; Debong, Die EG-Richtlinie über die Wahrung der Arbeitnehmeransprüche bei Betriebsübergang, S. 95; Düwell, FA 2002, 107, 109; GK-Fabricius, § 106 BetrVG, Rn. 118; Fitting, § 106 BetrVG, Rn. 54; Galerpin/Löwisch, § 106 BetrVG, Rn. 73; Gach, in: Semler/Volhard, Arbeitshandbuch für Unternehmensübernahmen, Bd. 1, § 27, Rn. 79; Gaul, Betriebs- und Unternehmensspaltung, § 28, Rn. 8 ff.; Gaul, Aktuelles Arbeitsrecht 2001, 315; Erman-Hanau, § 613a BGB, Rn. 77; HSG, § 106 BetrVG, Rn. 49; Ingenfeld, Die Betriebsausgliederung aus der Sicht des Arbeitsrechts, S. 66; Kohte, AuA 1995, Beil. zu Heft 1, 1, 5; Löw, Die Betriebsveräußerung im europäischen Arbeitsrecht, S. 178; Oetker, NZA 1998, 1193, 1200; Oetker, Europäisches Betriebsverfassungsrecht, EAS B 8300, Rn. 361; Posth, Arbeitsrechtliche Probleme beim Betriebsinhaberwechsel, S. 172; ErfK-Preis, § 613a BGB, Rn. 128; Seiter, Betriebsinhaberwechsel, S. 120; Wank, in: Handbuch des europäischen Arbeits- und Sozialrechts, § 18, Rn. 151; Wollenschläger/Pollert, ZfA 1996, 547, 567; Ziegler, in: Jaeger/Röder/Heckelmann, Praxishandbuch Betriebsverfassungsrecht, 27, Rn. 33; KSchR-Zwanziger, § 613a BGB, Rn. 86a

stelle, weil sich an der betrieblichen Arbeitsorganisation nichts ändere[353]. Es wird vom Gesetzgeber jedoch vermutet, dass ein Betriebsübergang Folgen für die Arbeitnehmer haben kann, weshalb § 106 Abs. 3 Nr. 10 BetrVG bei einem Betriebsübergang einschlägig ist, auch wenn keine weiteren Folgen absehbar sind. Wird ein Betrieb veräußert, so ergibt es sich von selbst, dass dies wirtschaftliche Auswirkungen auf das Unternehmen hat, weshalb der Wirtschaftsausschuss unzweifelhaft bei einem Betriebsübergang zu informieren ist.

c) Zeitpunkt

Der Unternehmer hat den Wirtschaftsausschuss unaufgefordert und nach § 106 Abs. 2 BetrVG "rechtzeitig" zu informieren. Der Zeitpunkt bestimmt sich nach der vom Wirtschaftsausschuss je nach Information wahrzunehmenden Aufgabe und hat so frühzeitig zu erfolgen, dass die Angelegenheit mit dem Unternehmer noch beraten und der Betriebsrat vom Ergebnis unterrichtet werden kann, damit die Ausübung der Betriebsratsrechte noch vor Durchführung der geplanten Maßnahme möglich ist. Eine Information nach Abschluss der Planung wäre in jedem Falle zu spät. Um der Vermittlungsfunktion gerecht zu werden, sind die Mitglieder des Wirtschaftsausschusses bereits vor der Sitzung, zumindest aber vor dem Betriebsrat zu unterrichten[354]. Dieser Zeitpunkt wird Art. 7 Abs. 1 RL 2001/23/EG ohne Zweifel gerecht.

d) Umfang

Der Unternehmer muss, vorbehaltlich etwaiger Betriebs- und Geschäftsgeheimnisse, den Wirtschaftsausschuss nach § 106 Abs. 2 BetrVG "umfassend" und unter Vorlage erforderlicher Unterlagen informieren. Der Unternehmer muss alle wesentlichen Daten und geschäftspolitischen Entscheidungen samt der maßgebenden Motive mitteilen, damit sich der Wirtschaftsausschuss selbst ein Bild machen kann[355]. Hinsichtlich des Beratungsgegenstandes soll möglichst Informati-

---

[353] Bauer/von Steinau-Steinrück, in: Hölters, Handbuch des Unternehmens- und Beteiligungskaufs, Teil V, Rn. 281; Bracker, Betriebsübergang und Betriebsverfassung, S. 102; Fitting, § 111 BetrVG, Rn. 50; Commmandeur, Betriebs-, Firmen- und Vermögensübernahme, S. 52; Erman-Hanau, § 613a BGB, Rn. 78; HSG, § 111 BetrVG, Rn. 55; Ingenfeld, Die Betriebsausgliederung aus der Sicht des Arbeitsrechts, S. 108; Posth, Arbeitsrechtliche Probleme beim Betriebsinhaberwechsel, S. 180; ErfK-Preis, § 613a BGB, Rn. 127; Seiter, Betriebsinhaberwechsel, S. 121; KSchR-Zwanziger, § 613a BGB, Rn. 85

[354] DKK-Däubler, § 106 BetrVG, Rn. 40 ff.; Fitting, § 106 BetrVG, Rn. 22; Galerpin/Löwisch, § 106 BetrVG, Rn. 30; ErfK-Hanau/Kania, § 106 BetrVG, Rn. 4; MüHB-Joost, § 319, Rn. 41; Ingenfeld, Die Betriebsausgliederung aus der Sicht des Arbeitsrechts, S. 151; Richardi/Annuß, § 106 BetrVG, Rn. 24; Röder/Göpfert, BB 1997, 2104, 2107

[355] GK-Fabricius, § 106 BetrVG, Rn. 65; Galerpin/Löwisch, § 106 BetrVG, Rn. 26; Mengel, Umwandlungen im Arbeitsrecht, S. 326

onsparität bestehen[356]. Ziel der Information ist die hierdurch ermöglichte Beratung des Wirtschaftsausschusses mit dem Unternehmer und die Unterrichtung des Betriebsrates nach § 108 Abs. 4 BetrVG. Eine Information des Wirtschaftsausschusses im Veräußererbetrieb durch den Erwerber ist allerdings nicht vorgesehen.

e) Sanktionen

Die Pflichten des Unternehmers können durch den Betriebsrat oder Gesamtbetriebsrat im Wege des Beschlussverfahrens durchgesetzt werden. Ferner kommt ein Verfahren nach § 23 Abs. 3 BetrVG in Betracht[357]. Bei Streit über die Informationspflichten entscheidet gegebenenfalls nach § 109 BetrVG die Einigungsstelle; schließlich ist die Verletzung der Informationspflicht nach § 121 BetrVG bußgeldbewährt. Diese Sanktionen entsprechen den Anforderungen des EuGH an die Umsetzung einer Richtlinie vollends[358], haben aber keine Auswirkungen auf die Arbeitsvertragsparteien.

2.) Unterrichtung des Betriebsrates, § 111 BetrVG

a) Adressat der Information

Nach § 111 S. 1 BetrVG hat der Unternehmer in Unternehmen mit in der Regel mehr als zwanzig wahlberechtigten Arbeitnehmern den Betriebsrat über geplante Betriebsänderungen, die wesentliche Nachteile für erhebliche Teile der Belegschaft zur Folge haben können, rechtzeitig und umfassend zu unterrichten und zu beraten.

Diese Vorschrift setzt zunächst die Existenz eines Betriebsrates voraus, der bereits vor Abschluss der Planungen bestehen muss[359]. Zudem muss der Schwellenwert von zwanzig Arbeitnehmern nicht wie vor der BetrVG-Reform[360] im Betrieb, sondern im Unternehmen erreicht sein. Der Anwendungsbereich wurde damit erheblich ausgedehnt. Des Weiteren erstreckt sich die Zuständigkeit des Gesamtbetriebsrats nach der Neufassung des § 50 Abs. 1 S. 1 BetrVG auch auf betriebsratslose Betriebe. Dies gilt jedoch nicht für rein betriebsbezogene Angelegenheiten des Betriebes ohne Betriebsrat.

---

356 DKK-Däubler, § 106 BetrVG, Rn. 43; Fitting, § 106 BetrVG, Rn. 23

357 Zur Frage eines möglichen Unterlassungsanspruchs vgl. Nachweise bei Mengel, Umwandlungen im Arbeitsrecht, S. 327, Fn. 1386.

358 So auch MüHB-Birk, § 19, Rn. 267; kritisch zur Sanktionierung des § 106 BetrVG: Oetker/Busche, NZA 1991, Beil. 1, 18, 21; Plander, NZA 2000, 393, 400

359 BAG vom 20.4.1982, AP 15 zu § 112 BetrVG 1972; BAG vom 28.10.1992, AP 63 zu § 112 BetrVG 1972; GK-Fabricius, § 111 BetrVG, Rn. 55 m.w.N.; MüHB-Matthes, § 360, Rn. 8

360 BGBl. I vom 29.9.2001, S. 2518

b) Betriebsänderung

Die Unterrichtungs- und Beratungspflicht setzt zudem eine geplante Betriebsänderung voraus. Ob ein Betriebsübergang an sich eine Betriebsänderung darstellt, ist bekanntlich heftigst umstritten. Auf den Streit kommt es jedoch dann nicht an, wenn mit dem Betriebsübergang weitere Folgen einhergehen können, die unter § 111 S. 3 Nr. 1 -5 BetrVG oder beispielsweise § 92 BetrVG fallen. So wird ein Betriebsteilübergang in der Regel bereits eine Betriebseinschränkung, Betriebsspaltung oder eine grundlegende Änderung der Betriebsorganisation darstellen[361]. Anders verhält es sich bei dem Übergang des Betriebes als Ganzes. Insofern hält Rechtsprechung und wohl herrschende Auffassung[362] daran fest, dass ein Betriebsübergang an sich keine Betriebsänderung darstellt.

---

[361] Vgl. BAG vom 10.12.1996, AP 110 zu § 112 BetrVG 1972, wonach zwar ein Betriebsübergang keine, ein Teilbetriebsübergang jedoch aufgrund der neuen eigenständigen organisatorischen Leitung eine Betriebsänderung darstelle; die Inkonsequenz: auch ein reiner Betriebsübergang führt zu einer neuen Leitungsmacht; Biedenkopf, Interessenausgleich und Sozialplan, S. 54, wonach stets eine Betriebseinschränkung vorliege; GK-Fabricius, § 111 BetrVG, Rn. 304; Fitting, § 111 BetrVG, Rn. 51; ErfK-Hanau/Kania, § 111 BetrVG, Rn. 10; Ingenfeld, Die Betriebsausgliederung aus der Sicht des Arbeitsrechts, S. 89 f.; Mengel, Umwandlungen im Arbeitsrecht, S. 370 ff.; Neef, NZA 1994, 97, 104; Pottmeyer, Die Überleitung der Arbeitsverhältnisse im Falle des Betriebsinhaberwechsels nach § 613a BGB und die Mitbestimmung gemäss §§ 111 ff. BetrVG, S. 210 f., wonach bei einem Betriebsteilübergang stets eine Betriebseinschränkung vorliege; Richardi/Annuß, § 111 BetrVG, Rn. 128 ff.; Schweibert, in: Willemsen, Umstrukturierung, C 96; einschränkend MüHB-Matthes, § 360, Rn. 61

[362] So z.B.: BAG vom 24.7.1979, DB 1980, 164; BAG vom 4.12.1979, AP 6 zu § 111 BetrVG 1972; BAG vom 21.10.1980, AP 8 zu § 111 BetrVG 1972; BAG vom 17.2.1981, AP 9 zu § 111 BetrVG 1972; BAG vom 16.6.1987, AP 19 zu § 111 BetrVG 1972; BAG vom 10.12.1996, AP 110 zu § 112 BetrVG 1972; BAG v. 19.1.1999, AP 37 zu § 113 BetrVG 1972; BAG vom 25.1.2000, ZIP 2000, 2039; BAG vom 16.5.2002, NZA 2003, 93, 97; Bauer/von Steinau-Steinrück, in: Hölters, Handbuch des Unternehmens- und Beteiligungskaufs, Teil V, Rn. 281; Biedenkopf, Interessenausgleich und Sozialplan, S. 54; Birk, ZfA 84, 23, 39; Bracker, Betriebsübergang und Betriebsverfassung, S. 102; Buchner, GmbHR 97, 434, 440; Commandeur, Betriebs-, Firmen- und Vermögensübernahme, S. 52 f.; Eich, DB 1980, 255 ff.; Fitting, § 111 BetrVG, Rn. 50; Franzen, Der Betriebsinhaberwechsel nach § 613a BGB im internationalen Arbeitsrecht, S. 167; ErfK-Hanau/Kania, § 111 BetrVG, Rn. 10; Hanau, ZfA 1990, 115, 123; Erman-Hanau, § 613a BGB, Rn. 78; Heiss, Die Spaltung von Unternehmen im deutschen Gesellschaftsrecht, S. 182; Henssler, NZA 1994, 294, 299; HSG, § 111 BetrVG, Rn. 55; Hergenröder, AR-Blattei SD 500.1, Rechtsgeschäftlicher Betriebsinhaberwechsel, Rn. 610; Ingenfeld, Die Betriebsausgliederung aus der Sicht des Arbeitsrechts, S. 106; Joost, in: Preis/Willemsen, Umstrukturierung in Betrieb und Unternehmen im Arbeitsrecht, A 56; Lingemann/Göpfert, NZA 1997, 1325, 1326; MüHB-Matthes, § 360, Rn. 58; Oetker/Busche, NZA 1991, Beil. 1, 18, 21; Picot/Schnitker, Arbeitsrecht bei Unternehmenskauf und Restrukturierung, C 53, mit der kühnen Behauptung, Betriebsübergang und Betriebsänderung schlössen sich gegenseitig aus; Posth, Arbeitsrechtliche Probleme beim Betriebsinhaberwechsel, S. 178 ff.; ErfK-Preis, § 613a BGB, Rn. 127; Richardi/Annuß, § 111 BetrVG, Rn. 124; Röder/Baeck, in: Jaeger/Röder/Heckelmann, Praxishandbuch Betriebsverfassungsrecht, 28, Rn. 64; Schaub,

Als wesentliche Argumente werden die Entstehungsgeschichte und der angeblich abschließende Charakter des § 613a BGB angeführt. Der Gesetzgeber habe bewusst davon abgesehen, den Betriebsübergang in den § 111 BetrVG aufzunehmen[363]. Des Weiteren würden wirtschaftliche Nachteile wegen der Regelung des § 613a BGB nicht eintreten. Ferner ergebe die systematische Auslegung, dass die Katalogtatbestände arbeitsplatz- und betriebsbezogen seien. Weder eine Umwandlung der Rechtsform des Unternehmens noch der bloße Wechsel der Person des Arbeitgebers berührten den einzelnen Arbeitsplatz oder den Betrieb als organisatorische Einheit. Der Betriebsbegriff verlange eine organisatorische Einheit, innerhalb derer ein Arbeitgeber allein oder mit Hilfe von technischen und immateriellen Mitteln bestimmte arbeitstechnische Zwecke verfolgt und nicht einen bestimmten Arbeitgeber. Schließlich gebiete auch eine richtlinienkonforme Auslegung keine andere Betrachtungsweise, da für Betriebsänderungen in Art. 7 Abs. 3 RL 2001/23/EG eine Sonderregelung getroffen worden sei.

Hiergegen wird zutreffend eingewandt, die Ablehnung des Gesetzgebers, den Betriebsübergang ausdrücklich in den Katalog des § 111 BetrVG aufzunehmen, könne ebenso bedeuten, dass der Betriebsübergang ohnehin schon dieser Norm unterfalle und deshalb keiner ausdrücklichen Erwähnung bedürfe[364]. Es sollte nicht ausgeschlossen werden, dass die Voraussetzungen der § 613a BGB und § 111 BetrVG nicht gleichzeitig vorliegen könnten[365]. Des Weiteren könne nicht davon ausgegangen werden, dass bei einem Übergang der Arbeitsverhältnisse Nachteile gar nicht erst entstehen könnten[366]. Ferner spreche gegen eine abschließende Regelung die Gesetzessystematik. § 613a BGB schütze den einzelnen Arbeitnehmer auf individualrechtlicher Ebene. Bei § 111 ff. BetrVG handele es sich um eine betriebsverfassungsrechtliche Norm, wofür § 613a BGB keine Regelun-

---

ArbRHB, § 244 (Rn. 8); Schweibert, in: Willemsen, Umstrukturierung, C 80; KSchR-Zwanziger, § 613a BGB, Rn. 85

[363] In RegBegr. zu § 123 BetrVG 1972 des RegE (BT-Ds. VI/1786, S. 59), der als § 122 BetrVG 19972 durch § 613a BGB eingefügt wurde heißt es: *„Da gegelegentlich Betriebe erworben werden, um sie alsbald stillzulegen, war gefordert worden, den Betriebsübergang als solchen der Mitbestimmung des Betriebsrats ausdrücklich zu unterwerfen. Der Entwurf ist diesem Vorschlag nicht gefolgt. Er sieht vielmehr die Einfügung eines neuen Paragraphen in das Bürgerliche Gesetzbuch vor, mit dem die Rechtsfolgen des Betriebsübergangs für die Arbeitnehmer allgemein geregelt werden."*

[364] Biedenkopf, Interessenausgleich und Sozialplan, S. 52; Blank u.a., Arbeitnehmerschutz bei Betriebsaufspaltung und Unternehmensteilung, S.119; DKK-Däubler, § 111 BetrVG, Rn. 102; Engels, DB 1979, 2227, 2230 f.; GK-Fabricius, § 111 BetrVG, Rn. 278; Pottmeyer, Die Überleitung der Arbeitsverhältnisse im Falle des Betriebsinhaberwechsels nach § 613a BGB und die Mitbestimmung gemäss §§ 111 ff. BetrVG, S. 182

[365] Biedenkopf, Interessenausgleich und Sozialplan, S. 52; Nagel, AuR 2001, 406, 409; Pottmeyer, Die Überleitung der Arbeitsverhältnisse im Falle des Betriebsinhaberwechsels nach § 613a BGB und die Mitbestimmung gemäss §§ 111 ff. BetrVG, S. 183 f.

[366] GK-Fabricius, § 111 BetrVG, Rn. 290

gen enthalte[367]. Letztlich verstoße die h.M. gegen Art. 7 Abs. 1 RL 2001/23/EG[368].
Für die herrschende Meinung spricht zunächst, dass der Gesetzgeber in deren Kenntnis weder durch Art. 13 UmwBerG noch durch das BetrVG-Reformgesetz eine Klärung herbeigeführt hat. Indessen ist das Argument der herrschenden Meinung, ein Betriebsübergang würde aufgrund des § 613a BGB keine Nachteile nach sich ziehen, nach Erlass des § 613a Abs. 5 BGB nicht mehr haltbar. Ob tatsächlich keine Nachteile zu erwarten sind und sich der Übergang im Musterübergang des § 613a Abs. 1 S. 1 BGB erschöpft, ist ernsthaft zu bezweifeln und einer empirischen Studie vorbehalten. Zumindest die Formulierungen des Art. 7 Abs. 1 RL 2001/23/EG und des § 613a Abs. 5 BGB lassen erkennen, dass der Gesetzgeber nunmehr Nachteile für die Belegschaft vermutet, die sich nicht nur auf den Übergang an sich beschränken[369]. Dies bestätigt auch die Begründung zu § 613a Abs. 5 BGB[370]. § 613a BGB ist daher nicht als abschließend zu verstehen. Aus der Begründung geht zwar ebenso hervor, dass ein Betriebsübergang keine Betriebsänderung sein muss; gleichwohl belässt es der Gesetzgeber bei der bisherigen Regelung und erwähnt zudem § 80 Abs. 2 S. 1 BetrVG nicht einmal. Neben den vermuteten Nachteilen spricht zudem § 111 S. 1 BetrVG für eine Unterrichtung des Betriebsrates bei einem Betriebsübergang nach dieser Vorschrift. Nach zutreffender Ansicht enthält § 111 S. 3 BetrVG lediglich bestimmte Regelbeispiele, die als gesetzliche Fiktion ausgestaltet sind. Daneben kommt S. 1 dann zur Anwendung, wenn eine Betriebsänderung vorliegt, die nicht von S. 3 erfasst wird[371]. Demgemäß ist bei dem maßgeblichen formellen Betriebsbegriff ein Be-

---

[367] Biedenkopf, Interessenausgleich und Sozialplan, S. 53; Blank u.a., Arbeitnehmerschutz bei Betriebsaufspaltung und Unternehmensteilung, S. 119; Nagel, AuR 2001, 406, 409; Pottmeyer, Die Überleitung der Arbeitsverhältnisse im Falle des Betriebsinhaberwechsels nach § 613a BGB und die Mitbestimmung gemäss §§ 111 ff. BetrVG, S. 185

[368] GK-Fabricius, § 111 BetrVG, Rn. 282 ff.; Gaul, BB 1999, 582, 583; Gaul, Aktuelles Arbeitsrecht 2000, Bd. 2, S. 542 ff.; Gaul, Betriebs- und Unternehmensspaltung, § 28, Rn. 103 ff.; Weiss, NZA 2003, 177, 178

[369] Der vom BAG (BAG vom 10.12.1996, AP 110 zu § 112 BetrVG; BAG vom 25.1.2000, ZIP 2000, 2039) vorgenommenen Differenzierung zwischen Nachteilen des Betriebsübergangs und Nachteilen der Betriebsänderung ist der deutsche Gesetzgeber daher nicht gefolgt.

[370] Vgl. RegBegr. zu Art. 4 SeemGÄndG (§ 613a BGB), BR-Ds. 831/01, S. 41 = BT-Ds. 14/7760, S. 19: *"Ein Betriebsinhaberwechsel* ***kann*** *für den einzelnen Arbeitnehmer* ***mit wesentlichen Änderungen*** *der Arbeitsbedingungen und der beruflichen Entwicklungsmöglichkeiten* ***verbunden sein****,...Dabei ist zu berücksichtigen, dass der Betriebsrat nur unter engen Voraussetzungen über einen Betriebsübergang zu informieren ist. Nach geltendem Recht (§ 111 Betriebsverfassungsgesetz) ist der Betriebsrat über einen Betriebsübergang nur in Unternehmen mit mehr als 20 Arbeitnehmern und dann zu unterrichten, wenn der Betriebsübergang zugleich eine Betriebsänderung ist..."* (Hervorhebung durch den Verfasser); vgl. dagegen den Gesetzentwurf der FDP-Fraktion, BT-Ds. 14/8144 sowie Stellungnahme des DAV, NZA 2002, Heft 2, S. VIII f., die einen neuen § 110a BetrVG vorsahen.

[371] Vgl. hierzu BAG vom 17.3.1987, AP 18 zu § 111 BetrVG 1972 (offengelassen); BAG vom 6.12.1988, AP 26 zu § 111 BetrVG; Biedenkopf, Interessenausgleich und Sozialplan, S. 46;

triebsübergang eine Betriebsänderung im Sinne des S. 1.; da es allein auf die Möglichkeit wesentlicher Nachteile ankommt, spielt es keine Rolle, ob der Betriebsübergang tatsächlich zu Nachteilen führt[372]. Schließlich ist RL 2002/14/EG zur Festlegung eines allgemeinen Rahmens für die Unterrichtung und Anhörung der Arbeitnehmer im Rahmen der richtlinienkonformen Auslegung bereits vor Ende der Umsetzungsfrist (23.05.2005) zu berücksichtigen. Art. 4 Abs. 2 c) RL 2002/14/EG erwähnt als Unterrichtungsgegenstand durch Verweis auf Art. 9 Abs. 1 explizit Art. 7 RL 2001/23/EG.

c) Zeitpunkt

Der Betriebsrat ist nach § 111 S. 1 BetrVG unaufgefordert "rechtzeitig" über die geplante Betriebsänderung zu unterrichten. Der Unternehmer hat die Planung zudem mit dem Betriebsrat zu beraten. Nach ganz herrschender Auffassung darf der Unternehmer weder Vorbereitungshandlungen noch Ausführungshandlungen vorgenommen haben. Vielmehr muss der Betriebsrat noch eine Einwirkungsmöglichkeit auf die endgültige Entscheidung haben[373]. Dieser Zeitpunkt entspricht daher den Vorgaben von Art. 7 Abs. 1 RL 2001/23/EG, wonach die Unterrichtung rechtzeitig vor dem Vollzug des Übergangs zu erfolgen hat[374].

Blank u.a., Arbeitnehmerschutz bei Betriebsaufspaltung und Unternehmensteilung, S.119; Bracker, Betriebsübergang und Betriebsverfassung, S. 98 ff.; DKK-Däubler, § 111 BetrVG, Rn. 96 ff.; Engels, DB 1979, 2227, 2228; GK-Fabricius, § 111 BetrVG, Rn. 111; Fitting, § 111 BetrVG, Rn. 44; Gaul, Aktuelles Arbeitsrecht 2000, Bd. 2, S. 542; Gaul, Betriebs- und Unternehmensspaltung, § 28, Rn. 44; wohl auch ErfK-Hanau/Kania, § 111 BetrVG, Rn. 19; Heither, ZIP 1985, 513, 514; Kohte, AuA 1995, Beil. 1 zu Heft 1, 1, 6; Oetker, NZA 1998, 1193, 1197; Oetker, Europäisches Betriebsverfassungsrecht, EAS B 8300, Rn. 340; umfassend Pottmeyer, Die Überleitung der Arbeitsverhältnisse im Falle des Betriebsinhaberwechsels nach § 613a BGB und die Mitbestimmung gemäss §§ 111 ff. BetrVG, S. 186 ff. m.w.N.; Schaub, ArbRHB, § 244 (Rn. 7); Simon, ZfA 1987, 311, 322; Zöllner/Loritz, Arbeitsrecht, S. 593; a.A. Galerpin/Löwisch, § 111 BetrVG, Rn. 19; HSG, § 111 BetrVG, Rn. 17; Picot/Schnitker, Arbeitsrecht bei Unternehmenskauf und Restrukturierung, C 40; Richardi/Annuß, § 111, Rn. 41 m.w.N.

[372] Biedenkopf, Interessenausgleich und Sozialplan, S. 55 f.; Blank u.a., Arbeitnehmerschutz bei Betriebsaufspaltung und Unternehmensteilung, S. 122; DKK-Däubler, § 111 BetrVG, Rn. 102; GK-Fabricius, § 111 BetrVG, Rn. 267; Kohte, AuA 1995, Beil. 1 zu Heft 1, 1, 6; Pottmeyer, Die Überleitung der Arbeitsverhältnisse im Falle des Betriebsinhaberwechsels nach § 613a BGB und die Mitbestimmung gemäss §§ 111 ff. BetrVG, S. 220 ff.

[373] Vgl. BAG vom 17.9,1974, AP 1 zu § 113 BetrVG; BAG GS vom 13.12.1978, AP 6 zu § 112 BetrVG; zum Streitstand über das Verhältnis "geplant" und "rechtzeitig": GK-Fabricius, § 111 BetrVG, Rn. 66 ff. m.w.N.; Fitting, § 111 BetrVG, Rn. 109; Galerpin/Löwisch, § 111 BetrVG, Rn. 36; ErfK-Hanau/Kania, § 111 BetrVG, Rn. 20; HSG, § 111 BetrVG, Rn. 32; Richardi/Annuß, § 111 BetrVG, Rn. 144 ff.

[374] Kohte, AuA 1995, Beil. 1 zu Heft 1, 1, 6

d) Umfang

Der Betriebsrat ist nach § 111 S. 1 BetrVG "umfassend" zu informieren. Hierzu gehört eine detaillierte und erschöpfende Darstellung der Betriebsänderung, möglicher Alternativen, ihrer Ursachen, wirtschaftlicher und sozialer Gründe und insbesondere Auswirkungen auf die Belegschaft[375]. Obgleich die Vorlage von Unterlagen nicht in § 111 BetrVG vorgesehen ist, besteht eine solche Pflicht aufgrund des § 80 Abs. 2 BetrVG[376]. Bei mehr als 300 Arbeitnehmern im Unternehmen kann der Betriebsrat nach dem reformierten § 111 S. 2 BetrVG zu seiner Unterstützung einen Berater hinzuziehen. Eine Information des Veräußererbetriebsrates durch den Erwerber ist jedoch nicht vorgesehen.

e) Sanktionen

Die Informationspflicht kann der Betriebsrat im Beschlussverfahren durchsetzen oder das Verfahren nach § 23 Abs. 3 BetrVG durchführen. Zudem hat der Betriebsrat nach umstrittener Auffassung einen Unterlassungsanspruch[377]. Die unterlassene Information ist nach § 121 BetrVG bußgeldbewährt. Faktisch wird durch die mögliche Anrufung der Einigungsstelle zwecks Sozialplanerzwingung Druck auf den Arbeitgeber ausgeübt. Schließlich ist der Nachteilsausgleich nach § 113 BetrVG auf Individualebene als in der Praxis wohl wirksamste Sanktionierung zu nennen. Diese Sanktionen werden den europarechtlichen Anforderungen an einer effektiven Durchsetzung vollends gerecht[378].

3.) Unterrichtung des Betriebsrates, § 80 Abs. 2 S. 1 BetrVG

a) Adressat

Nach § 80 Abs. 2 S. 1 BetrVG ist der Betriebsrat zur Durchführung seiner Aufgaben rechtzeitig und umfassend vom Arbeitgeber zu unterrichten. Einzige formale Voraussetzung dieser Unterrichtungspflicht ist ein bestehender Betriebsrat. Die Reform des BetrVG hat zahlreiche Erleichterungen für die Vertretung der Arbeitnehmer durch einen Betriebsrat geschaffen. Zwar bedarf es noch immer

---

375 GK-Fabricius, § 111 BetrVG, Rn. 79; Fitting, § 111 BetrVG, Rn. 111; Galerpin/Löwisch, § 111 BetrVG, Rn. 40; ErfK-Hanau/Kania, § 111 BetrVG, Rn. 21

376 GK-Fabricius, § 111 BetrVG, Rn. 80; Fitting, § 111 BetrVG, Rn. 112; Galerpin/Löwisch, § 111 BetrVG, Rn. 41, hinsichtlich der Betriebs- und Geschäftsgeheimnisse einschränkend; ErfK-Hanau/Kania, § 111 BetrVG, Rn. 21; HSG, § 111 BetrVG, Rn. 33; Richardi/Annuß, § 111 BetrVG, Rn. 151

377 Vgl. Übersicht des Streitstandes bei GK-Fabricius, § 111 BetrVG, Rn. 357 ff. m.w.N.

378 So auch MüHB-Birk, § 19, Rn. 267; krit. Oetker, Europäisches Betriebsverfassungsrecht, EAS B 8300, Rn. 344, wonach die vollständige Anrechnung des Nachteilsausgleichs auf eine etwaige Sozialplanabfindung dem Sanktionscharakter entgegenstehe.

einer Belegschaftsstärke von fünf Arbeitnehmern. Allerdings wurden die Voraussetzungen für die Bildung eines Betriebsrates oder die Vertretung aufgrund eines Rest- bzw. Übergangsmandates nach §§ 21a, 21b BetrVG sowie durch den Gesamtbetriebsrat bei überbetrieblichen Angelegenheiten eines betriebsratslosen Betriebes nach § 50 Abs. 1 BetrVG wesentlich erleichtert.

b) Aufgabe des Betriebsrates

Der Anspruch nach § 80 Abs. 2 BetrVG ist ein Hilfsanspruch, da er nur insoweit besteht, als der Betriebsrat die Informationen und die Unterlagen zur Erfüllung seiner Aufgaben benötigt. Die Unterrichtung soll den Betriebsrat in die Lage versetzen, in eigener Verantwortung die Wahrnehmung seiner Aufgaben zu prüfen[379]. Ein aktueller Aufgabenbezug ist daher nicht notwendig; die Informationspflicht besteht nur dann nicht, wenn der Aufgabenbezug offensichtlich nicht in Betracht kommt[380].
Ein Betriebsübergang und insbesondere ein Betriebsteilübergang kann zahlreiche weitergehenden Rechte des Betriebsrates begründen. Er kann beispielsweise Änderungen der normativen Regelungen i.S.v. § 80 Abs. 1 Nr. 1 BetrVG mit sich bringen, die wiederum Beteiligungsrechte nach § 99 BetrVG auslösen können. Zudem kann der Übergang zu einer Änderung der betrieblichen Mitbestimmung führen. Da ein Betriebsübergang an sich bereits einen Aufgabenbezug aufweist, besteht nach ganz herrschender Auffassung eine Pflicht des Arbeitgebers den Betriebsrat bereits vor einem Betriebsübergang nach § 80 Abs. 2 BetrVG zu informieren[381]. Dies bestätigt ferner eine richtlinienkonforme Auslegung des Begriffes "Aufgaben" durch die Vorgaben von Art. 7 Abs. 1 RL 2001/23/EG sowie Art. 4 Abs. 2 RL 2002/14/EG.

---

[379] Allg. Auffassung, vgl. BAG vom 31.1.1989, AP 33 zu § 80 BetrVG 1972; BAG vom 15.12.1998, EzA 43 zu § 80 BetrVG 1972; DKK-Buschmann, § 80 BetrVG, Rn. 66; Richardi/Thüsing, § 80 BetrVG, Rn. 51

[380] Ständige Rechtsprechung vgl. BAG vom 15.12.1998, EzA 43 zu § 80 BetrVG 1972; DKK-Buschmann, § 80 BetrVG, Rn. 66; Dornbusch, in: Jaeger/Röder/Heckelmann, Praxishandbuch Betriebsverfassungsrecht, 6, Rn. 84; Fitting, § 80 BetrVG, Rn. 50; ErfK-Hanau/Kania, § 80 BetrVG, Rn. 18; einschränkend GK-Kraft, § 80 BetrVG, Rn. 68

[381] LAG Berlin vom 6.8.1997, NZA-RR 1999, 144; Bachner, AiB 1996, 291, 306; Blank u.a., Arbeitnehmerschutz bei Betriebsaufspaltung und Unternehmensteilung, S. 130; DKK-Buschmann, § 80 BetrVG, Rn. 75; Dornbusch, in: Jaeger/Röder/Heckelmann, Praxishandbuch Betriebsverfassungsrecht, 6, Rn. 88; Fitting, § 80 BetrVG, Rn. 53; Gaul, DB 1995, 2265; ErfK-Hanau/Kania, § 80 BetrVG, Rn. 20; Ingenfeld, Die Betriebsausgliederung aus der Sicht des Arbeitsrechts, S. 148 ff.; Mengel, Umwandlungen im Arbeitsrecht, S. 333; Trittin, AiB 1994, 462, 463; KSchR-Zwanziger, § 613a BGB, Rn. 4; a.A. wohl GK-Kraft, der - ohne nähere Begründung - jeglichen Aufgabenbezug verneint; ähnlich Gaul, Betriebs- und Unternehmensspaltung, § 28, Rn. 105, es würden die tatbestandlichen Anknüpfungspunkte fehlen, wenn eine Betriebsübergang nicht von § 111 BetrVG erfasst würde.

c) Zeitpunkt

Der Betriebsrat ist nach § 80 Abs. 2 S. 1 BetrVG rechtzeitig zu informieren, d.h. insbesondere ohne vorherige Aufforderung durch den Betriebsrat sowie ohne vor vollendete Tatsachen gestellt zu werden, damit der Betriebsrat seine Aufgaben wahrnehmen kann[382]. Somit ist der Betriebsrat jedenfalls vor Vollzug des Betriebsübergangs zu informieren[383]. Dieser Zeitpunkt entspricht den Vorgaben nach Art. 7 Abs. 1 RL 2001/23/EG.

d) Umfang

Die Informationen sind "umfassend", auf Verlangen unter Vorlage der erforderlichen Unterlagen und gegebenenfalls unter Hinzuziehung einer sachkundigen Person, zu erteilen. Aufgrund der gebotenen richtlinienkonformen Auslegung muss der Betriebsrat alle in Art. 7 Abs.1 RL 2001/23/EG aufgezählten Informationen erhalten. Da die Richtlinie keine Vorlage von Unterlagen verlangt, geht § 80 Abs. 2 BetrVG über Art. 7 Abs. 1 RL 2001/23/EG hinaus. Allerdings sieht § 80 Abs. 2 BetrVG keine Konsultationspflicht vor und entspricht somit nicht vollständig den europarechtlichen Vorgaben. Eine Information des Betriebsrates durch den Erwerber ist ebenso nicht vorgesehen.

e) Sanktionen

Eine unterlassene Information ist weder bußgeldbewährt noch hat der Arbeitgeber einen Nachteilsausgleichsanspruch zu befürchten. Der Betriebsrat kann seine Rechte zwar im Beschlussverfahren durchsetzen; dies ist jedoch keine wirksame Sanktionierung. Allerdings kann der Betriebsrat ein Verfahren nach § 23 Abs. 3 BetrVG durchführen, was ein Ordnungsgeld zur Folge haben kann. Hat der Betriebsrat Gelegenheit, mit Hilfe dieses Verfahrens die Informationspflichten durchzusetzen und zu sanktionieren, so entspricht dies (gerade noch) den europarechtlichen Vorgaben.

4.) Modell der subsidiären Information

Aus den vorstehenden Ausführungen ergibt sich, dass der Betriebsrat in jedem Falle "umfassend" vor einen Betriebsübergang zu informieren ist. Das BetrVG wird somit vollends und teilweise überobligatorisch zumindest der Informationspflicht nach Art. 7 Abs.1 RL 2001/23/EG gerecht.
Art. 7 Abs. 1, 6 RL 2001/23/EG sieht ein subsidiäres Informationsmodell vor. Besteht eine Arbeitnehmervertretung oder könnte eine solche nach dem Willen

---

[382] Statt aller: GK-Kraft, § 80 BetrVG, Rn. 64 f. m.w.N.
[383] Ingenfeld, Die Betriebsausgliederung aus der Sicht des Arbeitsrechts, S. 152

der Arbeitnehmer bestehen, bedarf es nach der Richtlinie keiner gesonderten Information gegenüber den Arbeitnehmern. Dieses subsidiäre Modell wurde im Vorfeld der Richtlinienumsetzung teilweise in der Literatur und von der Opposition[384] favorisiert. Vor allem *Willemsen/Annuß*[385] waren der Ansicht, es sei grundsätzlich ausreichend, wenn die Arbeitnehmervertreter informiert würden, da von einer Weitergabe der Information durch den Betriebsrat auszugehen sei. Die einzelnen Arbeitnehmer seien lediglich dann zu unterrichten, wenn kein Betriebsrat bestünde oder dieser selbst nicht ausreichend informiert würde. Diesem subsidiären Informationsmodell ist der deutsche Gesetzgeber nicht gefolgt. Gleichwohl ist es denkbar, dass dieses Modell die bestehenden Informationslücken zu schließen vermag.
Es ist unbestritten, dass der Betriebsrat mit der Belegschaft kommunizieren darf und soll. Das Recht des Betriebsrates zur Information ist jedoch durch seinen Zuständigkeitsbereich begrenzt[386]. Hieraus ziehen einige den Schluss, dass der Betriebsrat beispielsweise die Arbeitnehmer von sich aus nicht auf Gebieten unterrichten darf, in denen das Gesetz dem Arbeitgeber eine Informationspflicht zugewiesen hat[387]. Eine derartige Unterrichtungssperre aufgrund einer gesetzlichen Kompetenzzuweisung könnte nunmehr auch § 613a Abs. 5 BGB bewirken. Zwar kann der Betriebsrat aufgrund seiner Überwachungsaufgabe nach § 80 Abs. 1 Nr. 1 BetrVG, wozu auch die Informationspflicht des § 613a Abs.5 BGB gehört, die Arbeitnehmer selbst unterrichten[388], die Informationen gegebenenfalls berichtigen oder ergänzen[389]. Solange der Arbeitgeber seine gesetzlichen Informationspflichten jedoch erfüllt und keine entgegenstehenden Anzeichen ersichtlich sind, darf der Betriebsrat nicht von sich aus informieren. Dies ergibt sich aus den Wer-

---

[384] Vgl. Änderungsvorschläge der Opposition, BT-Ds. 14/8128, S. 4
[385] Willemsen/Annuß, NJW 1999, 2073, 2080
[386] Allgemeine Ansicht: vgl. BAG vom 1.3.1966, AP 1 zu § 69 BetrVG; BAG vom 21.11.1978, AP 15 zu § 40 BetrVG 1972; LAG Baden-Württemberg vom 10.11.1977, DB 1978, 799; LAG Berlin vom 23.6.1980, DB 1980, 1704; DKK-Berg, § 40 BetrVG, Rn. 94; Blanke, AiB 1982, 6; Fitting, § 40 BetrVG, Rn. 116; Galerpin/Löwisch, § 40 BetrVG, Rn. 45; HSG, § 40 BetrVG, Rn. 97; Richardi/Thüsing, § 40 BetrVG, Rn. 79; Säcker, Informationsrechte, S. 18; GK-Wiese, § 40 BetrVG, Rn. 117
[387] LAG Hamburg vom 10.4.1987, DB 1987, 1744 (keine individuelle Rechtsberatung); Isele, SAE 1967, 120, 121; Meisel, Anm. zu BAG, AP 15 zu § 40 BetrVG 1972; Neumann-Duesberg, Anm. zu BAG, AP 1 zu § 69 BetrVG; Roemheld, SAE 1979, 164, 166; einschränkend Löwisch, FS Hilger/Stumpf, 429, 432; grundsätzlich ablehnend Herschel, SAE 1967, 63, 64, wonach der Betriebsrat stets informieren dürfe, solange dem ausnahmsweise nichts entgegensteht. Sehr weitgehend dagegen Hoffmann, AuR 1974, 266, wonach der Betriebsrat eine umfassende Informationsaufgabe habe. Eine Unterrichtungssperre für den Arbeitgeber aufgrund einer Kompetenzzuweisung an den Betriebsrat soll nach BAG vom 27.6.1989, AP 5 zu § 42 BetrVG 1972 dagegen nicht bestehen.
[388] GK-Kraft, § 80 BetrVG, Rn. 28 m.w.N.
[389] Für die Ergänzung der Arbeitgeberinformationen auch Löwisch, FS Hilger/Stumpf, 429, 431.

tungen der §§ 77 Abs. 1, 74 Abs. 1 S. 1, 74 Abs. 2 S. 2, 2 Abs. 1 BetrVG. Insbesondere der Verzicht auf Betätigungen, die den Betriebsfrieden beeinträchtigen (§ 74 Abs. 2 S. 2 BetrVG) können, gebieten eine informatorische Zurückhaltung des Betriebsrates, wenn noch nicht absehbar ist, ob der Arbeitgeber seinen Informationspflichten nachkommt, da die Gefahr einer Beeinträchtigung des Betriebsfriedens durch eine unvollständige oder zu zeitig erfolgte Information erheblich sein kann [390]. Zudem ergibt sich aus dem Grundsatz der vertrauensvollen Zusammenarbeit nach § 2 Abs. 1 BetrVG, dass offensichtliche Geheimhaltungsinteressen, wozu auch ein Betriebsübergang im Frühstadium der Planung etwa aufgrund gesetzlicher Ad-hoc-Mitteilungspflichten gehören kann, vom Betriebsrat auch ohne Geheimhaltungsbedürftigkeitserklärung nach § 79 Abs. 1 BetrVG zu wahren sind[391].

Doch selbst wenn man in § 613a Abs. 5 BGB keine (vorläufige) Informationssperre sehen sollte oder der Arbeitgeber gegen eine Information durch den Betriebsrat nichts einzuwenden hätte, bestehen erhebliche Bedenken gegen ein derartiges Informationsmodell. Dies resultiert daraus, dass der Betriebsrat zur Weiterleitung der Informationen gegenüber einzelnen Arbeitnehmern nicht verpflichtet ist. Zwar sieht § 43 Abs.1 BetrVG einen Tätigkeitsbericht und § 80 Abs.1 Nr. 3 BetrVG ein Informationsrecht einzelner Arbeitnehmer vor. Es ginge jedoch zu weit, eine allgemeine Informationspflicht des Betriebsrats gegenüber einzelnen Arbeitnehmern, welche über die gesetzlichen Informationspflichten hinausgeht, zu statuieren[392]. Hierfür gibt es keine gesetzliche Grundlage. Sozialpolitisches Ziel des BetrVG ist es, der wirtschaftlichen Übermacht des Arbeitgebers eine organisierte Arbeitnehmervertretung gegenüberzustellen, um die monokratische Herrschaftsgewalt des Arbeitgebers im Betrieb zu beschränken und dadurch die Abhängigkeit des Arbeitnehmers zu mildern[393]. Neben dem Partnerschafts- und Demokratiegedanken gehört darüber hinaus der Schutzgedanke zu den tragenden Grundprinzipien der Arbeitnehmerbeteiligung. Die zentrale Rolle des Betriebsrates besteht in der Notwendigkeit einer einheitlichen kollektivrechtlichen Interessenvertretung der Arbeitnehmer[394]. Daneben hat der Betriebsrat nach überwiegender Ansicht gem. § 2 Abs. 1 BetrVG aber auch die Interessen des einzelnen Arbeitnehmers zu berücksichtigen[395]. Allerdings ist es nicht selten, dass Interes-

---

390 Vgl. Säcker, Informationspflichten, S. 37

391 Dornbusch, in: Jaeger/Röder/Heckelmann, Praxishandbuch Betriebsverfassungsrecht, 6, Rn. 125; ErfK-Hanau/Kania, § 79 BetrVG, Rn. 16; Zöllner/Loritz, Arbeitsrecht, S. 521

392 So aber offenbar BAG vom 21.11.1978, AP 15 zu § 40 BetrVG (zust. Anm. Meisel); Hoffmann, AuR 1974, 266, 268; hiergegen Roemheld, SAE 1979, 164, 166

393 Lunk, Die Betriebsversammlung, S. 112; Zöllner/Loritz, Arbeitsrecht, S. 490

394 Lunk, Die Betriebsversammlung, S. 112

395 Vgl. BAG vom 30.4.1981, AP 12 zu § 99 BetrVG, III. 5. d. Gr.; BAG vom 26.5.1988, AP 13 zu § 95 BetrVG 1972, 3. d. Gr.; Belling/Liedmeier, SAE 1990, 166, 169; HSG, § 2 BetrVG, Rn. 13; Hoffmann, Kompetenzzuweisungen an den Betriebsrat, S. 2, 28; Hoffmann, AuR 1974, 266; v. Hoyningen-Huene, ZRP 1978, 181, 184; ders., RdA 1992, 355, 362;

sen einzelner Arbeitnehmer mit den Solidarinteressen der Belegschaft und dem Wohl des Betriebes kollidieren, wobei dem Betriebsrat insofern ein nicht geringes Ermessen eingeräumt wird[396]. Aufgrund der dem BetrVG zu Grunde liegenden überindividuellen Tendenz hat der Gesetzgeber § 75 Abs. 2 S. 1 BetrVG und die Individualrechte nach §§ 81 ff. BetrVG eingefügt[397]. Auch wenn der Betriebsrat nach §§ 106 Abs. 2, 111 S. 1, 80 Abs. 2 BetrVG "umfassend" zu informieren ist und sich möglicherweise aufgrund der ihm vorliegenden Unterlagen von den individuellen Änderungen Kenntnis verschaffen könnte, so ist sein Mandat dennoch grundsätzlich an typisierende betriebliche Interessen orientiert. Ein darüber hinausgehendes Mandat ist weder dem BetrVG noch RL 2001/23/EG oder RL 2002/14/EG zu entnehmen.
Bislang ist das Verhältnis zwischen Betriebsrat und Arbeitnehmern noch nicht widerspruchsfrei geklärt. Dies liegt zum einen an der fehlenden Aussage des Gesetzgebers und zum anderen an der umstrittenen dogmatischen Einordnung des Betriebsrates[398] und der Belegschaft[399]. Nach überwiegender Ansicht ist der Betriebsrat jedenfalls nicht Vertreter der Arbeitnehmer i.S.d. §§ 164 ff. BGB, da weder eine Vertretungsmacht existiert noch anderweitig eine Bevollmächtigung der Arbeitnehmer erkennbar ist und der Betriebsrat im eigenen Namen handelt[400].

MüHB-ders., § 299, Rn. 34; Lunk, Die Betriebsversammlung, S. 113; Müller, DB 1967, 903, 906; Niederalt, Die Individualrechte des Arbeitnehmers nach dem Betriebsverfassungsgesetz 1972, S. 112; Wiese, RdA 1973, 1, 3; Zöllner/Loritz, Arbeitsrecht, S. 494; a.A. Heinze, ZfA 88, 53, 62, 68 f. der grundsätzlich allein auf die Solidarinteressen aller Arbeitnehmer des Betriebes abstellt und die Wahrnehmung von Individualinteressen nur annimmt, wenn dies gesetzlich bestimmt ist.

[396] HSG, § 2 BetrVG, Rn. 33; GK-Kraft, § 2 BetrVG, Rn. 31; Zöllner/Loritz, Arbeitsrecht, S. 494

[397] Vgl. zur Entstehungsgeschichte Hallenberger, Die Pflicht des Arbeitgebers zur Förderung der freien Persönlichkeitsentfaltung nach § 75 Abs. 2 BetrVG, S. 11 ff.

[398] Vgl. hierzu die Darstellungen bei: Heinze, ZfA 1988, 53 ff.; HSG, vor § 1 BetrVG, Rn. 18 ff.; v. Hoyningen-Huene, RdA 1992, 355, 356; GK-Kraft, § 1 BetrVG, Rn. 48 ff.; Lunk, Die Betriebsversammlung, S. 69 ff.; Niederalt, Die Individualrechte des Arbeitnehmers nach dem Betriebsverfassungsgesetz 1972, S. 101 ff.; Pouyadou, Die Abhängigkeit des Arbeitnehmers vom Betriebsrat, S. 104 ff., 181 ff.; Richardi, Einl., Rn. 97 ff.; Stöckl, Das rechtliche Verhältnis zwischen Betriebsrat und einzelnem Arbeitnehmer, S. 105 ff.; Zöllner/Loritz, Arbeitsrecht, S. 511 f.

[399] Vgl. Gester, Die betriebsverfassungsrechtliche Stellung von Belegschaft und Betriebsrat, S. 48 ff.; GK-Kraft, § 1 BetrVG, Rn. 41 ff.; Lunk, Die Betriebsversammlung, S. 53 ff.; Niederalt, Die Individualrechte des Arbeitnehmers nach dem Betriebsverfassungsgesetz 1972, S. 96 ff.; Richardi, Einl., Rn. 86 ff.; DKK-Schneider/Wedde, Einl., Rn. 92; Stöckl, Das rechtliche Verhältnis zwischen Betriebsrat und einzelnem Arbeitnehmer, S. 100 ff.; Zöllner/Loritz, Arbeitsrecht, S. 511

[400] BAG vom 9.10.1970, AP 4 zu § 63 BetrVG, 3. d. Gr.; BAG vom 19.7.1977, AP 1 zu § 77 BetrVG 1972, 1. b) d.Gr.; mit unterschiedlichen Begründungen: HSG, vor § 1 BetrVG, Rn. 19; Hopt, ZHR 166 (2002), 383, 421; Lunk, Die Betriebsversammlung, S. 72; Richardi, Einl., Rn. 98, 116; Wendeling-Schröder, NZA 2001, 357, 358

Stellt man konsequent darauf ab, dass der Betriebsrat kein imperatives Mandat hat[401], so gelangt man zutreffend zu dem Ergebnis, dass der einzelne Arbeitnehmer keinen durchsetzbaren Anspruch gegen den Betriebsrat auf ein entsprechendes Tun hat und der Betriebsrat zu Schadensersatz gegenüber den Arbeitnehmern nicht verpflichtet ist[402]. Lediglich *Belling*, der zu der Erkenntnis gelangt, dass sich dem BetrVG keine Anspruchsgrundlage für das Verhältnis zwischen Arbeitnehmer und Betriebsrat entnehmen lasse[403], kommt zur Haftung des Betriebsrates und seiner Mitglieder im Wege einer Analogie für private Ämter sowohl für die Erfüllung der Amtspflichten als auch auf Schadensersatz wegen Nichterfüllung[404]. Dies lehnt die herrschende Meinung zutreffend aufgrund des fehlenden imperativen Mandats des Betriebsrates ab. Da der Betriebsrat keine Weisungen der Arbeitnehmer zu beachten hat, haftet er auch nicht[405]. Hieran hat auch die Reform des BetrVG nichts geändert, wie sich aus der Begründung zum individuellen Vorschlagsrecht nach § 86a BetrVG ergibt, wonach hiermit kein Anspruch einzelner Arbeitnehmer korrespondiere. Selbst wenn man bestimmte Vorschriften des BetrVG (z.B. §§ 80 Abs. 1 Nr. 1, 85 Abs. 1 BetrVG) als nicht einklagbare Naturalobligationen im Verhältnis zwischen Betriebsrat und Arbeitnehmer einordnet[406], so fehlt eine diesbezügliche Regelung hinsichtlich der Information der Arbeitnehmer vor einem Betriebsübergang. Fernerhin sah der Gesetzentwurf der CDU/CSU-Fraktion[407] zum BetrVG 1972 in § 3 S. 3[408] eine umfassendere Unter-

---

401 BVerfG vom 27.3.1979, AP 31 zu Art. 9 GG; BAG vom 27.6.1989, AP 5 zu § 42 BetrVG 1972; Hoffmann, Kompetenzzuweisungen an den Betriebsrat, S. 19; v. Hoyningen-Huene, Betriebsverfassungsrecht, S. 64; ders., RdA 1992, 355, 362; MüHB-ders., § 299, Rn. 16, 33; ders., FS Wiese, 175, 182; Niederalt, Die Individualrechte des Arbeitnehmers nach dem Betriebsverfassungsgesetz 1972, S. 135; Richardi, Einl., Rn. 103; DKK-Schneider/Wedde, Einl., Rn. 113; Stöckl, Das rechtliche Verhältnis zwischen Betriebsrat und einzelnem Arbeitnehmer, S. 168; wohl auch Wendeling-Schröder, NZA 2001, 357, 358

402 BAG vom 3.7.1996, NZA 1997, 713, 715; v. Hoyningen-Huene, Betriebsverfassungsrecht, S. 66; ders., RdA 1992, 355, 362; Löwisch, AuR 1972, 359, 361; Neef, NZA 2001, 361, 363; Niederalt, Die Individualrechte des Arbeitnehmers nach dem Betriebsverfassungsgesetz 1972, S. 261

403 Belling, Die Haftung des Betriebsrats und seiner Mitglieder für Pflichtverletzungen, S. 135; einschränkend zu Ansprüchen der Arbeitnehmer gegen den Betriebsrat auch Haneberg, § 75 BetrVG 1972 - Rechte und Pflichten, S. 78 ff.; Pouyadou, Die Abhängigkeit des Arbeitnehmers vom Betriebsrat, S. 184 ff., der sich kritisch mit der Repräsentantenstellung und der hieraus abgeleiteten Negierung subjektiver Rechte gegen den Betriebsrat auseinandersetzt.

404 Belling, Die Haftung des Betriebsrats und seiner Mitglieder für Pflichtverletzungen, S. 137, 302; hiergegen insbes.: v. Hoyningen-Huene, Betriebsverfassungsrecht, S. 66; ders., RdA 1992, 355, 362; Richardi, Einl., Rn. 101

405 v. Hoyningen-Huene, RdA 1992, 355, 362; Richardi, Einl., Rn. 101

406 v. Hoyningen-Huene, RdA 1992, 355, 362

407 BT-Ds. VI/1806

408 BT-Ds. VI/1806, S. 3: "*Er* [der Arbeitnehmer] *hat ein Recht auf Unterrichtung über wesentliche technische, organisatorische und personelle Veränderungen in seinem Arbeitsbereich, insbesondere über Rationalisierungsmaßnahmen, die seinen Arbeitsplatz betreffen.*"

richtung als in § 81 Abs. 2 BetrVG vor; § 8[409] statuierte eine gegenseitige Informationsförderungspflicht der Arbeitsvertragsparteien und insbesondere § 27 Abs. 1 b)[410] eine Informationspflicht des Betriebsrates gegenüber den Arbeitnehmern, was durch eine § 80 Abs. 2 S. 1 BetrVG entsprechende Information des Betriebsrates in § 27 Abs. 2[411] des Entwurfes gewährleistet werden sollte. Diesen Vorschlägen ist der Gesetzgeber nicht gefolgt; es existiert keine entsprechende Vorschrift im BetrVG 1972, weshalb allenfalls eine Informationspflicht des Betriebsrates de lege ferenda in Betracht kommt, so wie dies *Pouyadou*[412] angesichts der Abhängigkeit der Arbeitnehmer vom Betriebsrat bereits forderte. Auch *Heinze*[413], der das Verhältnis zwischen Betriebsrat und Arbeitnehmer als gesetzliches Auftragsverhältnis ansieht, kommt zu dem Ergebnis, dass nicht § 666 BGB, sondern vielmehr - als lex specialis - die Normen des BetrVG (§§ 42 ff. BetrVG) für die Information der Arbeitnehmer maßgeblich sind.
Schließlich würde dem Arbeitnehmer eine erwogene Haftung des Betriebsrates[414] oder seiner Mitglieder grundsätzlich nichts nutzen, wenn er den Verlust seines Arbeitsplatzes aufgrund Widerspruchs basierend auf unterlassener Information durch den Betriebsrat im Wege der Naturalrestitution geltend machen würde, da im Ergebnis der Arbeitgeber den Schaden tragen müsste[415]. Seine Entscheidung trifft der Betriebsrat nach pflichtgemäßem Ermessen, ohne dass die Belegschaft oder sogar einzelne Arbeitnehmer hiergegen vorgehen könnten. Es verbleiben lediglich die im BetrVG vorgesehenen Möglichkeiten auf den Betriebsrat im Wege der Wahl, über eine Betriebsversammlung, durch Anregungen oder durch ein Amtsenthebungsverfahren einzuwirken[416]. Diese Möglichkeiten, aber auch erwogene Schadensersatzansprüche gegen den Betriebsrat oder seiner Mitglieder,

---

[409] BT-Ds. VI/1806, S. 3: *"Arbeitgeber und Arbeitnehmer sind verpflichtet die betriebliche Information zu fördern."*

[410] BT-Ds. VI/1806, S. 6: *"Der Betriebsrat hat folgende allgemeine Aufgaben: ...b) die Arbeitnehmer über alle sie unmittelbar betreffenden Angelegenheiten des Betriebes rechtzeitig und ausreichend zu informieren; ..."*

[411] BT-Ds. VI/1806, S. 6: *"Dem Betriebsrat sind die erforderlichen Informationen zu gegeben und auf Verlangen die zur Durchführung seiner Aufgaben erforderlichen Unterlagen vorzulegen;..."*

[412] Pouyadou, Die Abhängigkeit des Arbeitnehmers vom Betriebsrat, S. 152 ff.; krit. auch Neef, NZA 2001, 361, 362

[413] Heinze, ZfA 1988, 53, 65 f.

[414] Da der Betriebsrat nach ganz überwiegender Meinung weder rechts- noch vermögensfähig ist, scheidet eine Haftung des Betriebsrates an sich ohnehin aus; vgl. BAG vom 24.4.1986, AP 7 zu § 87 BetrVG 1972 Sozialeinrichtung; MüHB-v. Hoyningen-Huene, § 299, Rn. 23; GK-Kraft, § 1 BetrVG, Rn. 76; HSG, vor § 1 BetrVG, Rn. 27; zur möglichen Auskunftshaftung eines Betriebsratsmitglieds vgl. AG Hassfurt, AiB 2002, 52.

[415] Dieses Argument führen auch Zöllner/Loritz, Arbeitsrecht, S. 522, gegen eine Haftung des Betriebsrates an.

[416] Vgl. Stöckl, Das rechtliche Verhältnis zwischen Betriebsrat und einzelnem Arbeitnehmer, S. 167 ff.; vgl. zu den Nachteilen des subsidiären Modells auch Hoffmann, Kompetenzzuweisungen an den Betriebsrat, S. 8 ff., 18; v. Hoyningen-Huene, ZRP 1978, 181, 184

nutzen dem Arbeitnehmer jedoch nichts, wenn er individuelle Informationen benötigt, um beispielsweise über die Ausübung seines Widerspruchsrechts sachgerecht entscheiden zu können. Schließlich würde eine etwaige Unterstützungspflicht des Arbeitgebers bei der Weiterleitung der Informationen durch den Betriebsrat zugunsten einzelner Arbeitnehmer nichts nutzen, da - abgesehen von den tatsächlichen Problemen aufgrund der Masse an Informationen - der Informationsfluss zeitlich zu weit ausgedehnt würde und der Arbeitgeber gegebenenfalls gegen seine eigenen Interessen handeln müsste[417].

5.) Zwischenergebnis

Das Modell der subsidiären Information ist aufgrund der (vorläufigen) Kompetenzsperre des § 613a Abs. 5 BGB, des grundsätzlich nicht bestehenden Individualmandates des Betriebsrates und des nicht gesicherten Informationsflusses zwischen Betriebsrat und Arbeitnehmern daher ungeeignet, bestehende Informationslücken zu schließen. Die umfassenden und über § 613a Abs. 5 BGB teilweise hinausgehenden kollektivrechtlichen Informationsvorschriften nach §§ 106 Abs. 2, 111 S. 1, 80 Abs. 2 BetrVG, die der Informationspflicht nach Art. 7 Abs. 1 RL 2001/23/EG vollends entsprechen, vermögen dem einzelnen Arbeitnehmer keine weitergehenden Informationen zu verschaffen. Mag das subsidiäre Informationsmodell für die Umsetzung des Art. 7 Abs. 6 RL 2001/23/EG als ausreichend angesehen werden, so ist es unter Umständen für den widerspruchsberechtigten Arbeitnehmer in Deutschland unzureichend, da für diesen individuell-detaillierte Informationen von erheblicher Bedeutung sein können. Die in § 613a Abs. 5 BGB existierende Informationslücke wird daher nicht von den kollektivrechtlichen Informationsvorschriften geschlossen.

II. Informationsvorschriften nach dem UmwG

1.) Einleitung

Bis zum Erlass des UmwG war es sehr umstritten, ob § 613a BGB auch bei der Gesamtrechtsnachfolge einschlägig ist[418]. Nunmehr ordnet § 324 UmwG jedoch an, dass § 613a Abs. 1, 4 bis 6 BGB "*durch die Wirkungen der Eintragung einer Verschmelzung, Spaltung oder Vermögensübertragung unberührt*" bleibt. Daher entspricht nunmehr der ganz überwiegenden Ansicht, dass § 613a BGB auch auf

---

[417] Blomeyer, FS Dietz, 147, 170; Pouyadou, Die Abhängigkeit des Arbeitnehmers vom Betriebsrat, S. 151

[418] Vgl. Mengel, Umwandlungen im Arbeitsrecht, S. 53 ff., mit einer ausführlichen Darstellung des Streitstandes.

Umwandlungen im Wege der partiellen Gesamtrechtsnachfolge nach dem UmwG Anwendung findet[419]. Hierbei wird weniger auf § 324 UmwG, sondern vielmehr darauf abgestellt, ob die Voraussetzungen des § 613a BGB bei Umwandlungen erfüllt sind. Das BAG[420] hat sich dieser Auffassung angeschlossen und klargestellt, dass die Voraussetzungen des § 613a BGB auch im Zusammenhang mit einer Umwandlung selbständig zu prüfen sind.
Soweit ein Betriebsübergang mit der Umwandlung einhergeht, besteht die Möglichkeit, dass die einzelnen Arbeitnehmer aufgrund der Informationsvorschriften des UmwG weitere Informationen erhalten. So muss der Spaltungsvertrag nach § 5 Abs. 1 Nr. 9 UmwG Angaben über *„die Folgen der Spaltung für die Arbeitnehmer und ihre Vertretungen sowie die insoweit vorgesehenen Maßnahmen“* enthalten. Eine gleichlautende Vorschrift findet sich bei den übrigen Umwandlungsarten[421]. Ob die Informationsvorschriften des UmwG dem einzelnen Arbeitnehmer - § 613a Abs. 5 BGB ergänzend - Informationen verschaffen können, ist nunmehr zu klären.

2.) Umfang

a) Streitstand

Der Umfang der nach dem UmwG zu erteilenden arbeitsrechtlichen Informationen ist sehr umstritten. Es werden unterschiedliche Auffassungen vertreten, was unter „Folgen“ und „Maßnahmen“ zu verstehen ist, ob auch mittelbare, rechtliche oder tatsächliche Folgen mitzuteilen und neben den Nachteilen auch die Vorteile anzugeben sind. Der zeitlich spätere Erlass der RL 98/50/EG hatte erstaunlicherweise kaum Auswirkungen auf die bis dato geäußerten Ansichten.
Grundsätzlich werden eine enge und eine weite Auslegung vertreten. Insbesondere im gesellschaftsrechtlichen "Lager" überwiegt eine restriktive Ansicht. Die gewählten Bezeichnungen sind nicht ganz einheitlich[422]. Streit besteht über die

---

[419] Vgl. Mengel, Umwandlungen im Arbeitsrecht, S. 73, Fn. 342 m.w.N., S. 75 ff.
[420] BAG vom 25.5.2000, BB 2000, 2156
[421] Vgl. § 126 Abs.1 Nr. 11 UmwG (Grundnorm für die Spaltung), §§ 176, 177 UmwG (Vermögensübertragung ; Verweisungsnormen), § 194 Abs. 1 Nr. 7 UmwG (Formwechsel)
[422] Für eine **restriktive Ansicht** sind u.a.: *Aha,* AG 1997, 345, 356; Bermel/Hannappel, in: Goutier/Knopf/Tulloch, § 5 UmwG, Rn. 99; Drygala, ZIP 1996, 1365, 1368; Fuhrmann/Simon, AG 2000, 49, 52: UmwG beschränke sich auf die unmittelbaren Folgen für den individual- und kollektivrechtlichen Status der Arbeitnehmer; Priester, in: Lutter, Kölner Umwandlungsrechtstage, S. 112 ff.; ders., DNotZ 1995, 427, 434; ders., in: Lutter, § 126 UmwG, Rn. 59; Heckschen, DB 1998, 1385, 1388; Kiem, Unternehmensumwandlung, Rn. 40, 211: lediglich die unmittelbaren Folgen sowohl in individual- als auch kollektivarbeitsrechtlicher Sicht; Sagasser/Ködderitzsch, Umwandlungen, J 69; Kreßel, BB 1995, 925; Lutter, in: Lutter, § 5 UmwG, Rn. 54; Mayer, in: Widmann/Mayer, § 5 UmwG, Rn. 181, 182, 200; vgl. aber Mayer, DB 1995, 861, 864; Müller, DB 1997, 713, 714; Stratz, in: Schmitt/Hörtnagel/Stratz, §

Angabe von rechtlichen oder auch tatsächlichen Auswirkungen. Des Weiteren wird zwischen unmittelbaren und mittelbaren Angaben differenziert. Die Argumente für die jeweilige Ansicht sind, so überhaupt eine Begründung erfolgt, höchst unterschiedlich. Ein wesentlicher Teil der Literatur geht schließlich davon aus, dass die zu vermittelnden Informationen nach dem UmwG und gem. § 613a Abs. 5 BGB identisch seien[423].

b) Stellungnahme

(1) Begriffsklärung

Es ist bereits umstritten, was unter "Folgen" und "Maßnahmen" zu verstehen ist. Die überwiegende Ansicht im Schrifttum[424] versteht unter "Folgen" die unmittelbaren Auswirkungen und unter "Maßnahmen" die darüber hinausgehenden Planungen, d.h. die weiteren Folgen. Andere[425] sind der Ansicht, "Folgen" seien die

---

5 UmwG, Rn. 46; Simon, in: Semler/Stengel, § 5 UmwG, Rn. 65; Tempelmann, Arbeitsrechtliche Probleme bei Spaltungen nach dem Umwandlungsgesetz, S. 34; Willemsen, NZA 1996, 791, 797; differenzierend in RdA 1998, 23, 27: es sei zwischen spezifisch arbeitsrechtlichen Folgen und allgemeinen Gläubigerfolgen zu unterscheiden; ferner seien die „Primärfolgen" („Folgen kraft rechtlichem Zusammenhang" und „kraft Sachzusammenhang") darzustellen, nicht jedoch die Sekundärfolgen, d.h. bei Vertragsschluss zwar absehbare aber noch nicht konkret geplante Änderungen nach vollzogener Umwandlung; S. 36: Beifügung des (Entwurfs eines) Interessenausgleichs sei ausreichend; ders., in: Kallmeyer, § 5 UmwG, Rn. 54, 56; ders., in: Willemsen, Umstrukturierung, C 368 ff.; ders., EWiR 1998, 855, 856.
Eine **differenzierte Ansicht** vertreten u.a. das OLG Düsseldorf vom 15.5.1998, NZA 1998, 766, 767 (zust.: Grunewald/Müller, JZ 1999, 442, 454; krit. Anm. Willemsen, EWiR 1998, 855); Gaul, BB 1999, 582; ders., DB 1995, 2265, 2266; Grunewald, in: Lutter, Kölner Umwandlungsrechtstage, S. 20, 22; Henssler, FS Kraft, S. 219, 226; Joost, ZIP 1995, 976, 979; ders., in: Preis/Willemsen, Umstrukturierung von Betrieb und Unternehmen im Arbeitsrecht, C 51 ff.; Wlotzke, DB 1995, 40, 45.
Für eine **weite Ansicht** sind u.a.: Bachner, NJW 1995, 2281, 2886; Bachner/Köstler/Trittin/Trümmer, Arbeitsrecht bei Unternehmensumwandlungen, S. 86, 87; Boecken, Unternehmensumwandlungen, Rn. 319 ff.; Engelmeyer, DB 1996, 2542 f.; Fitting, § 1 BetrVG, Rn. 169; Hjort, NJW 1999, 750, 754; Mayer, DB 1995, 861, 864; Mengel, Umwandlungen im Arbeitsrecht, S. 343 ff.; Trittin, AiB 2001, 147, 148.

[423] Bauer/von Steinau-Steinrück, ZIP 2002, 457, 462; Gaul, FA 2002, 299, 300; Gaul, Betriebs- und Unternehmensspaltung, § 11, Rn. 15; Willemsen/Lembke, NJW 2002, 1159, 1162; skeptisch: Franzen, RdA 2002, 258, 265; Worzalla, NZA 2002, 353, 355

[424] Decher, in: Lutter, § 194 UmwG, Rn. 28; Engelmeyer, DB 1996, 2542, 2543; wohl auch Gaul, Betriebs- und Unternehmensspaltung, § 29, Rn. 23 ff.; Hoffmann-Becking, Müchner-VertragsHB, Bd. 1, Gesellschaftsrecht, S. 1183; Joost, ZIP 1995, 976, 979; Lutter, in: Lutter, § 5 UmwG, Rn. 60; Mayer, in: Widmann/Mayer, § 5 UmwG, Rn. 184; wohl auch Trittin, AiB 2001, 147, 148; Wlotzke, DB 1995, 40, 45

[425] So wohl Boecken, Unternehmensumwandlungen, Rn. 319, 320; Bachner/Köstler/Trittin/Trümner, Arbeitsrecht bei Unternehmensumwandlung, S. 87; Hjort, NJW 1999, 750, 753; Lutter, in: Lutter, § 5 UmwG, Rn. 40, 60; Mengel, Umwandlungen im Arbeits-

arbeitsrechtlichen und tatsächlichen Änderungen und "Maßnahmen" deren sozialverträgliche Durchführung. Insbesondere *Hjort*[426] begründet seine Ansicht mit dem Wortlaut von Art. 6 Abs. 1 RL 77/187/EWG, den der deutsche Gesetzgeber aufgegriffen habe.
"Folgen" können rechtliche, tatsächliche, unmittelbare, mittelbare oder andere Auswirkungen der Ausgliederung sein. Gleiches gilt für "die insoweit vorgesehenen Maßnahmen", welche sich auf rechtliche oder tatsächliche, mittelbare oder unmittelbare, einseitige oder gemeinsame Umstrukturierungsmaßnahmen beziehen können. Weder der Wortlaut noch die Gesetzesbegründung lassen erkennen, was unter diesem Begriffspaar zu verstehen ist. Allerdings lässt der zweite Satz der Gesetzesbegründung zu § 5 Abs. 1 Nr. 9 UmwG[427] vermuten, dass mit den "insoweit vorgesehenen Maßnahmen" die sozialverträgliche Reaktion auf die "Folgen" gemeint sein kann.
Das Begriffspaar "die Folgen sowie die insoweit vorgesehenen Maßnahmen" hatte bis zum Erlass des § 613a Abs. 5 BGB im deutschen Recht kein Vorbild. Lediglich in § 111 S. 1 BetrVG ist von "Betriebsänderungen, die wesentliche Nachteile...zur Folge" haben können, die Rede. In diesem Zusammenhang wird jedoch der mögliche Eintritt von "wesentlichen Nachteilen" diskutiert[428]. Die allgemeine Regierungsbegründung verweist auf die Umsetzung der 3. und 6. RL[429], die jeweils eine dynamische Verweisung auf RL 2001/23/EG enthalten. Obgleich die Begründung zu den einzelnen Bestimmungen nicht explizit auf die Betriebsübergangsrichtlinie verweist, ist jedoch die Ähnlichkeit der Wortwahl augenscheinlich[430]. Aufgrund der gebotenen richtlinienkonformen Auslegung ist den Begriffen "Folgen" und "Maßnahmen" im UmwG daher dieselbe Bedeutung beizumessen, die sie nach der Richtlinie und nunmehr nach § 613a Abs. 5 BGB haben, weshalb unter "Folgen" in diesem Sinne die Auswirkungen der Umwandlung und unter "Maßnahmen" deren sozialverträgliche Umsetzung zu verstehen ist[431].

---

recht, S. 341; Simon, in: Semler/Stengel, § 5 UmwG, Rn. 64; Willemsen, in: Kallmeyer, § 5 UmwG, Rn. 53
426 Hjort, NJW 1999, 750, 753
427 Vgl. RegBegr. zu § 5 UmwG, abgedruckt bei: Wagner, Das neues Umwandlungsrecht, S. 54: "*Hierdurch soll insbesondere . . eine frühzeitige Information über die Verschmelzung und die durch sie bewirkten Folgen . . . zur Verfügung gestellt werden, um bereits im Vorfeld des Verschmelzungsvorgangs seine möglichst sozialverträgliche Durchführung zu erleichtern. . .*"
428 Vgl. GK-Fabricius, § 111 BetrVG, Rn. 213 ff.
429 Allg. RegBegr. , I. 3. b), abgedruckt bei Wagner, Das neue Umwandlungsrecht, S. 30 ff.
430 So auch Hjort, NJW 1999, 750, 753
431 Siehe oben S. 44 ff., 65 ff.

(2) Umfang

(a) Grammatische Auslegung

Diejenige Ansicht, welche für eine extensive Auslegung plädiert, verweist darauf, dass neben den Folgen auch "die insoweit vorgesehenen Maßnahmen" zu benennen seien. Bei einer restriktiven Auslegung hätte es dieser Formulierung nicht bedurft[432].
Dieser Ansicht wird entgegengehalten, dass in § 194 Abs. 1 Nr. 7 UmwG dieselbe Formulierung gewählt wurde und beim Formwechsel nur unmittelbare arbeitsrechtliche Folgen denkbar seien[433].

Hiergegen wird zu Recht eingewandt, dass jeder Umwandlungstyp getrennt zu betrachten sei[434] und auch bei einem Formwechsel mittelbare Folgen nicht ausgeschlossen seien[435].
Aus dem Wortlaut geht nicht eindeutig hervor, ob die Vorschrift extensiv oder restriktiv auszulegen ist. "Folgen" und "Maßnahmen" sind zwei verschiedene Aspekte der Unterrichtung. Es kann daher im Rahmen der grammatischen Auslegung nicht von dem einen auf das andere geschlossen werden. Stattdessen lässt die Formulierung "die Folgen der [Umwandlung]" vermuten, dass lediglich die umwandlungsbedingten Folgen anzugeben sind[436]. Würde man diesen Kausalzusammenhang wörtlich auffassen[437], so liefe die Information weitgehend leer, da die Umwandlung an sich lediglich die Unternehmensebene berührt. Daher sind "die Folgen der [der Umwandlung zu Grunde liegenden Planung]" anzugeben. Ein Vergleich der Spaltung oder Verschmelzung mit dem Formwechsel ist nicht angebracht. Zwar bleibt bei einem Formwechsel die Identität des Rechtsträgers die gleiche[438]. Ein Betriebsübergang findet nicht statt. Es ist jedoch nicht ausgeschlossen, dass im Zuge des Formwechsels weitere Umstrukturierungen, so auch ein Betriebsübergang, mit Folgen für die Arbeitnehmerschaft durchgeführt werden. Schließlich ist es auch bei den übrigen Umwandlungsformen nicht zwin-

---

432 Vgl. Engelmeyer, DB 1996, 2542, 2543, Hjort, NJW 1999, 750, 751; Joost, ZIP 1995, 976, 979; Mengel, Umwandlungen im Arbeitsrecht, S. 341; Wlotzke, DB 1995, 40, 45

433 Drygala, ZIP 1996, 1365, 1368; Lutter, in: Lutter, § 5 UmwG, Rn. 55

434 Hjort, NJW 1999, 750, 751; Mengel, Umwandlungen im Arbeitsrecht, S. 342; Müller, DB 1997, 713, 714

435 Hjort, NJW 1999, 750, 751

436 So wohl Boecken, Unternehmensumwandlungen, Rn. 323, 342 ("umwandlungsbedingte Auswirkungen"); Rn. 331 ("umwandlungsbedingtem Eintritt")

437 So z.B. Bermel/Hannappel, in: Goutier/Knopf/Tulloch, § 5 UmwG, Rn. 100; Sagasser/Ködderizsch, Umwandlungen, J 69

438 Obgleich bei einem Formwechsel die Identität des Rechtsträgers identisch bleibt, bezeichnet Zöllner, ZGR 1993, 334, 337 diese Identität wie die eines Dr. Jekyll und Mr. Hyde; zustimmend Rieble, ZIP 1997, 301, 304. Eingehend zur Identität beim Formwechsel auch Wiedemann, ZGR 1999, 568.

gend, dass Folgen für die Arbeitnehmer hieraus resultieren. Gerade die umwandlungsartunabhängige Informationspflicht deutet auf ein extensives Verständnis hin, da umwandlungsspezifische Änderungen im Sinne einer strengen Kausalitätsbetrachtung für die Arbeitnehmer von geringerem Interesse sind. Die Pluralformulierung der Adressaten ("die Arbeitnehmer") spricht jedoch gegen eine individuell-detaillierte Information einzelner Arbeitnehmer[439].

(b) Systematische Auslegung

Gegen eine extensive Auslegung wird eingewandt, dass die übrigen Angaben im Vertrag ebenfalls nur Grundinformationen enthalten würden[440] und den Anteilsinhabern gleichfalls nur unmittelbare Auswirkungen mitgeteilt werden müssten[441]. Anderenfalls würde der Vertrag eine Art Umwandlungsbericht für Arbeitnehmer darstellen[442]. Ferner spreche gegen eine extensive Auslegung, dass das BetrVG bereits eine hinreichende Information vorsehe[443]. Die Aufnahme dieser Angaben im Vertrag sei daher Pleonasmus[444]. Aufgrund der Beteiligungsrechte des Betriebsrates nach §§ 111 ff. BetrVG müsste zunächst das dort vorgesehene gesamte Verfahren durchgeführt werden, um konkrete Angaben der Folgen machen zu können. Dagegen sei mit vagen Angaben dem Informationsinteresse der Arbeitnehmer nicht gedient[445].
Dieser Argumentation wird entgegengehalten, es liege in der Natur der Sache, dass die arbeitsrechtsspezifischen Informationen umfangreicher als die übrigen Angaben im Vertrag seien und zwischen Arbeitnehmern und Anteilseignern wesentliche Unterschiede hinsichtlich der Interessen und Handlungsmöglichkeiten

439 Ähnlich Drygala, ZIP 1996, 1365, 1370 im Zusammenhang mit der Wesentlichkeit der Nachteile.
440 Drygala, ZIP 1996, 1365, 1368; Heckschen, RPfl 1999, 357, 359; Mengel, Umwandlungen im Arbeitsrecht, S. 342; Müller, DB 1997, 713, 714; Lutter, in: Lutter, § 5 UmwG, Rn. 56; wohl auch Simon, in: Semler/Stengel, § 5 UmwG, Rn. 63
441 Drygala, ZIP 1996, 1365, 1368; Mayer, in: Widmann/Mayer, § 5 UmwG, Rn. 183; Müller, DB 1997, 713, 714
442 Drygala, ZIP 1996, 1365, 1368; Lutter, in: Lutter, § 5 UmwG, Rn. 56
443 Aha, AG 1997, 345, 356; Bungert, DB 1997, 2209, 2211; Drygala, ZIP 1996, 1365, 1368; Fuhrmann/Simon, AG 2000, 49, 52; Heinze, ZfA 1997, 1, 4; Kiem, Unternehmensumwandlung, Rn. 40, 211; Lutter, in: Lutter, § 5 UmwG, Rn. 57; Mayer, in: Widmann/Mayer, § 5 UmwG, Rn. 183; wohl auch Willemsen, in: Kallmeyer, § 5 UmwG, Rn. 51
444 Drygala, ZIP 1996, 1365, 1369
445 Willemsen, RdA 1998, 23, 27; anders noch Willemsen, NZA 1996, 791, 797; ders., in: Kallmeyer, § 5 UmwG, Rn. 51, wo er der Ansicht ist, dass eine summarische Darstellung ausreiche; Däubler, RdA 1995, 136, 138; für vage Angaben: wohl Mengel, Umwandlungen im Arbeitsrecht, S. 344; Sagasser/Ködderitzsch, Umwandlungen, J 69; Kreßel, BB 1995, 925, 926, der eine Pauschalisierung für ausreichend hält, soweit die unmittelbaren Folgen abgeleitet werden könnten.

beständen[446]. Überdies seien die arbeitsrechtsspezifischen Informationen des UmwG ein Systembruch, so dass systematische Erwägungen nur eingeschränkt zu beachten seien[447]. Eine sinnlose Doppelinformation erfolge nicht, da die Informationspflichten des BetrVG eine bestimmte Belegschaftsstärke voraussetzen[448]. Ferner habe der Gesetzgeber die Informationspflichten des UmwG bewusst neben denen des BetrVG eingeführt, was ansonsten konterkariert würde[449]. Letztlich würden sich die Informationsrechte des Betriebsrates angesichts des Betriebsänderungsbegriffs in § 111 BetrVG auf eine Phase nach erfolgter Umwandlung begrenzen, wenn diese lediglich faktisch umgesetzt würde[450].

Dieser Auffassung ist zuzustimmen. Der Gesetzgeber hat die arbeitsrechtsspezifischen Informationspflichten bewusst im gesellschaftsrechtlichen Verfahren geregelt. Diese Angaben unterscheiden sich daher von den übrigen des Vertrages. Aus einer arbeitsrechtlichen Regelung in einem gesellschaftsrechtlichen Vorgang kann nicht geschlossen werden, dass die arbeitsrechtliche Vorschrift nach gesellschaftsrechtlichen Grundsätzen zu beurteilen ist[451]. Eine generalisierende Betrachtung aufgrund der bloßen Regelung im jeweils anderen Rechtsgebiet verbietet sich[452]. Es ist keinesfalls so "merkwürdig" oder "ganz und gar einmalig"[453], dass arbeitsrechtliche Normen im Gesellschaftsrecht geregelt werden. Es gibt zahlreiche Schnittstellen zwischen Arbeits- und Gesellschaftsrecht. Der Gesetzgeber verwendet arbeitsrechtliche Begriffe im Gesellschaftsrecht[454] und gesellschaftsrechtliche im Arbeitsrecht[455]. Auch die Bestimmungen des SpTrUG[456] und

---

[446] Hjort, NJW 1999, 750, 752
[447] Mengel, Umwandlungen im Arbeitsrecht, S. 342
[448] Hjort, NJW 1999, 750, 752
[449] Hjort, NJW 1999, 750, 753; Mengel, Umwandlungen im Arbeitsrecht, S. 343
[450] Hjort, NJW 1999, 750, 753
[451] So aber LG Stuttgart vom 11.4.2000, GmbHR 2000, 622 (zust. Anm. Kinzelmann)
[452] Willemsen, Arbeitnehmerschutz bei Betriebsänderungen im Konkurs, S. 117 f.
[453] Lutter, in Lutter, § 5 UmwG, Rn. 39: findet die Vorschrift *„merkwürdig"* und *„ganz und gar einmalig"*. Willemsen, in: Kallmeyer, § 5 UmwG, Rn. 47 bezeichnet sie als *„Fremdkörper"*. Für eine Abschaffung der Norm und für eine "*eigenständige betriebsverfassungsrechtliche Informationspflicht gegenüber dem Betriebsrat*" plädiert u.a. auch der Handelsrechtsausschuss des Deutschen Anwaltsvereins, vgl. www.rws-verlag.de/volltext/hra-umwg.htm , unter Ziff. 3.
[454] Vgl. §§ 71 Abs. 1 Nr. 2, 71 a Abs. 1 S. 2, 96 Abs. 1, 100 Abs. 3, 104 Abs. 1, 192 Abs. 2 Nr. 3, 194 Abs. 3, 202 Abs. 4, 203 Abs. 4, 204 Abs. 3, 205 Abs. 5 AktG („Arbeitnehmer"); §§ 97 Abs. 1, 292 Abs. 1 Nr. 3 („Betrieb"),§§ 98 Abs. 2 Nr. 4, 5, 99 Abs. 2, 104 Abs. 1 AktG („Betriebsrat"); §§ 98 Abs. 2 Nr. 4, 5, 104 Abs. 1 („Gesamtbetriebsrat"); § 98 Abs. 2 Nr. 7, 8, 104 Abs. 1 Nr. 4,5 AktG („Gewerkschaft")
[455] Vgl. §§ 54 BetrVG, 21 SprAuG („Konzern"); §§ 1 Abs. 3, 2 Abs.1, § 6 EBRG („herrschendes Unternehmen")
[456] Gesetz über die Spaltung der von der Treuhandanstalt verwalteten Unternehmen vom 5.4.1991, BGBl. I, S. 854, insbesondere §§ 2 Abs. 1 Nr. 10, 13, 14 SpTrUG. Dieses Gesetz war Vorbild des UmwG. Nach dessen Begründung (BR-Ds. 71/91) sollten durch vorgenannte Normen die Befugnisse der betrieblichen Arbeitnehmervertretung sichergestellt werden.

des WpÜG[457] verbinden Gesellschaftsrecht bzw. Finanzmarktrecht und Arbeitsrecht. Auf die systematische Stellung der Informationsvorschriften in einem gesellschaftsrechtlichen Gesetz kommt es daher nicht an. Daher scheidet ein Vergleich mit gegenüber den Anteilseignern zu erteilenden Informationen aus. Vielmehr bestehen ganz überwiegender Ansicht die Informationsvorschriften des UmwG *neben* denjenigen des BetrVG[458].
Zudem spricht die - eingeschränkte - Publizität der Information dafür, dass neben dem Betriebsrat auch die Arbeitnehmer Schutzadressaten der Information sind. Die Eintragung der Umwandlung im Handelsregister ist nach §§ 19 Abs. 3, 130 Abs. 2, 201 UmwG öffentlich bekannt zu machen. Insofern besteht für die Arbeitnehmer aufgrund des Einsichtsrechts nach § 9 Abs. 1, 2 HGB die Möglichkeit, von den arbeitsrechtlichen Angaben im Umwandlungsvertrag Kenntnis zu nehmen und sich Abschriften anzufertigen[459]. Der BGH[460] führt zur Publizitätsfunktion folgendes aus:

*"Die dem Handelsregister zukommende Publizitätsfunktion soll der Öffentlichkeit wie **Arbeitnehmern**, künftigen oder gegenwärtigen Gläubigern, den Gesellschaftern und den potentiellen Anteilserwerbern die Möglichkeit gewährleisten, sich über die Rechtsverhältnisse von Kaufleuten und Gesellschaften zu unterrichten."*

Aufgrund dessen kann von einer unnötigen Doppelinformation keine Rede sein. Zudem stellt die Gesetzesbegründung[461] klar, dass die rechtzeitige Unterrichtung "sichergestellt" werden soll. Dies versucht der Gesetzgeber durch die zwingenden arbeitsrechtsspezifischen Angaben und die Registerkontrolle und -publizität. Sofern eingewandt wird, dass für hinreichend konkrete Angaben zunächst das Ver-

---

[457] Hierzu S. 114 ff.

[458] Bermel/Hannappel, in: Goutier/Knopf/Tulloch, § 5 UmwG, Rn. 130; Boecken, Unternehmensumwandlungen, Rn. 342; DKK-Däubler, § 111 BetrVG, Rn. 136; Drygala, ZIP 1996, 1365, 1368 f. ; Engels, FS Wlotzke, 279, 295; Fitting, § 1 BetrVG, Rn. 168; Gaul, DB 1995, 2265; Hergenröder, AR-Blattei SD 500.2, Betriebsinhaberwechsel II, Gesamtrechtsnachfolge, Rn. 106; Joost, ZIP 1995, 976, 977; Lutter, in: Lutter, § 5 UmwG, Rn., 57; Mayer, in: Widmann/Mayer, § 5 UmwG, Rn. 179; Mengel, Umwandlungen im Arbeitsrecht, S. 337; Plander, NZA 2000, 393, 396; Stratz, in: Schmitt/Hörtnagel/Stratz, § 5 UmwG, Rn. 46; Simon, in: Semler/Stengel, § 5 UmwG, Rn. 62; Tempelmann, Arbeitsrechtliche Probleme bei Spaltungen nach dem Umwandlungsgesetz, S. 34; Trittin, AiB 1996, 270, 273; ders., AiB 2001, 147, 148; Willemsen, in: Willemsen, Umstrukturierung, C 355; ders., NZA 1996, 791, 796; ders., RdA 1998, 23, 25; a.A. Bachner, NJW 1995, 2881, 2886, wonach das Betriebsverfassungsrecht vor dem Gesellschaftsrecht Vorrang habe.

[459] Der Umwandlungsvertrag selbst wird nicht in das Handelsregister eingetragen. Er gehört zu dem jedermann zugänglichen Sonderband nach § 8 Abs. 2 HRV. Auf die hierdurch mögliche frühzeitige Information der Arbeitnehmer weist zutreffend Engelmeyer, DB 1996, 2542, 2545 hin.

[460] BGH vom 24.10.1988, NJW 1989, 295, 299 (Hervorhebung durch den Verfasser)

[461] Vgl. allg. RegBegr., abgedruckt bei: Wagner, Das neue Umwandlungsrecht, S. 37

fahren nach §§ 111 ff. BetrVG durchgeführt werden müsse, ist dem zuzustimmen, sobald die Voraussetzungen dieser Vorschriften vorliegen. Dies ist jedoch nicht stets der Fall. Die §§ 111 ff. BetrVG hängen von verschiedenen Voraussetzungen ab, die im Zeitpunkt der Umwandlung jedoch nicht gegeben sein müssen[462]. Zu nennen sind beispielsweise die erforderliche Belegschaftsstärke oder die Notwendigkeit der Existenz eines Betriebsrates. Auch im Verhältnis zu § 613a Abs. 5 BGB stellen die Informationsvorschriften des UmwG keinen Pleonasmus dar. Zunächst können aber müssen beide Normen nicht zeitlich parallel zu einer Information der Arbeitnehmer führen. Des Weiteren wird die Information durch beide Normen gesichert.

Es ist jedoch nicht davon auszugehen, dass der Gesetzgeber über den kollektiven Bezug z.B. der §§ 43, 110, 111 BetrVG hinausgehen wollte und für jedes Arbeitsverhältnis dezidierte Angaben verlangt. Gegen eine individuell-detaillierte Information sämtlicher Arbeitnehmer sprechen zudem Praktibilitätsgesichtspunkte, da ein Umwandlungsvertrag, der auf sämtliche Individualinteressen eingeht, einen, je nach Arbeitnehmerzahl, kaum zu übertreffenden Umfang erreichen würde.

Eine Publizität von individuell-detaillierten Informationen verstieße im Übrigen gegen das BDSG *und* das Grundrecht des betroffenen Arbeitnehmers auf informationelle Selbstbestimmung. Sofern den Angaben des Umwandlungsvertrages detaillierte personenbezogene Daten i.S.v. § 3 Abs. 1 BDSG entnommen werden könnten, würde die Publizität personenbezogener individualisierter Daten gegenüber Dritten eine Übermittlung nach § 3 Abs. 4 Ziff. 3 BDSG darstellen[463]. In den Vorschriften des UmwG ist keine für den Erlaubnisvorbehalt nach § 4 Abs. 1 BDSG notwendige *eindeutige* gesetzliche Grundlage[464] für die Publizität personenbezogener Daten zu sehen, da weder die Datenverarbeitung bzw. -nutzung ausdrücklich erlaubt ist, noch explizit spezifische Geheimhaltungsgebote vorge-

---

[462] Diese verschiedenen Möglichkeiten berücksichtigt z.B. Heinze, ZfA 1997, 1, 4 nicht, wenn er ausführt, dass die Informationsrechte nach dem BetrVG "wesentlich früher eingreifen" und die Angaben im Vertrag lediglich eine Protokollierung der Information des Wirtschaftsausschusses und seiner Beratung sowie des Interessenausgleichs enthielten.

[463] So zu BDSG a.F. Wente, RDV 1986, 256. Das BDSG wurde aufgrund RL 95/46/EG, ABl. EG L 281, S. 31, zum 23.5.2001 nochmals novelliert (BGBl. I, 904); a.A. Marsch-Barner/Mackenthun, ZHR 165 (2001), 426, 429, die das BDSG nicht für anwendbar halten, jedoch die arbeitsrechtlichen Daten nicht gesondert berücksichtigen.

[464] Zur erforderlichen Normenklarheit BVerfG vom 15.12.1983, NJW 1984, 419 (Volkszählungsurteil); vgl. KassHB-Striegan, 2.10, Rn. 118; MüHB-Blomeyer, § 99, Rn. 23; Däubler, Gläserne Belegschaften ?, Rn. 102; ErfK-Wank, § 4 BDSG, Rn. 3; explizit zum UmwG: Simitis, ZHR 165 (2001), 453, 456; Steding/Meyer, BB 2001, 16931697; Wengert/Widmann/Wengert, NJW 2000, 1289, 1292; Lüttge, NJW 2000, 2463, 2465; Marsch-Barner/Mackenthun, ZHR 165 (2001), 426, 431; Zöllner, ZHR 165 (2001), 440, 442; Schaffland, NJW 2002, 1539, 1540

sehen sind. Einige[465] gehen davon aus, dass dem Bestimmtheitsgebot durch das Registerrecht Genüge getan sei, weshalb eine Datenweitergabe bei einer Umwandlung nach dem UmwG nicht gegen § 4 Abs. 1 BDSG verstoße. Hierbei berücksichtigen sie jedoch nicht die unbestimmten arbeitsrechtlichen Informationsvorschriften. Aber auch eine Erforderlichkeit der Publizität der individualisierten Daten an Dritte oder im öffentlichen Interesse kann nicht gesehen werden. Zwar haben insbesondere auch die Anteilseigner oder der Betriebserwerber ein Interesse an arbeitsrechtsspezifischen Daten. Dieses beschränkt sich jedoch bei den Anteilseignern grundsätzlich auf listenmäßige oder zumindest anonymisierte Daten. Selbst wenn man ein Detailinteresse, etwa bei leitenden Angestellten oder besonderen Leistungsträgern annähme, so besteht dennoch ein überwiegendes schutzwürdiges Interesse des betroffenen Arbeitnehmers an der Geheimhaltung. Zwar wird gelegentlich davon ausgegangen, dass der Arbeitgeber personenbezogene individualisierte Daten an den neuen Arbeitgeber auch gegen den Willen des Arbeitnehmers weiterleiten dürfe[466]. Die Publizität derartiger Daten im Umwandlungsvertrag, der im Handelsregister von jedermann eingesehen werden kann, im Bundesanzeiger veröffentlicht wird und u.U. nach § 15 WpHG publizitätspflichtig ist, würde bei detaillierter Darstellung gegen das Grundrecht des Betroffenen auf informationelle Selbstbestimmung[467] verstoßen. So ist bereits die Übermittlung von Daten an zentrale Arbeitgeberauskunftsstellen oder Gewerkschaften[468] sowie der Aushang personenbezogener Daten am Schwarzen Brett[469] unzulässig.

---

[465] Teichmann/Kiessling, ZGR 2001, 33, 54; Wengert/Widmann/Wengert, NJW 2000, 1289, 1292; Lüttge, NJW 2000, 2463, 2465

[466] BAG vom 25.10.1957, AP 1 zu § 630 BGB: *"...aus den Grundsätzen der Sozialpartnerschaft, die den Angehörigen sowohl der ArbGschaft wie der ArbNschaft das Recht geben, andere Angehörige der gleichen Gruppe bei der Wahrung ihrer Belange zu unterstützen"*; BAG vom 18.12.1984, AP 8 zu § 611 BGB Persönlichkeitsrecht; Zöllner/Loritz, Arbeitsrecht, § 16 I. 2.; kritisch u.a. ArbG Stuttgart vom 1.2.2001, NZA-RR 2002, 153; Birk, Auskünfte über Arbeitnehmer, 130 ff. m.w.N.; Däubler, NZA 2001, 874, 879; Kilian, RdA 1978, 201, 208

[467] Vgl. BVerfG vom 15.12.1983, NJW 1984, 419 (Volkszählungsurteil); BVerfG vom 28.8.2000, NJW 2001, 503, 505; BVerfG vom 29.11.2000, NJW 2001, 3402, 3403; BVerfG vom 14.12.2001, NJW 2002, 2164; zur Ad-hoc-Publizität: Schumacher, NZG 2001, 769, 777; Wertenbruch, WM 2001, 193, 194, die diesbezüglich eine Abwägung zwischen dem Persönlichkeitsrecht des betroffenen Arbeitnehmers und der Bedeutung der Ad-hoc-Mitteilung für den Kapitalanleger vornehmen. Welche Konfliktmöglichkeiten die Publizität im Bundesanzeiger eröffnet, veranschaulicht auch der Fall in BGH vom 8.2.1994, WM 1994, 641*("Das allgemeine Persönlichkeitsrecht eines Unternehmens ist verletzt, wenn ein Wissenschaftler, der ... Fortbildungsseminare durchführt, Ablichtungen eines im Bundesanzeiger veröffentlichten Jahresabschlusses, ... weitergibt, ohne den Namen und die Adresse des Unternehmens unkenntlich zu machen.")*; hiergegen Erman-Ehrmann, Anh. § 12 BGB, Rn. 635 m.w.N.

[468] Vgl. KassHB-Striegan, 2.10, Rn. 291; MüHB-Blomeyer, § 99, Rn. 46; ErfK-Wank, § 28 BDSG, Rn. 27

[469] LAG Berlin vom 26.6.1986, RdV 1987, 252: *"...Angaben über Vergütungsgruppe und Stundenlohn- oder Gehaltsgruppe sind solche Angaben, die der Intimsphäre zuzuordnen sind und der Allgemeinheit nicht zugänglich gemacht werden dürfen. ... Arbeitnehmer haben stets*

Eine Publizität an einen unbestimmbaren Kreis Dritter ginge jedoch weit darüber hinaus und wäre mangels Erforderlichkeit[470] unzulässig.
Die Systematik spricht daher für eine extensive Auslegung der typisierenden Angaben aber gegen individuell-detaillierte Informationen.

(c) Teleologische Auslegung

Zweck der Informationsvorschriften ist zum einen eine rechtzeitige Information und zum anderen deren Sicherstellung. Letzteres wird durch die Zuleitungs- und Publizitätspflicht gewährleistet. Wie bei § 111 BetrVG kommt es bei den Auswirkungen der Umwandlung auf die konkrete planerische Entscheidung an. Daher gelten im Rahmen der Informationspflichten gegenüber dem Betriebsrat dieselben Grundsätze hinsichtlich der planerischen Entscheidung wie bei § 111 BetrVG[471]. Eine Differenzierung nach "arbeitsrechtlichen Pflichtangaben kraft rechtlichen Zusammenhangs und kraft Sachzusammenhangs" wie sie *Willemsen*[472] vornimmt, ist nicht notwendig, da auch er im Ergebnis auf die konkrete Planung abstellt[473]. Des Weiteren erübrigt sich die Diskussion, ob die Planung von Sekundärfolgen dem neuen Unternehmen überlassen werden kann[474]. Es kommt einzig auf die planerische Entscheidung an.
Neben den unmittelbar Betroffenen, den Arbeitnehmern und ihren Vertretern, sind auch die Anteilseigner Schutzadressaten[475]. Arbeitsrechtliche Folgen einer Umwandlung, wie finanzielle Belastungen durch Pensionsverpflichtungen[476], Löhne, Abfindungen, Aufwendungen für die Tätigkeit der Mitbestimmung[477] sowie für Sozialpläne spielen bei der Unternehmensbewertung im Zusammenhang

---

ein Interesse daran, daß Dritte, seien es Arbeitskollegen oder seien es sogar Betriebsfremde, nicht erfahren, nach welcher Vergütungsgruppe oder Gehaltsgruppe sie vergütet werden oder welchen Stundenlohn sie erhalten."; ArbG Regensburg vom 28.7.1989, AiB 1989, 354; Bizer, DuD 1997, 653; Gola, DB 78, 2159 (Werkszeitung); ErfK-Wank, § 28 BDSG, Rn. 33

470 Vgl. zum Kriterium der Erforderlichkeit auch BGH vom 10.7.1991, NJW 1991, 2955, 2957; Däubler, NZA 2001, 874, 876; ders., Internet und Arbeitsrecht, Rn. 339 ff., 363 ff.; explizit zum UmwG: Simitis, ZHR 165 (2001), 453, 458 f.; Steding/Meyer, BB 2001, 1693, 1699; a.A. Marsch-Barner/Mackenthun, ZHR 165 (2001), 426, 437; Zöllner, ZHR 165 (2001), 440, 445

471 A.A. Mengel, Umwandlungen im Arbeitsrecht, S. 343 f.

472 Willemsen, RdA 1998, 23, 29; ders., in: Willemsen, Umstrukturierung, C 363 ff.

473 Willemsen, in: Willemsen, Umstrukturierung, C 372, 373

474 So Willemsen, RdA 1998, 23, 28; krit. Drygala, ZIP 1996, 1365, 1366, die diesen Ansatz für wenig glaubhaft hält, da einer Umwandlung eingehende Untersuchungen über die zu erwartenden Potenziale vorausgingen.

475 Boecken, Unternehmensumwandlungen, S. 213; KassHB-Düwell, 6.8, Rn. 37; ders., Arbeitsrechtliche Probleme, S. 217; Engelmeyer, DB 1996, 2542, 2544; dies., AG 1999, 263, 265; Fuhrmann/Simon, AG 2000, 49, 51; Gaul, Betriebs- und Unternehmensspaltung, § 29, Rn. 19; Grunewald, in: Lutter, Kölner Umwandlungsrechtstage, S. 20, 22; Stohlmeyer, BB 1999, 1394, 1396; Trölizsch, WiB 1997, 32; a.A. Willemsen, in: Kallmeyer, § 5 UmwG, Rn. 57

476 Vgl. Sachverhalt von LG Köln vom 16.12.1998, EWiR 1999, 289

477 Widmann/Mayer, Einl., Rn. 22.3, 22.5, 30

mit der Veräußerung von Unternehmen(steilen) eine erhebliche Rolle[478]. Umwandlungen können erhebliche Unruhen unter den Mitarbeitern auslösen[479] und diese zum Scheitern einer geplanten Umwandlung führen[480], was erhebliche finanzielle Belastungen nach sich ziehen kann[481]. Die Information der Arbeitnehmer wird von der Kommission als wesentlicher Produktionsfaktor eingeschätzt, wie sich aus der Begründung zum Richtlinienvorschlag für RL 2002/14/EG ergibt[482].

Mit den arbeitsrechtlichen Informationen hat der Gesetzgeber das so genannte "Unternehmensinteresse" konkretisiert[483], wonach Vorstand und Aufsichtsrat neben dem Anteilseignerinteresse zumindest auch die Arbeitnehmerinteressen als die tatsächlich am Unternehmensverband beteiligten Personengruppen zu berücksichtigen haben[484]. Das "Unternehmensinteresse" wird jedoch von den Interessen einzelner Arbeitnehmer grundsätzlich nicht tangiert. Insoweit besteht auch hier ein kollektiver Bezug.

Die Information dient jedoch nicht der Ausübung des Widerspruchsrechts. Das Widerspruchsrecht hat der Gesetzgeber des UmwG zwar anerkannt[485]. Jedoch hielt er die publizitätspflichtige Information des UmwG als Informationsgrundla-

---

[478] Niehues, BB 1993, 2241, 2245

[479] So ist z.B. das Scheitern der Fusion Deutsche Bank/Dresdner Bank u.a. aufgrund der Schwierigkeiten mit den Angestellten der Dresdner Kleinwort Benson, welche zur Konkurrenz wechseln wollten (vgl. SZ, 6.4.2000, S. 1). Nach neueren Studien verursachen insbes. Fusionen Angst und sogar Suchtprobleme bei den Mitarbeitern (SZ, 7.4.2000, S. 29). Auf für die beteiligten Unternehmen negativen Folgen der guten Chancen von Headhuntern bei Unruhen unter der Belegschaft weist ein Bericht in Die Welt, 15.5.2000, S. 17 hin.

[480] Nach Presseberichten (Die Welt, 6.11.2000) hat es 1999 weltweit 25.000 Fusionen mit einem Transaktionswert von 3, 4 Bill. Dollar gegeben. 78, 5 % aller Fusionen mit deutscher Beteiligung seien Misserfolge geworden, wobei der Hauptgrund hierfür in den so genannten "weichen Faktoren" zu sehen sei, etwa aufgrund des Verlustes von wichtigen Mitarbeitern.

[481] Als Beispiel sei die gescheiterte Fusion von Dresdner und Deutscher Bank zu nennen. Infolge des Scheiterns, was der Dresdner Bank ca. 1 Mrd. DM kostete, ist ein großzügiger Personalabbau von ca. 5000 Stellen geplant, der die Dresdner Bank ca. 500 Mio. DM kostet; vgl. Die Welt, 20.5.2000, S. 15.

[482] ABl. EG C 2 vom 5.1.1999, S. 3, II. der Begründung: *"Aus mehreren der Kommission vorgelegten Berichten sowie aus 'vorbildlichen Praktiken' von Unternehmen ist eindeutig abzuleiten, daß Information und Anhörung der Arbeitnehmer zur Qualifikation und Motivation der Arbeitnehmerschaft wesentlich beiträgt und deshalb als Produktionsfaktor gelten kann"*; vgl. Ziff. 9 der Erwägungsgründe zu RL 2002/14/EG, ABl. EG L 80 vom 11.3.2002, S. 29

[483] Drygala, ZIP 1996, 1365, 1367 spricht von Schärfung des Verantwortungsbewusstseins; ähnlich OLG Naumburg vom 6.2.1997, WiB 1997, 864, 865; a.A. Mülbert, ZGR 1997, 129, 149; vgl. § 70 Abs. 1 AktG 1937: „...wie das Wohl des Betriebs und seiner Gefolgschaft und der gemeine Nutzen von Volk und Reich es fordern."

[484] Vgl. Hüffer, § 76 AktG, Rn. 12 ff. m.w.N.; Schanz, NZA 2000, 626; Steinbeck, Überwachung und Einwirkungsmöglichkeiten des Aufsichtsrats der Aktiengesellschaft, S. 46 ff. m.w.N.

[485] Siehe Fn. 49

ge des widerspruchsberechtigten Arbeitnehmers nicht für ausreichend; anderenfalls hätte es eines gesonderten Hinweises in § 324 UmwG auf § 613a Abs. 5 BGB nicht bedurft. Der Informationszweck ist daher auf typisierende Informationen kollektiver Art beschränkt.

(d) Historische Auslegung

Vor allem aus der allgemeinen Gesetzesbegründung wird der primär kollektivarbeitsrechtliche Zweck der Informationen deutlich:

*"**Im Bereich des Betriebsverfassungsrechts** soll zunächst die rechtzeitige Unterrichtung der zuständigen Arbeitnehmervertretungen sichergestellt werden (vgl. Artikel 1 §§ 5, 126 und 194 sowie Artikel 13). Im übrigen haben sich bisher im Recht der Umwandlung keine Schwierigkeiten ergeben, weil es bei den bisherigen Möglichkeiten nicht zu einer Zerschlagung von Betrieben kommen kann. Dies kann sich jedoch durch die Einführung der neuen Rechtsinstitute der Spaltung und Teilübertragung nach dem Dritten und Vierten Buch des Umwandlungsgesetzes ändern."*[486]

Es handelt sich daher in erster Linie um betriebsverfassungsrechtliche Regelungen[487], die in einem gesellschaftsrechtlichen Vorgang integriert sind.

In der Begründung der Bundesregierung zu § 5 Abs. 1 Nr. 9 UmwG heißt es:

*"Nach Nummer 9 sind auch die durch die Verschmelzung eintretenden **individual- und kollektivarbeitsrechtlichen Änderungen** im Verschmelzungsvertrag aufzuzeigen, da die Verschmelzung auch die Interessen der Arbeitnehmer und ihrer Vertretungen in den an der Verschmelzung beteiligten Rechtsträgern berührt. Hierdurch soll **insbesondere** den Arbeitnehmervertretungen (vgl. Absatz 3) eine frühzeitige Information über die Verschmelzung und durch sie bewirkten Folgen für die Arbeitnehmer zur Verfügung gestellt werden, um bereits im Vorfeld des Verschmelzungsvorgangs seine möglichst sozialverträgliche Durchführung zu erleichtern. Die Regelung dient somit auch dem sozialen Frieden."*[488]

---

[486] Allg. RegBegr. abgedruckt bei: Wagner, Das neue Umwandlungsrecht, S. 37 (Hervorhebung durch den Verfasser)

[487] Boecken, Unternehmensumwandlungen, Rn. 345; Däubler, RdA 1995, 136, 138; Joost, in: Preis/Willemsen, Umstrukturierung von Betrieb und Unternehmen im Arbeitsrecht, C 56 (Hilfsfunktion); Henssler, FS Kraft, S. 219, 225; Mengel, Umwandlungen im Arbeitsrecht, S. 336; Wotzke, DB 95, 40, 45; a.A. vor allem Willemsen, in: Kallmeyer, § 5 UmwG, Rn. 48; ders., in: Willemsen, Umstrukturierung, C 374; ders., RdA 1998, 23, 29 ("Trennungstheorie")

[488] Abgedruckt bei Wagner, Das neue Umwandlungsrecht, S. 54 (Hervorhebung durch den Verfasser)

Hiermit hat der Gesetzgeber verdeutlicht, dass die Informationen zumindest (auch) im Interesse der Arbeitnehmer zu erteilen sind[489]. Die Informationen sind daher auch zu erteilen, wenn kein Betriebsrat existiert oder dieser auf die Zuleitung verzichtet hat[490]. Aus der Begründung ergibt sich allerdings nicht, dass die (auch) gegenüber den Arbeitnehmern gegenüber zu erteilenden Informationen individuell-detailliert sein müssen. Zwar spricht die primäre Zielsetzung im betriebsverfassungsrechtlichen Bereich für eine extensive Auslegung[491]. Einen über den typisierenden kollektiven Zweck hinausgehenden individuell-detaillierten Informationszweck ist der Gesetzesbegründung jedoch nicht zu entnehmen. Überdies ist der in der Begründung erwähnte "soziale Friede" grundsätzlich nur dann gefährdet, wenn mehrere Arbeitnehmer betroffen sind.

(e) Europarechtskonforme Auslegung

Vor allem *Lutter*[492] ist der Ansicht, dass die Angaben in § 5 Abs. 1 Nr. 9 UmwG nicht von der 3. bzw. 6. Richtlinie[493] verlangt würden und der deutsche Gesetzgeber als umzusetzende Richtlinie nur die Fusionsrichtlinie nicht aber die Betriebsübergangsrichtlinie genannt habe, was für ein restriktives Verständnis spreche. Dem wird entgegengehalten, dass der Gesetzgeber im UmwG neue Informationspflichten geschaffen habe. Jedenfalls habe der deutsche Gesetzgeber den

---

489 Boecken, Unternehmensumwandlungen, Rn. 317; wohl auch Bachner/Köstler/Trittin/Trümner, Arbeitsrecht bei Unternehmensumwandlung, S. 86; Engelmeyer, DB 1996, 2542, 2543; Grunewald, in: Lutter, Kölner Umwandlungsrechtstage, S. 22; Henssler, FS Kraft, S. 219, 239, 247; Simon, in: Semler/Stengel, § 5 UmwG, Rn. 59; a.A. Heinze, ZfA 1997, 1, 4; Joost, ZIP 1995, 976, 978; Mayer, in: Widmann/Mayer, § 5 UmwG, Rn. 202, 203; Tempelmann, Arbeitsrechtliche Probleme bei Spaltungen nach dem Umwandlungsgesetz, S. 33

490 Boecken, Unternehmensumwandlungen, Rn. 336; KassHB-Düwell, 6.8, Rn. 37; ders., Arbeitsrechtliche Probleme, S. 217; Engelmeyer, DB 1996, 2542, 2544; Fuhrmann/Simon, AG 2000, 49, 51; Henssler, FS Kraft, S. 219, 239; Lutter, in: Lutter, § 5 UmwG, Rn. 87; Müller, DB 1997, 713, 716; Pfaff, DB 2002, 686, 687; Simon, in: Semler/Stengel, § 5 UmwG, Rn. 75; Stohlmeier, BB 1999, 1394, 1396; Stratz, in: Schmitt/Hörtnagel/Stratz, § 5 UmwG, Rn. 49; Trölizsch, WiB 1997, 32; Willemsen, in Willemsen, Umstrukturierung, C 359; ders., in: Kallmeyer, § 5 UmwG, Rn. 78; a.A. LG Stuttgart vom 11.12.1995, WiB 1996, 994 (Anm. Trölizsch); LG Stuttgart vom 29.3.1996, WiB 1997, 32 (krit. Anm. Trölizsch); Decher, in: Lutter, § 194 UmwG, Rn. 31; Heckschen, DB 1998, 1385, 1388; ders., RPfl 1999, 357, 359; Joost, ZIP 1995, 976, 985; ders., in: Preis/Willemsen, Umstrukturierung von Betrieb und Unternehmen im Arbeitsrecht, C 64; Mayer, in: Widmann/Mayer, § 5 UmwG, Rn. 202; Müller, DB 1997, 713, 716; Tempelmann, Arbeitsrechtliche Probleme bei Spaltungen nach dem Umwandlungsgesetz, S. 34

491 Vgl. Fitting, § 1 BetrVG, Rn. 265 m.w.N.

492 Lutter, in: Lutter, § 5 UmwG, Rn. 59; vgl. auch Bermel/Hannappel, in: Goutier/Knopf/Tulloch, § 5 UmwG, Rn. 65

493 3. (Verschmelzungs-)RL vom 9.10.1978 (78/855/EWG), ABl. EG L 295 vom 20.10.1978, S. 36; 6. (Spaltungs-)RL vom 17.12.1982 (82/991/EWG), ABl. EG L 378 vom 31.12.1982, S. 47

Wortlaut der Betriebsübergangsrichtlinie im UmwG aufgegriffen, was im Rahmen der europarechtskonformen Auslegung zu berücksichtigen sei[494].
Zwar erwähnt der deutsche Gesetzgeber lediglich die Verschmelzungsrichtlinie (RL 78/855/EWG) und die Spaltungsrichtlinie (RL 82/891/EWG), nicht jedoch die Betriebsübergangsrichtlinie. Allerdings verweisen beide Richtlinien in Art. 12 bzw. Art. 11 zur Wahrung der Arbeitnehmeransprüche - dynamisch - auf die Betriebsübergangsrichtlinie. So heißt es jeweils in den Erwägungsgründen: *"Die Wahrung von Ansprüchen der Arbeitnehmer beim Übergang von Unternehmen, Betrieben oder Betriebsteilen ist zur Zeit durch die Richtlinie 77/187/EWG geregelt."* Zudem wurde RL 77/187/EWG nicht aufgehoben, sondern vielmehr durch RL 98/50/EG novelliert; RL 2001/23/EG stellt daher lediglich eine konsolidierte Fassung der RL 177/87/EWG dar. Obgleich die h.M. davon ausging, dass Deutschland RL 77/187/EWG umgesetzt und von der Möglichkeit des Art. 6 Abs. 5 a.F. keinen Gebrauch gemacht habe, entsprechen die Informationsvorschriften des UmwG den Vorgaben des Art. 7 Abs. 6 RL 2001/23/EG und gehen teilweise darüber hinaus, da sie keine Einschränkung für den Fall einer vorhandenen Arbeitnehmervertretung vorsehen und unabhängig von einem Betriebsübergang gelten. Der deutsche UmwG-Gesetzgeber hat RL 98/50/EG noch nicht berücksichtigen können, da das UmwG bereits vorher erlassen wurde. Dennoch sind die europarechtlichen Vorgaben gerade aufgrund der dynamischen Verweisung zu berücksichtigen. Schließlich ist es unerheblich, wenn der deutsche Gesetzgeber die Umsetzung bestimmter Richtlinien als Zweck des Gesetzes benennt und vereinzelte Richtlinien nicht explizit aufführt. Der unterlassenen Erwähnung käme gegebenenfalls nur dann Bedeutung zu, wenn der deutsche Gesetzgeber etwaige Richtlinien ausdrücklich nicht umsetzen wollte, was jedoch nicht der Fall ist. Aufgrund der gebotenen richtlinienkonformen Auslegung des UmwG sind daher umfassende Informationen über die rechtlichen, wirtschaftlichen und sozialen Folgen für die Arbeitnehmer und ihre Vertretungen zu erteilen. Da nicht nur Nachteile, sondern vielmehr sämtliche Folgen angegeben werden müssen, ist über jegliche Auswirkungen, also auch über vermeintliche Vorteile zu unterrichten[495]. Diese umfängliche Information gilt jedoch nur innerhalb des Anwendungsbereichs, d.h. sie bezieht sich nur auf typisierende Globalinformationen, da von RL 2001/23/EG keine individuell-detaillierten Informationen verlangt werden.

---

[494] Hjort, NJW 1999, 750, 753; Trümner, PersR 1997, 197, 201, Fn. 40

[495] OLG Düsseldorf vom 15.5.1998, NZA 1998, 766, 767; a.A. wohl Drygala, ZIP 1996, 1365, 1370

(f) Praktische Erwägungen

Sofern eingewandt wird, die arbeitsrechtsspezifischen Angaben würden den Umwandlungsvertrag überfrachten[496] und es sei der Unterschied zum Bericht, der umfassender sei, zu wahren[497], ist dem, sofern man überhaupt die Gefahr einer Überfrachtung bejaht[498], entgegenzuhalten, dass sich der Gesetzgeber bewusst für eine Regelung im Vertrag entschieden hat. Die Arbeitnehmer erhalten vom Inhalt des Berichts grundsätzlich keine Kenntnis. Schließlich können die notwendigen Angaben im Bericht entfallen, sofern eine ausreichende Information der Anteilseigner bereits durch den Vertrag erteilt wird. Es erfolgt lediglich eine Verlagerung der Informationen vom Bericht in den Vertrag. Demgegenüber ist der Vertrag für individuell-detaillierte Informationen ersichtlich das falsche Medium.

3.) Zeitpunkt

Dem zuständigen Betriebsrat ist der Vertrag/Plan oder sein Entwurf spätestens einen Monat vor dem Tag des Umwandlungsbeschlusses zuzuleiten. So ist beispielsweise bei einer Aktiengesellschaft gem. § 123 Abs. 1 AktG die Hauptversammlung mindestens einen Monat vor der Versammlung einzuberufen. Der Fristbeginn richtet sich nach der Bekanntmachung in den Gesellschaftsblättern[499]. Es ist somit möglich, dass der Betriebsrat erst nach Einreichung des Vertrages gem. § 61 UmwG zum Handelsregister und zeitgleich mit den Aktionären, die nach § 63 UmwG informiert werden, vom Vertrag/Plan bzw. Entwurf Kenntnis erlangt.
Der Gesetzgeber hat jedoch mit dem Wort "spätestens" klargestellt, dass die Zuleitung auch zu einem früheren Zeitpunkt erfolgen kann. Da die Zuleitungspflicht eine betriebsverfassungsrechtliche Norm ist, gilt auch hier der Grundsatz der vertrauensvollen Zusammenarbeit nach § 2 Abs. 1 BetrVG, so dass insbesondere im Hinblick auf die Formulierung der Gesetzesbegründung zu § 5 UmwG, die eine "frühzeitige" Information und eine "möglichst" sozialverträgliche Durchführung als Zweck anführt, die Zuleitung einen Monat vor dem Tage der Hauptversammlung eher die Ausnahme denn die Regel darstellt. Die Arbeitnehmer selbst werden vom Inhalt der arbeitsrechtlichen Angaben in der Regel erst dann Kenntnis erlangen, wenn die beschließende Gesellschafterversammlung einberufen wird, z.B. Belegschaftsaktionäre, aufgrund von ad-hoc Meldungen oder Presseberichten. Spätestens mit Eintragung in das Handelsregister ist eine Kenntnisnahme

---

[496] Drygala, ZIP 1996, 1365, 1368; Kiem, Unternehmensumwandlung, Rn. 40, 211; Lutter, in: Lutter, § 5 UmwG, Rn. 56; Mayer, in: Widmann/Mayer, § 5 UmwG, Rn. 183; Simon, in: Semler/Stengel, § 5 UmwG, Rn. 63; Stratz, in: Schmitt/Hörtnagel/Stratz, § 5 UmwG, Rn. 46
[497] Mengel, Umwandlungen im Arbeitsrecht, S. 345
[498] Hiergegen Hjort, NJW 1999, 750, 751
[499] Hüffer, § 123 AktG, Rn. 2

möglich. Da sich ein Betriebsübergang außerhalb der Umwandlung vollzieht, sind mehrere Konstellationen denkbar, je nachdem ob die umwandlungsrechtliche Information vor, mit oder nach dem Betriebsübergang erfolgt.

4.) Art und Weise

Hinsichtlich der Form des Vertrages gelten die allgemeinen Regelungen. Insbesondere muss er nach §§ 125, 6 UmwG notariell beurkundet werden, d.h. das Beifügen von Anhörungsschreiben ist nicht ohne weiteres zulässig[500]. Diese Formvorschrift ist an sich strenger als die Textform in § 613a Abs. 5 BGB. Gleichwohl ersetzt die Publizität nach dem UmwG nicht die Information nach § 613a Abs. 5 BGB. Anderenfalls hätte es eines Verweises in § 324 UmwG auf § 613a Abs. 5 BGB nicht bedurft. Eine Information im Sinne des § 613a Abs. 5 BGB nach den Vorschriften des UmwG liegt allenfalls bei kongruentem Inhalt und rechtzeitigem Zugang vor.
Fernerhin ist der Vertrag/Plan oder sein Entwurf in seiner Gesamtheit[501] dem Betriebsrat zuzuleiten und nach §§ 125, 17 Abs. 1 UmwG der Registeranmeldung ein Nachweis über die rechtzeitige Zuleitung beizufügen[502].

5.) Sanktionen

Hinsichtlich der zwingenden Betriebsratszuleitung befürworten einige zutreffend einen im Beschlussverfahren durchsetzbaren Anspruch des Betriebsrates, da es sich um eine betriebsverfassungsrechtliche Informationspflicht handelt[503]. Ein einklagbarer Erfüllungsanspruch eines einzelnen Arbeitnehmers wurde bislang jedoch von niemanden vertreten[504]. Das Gesetz ordnet zwar eine Information der

---

[500] A.A. wohl Kreßel, BB 1995, 925, 926, wonach es ausreiche, wenn der Interessenausgleich oder sein Entwurf beigefügt werde. Er übersieht hierbei insbesondere, dass ein Interessenausgleich an sich die geforderten Informationen über Folgen und Maßnahmen nicht enthalten muss; ähnlich Gaul, Betriebs- und Unternehmensspaltung, § 29, Rn. 26. Kritisch zur erwogenen und in der Praxis bereits durchgeführten Bezugnahme auf Vereinbarungen mit dem Betriebsrat auch Drygala, ZIP 1996, 1365, 1366, da diese Lösung nur für Zeiten "schönen Wetters" geeignet sei.
[501] Willemsen, RdA 1998, 23, 32; Joost, in: Preis/Willemsen, Umstrukturierung in Betrieb und Unternehmen im Arbeitsrecht, C 7
[502] Vgl. hierzu RegBegr. zu § 17 UmwG, abgedruckt bei: Wagner, Das neue Umwandlungsrecht, S. 75; AG Duisburg vom 4.1.1996, GmbHR 1996, 372; Däubler, RdA 1995, 136, 139; Mengel, Umwandlungen im Arbeitsrecht, S. 346
[503] Gaul, Betriebs- und Unternehmensspaltung, § 29, Rn. 178; Herbst, AiB 95, 5, 8; Mengel, Umwandlungen, S. 347; a.A. Decher, in: Lutter, § 194 UmwG, Rn. 33; Simon, in: Semler/Stengel, § 5 UmwG, Rn. 61, 83
[504] Simon, in: Semler/Stengel, § 5 UmwG, Rn. 61; Tempelmann, Arbeitsrechtliche Probleme bei Spaltungen nach dem Umwandlungsgesetz, S. 33; vgl. aber Menze, Das Widerspruchsrecht

Arbeitnehmer an. Ein einklagbarer Anspruch einzelner Arbeitnehmer wurde damit allerdings nicht statuiert. Benötigt ein Arbeitnehmer die Informationen, so kann er ohne weiteres Einsicht in das Handelsregister nehmen.
Obgleich es sich um eine Informationsvorschrift des Betriebsverfassungsrechts handelt, sind Verstöße hiergegen nicht nach § 121 BetrVG bußgeldbewährt; dies verstieße gegen den Grundsatz nulla poena sine lege[505].
Vertragliche Ansprüche scheiden grundsätzlich aus. Die Angaben im Umwandlungsvertrag stellen keine Willens-, sondern vielmehr eine Wissenserklärung dar[506]. Die Arbeitnehmer sind weder Vertragspartner noch als einzelne Personen Adressaten der Informationen. Dennoch besteht grundsätzlich die Möglichkeit, Ansprüche Dritter, so auch der Arbeitnehmer, im Vertrag zu regeln[507], so dass es stets auf den Einzelfall ankommt, ob einzelnen Arbeitnehmern (z.B. durch Gesamtzusage) Ansprüche eingeräumt werden sollen. Obgleich durch die Informationen keine Ansprüche einzelner Arbeitnehmer begründet werden, besteht die Möglichkeit, dass sich einzelne Arbeitnehmer auf die im Umwandlungsvertrag enthaltenen Informationen verlassen. Sind diese Informationen falsch, kommt daher grundsätzlich ein Schadensersatzanspruch nach § 280 Abs. 1 BGB in Betracht[508]. Daher kann z.B. ein Arbeitnehmer, der nach dem UmwG falsch informiert wurde, gegebenenfalls im Wege der Naturalrestitution trotz erklärten Widerspruchs eine Fortsetzung des Arbeitsverhältnisses mit dem Erwerber verlangen.
Unabhängig davon, dass § 313 UmwG vom Tatbestand her schon nicht einschlägig ist[509], scheidet ein Schadensersatzanspruch mangels Schutzgesetzcharakters

---

der Arbeitnehmer beim Betriebsübergang, S. 210; nach Henssler, FS Kraft, S. 219, 240, würde dies den Rahmen zulässiger Rechtsfortbildung sprengen.
[505] Düwell, NZA 1996, 393, 397; Gaul, DB 1995, 2265, 2266; Gaul, Betriebs- und Unternehmensspaltung, § 29, Rn. 186; Henssler, FS Kraft, S. 219, 246; Mengel, Umwandlungen im Arbeitsrecht, S. 348, allerdings - inkonsequent - eine Analogie erwägend; Simon, in: Semler/Stengel, § 5 UmwG, Rn. 83; Willemsen, RdA 1998, 23, 34; a.A. Herbst, AiB 1995, 5, 8
[506] Bungert, DB 1997, 2210, 2214; wohl auch KassHB-Düwell, 6.8, Rn. 37; Joost, ZIP 1995, 976, 985; Mengel, Umwandlungen im Arbeitsrecht, S. 350; Sagasser/Ködderitzsch, Umwandlungen, J 70; Simon, in: Semler/Stengel, § 5 UmwG, Rn. 78; Tempelmann, Arbeitsrechtliche Probleme bei Spaltungen nach dem Umwandlungsgesetz, S. 34; Willemsen, in: Willemsen, Umstrukturierung, C 376; ders. RdA 1998, 23, 34
[507] Däubler, RdA 1995, 136, 138; Gaul, Betriebs- und Unternehmensspaltung, § 29, Rn. 131; Grunewald, in: Lutter, Kölner Umwandlungsrechtstage, S. 19, 24; Joost, ZIP 1995, 976, 985; Lutter, in: Lutter, § 5 UmwG, Rn. 76; Ulmer, FS Werner, 911 ff. für Rechte Dritter in Satzungen; restriktiv: Bungert, DB 1997, 2210, 2214; Joost, ZIP 1995, 976, 985; Mengel, Umwandlungen im Arbeitsrecht, S. 350; Sagasser/Ködderitzsch, Umwandlungen, J 70; Simon, in: Semler/Stengel, § 5 UmwG, Rn. 81; Tempelmann, Arbeitsrechtliche Probleme bei Spaltungen nach dem Umwandlungsgesetz, S. 34; Willemsen, in: Willemsen, Umstrukturierung, C 376; ders. , RdA 1998, 23, 34
[508] Henssler, FS Kraft, S. 219, 247
[509] Bungert, DB 1997, 2209, 2215; Henssler, FS Kraft, S. 219, 246; Lutter, in: Lutter, § 5 UmwG, Rn. 92; Marsch-Barner, in: Kallmeyer, § 5 UmwG, Rn. 63; Willemsen, RdA 1998, 23,

der Informationsvorschriften aus. Da sich die Angaben an die Arbeitnehmer als Kollektiv richten, stellen die Informationsvorschriften nach dem UmwG institutionelle Gläubigerschutznormen dar, so dass nach § 313 UmwG i.V.m. § 823 Abs. 2 BGB kein Anspruch besteht. Demgegenüber ist ein Anspruch nach § 25 UmwG nicht von vornherein ausgeschlossen, weil auch durch unrichtige Angaben im Vertrag Vermögensinteressen der Arbeitnehmer beeinträchtigt werden können[510]. Im Übrigen verbleibt es bei den allgemeinen Regeln, so dass auch § 826 BGB einschlägig sein kann.

Ferner können unkorrekte arbeitsrechtliche Informationen aufgrund der Gemengelage zwischen Arbeits- und Gesellschaftsrecht zu Auswirkungen im Gesellschaftsrecht führen. So kann der Umwandlungsvertrag nach den allgemeinen Regelungen der §§ 134, 138 BGB nichtig sein, wenn dessen essentialia fehlen[511]. Hierzu gehören jedoch nicht die arbeitsrechtlichen Angaben[512]. Des Weiteren kommt nach umstrittener Auffassung die Anfechtung des der Umwandlung zu Grunde liegenden Beschlusses in Betracht[513]. Zudem können sich Schadensersatzansprüche der Anteilseigner aus §§ 25, 313 UmwG i.V.m. § 823 Abs. 2 BGB ergeben.

Schließlich kann der Registerrichter die Eintragung der Umwandlung ablehnen, wenn Informationen nicht den gesetzlichen Anforderungen entsprechen, was

---

34; a.A. Engelmeyer, DB 1996, 2542, 2544; Gaul, Betriebs- und Unternehmensspaltung, § 29, Rn. 185; Mengel, Umwandlungen im Arbeitsrecht, S. 351

[510] Engelmeyer, DB 96, 2541, 2544; Mayer, in: Widmann/Mayer, § 5 UmwG, Rn. 204; Mengel, Umwandlungen im Arbeitsrecht, S. 350; a.A. Bungert, DB 1997, 2209, 2215; Gaul, Betriebs- und Unternehmensspaltung, § 29, Rn. 183; Simon, in: Semler/Stengel, § 5 UmwG, Rn. 81

[511] Marsch-Barner, in: Kallmeyer, § 5 UmwG, Rn. 63; Lutter, in: Lutter, § 5 UmwG, Rn. 92

[512] Gaul, Betriebs- und Unternehmensspaltung, § 29, Rn. 139; Heckschen, RPfl 1999, 357, 359; Henssler, FS Kraft, S. 219, 244; Mayer, in: Widmann/Mayer, § 5 UmwG, Rn. 204; Mengel, Umwandlungen im Arbeitsrecht, S. 347; Sagasser/Ködderitzsch, Umwandlungen, J 70; Simon, in: Semler/Stengel, § 5 UmwG, Rn. 79; Stratz, in: Schmitt/Hörtnagel/Stratz, § 5 UmwG, Rn. 49; a.A. Mayer, DB 1995, 861, 864; Schwarz, in: Widmann/Mayer, Einf. UmwG, Rn. 17.1, eine Nichtigkeit erwägend, wenn jegliche Angaben fehlen.

[513] Die Frage ist ein Kausalitätsproblem; ***für eine Anfechtung*** *u.a.*: Aha, AG 1997, 345, 356; Bayer, ZIP 1997, 1613, 1618; Stratz, in: Schmitt/Hörtnagel/Stratz, § 5 UmwG, Rn. 49; Drygala, ZIP 1996, 1365, 1367; Gaul, Betriebs- und Unternehmensspaltung, § 29, Rn. 135 ff.; Grunewald, in: Lutter, Kölner Umwandlungsrechtstage, S. 20, 22 f.; Henssler, FS Kraft, S. 219, 244; Lutter, in: Lutter, § 13 UmwG, Rn. 42; Mayer, ZIP 1997, 1613, 1618; Sagasser/Ködderitzsch, Umwandlungen, J 70; ***gegen eine Anfechtung*** *u.a.*: Bermel/Hannappel, in: Goutier/Knopf/Tulloch, § 5 UmwG, Rn. 109; Bungert, DB 1997, 2209, 2213; Decher, in: Lutter, § 194 UmwG, Rn. 33; Fuhrmann/Simon, AG 2000, 49, 52; Heckschen, RPfl 1999, 357, 361; Mayer, in: Widmann/Mayer, § 5 UmwG, Rn. 203; Priester, in: Lutter, § 126 UmwG, Rn. 60; ders., in: Kölner Umwandlungsrechtstage, S. 99, 112 f.; Simon, in: Semler/Stengel, § 5 UmwG, Rn. 80; Tempelmann, Arbeitsrechtliche Probleme bei Spaltungen nach dem Umwandlungsgesetz, S. 35; Willemsen, RdA 1998, 23, 34; ders., in: Kallmeyer, § 5 UmwG, Rn. 57

weit reichende Folgen für den Umwandlungsvorgang haben kann[514]. Da der Registerrichter ein formelles und materielles Prüfungsrecht hat, kann er auch die arbeitsrechtlichen Informationen prüfen und bei Gesetzesverstößen den Eintragungsantrag ablehnen. Der Gesetzgeber hat jedoch in § 16 Abs. 3 S. 2 UmwG eine eindeutige Wertung zugunsten der Eintragung vorgenommen, weshalb dies allenfalls bei offensichtlichen Mängeln in Betracht kommt[515]. Zeigen sich keine konkreten Anhaltspunkte für sachliche Unrichtigkeiten oder rechtliche Bedenken an der Ordnungsmäßigkeit, so ist die Eintragung vorzunehmen[516], da im Zweifel eine Anmeldung so auszulegen ist, dass sie Erfolg haben kann[517].

6.) Zwischenergebnis

Die arbeitsrechtlichen Informationsvorschriften des UmwG werden ihrem Inhalt nach den Vorgaben von Art. 7 Abs. 1, 6 RL 2001/23/EG vollends gerecht[518], sofern mit der Umwandlung ein Betriebsübergang einhergeht. Die Informationen sind teilweise weiter als nach RL 2001/23/EG, da sie auch Tatbestände außerhalb des § 613a BGB erfassen. Andererseits sind sie enger, da die Arbeitnehmer die Informationen nur über die Arbeitnehmervertretung, aus dem Handelsregister oder gegebenenfalls dem Bundesanzeiger erhalten. Jedoch geht der hierdurch vermittelte Inhalt nicht über den des § 613a Abs. 5 BGB hinaus, d.h. es werden keine individuell-detaillierten Kenntnisse, sondern wiederum lediglich typisie-

---

[514] Stohlmeier, BB 1999, 1394 weist auf die kostenträchtigen bilanzrechtlichen Folgen bei Überschreitung der 8-Monatsfrist nach § 17 Abs. 2 S. 4 UmwG hin.

[515] Vgl. OLG Düsseldorf vom 15.5.1998, AP 1 zu § 5 UmwG; OLG Frankfurt vom 10.3.1998, DNotZ 1999, 154; Decher, in: Lutter, § 194 UmwG, Rn. 32; wohl auch Düwell, Arbeitsrechtliche Probleme, S. 230; Engelmeyer, DB 1996, 2542, 2544; Gaul, Betriebs- und Unternehmensspaltung, § 29, Rn. 129; Henssler, FS Kraft, S. 219, 242; Joost, ZIP 1995, 976, 986; Kreitner, in: Personalbuch 2002, Umwandlung, Rn. 6; Mayer, in: Widmann/Mayer, § 5 UmwG, Rn. 205; Mayer, DB 1995, 861, 864 aber einschränkend nur, wenn jegliche Angaben fehlen; Melchior, GmbHR 1996, 833, 834; Mengel, Umwandlungen im Arbeitsrecht, S. 43; Priester, in: Lutter, § 126 UmwG, Rn. 62; ders., Kölner Umwandlungsrechtstage, S. 114; Simon, in: Semler/Stengel, § 5 UmwG, Rn. 77; lediglich ein formelles Prüfungsrecht bejahend, aber bezüglich des Prüfungsumfangs unklar: LG Stuttgart vom 11.12.1995, WiB 1996, 994; LG Stuttgart vom 29.3.1996, WiB 1997, 32, allerdings beide mit Hinweis auf den fehlenden Betriebsrat; Engelmeyer, DB 96, 2542, 2544; dies., Die Spaltung von Aktiengesellschaften nach dem neuen Umwandlungsrecht, S. 159; Willemsen, in: Kallmeyer, § 5 UmwG, Rn. 58; Willemsen, RdA 1998, 23, 33; zustimmend Mayer, in: Widmann/Mayer, § 5 UmwG, Rn. 205; Simon, in: Semler/Stengel, § 5 UmwG, Rn. 78; Stratz, in: Schmitt/Hörtnagel/Stratz, § 5 UmwG, Rn. 49; Tempelmann, Arbeitsrechtliche Probleme bei Spaltungen nach dem Umwandlungsgesetz, S. 36

[516] Bokelmann, in: MüKo-HGB, § 8 HGB, Rn. 38

[517] BayObLG vom 16.2.2000, DB 2000, 811

[518] So auch Bauer/von Steinau-Steinrück, ZIP 2002, 457, 462; Gaul, FA 2002, 299, 300; Gaul, Betriebs- und Unternehmensspaltung, § 11, Rn. 15; Willemsen/Lembke, NJW 2002, 1159, 1162; skeptisch: Franzen, RdA 2002, 258, 265; Worzalla, NZA 2002, 353, 355

rende Globalinformationen vermittelt. Die möglichen Sanktionen sind aufgrund einer etwaigen gesellschaftsrechtlichen Anfechtung und Prüfung durch den Registerrichter wesentlich effektiver als bei § 613a Abs. 5 BGB ausgestaltet.

III. Informationsvorschriften nach dem WpÜG

1.) Einleitung

Bis zum Erlass des WpÜG[519] gab es in Deutschland kein Gesetz, dass feindliche Übernahmen regelte. Es existierte lediglich ein freiwilliger Übernahmekodex der Börsensachverständigenkommission[520], den jedoch lediglich ein Bruchteil der börsennotierten Gesellschaften anerkannt hatten[521]. Nach längeren Kontroversen legte die Kommission am 10.11.1997 einen geänderten Vorschlag für eine 13. Richtlinie vor[522], zu dem der Rat am 19.6.2000 einen gemeinsamen Standpunkt verabschiedete[523]. Art. 6 Abs. 3 des Kommissionsvorschlages enthielt u.a. die Pflicht des Bieters, "*die Absichten des Bieters in bezug auf die künftige Tätigkeit der Zielgesellschaft, auf ihre Beschäftigten und das Management*" in der Angebotsunterlage darzustellen. Der gemeinsame Standpunkt des Rates sah in Art. 6 Abs. 1 S. 3 vor, dass nach der Bekanntmachung des Übernahmeangebots, das Leitungs- oder das Verwaltungsorgan der Zielgesellschaft verpflichtet ist, die Arbeitnehmervertreter oder - in Ermangelung solcher Vertreter - die Arbeitnehmer selbst zu unterrichten. Gem. Art. 6 Abs. 2 war die Angebotsunterlage nach Bekanntmachung den Arbeitnehmervertretern oder - in Ermangelung solcher Vertreter - den Arbeitnehmern selbst zu übermitteln. Schließlich sollten die Mitgliedsstaaten nach Art. 7 Abs. 2 des gemeinsamen Standpunktes dafür sorgen, dass nach ihrem geltenden Recht alle erforderlichen Informationen oder Unterlagen in der Weise bekannt gemacht werden, dass sie den Arbeitnehmervertretern oder - in Ermangelung solcher Vertreter - den Arbeitnehmern selbst umgehend zur Verfügung stehen. Am 13.12.2000 hat das Parlament den gemeinsamen Standpunkt mit 15 Änderungen befürwortet. So sollten die Arbeitnehmer an der Entscheidung über das Angebot beteiligt werden, die zu berücksichtigenden Arbeitnehmerinteressen konkretisiert und eine Bekanntmachung der Stellungnahme der Arbeitnehmervertreter eingeführt werden. Diesen Änderungsvorschlägen hat die Kommission ein klare Absage erteilt[524]. Es hätten allein die Wertpapierinha-

---

[519] BGBl. I vom 22.12.2001, S. 3822
[520] Abgedruckt: ZIP 1995, 1467; letzte Änderung 1.1.1998
[521] Von 933 am 11.4.2000 börsennotierten Gesellschaften gerade 540 laut BegrRegE, BT-Ds. 14/7034, S. 60
[522] ABl. EG C 378 vom 13.12.1997, S. 10
[523] Abgedruckt: AG 2000, 289 mit Anm. zur Entstehungsgeschichte Neye
[524] 501PC0077, im Internet unter:
www.europa.eu.int/eur-lex/de/com/dat/2001/de_501PC0077.html

ber und nicht die Arbeitnehmer über den Verkauf der Wertpapiere zu entscheiden. Überdies betreffe die 13. Richtlinie das Gesellschafts- und nicht das Sozialrecht. Zu einer europaeinheitlichen Regelung ist es bislang nicht gekommen.
Daher ist der deutsche Gesetzgeber im vorauseilenden Gehorsam aktiv geworden. So enthielt bereits die Empfehlung der Expertenkommission in Ziff. 5 zugunsten der Arbeitnehmer eine Pflicht des Bieters, u.a. die Arbeitnehmer "*in einer Angebotsunterlage in deutscher Sprache umfassend zu unterrichten über die Pläne des Bieters zur zukünftigen Geschäftstätigkeit der Zielgesellschaft. Hierzu gehören auch die Auswirkungen auf die Arbeitnehmer und deren Vertretungen (z.B. geplante Freisetzung von Arbeitnehmern im Rahmen von Synergien, Sitzverlegung, Aufgabe von Geschäftsfeldern etc.)*"[525]. Der Referentenentwurf wurde vom Finanzausschuss in arbeitsrechtlicher Hinsicht geringfügig geändert und am 15.11.2001 im Bundestag beschlossen[526].

2.) Anwendungsbereich

Nach § 1 WpÜG regelt das Gesetz Angebote zum Erwerb von Wertpapieren von Aktiengesellschaften und Kommanditgesellschaften auf Aktien, die zum Handel an einem organisierten Markt zugelassen sind. Vornehmlich kommen daher in Deutschland als Zielgesellschaften sämtliche im amtlichen Handel, geregelten Markt und am Neuen Markt zugelassene Aktiengesellschaften in Betracht. Demgegenüber kann der Bieter nach § 2 Abs. 4 WpÜG jede natürliche und juristische Person sein. Bei mehreren Bietern (Bietergemeinschaft) hat jeder Beteiligte die Verpflichtungen nach dem WpÜG zu erfüllen, wobei auch eine Vertretung möglich ist.
Anders als der DiskE-WpÜG regelt das WpÜG nicht nur Übernahmeangebote, d.h. Angebote, die auf den Erwerb der Kontrolle - mindestens 30 % der Stimmrechte nach § 29 Abs. 2 WpÜG - gerichtet sind, und sog. Pflichtangebote nach § 35 WpÜG, die der Konsolidierung der Beteiligung dienen. Vom WpÜG sind vielmehr auch öffentliche Angebote, die lediglich auf den Erwerb einer Beteiligung unterhalb der Kontrollschwelle gerichtet sind, erfasst.

3.) Einzelheiten

a) Zweck der Informationsnormen

Nach der allgemeinen Gesetzesbegründung[527] ist ein wichtiges Ziel die Schaffung von Transparenz für die Beteiligten eines Angebotsverfahrens insbesondere bei

---

[525] Empfehlungen der Expertenkommission im Internet unter: www.welt.de/wirtschaft/dokumentation/180500.htm
[526] BT-Ds. 14/7477
[527] BT-Ds. 14/7034, A. II. 2.

Unternehmensübernahmen. Zudem ist die Information der Arbeitnehmer deshalb vorgesehen, weil Übernahmen nach Ansicht des Gesetzgebers für die betroffenen Unternehmen und Arbeitnehmer aber auch für die Wirtschaftsregion regelmäßig erhebliche Folgen haben[528]. Häufig seien Umstrukturierungen bei übernommenen Unternehmen beabsichtigt, die weit reichende Konsequenzen für die Arbeitnehmer und das Management haben. Die spektakuläre Übernahme der Mannesmann AG durch Vodafone Airtouch und die alsbald erfolgte Zerschlagung des Mannesmann-Konzerns ist ein eindrucksvolles Beispiel hierfür[529]. Mit dem WpÜG hat der Gesetzgeber den Begriff des sog. "Unternehmensinteresses" wieder in die Diskussion gebracht. Auch das BVerfG hat im Mitbestimmungsurteil[530] die Bedeutung großer Kapitalgesellschaften insbesondere für die Arbeitnehmer hervorgehoben. In jüngster Zeit hat der Gesetzgeber insbesondere durch Erlass des UmwG gezeigt, dass auch er von einem Unternehmensinteresse ausgeht[531]. Dies bestätigt neben § 3 Abs. 3 WpÜG im Übrigen die Begründung zu § 27 Abs. 1 WpÜG[532]:

"Durch die Stellungnahme kommt der Vorstand zugleich seiner gesellschaftsrechtlichen Verpflichtung zur sachgerechten Wahrnehmung der in der Gesellschaft zusammentreffenden Interessen nach, deren Träger neben den Aktionären die Arbeitnehmer und das Gemeinwohl sind und deren ggf. divergierenden Interessen im Wege der praktischen Konkordanz auszugleichen sind."

Ferner heißt es im Bericht des Finanzausschusses[533] prägnant:

"Gewährleistung rascher, umfassender Informationen und Transparenz für die Anteilseigner der Zielgesellschaft und deren Arbeitnehmer, auch durch Abgabe einer begründeten Stellungnahme des Vorstands zu dem Angebot, in die auch die Position der Arbeitnehmer aufzunehmen ist."

Aufgrund dessen wird es an der Existenz eines "Unternehmensinteresses" bei Aktiengesellschaften keinen Zweifel mehr geben.

---

[528] BT-Ds, 14/7034, A. I. 1.; ebenso Grobys, NZA 2002, 1; a.A. Mülbert/Birke, WM 2001, 705, 708 mit Hinweis auf empirische Studien in den USA.

[529] Vgl. auch die Begründung des Antrages der PDS-Fraktion, BT-Ds. 17/3394, I. 1.

[530] BVerfG vom 1.3.1979, NJW 1979, 699, 707

[531] Siehe oben S. 105; vgl. Lange, WM 2002, 1737 sowie die Kommentierungen zu § 3 WpÜG

[532] RegBegr. zu § 27 Abs. 1 WpÜG, BT-Ds. 14/7034, S. 39; krit. Budde/Lawall, FS Müller, 27, 46 ff.

[533] BT-Ds. 14/7477, S. 57

b) Entscheidung zur Abgabe eines Angebots

Entscheidet sich der Bieter zur Abgabe eines Angebots, hat er dies zunächst den Geschäftsführungen der Börsen, an denen die Papiere der Zielgesellschaft gehandelt werden und dem Bundesaufsichtsamt nach § 10 Abs. 2 WpÜG mitzuteilen. Alsdann hat er die Entscheidung nach § 10 Abs. 1 WpÜG zu veröffentlichen und unverzüglich nach der Veröffentlichung gem. § 10 Abs. 5 S. 1 WpÜG dem Vorstand der Zielgesellschaft mitzuteilen. Dieser unterrichtet wiederum nach § 10 Abs. 5 S. 2 WpÜG unverzüglich nach dieser Mitteilung den zuständigen Betriebsrat oder, sofern ein solcher nicht besteht, unmittelbar die Arbeitnehmer.
Nach der Begründung zu Abs. 5 dient die Information dem Zweck, dass die Arbeitnehmer in die Lage versetzt werden, "ihre Rechte" wahrzunehmen. Es soll im Übrigen klargestellt werden, dass durch das WpÜG bestehende Rechte der Arbeitnehmer nicht beschränkt werden.
Fraglich ist zunächst, welche Rechte der Arbeitnehmer zu diesem Zeitpunkt wahrgenommen werden sollen, da sie bislang - mit Ausnahme des § 106 Abs. 3 Nr. 10 BetrVG[534] - keine spezifischen gesetzlichen Rechte bei einem Anteilseignerwechsel hatten. Daher kann die Vorschrift nur so verstanden werden, dass sie die Wahrung etwaiger späterer Rechte, z.B. bei Betriebsänderungen oder Betriebsübergängen, unterstützend gewährleisten soll. So verwies in der Anhörung zur Haftung nach § 12 WpÜG ein Vertreter des BMA darauf, dass den Arbeitnehmern keine "direkten" Ansprüche zustünden, das neue BetrVG jedoch etliche Möglichkeiten biete, Nachteile für die Arbeitnehmer zu vermeiden[535].
Anders als in Art. 7 Abs. 6 RL 2001/23/EG kommt es nur darauf an, ob keine Arbeitnehmervertretung besteht und nicht, ob diese unabhängig vom Willen der Arbeitnehmer nicht gebildet werden konnte.
Wie die Arbeitnehmer zu informieren sind, lässt das Gesetz offen, so dass es ausreicht, wenn sie über die Veröffentlichung nach § 10 Abs. 1, 3 WpÜG auch formlos oder am Schwarzen Brett in Kenntnis gesetzt werden[536].

c) Die Angebotsunterlage des Bieters

Der Bieter hat gem. § 11 WpÜG eine Angebotsunterlage zu erstellen. Diese enthält einen ergänzenden Inhalt nach § 11 Abs. 2 S. 3. Nach dessen Ziffer 2 hat die Unterlage "*Angaben über die Absichten des Bieters im Hinblick auf die künftige Geschäftstätigkeit der Zielgesellschaft, insbesondere den Sitz und den Standort*

---

[534] Vgl. BAG vom 22.1.1991, AP 9 zu § 106 BetrVG; LAG Berlin vom 6.8.1997, AuR 1999; DKK-Däubler, § 106 BetrVG, Rn. 79; Fitting, § 106 BetrVG, Rn. 54; Röder/Göpfert, BB 1997, 2105 ff.
[535] BT-Ds. 14/7477, S. 70
[536] Ebenso Grobys, NZA 2002, 1, 4; Grobys, in: Geibel/Süßmann, §10 WpÜG, Rn. 91; KK-WpÜG-Hirte, § 10, Rn. 95; Seibt, DB 2002, 529, 532; skeptisch Gaul, Betriebs- und Unternehmensspaltung, § 33, Rn. 8 (Fn. 1)

wesentlicher Unternehmensteile, die Verwendung ihres Vermögens, ihre künftigen Verpflichtungen, die Arbeitnehmer und deren Vertretungen, die Mitglieder ihrer Geschäftsführungsorgane und wesentliche Änderungen der Beschäftigungsbedingungen und die insoweit vorgesehenen Maßnahmen" zu enthalten. Nach § 11 Abs. 1 S. 3 WpÜG müssen die Angaben richtig, vollständig und in einer Form abzufassen sein, die ihr Verständnis und ihre Auswertung erleichtert. Aus der Begründung zu Abs. 1 geht hervor, dass die verständliche Formulierung nicht nur den Anteilseignern, sondern auch den Arbeitnehmern dient. Nach dem Wortlaut ("insbesondere") ist die Vorschrift nicht abschließend. Anzugeben sind geplante wesentliche Änderungen, die einerseits die tatsächlichen Beschäftigungsbedingungen und andererseits rechtliche Veränderungen betreffen. Es kommt hierbei allein auf die geplanten Änderungen an[537]. Bloße Überlegungen und in Erwägung gezogene Veränderungen gehören nicht hierzu. Die Darstellung beschränkt sich auf wesentliche Änderungen, was sich aus dem Wortlaut ergibt. Welche Änderungen als wesentlich in diesem Sinne auszusehen sind, ist eine Frage des Einzelfalles. Zu denken ist daran, die von der Rechtsprechung zu Grunde gelegte Zahlenstaffel des § 17 KSchG auch diesbezüglich als Auslegungshilfe heranzuziehen. Sind Betriebsveräußerungen nach der Übernahme beabsichtigt, so sind diese nebst Folgen und Maßnahmen anzugeben. Somit besteht die Möglichkeit, dass die Arbeitnehmer in diesem Falle früher als nach § 613a Abs. 5 BGB oder auch nach § 111 BetrVG, da Informationspflichten des Bieters gegenüber dem Betriebsrat der Zielgesellschaft nicht bestehen, vom - mit der Übernahme - geplanten Betriebsübergang und seinen Folgen Kenntnis erlangen. Die Folgen können jedoch nicht so dezidiert dargestellt werden, wie dies Art. 7 Abs. 6 RL 2001/23/EG verlangt, da der Bieter gewöhnlich vom Inhalt der Arbeitsbedingungen keine Kenntnis haben wird und die Zielgesellschaft gegenüber dem Bieter zu diesbezüglichen Auskünften in diesem Stadium des Übernahmeverfahrens nicht verpflichtet ist. Hieraus folgt auch, dass die "Änderungen" lediglich typisierenden Globalinhalts sein können. Individuell-detaillierte Informationen wären dem Bieter nicht möglich. Es würde ferner dem Zweck der Angebotsunterlage widersprechen, diese unübersichtlich gestalten und angesichts der Veröffentlichungspflicht gegen das BDSG und das allgemeine Persönlichkeitsrecht des einzelnen Arbeitnehmers verstoßen. Neben den Änderungen muss die Unterlage auch die insoweit vorgesehenen Maßnahmen enthalten. Was hierunter zu verstehen ist, lässt der Wortlaut und die Begründung offen. Angesichts der gleichen Formulierung wie Art. 7 RL 2001/23/EG wird man hierunter jedoch die sozialverträgliche Umsetzung der geplanten Änderungen verstehen.

Nach § 14 WpÜG hat der Bieter grundsätzlich innerhalb von vier Wochen nach der Veröffentlichung der Entscheidung zur Abgabe eines Angebots die Angebotsunterlage dem Bundesaufsichtsamt zu übermitteln. Alsdann ist die Unterlage

---

[537] Grobys, NZA 2002, 1, 5

grundsätzlich binnen 10 Werktagen im Internet und in einem überregionalen Börsenpflichtblatt zu veröffentlichen. Zusätzlich ist die Unterlage nach § 14 Abs. 4 S. 1 WpÜG unverzüglich nach Veröffentlichung dem Vorstand der Zielgesellschaft zu übermitteln, welcher wiederum nach S. 2 unverzüglich die Unterlage dem zuständigen Betriebsrat oder, sofern ein solcher nicht existiert, unmittelbar den Arbeitnehmern zu "übermitteln" hat. Da die Unterlage zu übermitteln und nicht lediglich deren Inhalt zu vermitteln ist, besteht eine Pflicht des Vorstandes, die gesamte Unterlage körperlich zu überreichen[538].

d) Stellungnahme der Zielgesellschaft

Schließlich haben der Vorstand und der Aufsichtsrat der Zielgesellschaft nach § 27 Abs. 1 WpÜG eine begründete Stellungnahme zu dem Angebot abzugeben. Diese ist unverzüglich nach Übermittlung der Angebotsunterlage durch den Bieter zu veröffentlichen und gleichzeitig dem zuständigen Betriebsrat oder, sofern ein solcher nicht besteht, unmittelbar den Arbeitnehmern zu übermitteln und die Veröffentlichung - nicht die Übermittlung an die Arbeitnehmer - dem Bundesaufsichtsamt nachzuweisen.
In der Stellungnahme muss "*insbesondere eingegangen werden auf die voraussichtlichen Folgen eines erfolgreichen Angebots für die Zielgesellschaft, die Arbeitnehmer und ihren Vertretungen, die Beschäftigungsbedingungen und die Standorte der Zielgesellschaft*". Hierdurch soll ausweislich der Begründung zu § 27 Abs. 1 WpÜG der Vorstand seiner Pflicht, dass Unternehmensinteresse zu wahren, nachkommen. Inwieweit die Stellungnahme den Arbeitnehmern nützt, ist allerdings fraglich, da dies auch davon abhängt, ob der Vorstand selbst der Übernahme wohlgesonnen gegenübersteht. Zudem bezieht sich die Stellungnahme nicht auf etwaige Folgen, falls das Angebot nicht erfolgreich ist.
Des Weiteren haben Vorstand und Aufsichtsrat der Zielgesellschaft nach § 27 Abs. 2 WpÜG ihrer eigenen eine Stellungnahme des zuständigen Betriebsrates, oder sofern ein solcher nicht besteht, unmittelbar der Arbeitnehmer beizufügen. Nach der Begründung sollen hierdurch auch die Wertpapierinhaber informiert werden. Zudem soll der Vorstand der Zielgesellschaft angehalten werden, bereits bei der Übermittlung der Angebotsunterlage die Arbeitnehmer zu kontaktieren. Welchen Zweck die Beifügung der Stellungnahme darüber hinausgehend verfolgt, wird nicht ausdrücklich erwähnt. Zwar werden auch die Wertpapierinhaber an der Stellungnahme der Arbeitnehmer ein Interesse haben, wenn sich hieraus deren Absichten, etwa geplante Kündigungen von Leistungsträgern, ergeben und dies Einfluss auf den Kurs des Wertpapiers hat. Abgesehen hiervon nützt Ihnen die Stellungnahme weniger. Die Wertpapierinhaber, mit Ausnahme der Belegschaftsaktionäre, werden vielmehr ein Interesse an den Absichten des Bieters und der Stellungnahme des Vorstandes haben, zumal Abwehrmaßnahmen der Zielge-

---

[538] A.A. Grobys, NZA 2002, 1, 4

sellschaft nach § 33 Abs. 1 WpÜG nur eingeschränkt möglich sind. Fernerhin könnten die Arbeitnehmer des Bieters an der Stellungnahme interessiert sein, hiervon in der Regel jedoch nur eingeschränkt Kenntnis erlangen. Mit Ausnahme der Öffentlichkeit und der Gewerkschaften werden auch die Arbeitnehmer an der Veröffentlichung ihrer eigenen Stellungnahme kein wesentliches Interesse habe. Die Veröffentlichung stellt daher allenfalls ein Weg der Arbeitnehmervertreter dar, die Belegschaft zu informieren oder aber populistische Maßnahmen einzuleiten. Fernerhin beschränkt sich das Gesetz auf die von einem Betriebsrat vertretenen Arbeitnehmer, was angesichts der Formulierung in § 27 Abs. 1 Nr. 2 WpÜG vermutlich auf einem Versehen beruht. Schließlich wird es zu erheblichen praktischen Schwierigkeiten führen, wenn keine Arbeitnehmervertretung besteht. Das Gesetz geht von *einer* Stellungnahme der Arbeitnehmer aus. Es dürfte sich jedoch bei nicht repräsentierten Arbeitnehmern als äußerst problematisch erweisen, zu einer gemeinsamen Willensbildung zu gelangen[539]. Geht man andererseits davon aus, dass die Stellungnahme jedes einzelnen Arbeitnehmers zu veröffentlichen ist, würde dies je nach Arbeitnehmerzahl zu erheblichen logistischen Problemen führen.

e) Sanktionen

Das WpÜG sieht zahlreiche Sanktionen für den Fall der Nichtbeachtung vorgenannter Bestimmungen vor:
Die Übermittlung des Angebots nach § 10 Abs. 5 WpÜG ist mit bis zu 200.000 Euro bußgeldbewährt (§ 61 Abs. 1 Nr. 2 b) WpÜG). Das gleiche gilt für die Übermittlung der Angebotsunterlage nach § 14 Abs. 4 WpÜG und die Stellungnahme der Zielgesellschaft zum Angebot nach § 27 Abs. 3 S. 2 WpÜG (§ 61 Abs. 1 Nr. 2 c) WpÜG).
Enthält die Angebotsunterlage nicht die geforderten Angaben nach § 11 Abs. 2 WpÜG, hat das Bundesaufsichtsamt das Angebot nach § 15 Abs. 1 Nr. 1 WpÜG zu untersagen. Hierbei hat es gem. § 15 Abs. 1 Nr. 2 WpÜG darauf zu achten, dass die in der Angebotsunterlage enthaltenen Angaben nicht offensichtlich gegen das WpÜG verstoßen, was sich auch auf die arbeitsrechtlichen Angaben bezieht. Ferner kann das Bundesaufsichtsamt nach § 40 Abs. 1 WpÜG Auskünfte und Unterlagen hinsichtlich der arbeitsrechtlichen Informationen verlangen. Weitere allgemeine Befugnisse des Bundesaufsichtsamtes ergeben sich aus § 4 WpÜG.
Dem Betriebsrat und den Arbeitnehmern stehen mit Ausnahme der allgemeine Vorschriften nach § 12 Abs. 6 WpÜG keine Ansprüche zu. Sie sind lediglich Verfahrensbeteiligte ohne eigene Ansprüche nach dem WpÜG. Das ergibt sich insbesondere aus dem Ausschussbericht, wonach es bei den Rechten und Sankti-

---

[539] Ebenso Gaul, Aktuelles Arbeitsrecht 2000, Bd. 2, S. 361; Gaul, Betriebs- und Unternehmensspaltung, § 33, Rn. 8; KK-WpÜG-Hirte, § 27, Rn. 59; Seibt, DB 2002, 529, 534

onen des BetrVG verbleibt[540]. Weitergehende Anträge der PDS-Fraktion[541], etwa Anspruch auf Abschluss eines Fusionstarifvertrages, Mitbestimmungsrechte der Betriebsräte und Gewerkschaften, Errichtung einer "Übernahmekommission" sowie umfassende Auskunftsansprüche, wurden abgelehnt.

4.) Zwischenergebnis

Die arbeitsrechtlichen Informationen nach dem WpÜG schließen eine wesentliche Lücke im bisherigen arbeitsrechtlichen Informationsgefüge. Informationen beim Anteilserwerb waren bislang mit Ausnahme des § 106 Abs. 3 Nr. 10 BetrVG nicht vorgesehen, da hiervon grundsätzlich nur die gesellschaftsrechtliche Ebene betroffen ist. Wurden daneben weitergehende Maßnahmen geplant, so bestanden schon vor Erlass des WpÜG im Rahmen des BetrVG Informationsvorschriften. Allerdings erhält der Betriebsrat nunmehr auch seitens des Bieters Informationen. Neben § 613a Abs. 5 BGB stellen die Vorschriften einen weiteren Schritt zur unmittelbaren Information der Arbeitnehmer dar, den es in dieser Art noch nicht gab. Hierdurch wird es den Arbeitnehmern insbesondere ermöglicht, noch vor etwaigen geplanten Betriebsänderungen einen Betriebsrat zu gründen, um sozialverträgliche Maßnahmen zu erreichen. Ist im Zusammenhang mit der Übernahme eine Betriebsveräußerung seitens des Bieters geplant, so erhalten die Arbeitnehmer der Zielgesellschaft hiervon möglicherweise früher Kenntnis als nach § 613a Abs. 5 BGB. Gleichwohl sind die zu vermittelnden Informationen nur allgemeiner Art. Zudem weist das WpÜG Schwächen auf, was insbesondere hinsichtlich der leitenden Angestellten und Einzelheiten der Zuleitung der Stellungnahme der Arbeitnehmer gilt. Schließlich ist der Bieter nicht verpflichtet, über die Absichten bezüglich seiner Arbeitnehmer zu informieren[542]. Es besteht jedoch keine zwingende Vermutung, dass von etwaigen Umstrukturierungen lediglich die Arbeitnehmer der Zielgesellschaft betroffen sind.

B. Nachweispflichten

Die gesetzlichen Nachweispflichten, nach denen die Arbeitsbedingungen vom Arbeitgeber schriftlich fixiert werden müssen, sind nicht explizit betriebsübergangsbezogen aber dennoch individuell-detailliert. Ob sie die nach § 613a Abs. 5 BGB zu erteilenden typisierenden Globalinformationen indivividuell-detailliert ergänzen, soll im folgenden Abschnitt untersucht werden.[543]

---

[540] BT-Ds. 14/7477, S. 70; Grobys, NZA 2002, 1, 6; Grobys, in: Geibel/Süßmann, §11 WpÜG, Rn. 34; a.A. KK-WpÜG-Hirte, § 10, Rn. 98 (Erfüllungsanspruch)

[541] BT-Ds. 14/3394

[542] Grobys, NZA 2002, 1, 4

[543] Auf den Heuerschein nach § 24 SeemG wird nicht gesondert eingegangen (vgl. hierzu Schwarze, NZA 1996, 685); ebenso nicht auf § 11 AÜG a.F.

I. NachwG

1.) Einleitung

Nach § 2 Abs. 1 S. 1 NachwG hat der Arbeitgeber spätestens einen Monat nach dem vereinbarten Beginn des Arbeitsverhältnisses die wesentlichen Vertragsbedingungen schriftlich niederzulegen, zu unterzeichnen und dem Arbeitnehmer auszuhändigen. Nach § 3 S. 1 NachwG sind Änderungen der wesentlichen Vertragsbedingungen spätestens einen Monat nach der Änderung schriftlich mitzuteilen.

Stellungnahmen zum Zusammenhang zwischen NachwG und Betriebsübergang gibt es nur rudimentär. Bislang ist hierauf lediglich *Schaefer* eingegangen. Er ist der Ansicht, das NachwG sei immer dann anwendbar, wenn ein neuer Arbeitnehmer eingestellt wird. Eine Neueinstellung liege vor, wenn ein neues Rechtsverhältnis beginne[544]. Bei einem Betriebsübergang würde kein neues Arbeitsverhältnis begründet werden. Dies folge aus dem Zweck der Erhaltung des Arbeitsplatzes und der Kontinuität des Betriebes[545]. Da sich bei einem Betriebsübergang Name und Anschrift des Arbeitgebers änderten, sei der Erwerber nach § 3 NachwG verpflichtet[546]. Die Monatsfrist würde mit dem Übergang des Betriebes beginnen[547]. Voraussetzung sei allerdings, dass der Arbeitnehmer dem Übergang nicht widerspreche[548]. Insbesondere wegen der aufschiebenden Bedingung der Nichtausübung des Widerspruchsrechts, käme nach Ansicht *Schaefers* dem NachwG keine ergänzende Informationsfunktion zu. *Worzalla* empfiehlt, dass mit der Unterrichtung nach § 613a Abs. 5 BGB zugleich der Nachweis der Arbeitsbedingungen verbunden werden sollte[549].

2.) Zweck des Gesetzes

Das NachwG beruht auf der RL 91/533/EWG[550] vom 18.10.1991. Der Kommissionsvorschlag[551] sah den Zweck der Richtlinie im "*Nachweis für die wesentlichen Bedingungen*" des Arbeitsverhältnisses. Für den Wirtschafts- und Sozialausschuss[552] stand dagegen mehr die Information im Vordergrund, da "*jeder Arbeitnehmer das Recht haben soll, zu wissen, für wen, wo und unter welchen grundle-*

---

[544] Schaefer, Das Nachweisgesetz, B 2
[545] Schaefer, Das Nachweisgesetz, F 119
[546] Schaefer, Das Nachweisgesetz, F 121
[547] Schaefer, Das Nachweisgesetz, F 122
[548] Schaefer, Das Nachweisgesetz, F 119
[549] Worzalla, NZA 2002, 353, 355
[550] ABl. EG L 288 vom 18.10.1991, S 32
[551] ABl. EG C 24 vom 31.1.1991, S. 3
[552] ABl. EG C 159 vom 17.6.1991, S. 32

genden Bedingungen er arbeitet." Die Richtlinie selbst zielt ebenso auf eine verbesserte Information der einzelnen Arbeitnehmer über ihre Rechte ab, wie sich aus ihrer zweiten Begründungserwägung ergibt. Art. 2 der Richtlinie trägt die Überschrift "Informationspflicht". Der EuGH[553] sieht im Zweck der Richtlinie ebenso eine Informationsfunktion; die Informationspflicht diene dazu, den Arbeitnehmer über seine Rechte und Pflichten gegenüber seinem Arbeitgeber aufzuklären.

Obwohl die Richtlinie nach deren Art 9 Abs. 1 bis spätestens zum 30.06.1993 umzusetzen war, ist der deutsche Gesetzgeber der Umsetzung erst mit dem NachwG vom 20.07.1995 nachgekommen[554].

Auch wenn in § 2 NachwG nicht wie in Art. 2 RL 91/533/EWG von "Informationspflicht", sondern vielmehr von "Nachweispflicht" die Rede ist, besteht der Gesetzeszweck ebenso in der Information der Arbeitnehmer, wie sich aus der allgemeinen Gesetzesbegründung zu B. des Regierungsentwurfes[555] sowie Anlage 3 zu Nummer 5, welche die Gegenäußerung der Bundesregierung zur Stellungnahme des Bundesrates enthält und in der ausdrücklich von "Informationspflicht" die Rede ist, ergibt. Als weiterer Zweck wird die Dokumentationsfunktion angeführt, welche der größeren Rechtssicherheit im Arbeitsverhältnis und auch der Bekämpfung illegaler Beschäftigung dient. Rechtsprechung[556] und Literatur[557] messen dem NachwG zutreffend (auch) eine Informationsfunktion zu.

Ein direkter Zusammenhang mit einem Betriebsübergang lässt sich weder der Richtlinie noch dem NachwG entnehmen. Ob das NachwG dennoch im Zusammenhang mit einem bevorstehenden Betriebsübergang auch eine "Warnfunktion"[558] oder Aufklärungsfunktion hat, soll nunmehr näher betrachtet werden.

---

[553] EuGH vom 8.2.2001, ZIP 2001, 347 (Rn. 3, 18); vgl auch EuGH vom 4.12.1997, AP 3 zu RL 91/533/EWG

[554] BGBl. I, S. 946 zuletzt geändert durch Gesetz vom 24.3.1999, BGBl. I, S. 388

[555] BT-Ds 13/668 vom 2.3.1995

[556] Vgl. LAG Berlin, 7.3.2000 - 3 Sa 2740/99 - nv., II. 3. a) aa) der Entscheidungsgründe; LAG Schleswig-Holstein vom 8.2.2000, DB 2000, 724; LAG Niedersachsen vom 7.12.2000, NZA-RR 2001, 145, 146

[557] Vgl. Backmeister, Anm. zu ArbG Frankfurt, AiB 2000, 772, 774; Bepler, ZTR 2001, 241; Bergsdorf/Buschkröger, Anm. zu LAG Schleswig-Holstein, AiB 2001, 241, 242; Bergwitz, BB 2001, 2316, 2317; Birk, NZA 1996, 281, 283; MüHB-Blomeyer, § 96, Rn. 99; Feldgen, NachwG, B, Rn. 50; Franke, DB 2000, 274; Grünberger, NJW 1995, 2809, 2810; Höland, AuR, 1996, 87, 88; Hold, ZTR 2000, 540, 541; Koch, FS Schaub, 421, 427; Lambrich, Anm. zu BAG vom 23.01.2002, EzA Nr. 3 zu § 2 NachwG, S. 28; Müller-Glöge, RdA 2001, Beil. Heft 5, 46; Preis, NZA 1997, 10; ErfK-Preis, Einf. NachwG, Rn. 1 ("Rechtsklarheit"); Schwarze, ZfA 1997, 43, 45; Sigeman, RdA 2001, Beil. Heft 5, 39, 40; Zwanziger, DB 1996, 2027 ("Transparenz");

[558] Hold, ZTR 2000, 540, 541, eine "Warnfunktion" ausdrücklich verneinend; ebenso Schaefer, Das Nachweisgesetz, A 42

3.) Adressat der Information

Nach § 1 NachwG gilt das NachwG für alle Arbeitnehmer, es sei denn, dass sie nur zur vorübergehenden Aushilfe von höchstens einem Monat eingestellt werden. Bereits (wirksam) ausgeschiedene Arbeitnehmer sind daher nicht Adressat der Information. Hierzu gehören beispielsweise Arbeitnehmer, die einen Wiedereinstellungsanspruch haben. Für bei Inkrafttreten des NachwG bereits bestehende Arbeitsverhältnisse sieht § 4 NachwG eine Übergangsvorschrift vor; die Nachweispflicht setzt hier ein Verlangen des Arbeitnehmers voraus.
Anders als bei den bislang erörterten Informationsvorschriften stellt sich bei dem NachwG nicht die Frage, ob es sich um individuell-detaillierte Informationen oder lediglich typisierende Globalinformationen handelt. Die Angaben des NachwG beziehen sich eindeutig auf das individuelle Arbeitsverhältnis.

4.) Informationspflichtiger

Nach § 2 Abs. 1 S.1 NachwG hat der Arbeitgeber die wesentlichen Vertragsbedingungen schriftlich niederzulegen. Arbeitgeber des berechtigten Arbeitnehmers ist jedoch vor dem Betriebsübergang ausschließlich nur der Veräußerer und danach nur der Erwerber. Die Parteien des dem Betriebsübergang zu Grunde liegenden Rechtsgeschäfts sind somit niemals gleichzeitig nach dem NachwG verpflichtet. Es stellt sich daher die Frage, welcher Arbeitgeber bei einem Betriebsübergang wann zur Information verpflichtet ist.

a) § 2 NachwG versus § 3 NachwG

Entgegen der Forderung von *Colneric*[559] hat der deutsche Gesetzgeber zwischen der Nachweispflicht und der Unterrichtung bei einem Betriebsübergang keinen Zusammenhang hergestellt. So wenig wie die RL 91/533/EWG einen Betriebsübergang und das Widerspruchsrecht erwähnt, so wenig hat der deutsche Gesetzgeber diesen Vorschlag *Colnerics* aufgegriffen. Demgegenüber ist nach § 2 Abs. 6 österreichisches AVRAG jede Änderung der Angaben *unverzüglich* mitzuteilen. Diese Bestimmung soll die Arbeitnehmer ausweislich der Gesetzesbegründung auch beim Betriebsübergang schützen[560]. Auch das LAG Berlin[561] stellte im

---

[559] Colneric, FS Steindorff, 1129, 1140 a.E.

[560] Vgl. Gahleitner/Leitsmüller, Umstrukturierung und AVRAG, Rn. 256; Blg NR 1077, XVIII. GP, 8 f (abgedruckt bei Gahleitner/Leitsmüller, aaO, Anhang 1):"*Die Verpflichtung zur Bekanntgabe von Änderungen ist insbesondere bei Betriebsübergang (§§ 3 ff) von Bedeutung, da ...; diese Arbeitnehmerrechte sind von der Kenntnis der Veränderungen abhängig.*"

[561] LAG Berlin vom 7.3.2000, 3 Sa 2740/99, nv, II. 3. b) aa) der Entscheidungsgründe; BAG vom 25.1.2001, AP 215 zu § 613a BGB, ging in der Revisionsinstanz hierauf nicht ein. LAG Rheinland-Pfalz vom 16.7.2002, NZA-RR 2003, 30, hält ebenso § 3 NachwG bei einem Betriebsübergang für maßgeblich.

Zusammenhang mit der Kenntnisnahme einer widerspruchswilligen Arbeitnehmerin vom Betriebsübergang unterstützend darauf ab, dass jede Änderung der wesentlichen Vertragsbedingungen dem Arbeitnehmer vom Arbeitgeber gem. § 3 NachwG schriftlich mitzuteilen sei, weshalb das beklagte Land nicht auf eine Veröffentlichung im Gesetz- und Verordnungsblatt verweisen könne.
§ 2 Abs. 1 NachwG hat die erstmalige Niederlegung der wesentlichen Arbeitsbedingungen zum Gegenstand. § 3 NachwG regelt demgegenüber eine Änderung der wesentlichen Arbeitsbedingungen. Die Differenzierung ist u.a. für den Umfang der Nachweispflicht bedeutsam, da sich § 3 S. 1 NachwG auf die Änderungen beschränkt und § 3 S. 2 NachwG bestimmte Änderungsregelungen z.B. in Gesetzen oder Tarifverträgen privilegiert.
Nach § 613a Abs. 1 S. 1 BGB tritt der Erwerber in die Rechte und Pflichten aus dem Arbeitsverhältnis kraft Gesetzes ein. Mit Ausnahme des Namens und der Anschrift des Arbeitgebers nach § 2 Abs. 1 S. 2 Nr. 1 NachwG ändert sich im Idealfall zunächst nichts. Es fragt sich jedoch, ob es sich um ein identisches Arbeitsverhältnis handelt. Hierbei ist ausschlaggebend, dass das Arbeitsverhältnis mit dem Veräußerer im Zeitpunkt des Betriebsübergangs endet[562]. Der Arbeitgeber ist nicht mehr derselbe. Die Nachweispflicht trifft jedoch den - aktuellen - Arbeitgeber. Ändert sich die Person des Arbeitgebers, wie beim Betriebsübergang, so ändert sich nicht nur der Name und die Anschrift des Arbeitgebers, sondern es entsteht ein völlig neues Arbeitsverhältnis zum Erwerber[563]. Mag zwar der Inhalt gegebenenfalls der gleiche sein und auch der Arbeitsplatz fortbestehen, so handelt es sich gleichwohl um eine neues Arbeitsverhältnis. Daher ist § 2 NachwG und nicht § 3 NachwG bei einem Betriebsübergang maßgebend.

b) Keine Nachweispflicht vor dem Betriebsübergang durch den Erwerber

Die Nachweispflicht ist "spätestens einen Monat nach dem vereinbarten Beginn des Arbeitsverhältnisses" zu erfüllen.
Art. 2 Abs. 1 des Kommissionsvorschlages[564] enthielt als Frist "*spätestens einen Monat nach Einstellung*" des Arbeitnehmers. Demgegenüber sieht Art. 3 Abs. 1

---

[562] Vgl. BAG vom 10.8.1994, AP 126 zu § 4 TVG Ausschlußfristen, II. 5. c) der Entscheidungsgründe; BAG vom 18.12000, DB 2000, 2276, 2277; LAG Hamm vom 12.12.1996, LAGE 60 zu § 613a BGB; vgl. aber Fuchs, Betriebliche Sozialleistungen beim Betriebsübergang, S. 67, wonach das Arbeitsverhältnis mit dem Erwerber nicht beendet und mit dem Veräußerer neu begründet würde, sondern eine Sondernachfolge vorliege, wobei aber auch diese ein neues Vertragsverhältnis begründe; ähnlich Binder, § 2 AVRAG, Rn. 21, sowie Schaefer, Das Nachweisgesetz, F 119, wonach ein neues Arbeitsverhältnis nicht durch den Inhaberwechsel begründet würde.
[563] Boemke, Schuldvertrag und Arbeitsverhältnis, S. 247
[564] ABl. EG C 24 vom 31.1991, S. 3, 4; ebenso die Stellungnahme des Wirtschafts- und Sozialausschusses, ABl. EG C vom 17.6.1991, S. 32, 33

RL 91/533/EWG eine Frist "*spätestens zwei Monate nach Aufnahme der Arbeit*" vor.

Der deutsche Gesetzgeber ging über die europarechtlichen Vorgaben hinaus und hat in § 2 Abs. 1 S. 1 NachwG eine Frist von spätestens einem Monat nach dem vereinbarten Beginn des Arbeitsverhältnisses vorgesehen. Damit stellt der deutsche Gesetzgeber weder auf den Vertragsschluss noch auf die effektive Arbeitsaufnahme ab[565]. Dies verkennt *Preis*[566], der als Fristbeginn mit Hinweis auf Art. 3 Abs. 1 RL 91/533/EWG die "*effektive Arbeitsaufnahme*" nennt. Die Nachweispflicht ist nur bei rechtzeitiger Aushändigung der Niederschrift gewahrt[567].

Allerdings findet die Fristenregelung in § 2 Abs. 1 S. 1 NachwG dem Wortlaut nach keine Anwendung, wenn das Arbeitsverhältnis nicht vereinbart wurde. Dies ist u.a. beim Betriebsübergang der Fall, da das Arbeitsverhältnis mit dem Erwerber kraft Gesetzes begründet wird. Das Arbeitsverhältnis mit dem Veräußerer endet und das mit dem Erwerber beginnt kraft Gesetzes. Zwar liegt dem Übergang grundsätzlich auch ein Vertrag zwischen dem Veräußerer und Erwerber zu Grunde. Dies ist jedoch nicht der vereinbarte Beginn i.S.d. § 2 Abs. 1 S. 1 NachwG. Die Vorschrift stellt vielmehr auf die vorherige (mündliche) Vereinbarung zwischen den Arbeitsvertragsparteien ab[568]. Nun könnte man argumentieren, dass mangels Vereinbarung keine neuerliche Nachweispflicht beginnt, was jedoch gegen RL 91/533/EWG verstieße, da diese nicht auf den vereinbarten Beginn, sondern auf die Aufnahme der Arbeit abstellt. Des Weiteren könnte die Frist dann beginnen, wenn feststeht, ob der Arbeitnehmer dem Übergang widersprochen hat, da erst dann gewiss ist, ob er tatsächlich in einem Arbeitsverhältnis zum Erwerber steht[569]. Hiergegen spricht jedoch, dass der Arbeitnehmer mit dem Erwerber bis zur Ausübung des Widerspruchs nach Betriebsübergang in einem faktischen Arbeitsverhältnis steht[570]. Dieses ist grundsätzlich wie ein fehlerfrei zustande gekommenes Arbeitsverhältnis zu behandeln[571]. Überdies ist in diesem Zeitraum nicht die Ausnahmevorschrift nach § 1 NachwG einschlägig, da der Arbeitnehmer nicht nur vorübergehend zur Aushilfe eingestellt wird. Vielmehr liegt weder eine Einstellung zur Aushilfe vor noch steht - bei unbefristeten Arbeitsverträgen - die Dauer des Arbeitsverhältnisses fest. Letzteres wäre allenfalls nur dann der Fall, wenn der Widerspruch mit Sicherheit zu erwarten ist. Schließlich könnte man auch auf den Zeitpunkt des Übergangs abstellen, da der Arbeitnehmer bei der im Gesetz vorgesehenen "normalen" Situation in § 2 Abs. 1 S. 1

---

[565] Birk, NZA 9196, 281, 287; Feldgen, § 2 NachwG, Rn. 138; Grünberger, NJW 1995, 2809, 2810; Hold, ZTR 2000, 540, 541; Schaefer, Das Nachweisgesetz, B 28; Wank, RdA 1996, 21, 24

[566] ErfK-Preis, § 2 NachwG, Rn. 5

[567] Birk, NZA 1996, 281, 287; Feldgen, § 2 NachwG, Rn. 138

[568] Feldgen, § 2 NachwG, Rn. 118; Müller-Glöge, RdA 2001, Beil. Heft 5, 46, 47

[569] So Schaefer, Das Nachweisgesetz, F 119; siehe Fn. 561

[570] Richardi/Annuß, in: Staudinger, § 613a BGB, Rn. 130

[571] Vgl. statt aller: Schaub, ArbRHB, § 35 (Rn. 34) m.w.N.

NachwG vom Beginn und Inhalt des Arbeitsverhältnisses aufgrund des zuvor vereinbarten Arbeitsvertrages bereits Kenntnis hat. Demgegenüber muss eine Niederlegung bei einem Arbeitsverhältnis, das kraft Gesetzes entsteht, *erst recht* fristgemäß erfolgen, da der Arbeitnehmer vom Beginn und Inhalt des Arbeitsverhältnisses insoweit nicht aufgrund einer eigenen Vereinbarung Kenntnis haben kann. Dieser Auslegung ist der Vorzug zu geben, da sie der Intention des Gesetzes und der RL 91/533/EWG, wesentliche Information und Dokumentation, am besten gerecht wird.

Die Frist von einem Monat ab Übergang nutzt dem Arbeitnehmer aber dann wenig, wenn die Widerspruchsfrist nach § 613a Abs. 6 BGB zeitlich vorher endet. Zwar erlaubt das Wort "spätestens" eine extensive Auslegung dahingehend, dass der Arbeitgeber verpflichtet sein kann, auch vor Ablauf der Frist seiner Nachweispflicht nachzukommen, etwa weil der Arbeitnehmer - wie beim Betriebsübergang - mangels vorheriger mündlicher Abrede keine Kenntnis von seinen neuen Arbeitsbedingungen hat. In diesem Falle besteht ein besonderes Interesse des Arbeitnehmers, möglichst frühzeitig vom konkreten Inhalt seiner Arbeitsbedingungen Kenntnis zu erlangen. Diese Pflicht kann sich aus §§ 241 Abs. 2, 242 BGB ergeben. Gleichwohl besteht nach RL 91/533/EWG und dem NachwG eine zeitliche Grenze für die Nachweispflicht: Dies ist die Arbeitgeberstellung des Nachweispflichtigen. Über ein bestehendes Arbeitsverhältnis hinausgehende bzw. zeitlich vorausgehende Nachweispflichten sieht das Gesetz nicht vor[572]. Bevor der Erwerber in einem vertraglichen Verhältnis zum Nachweisberechtigten steht, existiert daher keine Nachweispflicht. Ferner besteht keine Pflicht des Veräußerers die Arbeitsbedingungen niederzulegen, die nach Beendigung des Arbeitsverhältnisses gelten.

Auch die insofern gebotene richtlinienkonforme Auslegung führt zu keinem anderen Ergebnis. Zwar hat der EuGH in der bofrost-Entscheidung[573] festgestellt, dass die Auskunftspflichten nach § 11 Abs. 2 RL 94/45/EG auch bereits dann bestehen, wenn noch nicht feststeht, ob es sich überhaupt um ein herrschendes Unternehmen im Sinne von Art. 3 RL 94/45/EG handelt. Es sei unerlässlich, den betroffenen Arbeitnehmern Zugang zu den Informationen zu verschaffen, aufgrund derer sie feststellen können, ob ein Anspruch besteht. Der Unterrichtungsanspruch stelle eine notwendige Voraussetzung für die Feststellung eines Rechts nach der Richtlinie dar[574]. Deutlicher formulierte es der Generalanwalt *Saggio*[575]: Würde den Arbeitnehmern dieser frühzeitige Auskunftsanspruch versagt, so käme es einem Verbot gleich, sich überhaupt Informationen zu verschaffen, was

---

[572] Ähnlich Schwarze, ZfA 1997, 43, 57; ders., Vorvertragliche Verständigungspflichten, S. 151 (Fn. 144), 189, der ebenso auf den bereits bestehenden Arbeitsvertrag abstellt und dem NachwG daher keine vorvertraglichen Pflichten entnehmen kann.

[573] EuGH vom 29.3.2001, EuroAS 2001, 141

[574] EuGH vom 29.3.2001, EuroAS 2001, 141 (Rn. 32 f.)

[575] Schlussanträge des Generalanwalts Antonio Saggio vom 26.9.2000, Rn. 14, im Internet: http://curia.eu.int

eindeutig gegen den Zweck der Richtlinie verstieße und ihr die Grundlage entziehen würde. Eine derartige Gefahr besteht jedoch bei einem Betriebsübergang nicht, zumal bereits vorherige Informationen nach § 613a Abs. 5 BGB zu erteilen sind.

5.) Inhalt der Nachweispflicht

Die Angaben nach § 2 Abs. 1 NachwG enthalten alle wesentlichen Arbeitsbedingungen. Der Katalog ist angesichts des Wortlauts ("*mindestens*") und des Schutzzwecks nicht abschließend[576]. Allerdings hat auch das NachwG in § 2 Abs. 1 S. 2 Nr. 10, Abs. 3 einen typisierenden Bezug mit eingeschränkter Informationsvermittlung. Gleichwohl kann dem NachwG bei rechtzeitiger Kenntnisnahme durchaus eine dem § 613a Abs. 5 BGB ergänzende Funktion zukommen, wenn sich die nachweispflichtigen Bedingungen im Zusammenhang mit einem Betriebsübergang ändern. Die Information geht jedoch nicht so weit wie in Art. 7 Abs. 6 RL 2001/23/EG: Die Niederschrift vermittelt z.B. keine Kenntnisse von geplanten Umstrukturierungen oder von Änderungen am Arbeitsplatz. Aufgrund der Aufzählung in § 2 Abs. 1 S. 2 NachwG und der Gesetzesbegründung ist trotz der weitergehenden Auslegungsmöglichkeiten über die Wörter "wesentlichen" und "mindestens" davon auszugehen, dass sich die nach dem NachwG zu erteilenden Informationen auf die zwischen den Parteien bestehenden Rechte und Pflichten beschränken[577]. Weitergehenden Informationszwecken dient das NachwG nicht. Zwar lassen sich gegebenenfalls aus einigen Angaben weitere Rückschlüsse ziehen. Die Nachweispflicht umfasst jedoch nur einen Ausschnitt aus dem Spektrum der Umstände, die für die Entscheidung des Arbeitnehmers von Bedeutung sind. Gleichwohl könnte eine umfassendere Information erreicht werden, wenn mit der Unterrichtung nach § 613a Abs. 5 BGB die Verpflichtungen des NachwG erfüllt würden. Dagegen ist der widerspruchsberechtigte Arbeitnehmer auch nach dem NachwG nicht über die Folgen des Widerspruchs zu informieren. Möglicherweise hat das ursprüngliche Arbeitsverhältnis nach dem Widerspruch einen anderen

---

[576] EuGH vom 8.2.2001, ZIP 2001, 347 (Rn. 22, 23); BAG vom 23.1.2002, NZA 2002, 800, 801; LAG Schleswig-Holstein vom 8.2.2000, DB 2000, 725; LAG Bremen vom 9.11.2000, NZA-RR 2001, 145, 146; LAG Düsseldorf vom 17.5.2001, DB 2001, 1995; Birk, NZA 1996, 281, 285; Feldgen, NachwG, B, Rn. 124; Koch, FS Schaub, 421, 437; Lambrich, Anm. zu BAG vom 23.01.2002, EzA Nr. 3 zu § 2 NachwG, S. 24; wohl auch Lörcher, AuR 1994, 450, 453; Müller-Glöge, RdA 2001, Beil. Heft 5, 46, 47; Oetker, SAE 2002, 161, 163, 164; wohl auch Plander/Wißmann, Anm. zu LAG Köln, 6.12.2000, EWiR 2001, 543; ErfK-Preis, § 2 NachwG, Rn. 2, 7; ders., NZA 1997, 10, 13, 14; MüHB-Richardi, § 43, Rn. 34; ders., NZA 2001, 57, 59; Schwarze, ZfA 1997, 43, 52; Sigeman, RdA 2001, Beil. Heft 5, 39, 42; a.A. Wank, RdA 1996, 21, 23; Wank, in: Handbuch des europäischen Arbeits- und Sozialrechts, § 18, Rn. 24, der auf die detaillierte Aufzählung und auf die Rechtssicherheit hinweist; sympathisierend Bepler, ZTR 2001, 241, 243; unklar bei Schaefer, Das Nachweisgesetz, B 7

[577] So zutreffend Schwarze, ZfA 1997, 43, 58

Inhalt. Gleichwohl würde der Arbeitnehmer hiervon und von den anderen Folgen des Widerspruchs nicht vor der Ausübung des Widerspruchs nach dem NachwG Kenntnis erlangen.

6.) Sanktionen

Die Erfüllung der Nachweispflicht ist nicht ausdrücklich gesetzlich sanktioniert. Es gelten daher die allgemeinen Grundsätze, was u.a. zu Schadensersatzansprüchen nach §§ 280, 823 Abs. 2, 826 BGB[578] oder zu Beweiserleichterungen[579] führen kann. Ferner kann der Arbeitnehmer die Erfüllung seiner Ansprüche einklagen und eventuell von seinem Zurückbehaltungsrecht Gebrauch machen. Da das NachwG neben § 613a Abs. 5, 6 BGB zur Anwendung kommt, ist es beispielsweise nicht ausgeschlossen, dass der widersprechende Arbeitnehmer im Rahmen der Naturalrestitution so gestellt wird, als hätte er bei rechtzeitigem Nachweis den Widerspruch nicht erklärt. Diese Konstellation scheidet jedoch dann aus, wenn die Nachweispflicht erst nach der Widerspruchsfrist erfüllt wird, was den gesetzliche Regelfall darstellt.

II. § 4 BBiG

§ 4 Abs. 1 BBiG enthält eine besondere Nachweispflicht des Ausbildenden. Diese Nachweispflicht besteht nur bei Berufsausbildungsverträgen i.S.v. § 3 Abs. 1 BBiG und wurde vom Gesetzgeber bewusst vom Anwendungsbereich des NachwG ausgeklammert[580]. Sie dient dem Schutz und der Information des Aus-

---

[578] Als Verzugsschaden aber nicht nach § 823 Abs. 2 BGB: BAG vom 17.4.2002, NZA 2002, 1096; BAG vom 29.5.2002 - 5 AZR 105/01; Feldgen, NachwG, B, Rn. 57 ff.; Höland, AuR 1996, 87, 92; einschränkend Krause, AR-Blattei SD 220.2.2., Nachweis von Arbeitsbedingungen, Rn. 262 ff.; Lambrich, Anm. zu BAG vom 23.01.2002, EzA Nr. 3 zu § 2 NachwG, S. 29; Marschner, ZTR 2000, 540, 545; einschränkend Müller-Glöge, RdA 2001, Beil. Heft 5, 46, 54; Preis, NZA 1997, 10, 11f.; einschränkend Birk, NZA 1996, 281, 289; ErfK-Preis, Einf. NachwG, Rn. 11 ff.; Richardi, NZA 2001, 57, 60; Wank, in: Handbuch des europäischen Arbeits- und Sozialrechts, § 18, Rn. 32

[579] EuGH vom 4.12.1997, AP 3 zu RL 91/533/EWG; Bepler, ZTR 2000, 241, 245; Bergwitz, BB 2001, 2316; Feldgen, NachwG, B, Rn. 91; Höland, AuR 1996, 87, 93; Franke, DB 2000, 274 m.w.N.; Krause, AR-Blattei SD 220.2.2., Nachweis von Arbeitsbedingungen, Rn. 245 ff.; Marschner, ZTR 2000, 540, 544; Müller-Glöge, RdA 2001, Beil. Heft 5, 46, 50 ff.; Preis, NZA 1997, 10, 12 f.; ErfK-Preis, Einf. NachwG, Rn. 16; Richardi, NZA 2001, 57, 60; Schwarze, ZfA 1997, 43, 65; Zwanziger, DB 1996, 2027, 2029 f.

[580] Vgl. RegBegr. zu Art. 3 des Entwurfes eines Gesetzes zur Anpassung arbeitsrechtlicher Bestimmungen an das EG-Recht, BT-Ds. 13/668 vom 02.03.1995; Birk, NZA 1996, 281, 288

zubildenden aber auch der Kontrolle des Ausbildenden, da der Vertrag in das Verzeichnis nach § 33 BBiG einzutragen ist[581].
Die Nachweispflicht besteht gem. § 4 Abs. 1 BBiG *spätestens vor Beginn der Berufsausbildung*. Mit Beginn der Berufsausbildung ist der Tag gemeint, an dem der Auszubildende seine Ausbildung tatsächlich aufnimmt[582]. Dieser Zeitpunkt entspricht somit dem nach § 11 Abs. 1 AÜG a.F.[583] Gleichwohl geht die Nachweispflicht nach dem BBiG weiter, da sie nicht nur vor, sondern vielmehr *spätestens vor* der Berufsausbildung besteht. Änderungen des Vertrages sind nach § 4 Abs. 4 BBiG aufgrund der Verweisung *vor* der Änderung nachzuweisen. Dennoch setzt auch diese Nachweispflicht ein bestehendes Berufsausbildungsverhältnis voraus, so dass eine Information durch den Erwerber vor dem Übergang grundsätzlich nicht in Betracht kommt. Man könnte erwägen, das Wort "spätestens" ebenso wie bei dem NachwG extensiv auszulegen und einen möglichst frühen Zeitpunkt für die Nachweispflicht anzunehmen. Dies würde jedoch am Ergebnis nichts ändern, da § 4 Abs. 1 BBiG zwingend ein Berufausbildungsverhältnis voraussetzt, welches jedoch vor dem Betriebsübergang mit dem Erwerber noch nicht besteht. Selbst wenn man eine Nachweispflicht vor dem Übergang im Berufsausbildungsverhältnis annähme, würde dies nicht zu einer rechtzeitigen Information führen, da einerseits unmittelbar vor dem Betriebsübergang dem BBiG noch entsprochen würde und andererseits die Informationen nach § 4 Abs. 1 BBiG auf den Berufsausbildungsvertrag beschränkt sind.

III. Zwischenergebnis

Der Veräußerer ist nach dem NachwG nicht verpflichtet, die wesentlichen Arbeitsbedingungen zwischen Erwerber und Arbeitnehmer vor Betriebsübergang schriftlich niederzulegen und dem Arbeitnehmer auszuhändigen. Eine derartige Pflicht besteht auch nicht für den Erwerber vor dem Betriebsübergang. Soweit der Arbeitnehmer allerdings vom Übergang keine Kenntnis hat, kann er diese durch den Nachweis der wesentlichen Arbeitsbedingungen durch den Erwerber, der hierzu nach dem Betriebsübergang verpflichtet ist, erlangen. Die Nachweispflichten enthalten einige jedoch nicht alle wesentlichen Informationen, die für die Entscheidung des Arbeitnehmers eine Rolle spielen. Das NachwG bietet insbesondere aufgrund der zeitlichen Diskrepanz zu § 613a Abs. 5, 6 BGB nur sehr

---

[581] Gedon/Spiertz, § 4 BBiG, Rn. 2; Feldgen, NachwG, D, Rn. 232; Herkert, § 4 BBiG, Rn. 1 a.E.; Kliemt, Formerfordernisse im Arbeitsrecht, S. 72; Richter/Mitsch, AuA 1996, 7, 12, Fn. 1; ErfK-Schlachter, § 4 BBiG, Rn. 1; Weber, § 4 BBiG, Rn. 1, 5

[582] Vgl. statt aller: KassHB-Taubert, 5.1, Rn. 75

[583] Die besondere Nachweispflicht bei Leiharbeitsverhältnissen, die vor Beginn der Beschäftigung zu erfüllen war, wurde durch Art. 6 Erste Gesetz für moderne Dienstleistungen am Arbeitsmarkt, BGBl. I Nr. 87 vom 30.12.2002, S. 4607, zum 31.12.2002 aufgehoben. § 11 Abs. 1 S. 1 AÜG verweist nun auf das NachwG.

eingeschränkt eine (ergänzende) Entscheidungsgrundlage. Gleichwohl kann der Nachweis gerade wegen der individuell-detaillierten Informationen § 613a Abs. 5 BGB ergänzen und gegebenenfalls eine umfängliche Entscheidungsbasis, typisierend-global durch § 613a Abs. 5 BGB und individuell-detailliert durch das NachwG, liefern.
Hinsichtlich des Zeitpunktes besteht eine Abstufung dahingehend, dass die Pflicht nach § 4 Abs. 1 BBiG früher zu erfüllen ist. Selbst wenn man dazu gelangt, dass die gesetzlichen Nachweispflichten aufgrund der besonderen Situation beim Betriebsübergang bereits im Zeitpunkt des Übergangs zu erfüllen sind, scheiden sie, unabhängig vom eingeschränkten Informationsgehalt, jedoch als möglichst frühzeitige Entscheidungsgrundlage für das Widerspruchsrecht vor einem Betriebsübergang aus, wenn die Frist des § 613a Abs. 6 BGB bereits vorher endet.

C. Informationsvorschriften gegenüber den Arbeitnehmern nach dem BetrVG

Neben kollektiven Informationsvorschriften gegenüber dem Betriebsrat sieht das BetrVG ebenso Normen vor, nach denen der Arbeitgeber die Arbeitnehmer unmittelbar zu informieren hat. Im Folgenden soll daher untersucht werden, ob diese Regelungen geeignet sind, dem Arbeitnehmer § 613a BGB ergänzende Informationen zu vermitteln.

I. § 81 Abs. 2 S. 1 BetrVG

Nach § 81 Abs. 2 S. 1 BetrVG hat der Arbeitgeber den einzelnen Arbeitnehmer rechtzeitig über Veränderungen in seinem Arbeitsbereich zu unterrichten.

1.) Adressat

Nach ganz überwiegender Ansicht gehört § 81 Abs. 2 S. 1 BetrVG so wie sämtliche Regelungen der §§ 81 ff. BetrVG zum Individualarbeitsrecht und nicht zum kollektiven Arbeitsrecht. Die hierin dem Arbeitgeber auferlegten Pflichten wurden vor Erlass dieser Vorschriften aus der Fürsorgepflicht hergeleitet, weshalb für deren Anwendung die Existenz eines Betriebsrates keine zwingende Voraussetzung ist[584]. Auch wenn diese Vorschrift keine Anwendung im öffentlichen

[584] Fitting, § 81 BetrVG, Rn. 2; Galerpin/Löwisch, vor § 81 BetrVG, Rn. 4; ErfK-Hanau/Kania, § 81 BetrVG, Rn. 1; Hoffmann, Kompetenzzuweisungen an den Betriebsrat, S. 196; MüHB-v. Hoyningen-Huene, § 303, Rn. 2; Richardi, vor § 81 BetrVG, Rn. 4 ff.; Thees, Das Arbeitnehmer-Persönlichkeitsrecht als Leitidee des Arbeitsrechts, S. 168; Wendeling-Schröder, NZA 2001, 357, 359; GK-Wiese, vor § 81 BetrVG, Rn. 21

Dienst, gegenüber leitenden Angestellten sowie in nicht betriebsratsfähigen Kleinbetrieben findet, so ergeben sich nach überwiegender Ansicht gleichartige Ansprüche aus der Fürsorgepflicht des Arbeitgebers[585]. Die Informationen nach § 81 Abs. 2 S. 1 BetrVG sind nicht gegenüber der Belegschaft, sondern vielmehr dem einzelnen Arbeitnehmer zu erteilen[586].

2.) Arbeitsbereich

Arbeitsbereich i.S.d. § 81 Abs. 2 S. 1 BetrVG ist der Arbeitsplatz und seine Beziehung zur betrieblichen Umgebung in räumlicher, technischer und organisatorischer Hinsicht[587]. Somit erstreckt sich die Information allein auf den Arbeitsplatz des Arbeitnehmers. Sie betrifft ausschließlich Veränderungen im tatsächlichen und nicht im rechtlichen Bereich. Die Informationen haben einen gänzlich anderen Zweck als § 613a Abs. 5 BGB. Die Unterrichtung soll erfolgen, damit der Arbeitnehmer ordnungsgemäß seine Arbeitsleistung erbringen kann[588]. Entgegen der herrschenden Ansicht[589] verneint *v. Hoyningen-Huene*[590] aus diesem Grunde eine Klagemöglichkeit des Arbeitnehmers und bejaht lediglich ein Leistungsverweigerungsrecht nach § 273 BGB. Die Unterrichtung erfolge allein im Interesse des Arbeitgebers, der damit seinen Anspruch auf die vertraglichen Dienste sichere. Die Unterrichtung stelle daher keine Pflicht, sondern lediglich eine Obliegenheit dar. Dieser Ansicht kann nicht gefolgt werden, da die rechtzeitige Unterrichtung über Veränderungen des Arbeitsplatzes auch im Interesse des Arbeitnehmers namentlich im Hinblick auf die Unfall- und Gesundheitsgefahren zu erfolgen hat[591]. Schließlich ist diese Auffassung auch inkonsequent, wenn der Arbeitnehmer keinen Anspruch, gleichwohl aber ein Zurückbehaltungsrecht nach § 273

---

[585] Ehmann, FS Wiese, 99, 117; Fitting, § 81 BetrVG, Rn. 2; Galerpin/Löwisch, vor § 81 BetrVG, Rn. 5; ErfK-Hanau/Kania, § 81 BetrVG, Rn. 1; MüHB-v. Hoyningen-Huene, § 303, Rn. 5; Kramer, Arbeitsrechtliche Verbindlichkeiten neben Lohnzahlung und Dienstleistung, S. 24, Fn. 105; Mertz, RdA 1971, 203, 205; Niederalt, Die Individualrechte des Arbeitnehmers nach dem Betriebsverfassungsgesetz 1972, S. 173; Richardi, vor § 81 BetrVG, Rn. 5; GK-Wiese, vor § 81 BetrVG, Rn. 22; ders., RdA 1973, 1, 7; ders. ZfA 1996, 439, 464

[586] ErfK-Hanau/Kania, § 81 BetrVG, Rn. 2; MüHB-v. Hoyningen-Huene, § 303, Rn. 8

[587] Vgl. mit unterschiedlicher Wortwahl: DKK-Buschmann, § 81 BetrVG, Rn. 14; ErfK-Hanau/Kania, § 81 BetrVG, Rn. 13; v. Hoyningen-Huene, Betriebsverfassungsrecht, S. 304; Richardi/Thüsing, § 81 BetrVG, Rn. 9; GK-Wiese, § 81 BetrVG, Rn. 8

[588] MüHB-v. Hoyningen-Huene, § 303, Rn. 13; Richardi/Thüsing, § 81 BetrVG, Rn. 14

[589] DKK -Buschmann, § 81 BetrVG, Rn. 21; Fitting, § 81 BetrVG, Rn. 28; Galerpin/Löwisch, § 81 BetrVG, Rn. 9; ErfK-Hanau/Kania, § 81 BetrVG, Rn. 17; Richardi/Thüsing, § 81 BetrVG, Rn. 26; GK-Wiese, § 81 BetrVG, Rn. 26

[590] MüHB-v. Hoyningen-Huene, § 303, Rn. 13; ders., Betriebsverfassungsrecht, S. 305, obgleich er hier widersprüchlich den Terminus "Unterrichtungspflicht" benutzt; ähnlich ders., RdA 92, 355, 362

[591] Auf diese Gefahren weist selbst v. Hoyningen-Huene, Betriebsverfassungsrecht, S. 305, hin.

BGB haben soll, da letzteres jedenfalls einen Anspruch voraussetzt[592]. Unabhängig vom Pflichtencharakter der Norm scheidet sie als Grundlage für eine ergänzende Informationspflicht im Zusammenhang mit dem Widerspruchsrecht des Arbeitnehmers grundsätzlich aus, da dieser über die tatsächlichen Veränderungen hinaus Interesse an Informationen über mögliche rechtliche Veränderungen hat. Gleichwohl mögen auch im Zusammenhang mit dem Betriebsübergang geplante Veränderungen des konkreten Arbeitsbereiches einer von mehreren Aspekten sein, die den Arbeitnehmer dazu bewegen können, dem Übergang zu widersprechen oder nicht. Gerade in anspruchsvolleren Positionen können diese Erwägungen eine entscheidende Bedeutung haben.

3.) Zeitpunkt

Der Zeitpunkt der Unterrichtung nach § 81 Abs. 2 BetrVG muss so rechtzeitig erfolgen, dass der Arbeitnehmer sich mit den neuen Gegebenheiten vor dem tatsächlichen Beginn der Veränderung vertraut machen kann[593]. Der Zeitpunkt der Informationen nach § 81 Abs. 2 BetrVG ist somit nicht vom Betriebsübergang und den damit zusammenhängenden Planungen, sondern vom Zeitpunkt der Änderung des Arbeitsbereichs abhängig. Sollen die Veränderungen erst zeitlich nach dem Betriebsübergang stattfinden, so gewährt § 81 Abs. 2 BetrVG daher keine rechtzeitige Information, die in den Entscheidungsfindungsprozess des Arbeitnehmers einfließen könnten.

II. § 43 Abs. 2 S. 3 BetrVG

Nach § 43 Abs. 2 S. 3 BetrVG hat der Arbeitgeber mindestens einmal im Kalenderjahr in einer Betriebsversammlung über das Personal- und Sozialwesen sowie über die wirtschaftliche Lage und Entwicklung des Betriebs zu berichten, soweit dadurch nicht Betriebs- oder Geschäftsgeheimnisse gefährdet werden. Die bis zur Regelung des § 613a Abs. 5 BGB herrschende Meinung war der Ansicht, dass eine Information auf einer Betriebsversammlung ausreichend sei, die Frist für das Widerspruchsrecht auszulösen[594].
Der Bericht nach § 43 Abs. 2 S. 3 BetrVG setzt zwingend die Existenz eines Betriebsrates und die Einberufung einer Betriebsvoll- bzw. Betriebsteilversammlung

---

[592] Statt aller: MüHB-Wlotzke , § 209, Rn. 26

[593] Fitting, § 81 BetrVG, Rn. 7; ErfK-Hanau/Kania, § 81 BetrVG, Rn. 2; MüHB-v. Hoyningen-Huene, § 303, Rn. 11; ders., Betriebsverfassungsrecht, S. 305; Richardi/Thüsing, § 81 BetrVG, Rn. 13; GK-Wiese, § 81 BetrVG, Rn. 7

[594] Siehe oben S. 4 ff.; vgl. Bauer/von Steinau-Steinrück, in: Hölters, Handbuch des Unternehmens- und Beteiligungskaufs, Teil V, Rn. 120; Joost, EWiR 1994, 241, 242.

voraus[595]. Somit besteht keine Berichtspflicht außerhalb einer derartigen Versammlung. Problematisch ist, ob die zu erteilenden Informationen kollektiven oder aber individuellen Bezug haben. Hierbei kommt es nicht auf die dogmatischen Einordnung der Belegschaft und der Betriebsversammlung[596] an, da dies keinen Einfluss auf die Frage hat, ob materiellrechtliche Wertentscheidungen des BetrVG dem Schutz einzelner Arbeitnehmer dienen.
Aus der Formulierung des Personal- und Sozial*wesens* ergibt sich, dass hiermit lediglich kollektive und nicht individuelle Belange einzelner Arbeitnehmer gemeint sind[597]. Desgleichen deutet die Betriebsbezogenheit des Berichtes über die wirtschaftliche Lage auf typisierend-globale denn individuell-detaillierte Informationen hin. Hiervon geht auch das BAG[598] aus.
Schließlich spricht, abgesehen von den praktischen Schwierigkeiten[599], gegen eine detaillierte Information einzelner Arbeitnehmer, dass der Arbeitgeber Daten einzelner Arbeitnehmer in einer Betriebsversammlung nicht ohne weiteres bekannt geben dürfte. Obgleich von der Information in einer Betriebsversammlung lediglich Angehörige des Betriebes Kenntnis erlangen, besteht die Möglichkeit, dass Betriebsfremde etwa nach § 46 Abs. 1 BetrVG zugegen sind. Selbst wenn dies nicht der Fall ist, würde Publizierung detaillierter personenbezogener Daten im Bericht gegen das BDSG bzw. das informationelle Selbstbestimmungsrecht verstoßen.
Die in einer Betriebsversammlung zu erteilenden Informationen können daher nicht über diejenigen des § 613a Abs. 5 BGB hinausgehen. Die Information birgt das Risiko in sich, dass nicht sämtliche Arbeitnehmer hiervon Kenntnis erlangen, da beispielsweise zur Teilnahme an einer Betriebsversammlung keine Pflicht besteht[600] oder andere Arbeitnehmer, wie leitende Angestellte[601], von der Teilnahme

---

[595] Brill, BB 1983, 1860, 1863; Fitting, § 43 BetrVG, Rn. 19; Hunold, AR-Blattei SD Betriebsverfassung XI, 530.11, Betriebsversammlung, Rn. 10; Richardi/Annuß, § 43 BetrVG, Rn. 15

[596] Hierzu umfassend Lunk, Die Betriebsversammlung, S. 35 ff., 76 ff.

[597] GK-Fabricius, § 43 BetrVG, Rn. 14; Fitting, § 43 BetrVG, Rn. 21 mit Hinweis auf die Personalplanung nach § 92 BetrVG, die gleichfalls, anders als § 99 BetrVG, lediglich kollektive Interessen zum Gegenstand hat (Fitting, § 92 BetrVG, Rn. 17); Hoffmann, Kompetenzzuweisung an den Betriebsrat, S. 49, wonach außer der Vergütungsregelung nach § 44 Abs. 1 BetrVG der § 43 BetrVG keinen Individualschutz bezweckt. Schleifer/Kliemt, DB 95, 2214, 2218, nach denen lediglich in groben Zügen ein Überblick zu geben ist.

[598] Vgl. BAG vom 26.10.1956, AP 1 zu § 43 BetrVG: grundsätzlich seien keine Details erforderlich; BAG vom 23.10.1991, AP 5 zu § 43 BetrVG: der Bericht diene dem "Informationsbedürfnis der Belegschaft"; BAG vom 19.7.1995, AP 25 zu § 23 BetrVG 1972: Arbeitgeber könne sich mit einer allgemeiner Darstellung begnügen.

[599] Hierauf weist zutreffend Pouyadou, Die Abhängigkeit des Arbeitnehmers vom Betriebsrat, S. 140, hin.

[600] GK-Fabricius, § 43 BetrVG, Rn. 20; Hunold, AR-Blattei SD Betriebsverfassung XI, 530.11, Betriebsversammlung, Rn. 6; Joost, EWiR 1994, 239, 240

ausgeschlossen sind. Schließlich besteht die Möglichkeit, dass der Betriebsrat die Betriebsversammlung - pflichtwidrig - nicht oder nicht rechtzeitig einberuft. Sofern der Betriebsrat vom bevorstehenden Betriebsübergang Kenntnis hat, kann er aufgrund dessen[602] eine außerordentliche Betriebsversammlung nach § 43 Abs. 3 BetrVG einberufen und den Arbeitgeber einladen. Der Arbeitgeber ist jedoch nicht verpflichtet, der Einladung zu folgen[603] oder auf der Betriebsversammlung mit Ausnahme zum Lagebericht zu sprechen und Auskünfte zu erteilen[604]. Schließlich besteht die Möglichkeit, dass sich der Arbeitgeber auf die Wahrung von Betriebs- und Geschäftsgeheimnissen beruft.

III. § 110 BetrVG

Nach § 110 BetrVG hat der Unternehmer mindestens einmal in jedem Kalendervierteljahr die Arbeitnehmer über die wirtschaftliche Lage und Entwicklung des Unternehmens zu unterrichten.

1.) Adressat

Nach Ansicht einiger Stimmen in der Literatur sind die einzelnen Arbeitnehmer Schutzadressaten des Vierteljahresberichtes und können die zu erteilenden Informationen daher auch im Urteilsverfahren einklagen oder aber von ihrem Zurückbehaltungsrecht nach § 273 BGB Gebrauch machen[605]. Nach anderer Ansicht besteht lediglich die Möglichkeit, den Bericht im Beschlussverfahren geltend zu machen[606]. Eine Begründung der konträren Ansichten erfolgt jedoch nicht. Überdies ist unklar, ob sich der Anspruch der Arbeitnehmer auf die Erstellung des Berichts oder aber lediglich auf Erteilung des bereits erstellten Berichts erstreckt.
Die Vorschrift beruht auf § 69 Abs. 3 BetrVG 1952 wonach der Unternehmer "den Belegschaftsmitgliedern" Kenntnis von der Lage und der Entwicklung des Unternehmens zu geben habe. Dies spricht für einen Anspruch einzelner Arbeit-

---

[601] Vgl. zur Teilnahmemöglichkeit aber nicht Teilnahmerecht leitender Angestellter: Fitting, § 42 BetrVG, Rn. 15; Hunold, AR-Blattei SD Betriebsverfassung XI, 530.11, Betriebsversammlung, Rn. 12

[602] So ausdrücklich DKK-Berg, § 43 BetrVG, Rn. 11; Fitting, § 43 BetrVG, Rn. 35

[603] GK-Fabricius, § 43 BetrVG, Rn. 49; Fitting, § 43 BetrVG, Rn. 29; Galerpin/Löwisch, § 43 BetrVG, Rn. 32; Richardi/Annuß, § 43 BetrVG, Rn. 53; a.A. DKK-Berg, § 43 BetrVG, Rn. 16, Anwesenheitspflicht ergebe sich aus dem Grundsatz der vertrauensvollen Zusammenarbeit; mit Verweis auf Berg auch ErfK-Eisemann, § 43 BetrVG, Rn. 5

[604] GK-Fabricius, § 43 BetrVG, Rn. 50; Richardi/Annuß, § 43 BetrVG, Rn. 54

[605] DKK-Däubler, § 110 BetrVG, Rn. 2, 18, mit Hinweis auf Schaub, ArbRHB, § 234 VII. (Rn. 27), der dies allerdings nicht explizit erwähnt; ErfK-Hanau/Kania, § 110 BetrVG, Rn. 8 mit Hinweis auf Däubler; Galerpin/Löwisch, § 110 BetrVG, Rn. 1

[606] GK-Fabricius, § 110 BetrVG, Rn. 27; Fitting, § 110 BetrVG, Rn. 10; Richardi/Annuß, § 110 BetrVG, Rn. 12

nehmer auf Information, d.h. Erstellung und Erteilung des Berichts, der im Urteilsverfahren durchgesetzt werden kann.

2.) Zeitpunkt

Der Bericht muss mindestens einmal im Kalendervierteljahr erteilt werden. Sofern besondere Ereignisse, wie etwa ein Betriebsübergang, vorliegen, ist der Bericht auch öfter zu erteilen[607]. Es besteht somit die Möglichkeit, dass die Arbeitnehmer bereits vor dem Betriebsübergang von diesem Kenntnis erlangen. Allerdings ist der Bericht mit dem Wirtschaftsausschuss und dem Betriebsrat vorher abzustimmen, so dass eine gewisse Verzögerung eintritt.

3.) Umfang

Der Bericht nach § 110 BetrVG soll den Arbeitnehmern einen Überblick über die Wirtschaftslage des Unternehmens geben. Hierbei ist auf die Gegenstände des § 106 Abs. 3 BetrVG und somit auch auf einen bevorstehenden Betriebsübergang einzugehen[608]. Gleichwohl beschränkt sich der Bericht auf eine "grob verallgemeinerte Gesamtschau" ohne auf Details der einzelnen Arbeitsverhältnisse einzugehen[609]. Ebenso wie bei § 43 Abs. 3 S. 2 BetrVG darf der Arbeitgeber angesichts der Vorgaben des BDSG und des informationellen Selbstbestimmungsrechts der einzelnen Arbeitnehmer im Bericht nicht auf individuelle Informationen eingehen. Ein individueller Bericht ist nicht vorgesehen. Schließlich braucht der Bericht Betriebs- oder Geschäftsgeheimnisse nicht zu enthalten[610].

IV. § 75 Abs. 2 S. 1 BetrVG

Nach § 75 Abs. 2 S. 1 BetrVG haben Arbeitgeber und Betriebsrat die freie Entfaltung der Persönlichkeit der im Betrieb beschäftigten Arbeitnehmer zu schützen und zu fördern. Diese Regelung überträgt damit nach überwiegender Ansicht die Grundsätze des Art. 2 Abs. 1 GG auf den Betrieb[611]. Es stellt sich daher die Fra-

---

[607] DKK-Däubler, § 110 BetrVG, Rn. 8; GK-Fabricius, § 110 BetrVG, Rn. 26; Galperin/Löwisch, § 110 BetrVG, Rn. 7; Gaul, Betriebs- und Unternehmensspaltung, § 11, Rn. 4; ErfK-Hanau/Kania, § 110 BetrVG, Rn. 5

[608] DKK-Däubler, § 110 BetrVG, Rn. 6; GK-Fabricius, § 110 BetrVG, Rn. 15; Gaul, Aktuelles Arbeitsrecht 2001, 315; Seiter, Betriebsinhaberwechsel, F I. 1. c) (S. 120); Wisskirchen, AE 01/2002, V, X

[609] GK-Fabricius, § 110 BetrVG, Rn. 11; Fitting, § 110 BetrVG, Rn. 7; Schleifer/Kliemt, DB 1995, 2214, 2218

[610] Fitting, § 110 BetrVG, Rn. 7

[611] Belling, Die Haftung des Betriebsrats und seiner Mitglieder für Pflichtverletzungen, S. 204 f.; DKK-Berg, § 75 BetrVG, Rn. 1; wohl auch ErfK-Dieterich, Art. 2 GG, Rn. 68; Fitting, § 75

ge, ob aus § 75 Abs. 2 S. 1 BetrVG gegenüber dem einzelnen Arbeitnehmer detaillierte ergänzende Informationspflichten vor einem Betriebsübergang bestehen.

1.) Ansicht der Mindermeinung

Wie bereits dargestellt, leiteten einige vor Erlass des § 613a Abs. 5 BGB eine Informationspflicht bei einem Betriebsübergang aus der grundrechtlichen Relevanz des Widerspruchsrechts her[612]. Der Schutz des Arbeitnehmers vor einer Objektstellung, da er in Unkenntnis des Arbeitgeberwechsels Leistungen gegenüber dem neuen Arbeitgeber erbringe, lasse sich nur durch eine Informationspflicht realisieren[613]. Es würden dieselben verfassungsrechtlichen Gesichtspunkte gelten, die für das Widerspruchsrecht maßgeblich seien[614]. Die Unkenntnis des Arbeitnehmers vertrage sich nicht mit dem personenrechtlichen Einschlag des Arbeitsverhältnisses. Art. 12 GG sei nicht nur bei dem Betriebsübergang selbst, sondern bereits bei der Vorfrage nach der Person des Erwerbers tangiert[615]. Es sei mit dem Persönlichkeitsrecht des Arbeitnehmers kaum vereinbar, wenn er von wichtigen unternehmerischen Entscheidungen, wie der Betriebsveräußerung, erst aus den Medien erfahre[616]. Nach Erlass des § 613a Abs. 5 BGB stellt sich hier nunmehr die Frage, ob es gegen das Persönlichkeitsrecht des Arbeitnehmers verstößt, wenn er lediglich typisierende Globalinformationen erhält und keine individuell-detaillierten Kenntnisse.

BetrVG, Rn. 1; Galerpin/Löwisch, § 75 BetrVG, Rn. 1; ErfK-Hanau/Kania, § 75 BetrVG, Rn. 9; Hammer, Die betriebsverfassungsrechtliche Schutzpflicht für die Selbstbestimmungsfreiheit des Arbeitnehmers, S. 107; Haneberg, § 75 BetrVG 1972, Rechte und Pflichten, S. 14, 33 (Unmittelbare Geltung der Grundrechte); HSG, § 75 BetrVG, Rn. 15; v. Hoyningen-Huene, Betriebsverfassungsrecht, S. 80; MüHB-ders., § 301, Rn. 81; GK- Kreutz, § 75 BetrVG, Rn. 66 (Bezugnahme auf die Wertung des Art. 2 Abs. 12 GG); Niederalt, Die Individualrechte des Arbeitnehmers nach dem Betriebsverfassungsgesetz 1972, S. 36, 211; Sproll, Individualrechtliche Probleme des Arbeitnehmerdatenschutzes, S. 33; Zöllner/Loritz, Arbeitsrecht, § 7 IV. 2. (S. 103); in § 67 BPersVG - anders § 70 Abs. 4 SPerVG - fehlt eine entsprechende Vorschrift

612 Siehe oben S. 11 f.

613 Menze, Das Widerspruchsrecht der Arbeitnehmer beim Betriebsübergang, S. 202 f.; Pietzko, Der Tatbestand des § 613a BGB, S. 291 f.

614 Blank u.a., Arbeitnehmerschutz bei Betriebsaufspaltung und Unternehmensteilung, S. 253

615 Ingenfeld, Die Betriebsausgliederung aus Sicht des Arbeitsrechts, S. 166, Fn. 307

616 Hallenberg, Die Pflicht des Arbeitgebers zur Förderung der freien Persönlichkeitsentfaltung nach § 75 Abs. 2 BetrVG, S. 142

2.) Stellungnahme

a) Notwendige Differenzierung zwischen Schutz und Förderung der Persönlichkeit

Hinsichtlich der Rechte und Pflichten in § 75 Abs. 2 S. 1 BetrVG ist strikt zwischen der Schutz- und der Förderungspflicht zu unterscheiden. Während Art. 2 Abs. 1 GG bzw. das hieraus abgeleitete allgemeine Persönlichkeitsrecht des Arbeitnehmers lediglich Abwehrrechte begründet und hieraus keine positiven Handlungspflichten abgeleitet werden können[617], geht die Förderungspflicht darüber hinaus[618]. Lediglich wenn ein Eingriff durch pflichtwidriges Unterlassen vorliegt, kann die Schutzpflicht zu positiven Ansprüchen führen[619]. Es ist daher zunächst zu klären, ob durch Ablehnung einer - ergänzenden - Informationspflicht das Persönlichkeitsrecht des Arbeitnehmers verletzt wird. Verneinendenfalls ist danach zu fragen, ob gegenüber dem Arbeitnehmer aus § 75 Abs. 2 S. 1 BetrVG eine Förderungspflicht dahingehend besteht, dass der Arbeitgeber zu einer individuell-detaillierten Information verpflichtet ist.

b) Verletzung des Persönlichkeitsrechts

(1) Freie Entfaltung der Persönlichkeit und Berufsfreiheit

Die *Persönlichkeit* beschreibt anders als der Begriff der *Person* nicht nur die Existenz eines Menschen, sondern weist auf dessen individuelle personale Identität hin[620]. Freie Entfaltung bedeutet, dass der einzelne über das Ob und Wie der Selbstentfaltung ein Autonomierecht genießt[621]. Aus den das Wesen der Persönlichkeit konstituierenden Werten der Autonomie, der sittlichen Freiheit und der Selbstbestimmung ergibt sich die Anforderung an das Recht, die Person als Trä-

---

[617] ErfK-Dieterich, Art. 2 GG, Rn. 52 ff.; Hallenberger, Die Pflicht des Arbeitgebers zur Förderung der freien Persönlichkeitsentfaltung nach § 75 Abs. 2 Betriebsverfassungsgesetz, S. 30; GK-Kreutz, § 75 BetrVG, Rn. 82; Niederalt, Die Individualrechte des Arbeitnehmers nach dem Betriebsverfassungsgesetz 1972, S. 163; Wiese, ZfA 1971, 273, 279; ders., ZfA 96, 439, 469, 477; a.A. Erman-Ehmann, Anh. § 12 BGB, Rn. 632; ders., FS Wiese, 99, 104, der dies mit dem grundrechtlichen Schutz begründet, aber - so der zutreffende Hinweis von Wiese, ZfA, 1996, 439,469, Fn.188 - dies mit der Frage verwechselt, ob die Verletzung des Persönlichkeitsrechts, Handlungspflichten begründen kann.

[618] Hallenberger, Die Pflicht des Arbeitgebers zur Förderung der freien Persönlichkeitsentfaltung nach § 75 Abs. 2 Betriebsverfassungsgesetz, S. 83; Niederalt, Die Individualrechte des Arbeitnehmers nach dem Betriebsverfassungsgesetz 1972, S. 39; GK-Kreutz, § 75 BetrVG, Rn. 82

[619] Belling, Die Haftung des Betriebsrats und seiner Mitglieder für Pflichtverletzungen, S. 277; ErfK-Dieterich, Art. 2 GG, Rn. 54; GK-Kreutz, § 75 BetrVG, Rn. 82

[620] Kunig, in: v. Münch/Kunig, Art. 2 GG, Rn. 10

[621] Stein/Frank, Staatsrecht, § 30 III (S. 251)

ger von Rechten und Pflichten und damit als Rechtssubjekt anzuerkennen und ihr die Möglichkeit zu lassen, ihre Beziehungen zur Umwelt selbst zu gestalten und zu bestimmen[622]. Zu dieser Entfaltungsfreiheit gehört auch die Privatautonomie und hiermit die allgemeine Vertragsfreiheit[623]. Diese umfasst sowohl die Inhaltsfreiheit als auch die Abschlussschlussfreiheit. Letztere beinhaltet positiv, eine vertragliche Rechtsbeziehung einzugehen und negativ, eine vertragliche Beziehung zu unterlassen[624]. Die Vertragsfreiheit ist von der allgemeinen Handlungsfreiheit nach Art. 2 Abs. 1 GG umfasst[625]. Weitreichende Einschränkungen, wie der vollständige Entzug berühren nach Ansicht des BVerfG auch das allgemeine Persönlichkeitsrecht[626]. Ein spezieller Teilaspekt der Vertragsfreiheit ist die Berufsfreiheit nach Art. 12 Abs. 1 GG, wozu auch der Schutz des Arbeitnehmers vor Veränderungen des Arbeitsverhältnisses gehört [627]. Insofern ist Art. 12 Abs. 1 GG ein Unterfall des Art. 2 Abs. 1 GG. Eine genaue Zuordnung ist an dieser Stelle nicht erforderlich[628]. Gerade bei EG-Ausländern, die vom Wortlaut des

---

[622] Hubmann, Das Persönlichkeitsrecht, S. 62 f.

[623] BVerfG vom 12.11.1958, BVerfGE 8, 274, 328; BVerfG vom 11.10.1978, BVerfGE 49, 286, 298:"*Art. 1 Abs. 1 GG schützt die Würde des Menschen, wie er sich in seiner Individualität selbst begreift und seiner selbst bewußt wird. Hierzu gehört, daß der Mensch über sich selbst verfügen und sein Schicksal eigenverantwortlich gestalten kann.*"; Höfling, Vertragsfreiheit, S. 7 f.; Wolf, Rechtsgeschäftliche Entscheidungsfreiheit und vertraglicher Interessenausgleich, S. 20 ff.

[624] Boemke, NZA 1993, 532, 534, Boemke, NZA 1993, 2083; Lorenz, Der Schutz vor dem unerwünschten Vertrag, S. 17 m.w.N.

[625] Vgl. die zahlreichen Nachweise bei Lorenz, Der Schutz vor dem unerwünschten Vertrag, S. 18 (Fn. 18)

[626] BVerfG vom 13.5.1986, NJW 1986, 1859, 1860; vgl. auch Larenz, Schuldrecht AT, § 4 IV. (S. 59); Enneccerus/Nipperdey, BGB AT, 14. Aufl., § 15 , II. 1. (S. 53 ff.); Müller, Die Berufsfreiheit des Arbeitgebers, S. 33 f.; Wolf, Rechtsgeschäftliche Entscheidungsfreiheit und vertraglicher Interessenausgleich, S. 20 ff.

[627] Vgl. BVerfG vom 24.4.1991, NJW 1991, 1667; BVerfG vom 19.5.1992, NJW 1992, 2409, 2410 dagegen auf Art. 2 Abs. 1 GG abstellend; BAG vom 30.9.1993, AP 37 zu § 123 BGB, II. 8. a) der Gründe; Boemke, NZA 1993, 532, 534; Boemke, ZfA 2001, 245, 253 f.; ErfK-Dieterich, Art. 12 GG, Rn. 7; Felsner, Arbeitsrechtliche Rahmenbedingungen bei Unternehmensübergängen in Europa, S. 277; Gubelt, in: v. Münch/Kunig, Art. 12 GG, Rn. 93; Höfling, Vertragsfreiheit, S. 17; Papier, RdA 1989, 137, 138; Pfeiffer, Der Übergang von Arbeitsverhältnissen bei der Umstrukturierung von Unternehmen, S. 104; Söllner, RdA 1989, 144, 148; Zöllner/Loritz, Arbeitsrecht, § 7 II. 9. (S. 100); Pietkzo, Der Tatbestand des § 613a BGB, S. 260 m.w.N., der jedoch verkennt, daß mit dem Wechsel des Arbeitgebers eine rechtliche Änderung des Arbeitsvertrages einhergeht und aus diesem Grunde der Schutzbereich des Art. 12 GG berührt ist. Ob der gesetzliche Wechsel des Arbeitgebers den Arbeitnehmer in seinem Grundrecht nach Art. 12 GG verletzt, ist demgegenüber eine Frage der Rechtfertigung des Eingriffs.

[628] Vgl. zum Verhältnis beider Normen auch ErfK-Dieterich, Art. 2 GG, Rn. 9, 10, Art. 12 GG, Rn. 15, 16; Ernst, Aufhebungsverträge zur Beendigung von Arbeitsverhältnissen, § 4 (S. 13 ff); Hammer, Die betriebsverfassungsrechtliche Schutzpflicht für die Selbstbestimmungsfreiheit des Arbeitnehmers, S, 107; krit. Müller, Die Berufsfreiheit des Arbeitgebers, S. 33 f.; Söllner, RdA 1989, 144, 148; ders., FS Stahlhacke, 519, 521

Art. 12 Abs. 1 GG nicht erfasst sind, wird die Nähe beider Vorschriften deutlich[629]. Mit dem ungewollten Wechsel des Arbeitgebers an sich und ohne Kenntnis der genauen Vertragsbedingungen ist jedenfalls der Schutzbereich des allgemeinen Persönlichkeitsrechts, sei es Art. 2 Abs.1 oder Art. 12 Abs.1 GG, tangiert.

(2) Ansichten zum Widerspruchsrecht

Das BAG stützte die Herleitung des Widerspruchsrechts auf ein ganzes Bündel von Argumenten. Eines hiervon ist das Persönlichkeitsrecht des betroffenen Arbeitnehmers. Während es eine Verletzung von Grundrechten vor Erlass des § 613a BGB zunächst drastisch formulierte[630], stützte es das Widerspruchsrecht danach lange Zeit u.a. auf die Vertragsfreiheit nach Art. 2 Abs. 1 GG[631] und Art. 12 Abs. 1 GG, da der Arbeitnehmer frei seinen Arbeitsplatz wählen können muss, was auch die Entscheidung darüber umfasse, mit welchem Arbeitgeber er ein Arbeitsverhältnis begründen will[632]. Es verbiete die persönliche Würde des Arbeitnehmers, über ihn wie über einen Gegenstand zu verfügen. Eine mögliche Kündigung des Arbeitnehmers würde die Preisgabe des Arbeitsplatzes bedeuten und ein unzumutbarer Preis sein, während das Gesetz gerade den Arbeitsplatz erhalten will[633]. Von dieser verfassungsrechtlichen Argumentation hatte sich das BAG[634] jedoch teilweise wieder distanziert. Es erscheine wenig überzeugend, dass die Menschenwürde tangiert sei. Jedenfalls könne von einem "Verkauf des Arbeitnehmers" ebenso keine Rede sein wie von einem "an den Betrieb ketten". Die freie Wahl des Arbeitsplatzes würde eher gesichert als eingeschränkt, da der Arbeitnehmer den Arbeitsplatz bei einem Widerspruch verlöre. Der Eingriff in die allgemeine Vertragsfreiheit sei durch vernünftige Gründe des Allgemeinwohls gerechtfertigt. Es spreche manches dafür, dass der Gesetzgeber generalisieren und dem Erhalt der konkreten Arbeitsstelle Vorrang einräumen dürfe. Der Wechsel der Person des Arbeitgebers stelle gegenüber dem Verlust der Arbeitsstelle den geringeren Eingriff dar. Der Arbeitnehmer könne das Arbeitsverhältnis kündigen. Auch wenn er hierdurch die Beschäftigung insgesamt verliere, zwinge dies nicht dazu, dem Arbeitnehmer eine Wahlmöglichkeit zu eröffnen, da auch die Interessen des Erwerbers am Erhalt eines funktionierenden Betriebes zu be-

---

[629] Vgl. BVerfG vom 15.1.2002, NJW 2002, 663; ErfK-Dieterich, Art. 12 GG, Rn. 12
[630] Vgl. BAG vom 18.2.1960, AP 1 zu § 419 BGB Betriebsnachfolge, 4. c) der Gründe, wonach ein erzwungener Übergang die personale Würde schlechthin missachte; BAG vom 29.11.1962, AP 6 zu § 419 BGB Betriebsnachfolge, II. der Gründe, wonach es der menschlichen Würde des Arbeitnehmers widerspreche, ihn an den Betrieb mit seinem neuen Inhaber zu ketten.
[631] BAG vom 2.10.1974, AP 1 zu § 613a BGB, III. 5. der Gründe
[632] BAG vom 2.10.1974, AP 1 zu § 613a BGB, III. 2. b) der Gründe
[633] BAG vom 6.2.1980, AP 21 zu § 613a BGB, III. 1. c) der Gründe
[634] BAG vom 25.1.2001, AP 215 zu § 613a BGB, unter III. 5. der Entscheidungsgründe; BAG vom 8.5.2001, AP 219 zu § 613a BGB, unter I. 1. c) der Entscheidungsgründe

rücksichtigen seien. Gleichwohl hielt das BAG am Widerspruchsrecht fest. Demgegenüber lässt der EuGH[635] ausdrücklich offen, ob dem Arbeitnehmer ein Kündigungsrecht oder aber ein Widerspruchsrecht zustehe. Jedenfalls verstieße es "gegen Grundrechte des Arbeitnehmers", wenn er den Arbeitgeber nicht frei wählen könne. Aber auch die vormaligen Kritiker des Widerspruchsrechts räumten ein, dass ein "Verkauf" von Arbeitnehmern wie eines sächlichen Betriebsmittels mit der personalen Würde des Arbeitnehmers unvereinbar wäre[636]. Daher gestand die das Widerspruchsrecht ablehnende Ansicht dem Arbeitnehmer zumindest ein Kündigungsrecht zu[637].

(3) Kenntnis vom Arbeitgeber

Wechselt beim Betriebsübergang die Person des Arbeitgebers ohne dass der Arbeitnehmer hiervon Kenntnis erlangt, besteht die Möglichkeit, dass der Arbeitnehmer in seiner negativen Arbeitsvertragsfreiheit verletzt wird. Hierbei kommt es jedoch stets auf den Einzelfall und den zeitlichen Ablauf an. Insbesondere situationsbedingte Unbedachtheit oder Unkenntnis des Arbeitnehmers bei Änderung oder Aufhebung des Vertrages können seine Grundrechte aufgrund struktureller Unterlegenheit berühren, was aber dann nicht der Fall ist, wenn dem Arbeitnehmer eine ausreichende Prüf- und Bedenkzeit eingeräumt wird[638]. Dies bestätigen im Übrigen andere gesetzliche Regelungen, wie z.B. §§ 407 BGB, 566e BGB, § 309 Nr. 10a BGB und § 71 Abs. 1 VVG. Aus diesen gesetzlichen Vorschriften ist die Wertung des Gesetzgebers zu erkennen, dass jedenfalls dann die negative Vertragsfreiheit gewahrt wird, wenn dem Vertragspartner ein Kündigungsrecht eingeräumt wird und hinsichtlich des Wechsels zumindest eine Informationsobliegenheit besteht. Die Möglichkeit des Arbeitnehmers, seinen Arbeitgeber selbst auszusuchen, was ihn nach Ansicht *Hanaus*[639] vom "Sklaven"

---

[635] EuGH vom 16.12.1992, AP 97 zu § 613a BGB (Rn. 32, 36); EuGH vom 7.3.1996, NZA 1996, 413, 415 (Rn. 34, 35); Welche Grundrechte der EuGH hiermit meint, bleibt offen. Felsner, Arbeitsrechtliche Rahmenbedingungen von Unternehmensübernahmen in Europa, S. 270, sieht im Urteil des EuGH vom 16.12.1992 die Menschenwürde angesprochen. Ende, NZA 1994, 494; Jaeger, BetrR 1993, 104; Joost, ZIP 1993, 178, 179; krit. Nebendahl, SAE 1993, 217, 220; Oetker, DZWir 1993, 136, 139; sind der Ansicht, der EuGH habe die freie Wahl des Arbeitsplatzes anerkannt. Birk, EuZW 1993, 156, 159, vermutet, daß der EuGH wohl die Grundrechte auf freie Entfaltung der Persönlichkeit und der Berufsfreiheit als freie Wahl des Arbeitsplatzes gemeint habe.

[636] Felsner, Arbeitsrechtliche Rahmenbedingungen von Unternehmensübernahmen in Europa, S. 276

[637] Aus dem neueren Schrifttum: RGRK-Ascheid, § 613a BGB, Rn. 177; Commandeur, NJW 1996, 2537, 2538; Birk, EuZW 1993, 156; Felsner, Arbeitsrechtliche Rahmenbedingungen von Unternehmensübernahmen in Europa, S. 287; D. Gaul, Der Betriebsübergang, H. I. 4. (S. 217); krit. auch Zöllner/Loritz, Arbeitsrecht, § 20 III. 4. (S. 263)

[638] Zu Aufhebungsverträgen ErfK-Dieterich, 1. Aufl., Art. 2 GG, Rn. 14, 39, 40

[639] Hanau, ZGR 1990, 548, 557

unterscheide, wird ihm nicht genommen. Jedenfalls mit Erlass des § 613a Abs. 5 BGB wird man nicht mehr ernsthaft eine Verletzung der Menschenwürde und des Persönlichkeitsrechts behaupten können, da dem Arbeitnehmer (Grund)informationen gewährt werden und er das Arbeitsverhältnis mit dem Erwerber aber auch mit dem Veräußerer beenden kann. Aufgrund dessen besteht keine weitergehende individuell-detaillierte Informationspflicht nach § 75 Abs. 2 S. 1 BetrVG, soweit diese Vorschrift dem Schutz der Persönlichkeit dient.

c) Förderungspflicht

Hallenberger[640] leitet aus der Förderungspflicht nach § 75 Abs. 2 S. 1 BetrVG eine Informationspflicht des Arbeitgebers gegenüber dem Arbeitnehmer her, ohne dass er jedoch den Zeitpunkt und das Widerspruchsrecht explizit erwähnt. Es ist daher zu untersuchen, ob der Arbeitgeber aufgrund der Förderungspflicht nach § 75 Abs. 2 S. 1 BetrVG verpflichtet ist, den einzelnen Arbeitnehmer detailliert und über § 613a Abs. 5 BGB hinausgehend vor dem Betriebsübergang zu informieren.

Eine Rechtspflicht setzt voraus, dass in einer Rechtsnorm eine Verhaltensforderung in Form eines Gebots oder Verbots aufgestellt ist, die dem Verpflichteten ein bestimmtes Tun oder Unterlassen zwingend gebietet. Ferner besteht grundsätzlich ein Erfüllungszwang, indem für den Fall der Nichterfüllung der Rechtspflicht eine Schadensersatzpflicht oder sonstige Sanktion angeordnet ist[641]. Entweder steht der Rechtspflicht ein subjektives Recht gegenüber, welches dem Berechtigten die Befugnis gibt, vom Verpflichteten die Befolgung der Rechtspflicht zu verlangen, oder die Rechtspflicht verfolgt lediglich Interessen der Allgemeinheit oder einzelner Gruppen ohne entsprechende Berechtigung des Betroffenen[642].

Zu klären ist daher zunächst, ob die Förderungspflicht eine Informationspflicht des Arbeitgebers und einen damit korrespondierenden Anspruch des Arbeitnehmers begründet, mithin ob die Förderungspflicht subjektive Rechte für die einzelnen Arbeitnehmer gewährt.

---

640 Hallenberger, Die Pflicht des Arbeitgebers zur Förderung der freien Persönlichkeitsentfaltung nach § 75 Abs. 2 Betriebsverfassungsgesetz, S. 143; für eine Informationspflicht aus § 75 Abs. 2 i.V.m. § 81 BetrVG auch v. Hoyningen-Huene, BB 1991, 2215, 2216

641 Enneccerus/Nipperdey, BGB AT, 14. Aufl., § 74 I, III (S. 443 f.); Larenz, BGB AT, § 13, Rn. 24

642 Enneccerus/Nipperdey, BGB AT, 14. Aufl., § 74 I (S. 444); Larenz, BGB AT, § 13, Rn. 42 f.

(1) Streitstand

Ob aus der Förderungspflicht des § 75 Abs. 2 S. 1 BetrVG subjektive Rechte des einzelnen Arbeitnehmers hergeleitet werden können, ist umstritten, obgleich dies weitgehend verneint wird.
So sieht die überwiegende Ansicht in der Förderungspflicht neben ihrer Funktion als Auslegungsregel lediglich eine Amtspflicht für die Normadressaten, aber keine subjektiven Rechte für die einzelnen Arbeitnehmer[643].
Andere bejahen grundsätzlich einen subjektiven Anspruch des einzelnen Arbeitnehmers aus § 75 Abs. 2 S. 1 BetrVG und differenzieren entweder nicht zwischen der Schutz- und der Förderungspflicht[644] oder bejahen subjektive Rechte aus der Schutzpflicht und lehnen jedoch konkrete Ansprüche aus der Förderungspflicht ab. Insbesondere *Haneberg* kommt über eine unmittelbare Grundrechtswirkung im Rahmen des § 75 Abs. 1, 2 BetrVG (Schutzpflicht) zu subjektiven Ansprüchen einzelner Arbeitnehmer[645]. Andererseits bejaht sie zwar einen Anspruch auf Förderung der Persönlichkeit, lehnt jedoch - insofern inkonsequent - einen Anspruch auf eine konkrete Einzelmaßnahme des Arbeitgebers ab, da dies die entgegenstehenden Rechte des Arbeitgebers auf Entscheidungsfreiheit unberücksichtigt lasse[646]. Nur wenn alle anderen Verhaltensmöglichkeiten des Arbeitgebers zur Verletzung des Persönlichkeitsrechts des Arbeitnehmers führen, könne der Arbeitnehmer eine konkrete Einzelmaßnahme verlangen[647]. Hierbei verkennt sie jedoch, dass bereits dieses verletzende Unterlassen eine Handlungspflicht aus der Schutzpflicht begründen kann, so dass es auf die Förderungspflicht nicht ankommt. Auch *Löwisch* bejaht subjektive Ansprüche einzelner Arbeitnehmer aus

---

[643] BAG vom 3.12.1985, AP 2 zu § 74 BAT, Ziff. 4 des Leitsatzes, ohne jedoch in den Gründen auf das dogmatische Verhältnis zwischen Individual- und Kollektivarbeitsrecht einzugehen; vgl. BAG vom 14.1.1986, AP 5 zu § 1 BetrAVG Gleichbehandlung (Darstellung der verschiedenen Ansichten; Ergebnis offengelassen); LAG Düsseldorf vom 29.5.2001, NZA 2001, 908, 910, eindeutig einen Anspruch ablehnend; Boemke, NZA 1993, 2083, 2084; wohl auch DKK-Berg, § 75 BetrVG, Rn. 42; Ehmann, FS Wiese, 99 , 112; Fritsch, BB 1992, 701, 704, 707, zu § 75 Abs. 1 BetrVG; ErfK-Hanau/Kania, § 75 BetrVG, Rn. 1; HSG, § 75 BetrVG, Rn. 15; v. Hoyningen-Huene, Betriebsverfassungsrecht, S. 80 (a.A. ders., BB 1991, 2215, 2216); MüHB-ders., § 301, Rn. 68, 87; ders., Anm. zu BAG, AP 5 zu § 1 BetrAVG Gleichbehandlung; GK-Kreutz, § 75 BetrVG, Rn. 68; Neef, NZA 2001, 361, 362; im Ergebnis auch Niederalt, Die Individualrechte des Arbeitnehmers nach dem Betriebsverfassungsgesetz 1972, S. 80; Pouyadou, Die Abhängigkeit des Arbeitnehmers vom Betriebsrat, S. 188; Richardi, § 75 BetrVG, Rn. 41; Thees, Das Arbeitnehmer-Persönlichkeitsrecht als Leitidee des Arbeitsrechts, S. 172 f.; Wendeling-Schröder, NZA 2001, 357, 359 f.; wohl auch Wiese, ZfA 1996, 439, 478

[644] Isele, FS Schwinge, 143, 146

[645] Haneberg, § 75 BetrVG 1972 - Rechte und Pflichten, S. 36; so auch Belling, Die Haftung des Betriebsrats und seiner Mitglieder für Pflichtverletzungen, S. 203 ff.; Otto, Personale Freiheit und soziale Bindung, S. 60

[646] Haneberg, § 75 BetrVG 1972 - Rechte und Pflichten, S. 75

[647] Haneberg, § 75 BetrVG 1972 - Rechte und Pflichten, S. 76

der Förderungspflicht, die er als Konkretisierung der Fürsorgepflicht betrachtet, jedoch nur außerhalb der bestehenden Mitbestimmungsregeln[648].

(2) Stellungnahme

Haneberg[649] und *Hallenberger*[650] folgern aus dem Wortlaut der Norm, es könne nicht ausgeschlossen werden, dass § 75 Abs. 2 S. 1 BetrVG zugleich ein subjektives Recht einräume. Gerade die Abschnittsüberschrift "Grundsätze für die Behandlung der Betriebsangehörigen" stelle einen Bezug zu den Arbeitnehmern her. Andere[651] schließen aus dem Wort "*und*", dass nicht beide Betriebspartner zusammen, sondern jeder für sich angesprochen werde, weshalb § 75 Abs. 2 S. 1 BetrVG unabhängig davon gelte, ob tatsächlich ein Betriebsrat besteht. *Hallenberger*[652] sieht im Zusammenspiel von Arbeitgeber und Betriebsrat keine Voraussetzung, sondern vielmehr nur eine Modalität der Erfüllung der Pflicht.
Das Wort "*und*" deutet auf eine kumulative denn alternative Nennung der Betriebsparteien hin[653]. Die Betriebspartner sind *gemeinschaftlich* angesprochen. Der Wortlaut spricht daher für eine gemeinschaftliche Pflicht der Betriebspartner, was gegen ein subjektives Recht nur gegen einen der Betriebspartner hindeutet[654].

---

[648] Löwisch, AuR 1972, 359, 364; Galerpin/Löwisch, § 75 BetrVG, Rn. 48; ähnlich Belling, Die Haftung des Betriebsrats und seiner Mitglieder für Pflichtverletzungen, S. 277; hiergegen: Hallenberger, Die Pflicht des Arbeitgebers zur Förderung der freien Persönlichkeitsentfaltung nach § 75 Abs. 2 Betriebsverfassungsgesetz; S. 193 ff; Haneberg, § 75 BetrVG 1972 - Rechte und Pflichten, S. 67; Hoffmann, Kompetenzzuweisungen an den Betriebsrat .Grundlage für Individualrechte einzelner Arbeitnehmer ?, S. 67, 69

[649] Haneberg, § 75 BetrVG 1972 - Rechte und Pflichten, S. 14

[650] Hallenberger, Die Pflicht des Arbeitgebers zur Förderung der freien Persönlichkeitsentfaltung nach § 75 Abs. 2 Betriebsverfassungsgesetz, S. 130 f.

[651] So wohl auch BAG vom 26.3.1991, NZA 91, 729, 730; BAG vom 8.6.1999, AP 31 zu § 87 BetrVG 1972 Ordnung des Betriebes, II. der Gründe (auch einseitige Pflicht eines der Betriebspartner); anders BAG vom 21.8.1990, NZA 91, 154, 156 (beide Betriebspartner); MüHB-v. Hoyningen-Huene, § 293, Rn. 67; Fritsch, BB 1992, 701, 702

[652] Hallenberger, Die Pflicht des Arbeitgebers zur Förderung der freien Persönlichkeitsentfaltung nach § 75 Abs. 2 Betriebsverfassungsgesetz, S. 101

[653] So wohl auch Belling, Die Haftung des Betriebsrats und seiner Mitglieder für Pflichtverletzungen, S. 266 f., der jedoch dem Wortlaut keine weitere Bedeutung beimisst, da der Gesetzgeber bei der Abfassung seiner Normen häufig willkürlich und unsystematisch verfahre. In § 75 Abs. 2 S. 2 BetrVG n.F. sind die Betriebspartner ebenso kumulativ aufgeführt ("*Sie haben die Selbständigkeit und Eigeninitiative der Arbeitnehmer und Arbeitsgruppen zu fördern.*"). Dies entspricht dem Wortlaut des Gesetzentwurfes der SPD-Fraktion von 1968 (BT-Ds. V/3658; § 51 Abs. 2 S. 3).

[654] Eine gemeinschaftliche Schuld besteht, wenn die Schuldner in ihrer Verbundenheit zu einer Gesamtleistung im Zusammenwirken den Leistungserfolg herbeizuführen haben. Ansprüche nur gegen einen Schuldner sind damit ausgeschlossen (vgl. Palandt/Heinrichs, v. § 420 BGB, Rn. 7 ff.).

Anderenfalls hätte sich beispielsweise das Wort "*sowie*" angeboten[655]. Würde man von einer alternativen Nennung der Betriebspartner ausgehen, so müsste man, da beide Betriebspartner gleichermaßen verpflichtet sind, auch gegenüber dem Betriebsrat ein subjektives Recht bejahen, was - insofern konsequent - *Belling*[656] macht, die herrschende Meinung aber aufgrund des fehlenden imperativen Mandats des Betriebsrats zutreffend ablehnt. Geht man jedoch richtigerweise davon aus, dass eine gemeinschaftliche Pflicht der Betriebspartner vorliegt, so muss ein subjektives Recht verneint werden, da ein solches gegenüber dem Betriebsrat, der gleichermaßen verpflichtet ist, nicht besteht. Schließlich besagt die Überschrift nichts über das Vorliegen eines subjektiven Rechts. Es ist unbestritten, dass mit § 75 Abs. 2 S. 1 BetrVG bedeutende Grundsätze für die Betriebsverfassung statuiert worden sind. Hieraus kann jedoch zumindest bei der Förderungspflicht nicht gefolgert werden, dass sich aus der Bedeutung der Norm subjektive Rechte herleiten lassen. Hiergegen kann zwar nicht eingewandt werden, die Norm wäre zu unbestimmt, um subjektive Rechte vermitteln zu können[657]. Insofern bedarf es wie bei jeder Generalklausel, so auch bei §§ 241 Abs. 1, 242 BGB, und Rahmenrechten wie dem Persönlichkeitsrecht der Konkretisierung durch die Gerichte[658]. Subjektive Rechte sind hierdurch nicht ausgeschlossen. Lediglich, wenn man subjektive Rechte aus Generalklauseln gänzlich ablehnt[659], wären subjektive Ansprüche zu verneinen. Die Grammatische Auslegung führt daher zu dem Ergebnis, dass die Betriebspartner kumulativ, d.h. gemeinschaftlich verpflichtet werden. Dies wiederum spricht gegen ein subjektives Recht (nur) gegen den Arbeitgeber.

Ferner lassen sich keine Ergebnisse aus dem Gesetzgebungsverfahren für ein subjektives Recht herleiten[660]. Weder das Gesetzgebungsverfahren zu § 51 S. 1 BetrVG 1952[661] noch zu § 75 Abs. 2 BetrVG 1972[662] lassen erkennen, ob hierdurch Ansprüche der Arbeitnehmer begründet werden sollten. Der Entwurf der

---

[655] So ist nach § 14 Abs. 2 S. 1 SchwbG (jetzt § 81 SGB IX) nur der Arbeitgeber als Verpflichteter der Förderungspflicht Schwerbehinderter aufgeführt (vgl. hierzu BAG vom 10.07.1991, AP 1 zu § 14 SchwbG).

[656] Belling, Die Haftung des Betriebsrats und seiner Mitglieder für Pflichtverletzungen, S. 203 ff., 268

[657] So Niederalt, Die Individualrechte der Arbeitnehmer nach dem Betriebsverfassungsgesetz 1972, S. 124

[658] Hallenberger, Die Pflicht des Arbeitgebers zur Förderung der freien Persönlichkeitsentfaltung nach § 75 Abs. 2 Betriebsverfassungsgesetz, S. 134; Kramer, Arbeitsrechtliche Verbindlichkeiten neben Lohnzahlung und Dienstleistung, S. 46; Larenz, BGB AT, § 16, Rn. 6

[659] Krit. zu § 242 BGB und Fürsorgepflicht als Generalklauseln insbes. Wolf, DB 1971, 1863; hiergegen Mayer-Maly, in: Tomandl, Treue- und Fürsorgepflicht im Arbeitsrecht, S. 72 ff.

[660] Hallenberger, Die Pflicht des Arbeitgebers zur Förderung der freien Persönlichkeitsentfaltung nach § 75 Abs. 2 Betriebsverfassungsgesetz, S. 131

[661] Hierzu umfassend Haneberg, § 75 BetrVG 1972 - Rechte und Pflichten, S. 16 ff.

[662] Hierzu umfassend Hallenberg, Die Pflicht des Arbeitgebers zur Förderung der freien Persönlichkeitsentfaltung nach § 75 Abs. 2 Betriebsverfassungsgesetz, S. 11 ff.

Bundesregierung weist zwar darauf hin, dass die eigenen Rechte einzelner Arbeitnehmer gestärkt werden sollten[663]. Diese Individualrechte finden sich jedoch in den §§ 81 ff. BetrVG. Soweit aus dem Gesetzgebungsverfahren hervorgeht, dass die einzelnen Arbeitnehmer vor einer zu großen Einflussnahme der Betriebspartner geschützt werden sollten, richtet sich dieses Ziel gemeinschaftlich gegen die Betriebspartner und nicht gegen den Arbeitgeber.

Des Weiteren spricht die systematische Auslegung gegen ein subjektives Recht. Zum einen befindet sich die Regelung im BetrVG und beispielsweise nicht im BGB. Zum anderen gehören die §§ 81 ff. BetrVG anders als § 75 BetrVG zum 2. Abschnitt des 4. Teils, der mit "*Mitwirkungs- und Beschwerderecht des Arbeitnehmers*" überschrieben ist und unstreitig subjektive Rechte einzelner Arbeitnehmer vermittelt. Hierbei handelt es sich jedoch um Ausnahmen im BetrVG. Dies spricht dafür, dass der Förderungspflicht ausschließlich nur eine betriebsverfassungsrechtliche Funktion zukommt. Es bestehen keine Anhaltspunkte, dass der Gesetzgeber mit der Förderungspflicht neben einer Regelung auf betriebsverfassungsrechtlicher Ebene einen arbeitsvertraglichen Individualanspruch begründen wollte[664].

Auch ein Vergleich mit der Regelung in § 27 Abs. 2 SprAuG führt zu keinem anderen Ergebnis. Insofern wird oftmals auf die Regelung des § 75 BetrVG verwiesen[665]. Bemerkenswert ist jedoch, dass die Begründung zu § 27 Abs. 2 SprAuG, der weder im Gesetzentwurf von 1979[666] noch im Entwurf von 1985[667] enthalten war, anders als noch die Begründung zu § 75 BetrVG 1972, lediglich ausführt, dass es Arbeitgeber und Sprecherausschuss *obliegt*, sich für die freie Entfaltung der Persönlichkeit der leitenden Angestellten einzusetzen[668]. Möglich ist, dass der Gesetzgeber die schwächere Form, *obliegt* statt *verpflichtet*, gewählt hat, weil er leitende Angestellte als grundsätzlich weniger schutzbedürftig ansieht. Möglich ist aber auch, dass der Gesetzgeber dem Wort "*obliegt*" keine geringere Bedeutung als einer ausdrücklichen Verpflichtung beimessen wollte. Angesichts desselben Wortlautes in § 75 Abs. 2 S. 1 BetrVG und § 27 Abs. 2 SprAuG kann dies aber auch bedeuten, dass dem Gesetzgeber ca. 16 Jahre nach dem BetrVG 1972 die mangelnde Justitiabilität der Förderungspflicht bewusst geworden ist und keine subjektiven Ansprüche begründet werden sollten.

---

[663] Vgl. Vorblatt B. 1. Spiegelstrich, A. II. (Allgemeine Begründung) sowie Begründung zu § 81 BetrVG, BT-Ds. VI/1786

[664] Niederalt, Die Individualrechte des Arbeitnehmers nach dem Betriebsverfassungsgesetz 1972, S. 77

[665] So ErfK-Oetker, § 27 SprAuG, Rn. 1, 5, einen Anspruch verneinend; ebenso Hromadka, § 27 SprAuG, Rn. 46; ebenso wohl auch Bauer, § 27 SprAuG, IV. ; für einen Anspruch - insofern konsequent - Löwisch, 1. Aufl., § 27 SprAuG, Rn. 2, 22

[666] BT-Ds. 8/3490

[667] BT-Ds. 10/3384

[668] BT-Ds. 11/2503, S. 42

Ferner sehen einige § 75 Abs. 2 S. 1 BetrVG als Schutzgesetz i.S.v. § 823 Abs. 2 BGB an, da sich aus der Festlegung kollektiver Amtspflichten nicht ergebe, dass kein Individualschutz vorliege[669]. Hiergegen wird eingewandt, dass so über den Umweg des Deliktsrechts Individualansprüche geschaffen würden[670] und der Norm die für ein Schutzgesetz notwendige tatbestandliche Präzision fehle[671]. *Richardi*[672], der in der Vorschrift ausschließlich eine kollektive und keine individuelle Regelung sieht, verneint richtigerweise in der Konsequenz den Schutzgesetzcharakter. Insbesondere *Hallenberger*[673], der im Übrigen den Schutzgesetzcharakter des § 75 BetrVG bejaht, lehnt § 823 Abs. 2 BGB bei der Förderungspflicht zutreffend damit ab, dass die Förderungspflicht nicht vor Schädigungen schützen, sondern vielmehr wie auch § 618 BGB die persönliche Situation verbessern soll. Die Ansicht, die von einem Schutzgesetz des § 75 BetrVG ausgeht, bezieht sich auf eine Entscheidung des BAG vom 05.04.1984, die jedoch den Gleichbehandlungsgrundsatz betraf. Angesichts des offenen Tatbestandes ist daher zumindest bei der Förderungspflicht ein Schutzgesetzcharakter abzulehnen. Überdies besagt die Einordnung als Schutzgesetz i.S.v. § 823 Abs. 2 BGB noch nicht, ob ein subjektives Recht besteht, da nicht in jedem Schutzgesetz die Einräumung eines subjektiven Rechts gesehen werden muss[674].
Fraglich ist jedoch, in welchem Verhältnis § 75 Abs. 2 BetrVG zur allgemeinen Fürsorgepflicht steht, die nicht wie das allgemeine Persönlichkeitsrecht lediglich Abwehr-, sondern auch Leistungsansprüche begründen kann.
Einige sehen in der Förderungspflicht eine Konkretisierung der allgemeinen Fürsorgepflicht[675]. Die Vorschrift enthalte Grundlage und Maßstab für die inhaltliche Gestaltung der Fürsorgepflicht[676] und habe eine solide Grundlage[677] geschaffen.

---

[669] BAG vom 5.4.1984, AP 2 zu § 17 BBiG; Bauer, § 27 SprAuG, V.; DKK-Berg, § 75 BetrVG, Rn. 44; Fitting, § 75 BetrVG, Rn. 98; ErfK-Hanau/Kania, § 75 BetrVG, Rn. 12; HSG, § 75 BetrVG, Rn. 18; wohl auch v. Hoyningen-Huene, RdA 1992, 355, 360

[670] Herschel, Anm. zu BAG AP 2 zu § 17 BBiG; Hromadka, § 27 SprAuG, Rn. 47; MüHB-v. Hoyningen-Huene, § 301, Rn. 87; GK-Kreutz, § 75 BetrVG, Rn.91; Niederalt, Die Individualrechte des Arbeitnehmers nach dem Betriebsverfassungsgesetz 1972, S. 198; ErfK-Oetker, § 27 SprAuG, Rn. 5; Thees, Das Arbeitnehmer-Persönlichkeitsrecht als Leitidee des Arbeitsrechts, S. 172

[671] Belling, Die Haftung des Betriebsrats und seiner Mitglieder für Pflichtverletzungen, S. 216

[672] Richardi, § 75 BetrVG, Rn. 42; so wohl auch Fritsch, BB 1992, 701, 707

[673] Hallenberger, Die Pflicht des Arbeitgebers zur Förderung der freien Persönlichkeitsentfaltung nach § 75 Abs. 2 Betriebsverfassungsgesetz, S. 261 f.

[674] Haneberg, § 75 BetrVG 1972 - Rechte und Pflichten, S. 11; Hallenberger, Die Pflicht des Arbeitgebers zur Förderung der freien Persönlichkeitsentfaltung nach § 75 Abs. 2 Betriebsverfassungsgesetz, S. 133; a.A. Niederalt, Die Individualrechte des Arbeitnehmers nach dem Betriebsverfassungsgesetz 1972, S. 123

[675] Hallenberger, Die Pflicht des Arbeitgebers zur Förderung der freien Persönlichkeitsentfaltung nach § 75 Abs. 2 Betriebsverfassungsgesetz, S. 94; GK-Kreutz, § 75 BetrVG, Rn. 88; Niederalt, Die Individualrechte des Arbeitnehmers nach dem Betriebsverfassungsgesetz, S. 164; Wiese, ZfA 1996, 439, 477; Thees, Das Arbeitnehmer-Persönlichkeitsrecht als Leitidee des Arbeitsrechts, S. 174

Auch wenn Normen des BetrVG, wie die §§ 81 ff. BetrVG nicht zwingend ihre Wirkung auf das BetrVG beschränken und auf das Individualarbeitsverhältnis einwirken können[678], so ist gleichwohl eine Konkretisierung der Fürsorgepflicht abzulehnen. Diese hat nach neuerer Ansicht ihre Grundlage in § 242 BGB[679]. Mit ihr werden herkömmlich die dem Arbeitgeber obliegenden Pflichten beschrieben, die er bei der Durchführung des Arbeitsverhältnisses gegenüber dem Arbeitnehmer zu beachten hat[680] und die im Einzelfall auch Förderpflichten beinhalten können[681]. Es kommt jedoch, wie auch bei § 242 BGB, stets auf den Einzelfall an. Die allgemeine Fürsorgepflicht kann daher nicht abstrakt umschrieben werden[682]. Es ist daher mehr als fraglich, in der Förderungspflicht eine in ihrer Regelungsdichte über den § 242 BGB hinausgehende Norm zu sehen. Sofern *Hallenberger* für eine Konkretisierung einwendet, dass die Förderungspflicht in § 75 Abs. 2 S. 1 BetrVG anders als die allgemeine Fürsorgepflicht auf das Persönlichkeitsinteresse begrenzt und hinsichtlich des geforderten Verhaltens näher bezeichnet sei, ist dem entgegenzuhalten, dass mit dieser Einschränkung auf das Persönlichkeitsinteresse keinerlei konkrete Ergebnisse gewonnen sind, da auch die Persönlichkeitsinteressen nur generalklauselartig umschrieben werden können und einer Konkretisierung durch Rechtsprechung und Lehre bedürfen. Überdies stellt das Persönlichkeitsrecht einen wesentlichen Bestandteil der Fürsorgepflicht dar[683]. Offen bleibt ferner, was *Hallenberger* darunter versteht, wenn er meint, dass geforderte Verhalten sei näher bezeichnet. Die Förderungspflicht in § 75 Abs. 2 S. 1 BetrVG geht auch nicht nur ansatzweise auf bestimmte Verhaltenspflichten ein. Da eine unbeschränkte Generalklausel nicht durch eine andere unbeschränkte Generalklausel inhaltlich bestimmt werden kann[684], ist eine Konkretisierung der allgemeinen Fürsorgepflicht durch § 75 Abs. 2 S. 1 BetrVG abzulehnen. Stattdessen besteht die Fürsorgepflicht nach herkömmlichem Verständnis

---

676 Haneberg, § 75 BetrVG - Rechte und Pflichten, S. 46

677 Isele, FS Schwinge, 143, 146

678 Wiese, RdA 1973, 1, 6 zu §§ 81 ff. BetrVG

679 BAG vom 13.4.1988, AP 100 zu § 611 BGB Fürsorgepflicht, II. 1. der Gründe; Erman-Hanau, § 611 BGB, Rn. 484 m.w.N.; Haneberg, § 75 BetrVG - Rechte und Pflichten, S. 46; Niederalt, Die Individualrechte des Arbeitnehmers nach dem Betriebsverfassungsgesetz, S. 158; Kort, NZA 1996, 854; Schwerdtner, Fürsorgetheorie und Entgelttheorie im Recht der Arbeitsbedingungen, S. 90 f.; krit. Weber, RdA, 1980, 289, 297; wohl auch Wiese, ZfA 1996, 439, 465

680 Vgl. BAG vom 16.5.2000, NJW 2001, 243, 244; Kort, NZA 1996, 854

681 Vgl. BAG GS vom 27.2.1985, AP 14 zu § 611 BGB Beschäftigungspflicht, I. 2. d. Gründe; Zöllner/Loritz, Arbeitsrecht, § 16 II. (S. 206 ff.)

682 BAG vom 13.4.1988, AP 100 zu § 611 BGB Fürsorgepflicht, I. der Gründe; Schaub, ArbRHB, § 108 (Rn. 36)

683 Hierauf wiesen bereits frühzeitig Kramer, Arbeitsrechtliche Verbindlichkeiten neben Lohnzahlung und Dienstleistung, S. 21; Schwerdtner, ZfA 1979, 1, 20; Wiese, ZfA 1973, 273, 278 ff. hin; vgl. auch MüHB-Blomeyer, § 94, Rn. 14

684 Wolf, DB 1971, 1863, 1867

im Verhältnis der Arbeitsvertragsparteien und nicht zwischen den einzelnen Arbeitnehmern und den Betriebspartnern. Insofern wäre allenfalls an eine kollektive Fürsorgepflicht zu denken, die jedoch von der auf individualrechtlicher Ebene zu unterscheiden ist. Daher lässt sich auch aus der systematischen Auslegung kein subjektiver Anspruch einzelner Arbeitnehmer herleiten.
Schließlich werden subjektive Ansprüche aus § 75 Abs. 2 S. 1 BetrVG mit dem Sinn und Zweck der Regelung begründet. Da mit dieser Norm die Rechtsstellung des einzelnen Arbeitnehmers als Persönlichkeit gegenüber Arbeitgeber und Betriebsrat gestärkt werden sollte, sei der Arbeitnehmer vom bloßen Schutzobjekt zum Objekt des Geschehens durch einen insofern zusätzlich gebotenen eigenen Anspruch zu machen[685]. Anderenfalls bliebe die Norm nahezu sanktionslos und würde sich als unwichtig herausstellen[686].
Im öffentlichen Recht wird aus dem Rechtsstaatsprinzip, den Grundrechten sowie aus Art. 19 Abs. 4 GG im Zweifel vermutet, dass Rechtsvorschriften, die die Behörde verpflichten, auch entsprechende subjektive Rechte der Bürger begründen[687]. Das BAG[688] geht ebenso davon aus, dass einer gesetzlichen Verpflichtung i.d.R. auch eine entsprechende Berechtigung einer anderen Person als Gläubiger gegenüberstehe. Hieraus leitet vor allem *Belling*[689] ab, dass auch aus der Förderungspflicht subjektive Rechte hergeleitet werden könnten.
Der Arbeitgeber tritt jedoch dem Arbeitnehmer bei der Informationspflicht nicht als hoheitliche Gewalt, die an das Rechtsstaatsprinzip, die Grundrechte und Art. 19 Abs. 4 GG unmittelbar gebunden ist, gegenüber, sondern vielmehr als Vertragspartner. Insofern räumt auch *Belling*[690] ein, dass im Privatrecht keine umfassenden engen Bindungen und Verantwortlichkeiten wie im öffentlichen Recht bestehen. Selbst wenn man von einer unmittelbaren Grundrechtswirkung im Arbeitsrecht ausginge, so ließen sich hieraus grundsätzlich keine Leistungsansprüche herleiten. Der Arbeitgeber wäre überdies bei einem subjektiven Recht in seiner Unternehmensfreiheit, die ebenso von Art. 12 Abs. 1 GG geschützt ist, gleichfalls betroffen, so dass dem Grundsatz eines subjektiven Rechts nicht ohne weiteres zugestimmt werden kann. Vielmehr bedarf es bei dem Persönlichkeitsrecht als so genanntes Rahmenrecht stets einer Abwägung mit kollidierenden

---

[685] Belling, Die Haftung des Betriebsrats und seiner Mitglieder für Pflichtverletzungen, S. 269; Hallenberger, Die Pflicht des Arbeitgebers zur Förderung der freien Persönlichkeitsentfaltung nach § 75 Abs. 2 Betriebsverfassungsgesetz, S. 132
[686] Belling, Die Haftung des Betriebsrats und seiner Mitglieder für Pflichtverletzungen, S. 270; Haneberg, § 75 BetrVG - Rechte und Pflichten, S. 39
[687] Vgl. BVerfG vom 5.2.1963, BVerfGE 15, 275, 282; Bachof, FS Jellinek, 287, 298, 305; Kopp/Ramsauer, VwVfG, Einf., Rn. 64, 64a
[688] BAG vom 8.8.1989, AP 6 zu § 106 BetrVG 1972, II. 2. b) bb) (1) der Gründe
[689] Belling, Die Haftung des Betriebsrats und seiner Mitglieder für Pflichtverletzungen, S. 268
[690] Belling, Die Haftung des Betriebsrats und seiner Mitglieder für Pflichtverletzungen, S. 268, Fn. 76

Rechten anderer[691]. Im Übrigen beruht der Zweifelssatz darauf, dass feststeht, dass eine gesetzliche Verpflichtung gegenüber einer anderen Person besteht und die Verweigerung an der Teilhabe dieser Vergünstigung als unrechtsstaatlich angesehen wird, da der Begünstigte anderenfalls eine bloße Objektstellung inne habe[692]. Die Einräumung einer Vergünstigung ist jedoch bei der Förderungspflicht gerade das zu klärende Problem. Schließlich ist auch beim subjektiven öffentlichen Recht trotz des Grundsatzes jeweils eine Einzelfallbetrachtung vorzunehmen[693].

Zutreffend ist zwar die individuelle Schutzrichtung der Norm. Von mangelnden Sanktionen kann jedoch nicht die Rede sein, da § 23 Abs. 1 und 3 BetrVG in Betracht kommen, Abs. 2 als Kontrollnorm für Betriebsvereinbarungen und Ausübung der Mitbestimmungsrechte gilt sowie Verstöße hiergegen u.U. die Nichtigkeit zur Folge haben können[694]. Überdies wäre es verfehlt, subjektive Rechte mit dem ansonsten fehlenden Rechtsschutz nach Art. 19 Abs. 4 GG zu begründen, da dieser gerade subjektive Rechte voraussetzt[695]. Sinn und Zweck von § 75 Abs. 2 S. 1 BetrVG ist der Schutz einzelner Arbeitnehmer vor einer Objektstellung zwischen den Betriebspartnern. § 75 Abs. 2 S. 1 BetrVG richtet sich ausschließlich an die Betriebspartner *gemeinschaftlich*. Es handelt sich daher ausschließlich um eine betriebsverfassungsrechtliche Norm[696]. Sie stellt Leitlinie und Ziel des zwischen den Betriebspartnern bestehenden Betriebsverhältnis zum Schutz der Arbeitnehmer dar, ohne dass sie sich jeweils an einen der Betriebspartner wendet. Sie gibt zusammen mit § 2 Abs. 1 BetrVG die Grundsätze für das Betriebsverhältnis vor. Dieses stellt ein reines Innenverhältnis zwischen Arbeitgeber und Betriebsrat dar und entfaltet gelegentlich Schutzwirkung zugunsten der Arbeitnehmer[697], ohne dass sie hieraus subjektive Rechte herleiten könnten. Die Förderungspflicht bestimmt, wie sich die Betriebspartner *gemeinschaftlich* gegenüber einzelnen Arbeitnehmern zu verhalten haben. Hieraus kann keine § 613a Abs. 5 BGB ergänzende individualrechtliche Pflicht des Arbeitgebers dahingehend abgeleitet werden, einzelne Arbeitnehmer individuell-detailliert zu informieren. Eine etwaige Informationspflicht betrifft ausschließlich das Individualverhältnis zwischen Arbeitgeber und einzelnem Arbeitnehmer. Daher besteht nach § 75 Abs. 2 S. 1 BetrVG keine Rechtspflicht des Arbeitgebers weder mit

---

691 Larenz, BGB AT, § 16, Rn. 6

692 Bachof, FS Jellinek, 287, 302

693 Bachof, FS Jellinek, 287, 297

694 Vgl. zu den Sanktionen GK-Kreutz, § 75 BetrVG, Rn. 89 ff.

695 Kopp/Ramsauer, VwVfG, Einf., Rn. 64, 64a

696 Vgl. Mertz, RdA 1971, 203, 205, nach dem eine Zuordnung zum Einzelarbeitsverhältnis nur dann möglich ist, wenn ausschließlich der Arbeitgeber aus einem Individualrecht verpflichtet wird, was er bzgl. §§ 81 ff. BetrVG bejaht.

697 v. Hoyningen-Huene, RdA 1992, 355, 357; ders., Betriebsverfassungsrecht, S. 59; ders., FS Wiese, 175, 187

noch ohne korrespondierenden Anspruch des einzelnen Arbeitnehmers, diesen § 613a Abs. 5 BGB ergänzende Informationen zu erteilen.

V. Zwischenergebnis

Die im BetrVG vorgesehenen Informationsvorschriften unmittelbar gegenüber den Arbeitnehmern vermögen die bestehende Informationslücke bezüglich der individuell-detaillierten Informationen nicht zu schließen.

§ 81 Abs. 2 S. 1 BetrVG vermittelt dem einzelnen Arbeitnehmer zwar individuell-detaillierte Informationen. Diese betreffen jedoch den tatsächlichen Bereich. Die Informationen sind unabhängig von der Existenz eines Betriebsrates zu erteilen. Hierauf hat der einzelne Arbeitnehmer einen Anspruch und kann diesen auch einklagen. Gleichwohl vermögen die zu erteilenden Informationen nicht als Entscheidungsgrundlage beim Betriebsübergang zu dienen, da sie keine rechtlichen Informationen enthalten und überdies nicht zwingend vor dem Betriebsübergang zu erteilen sind. § 81 Abs. 2 BetrVG kann allenfalls bei zeitlicher Parallelität mit § 613a Abs. 5 BGB eine ergänzende Informationsfunktion haben. Mangels Vergleichbarkeit der Sachverhalte zwischen § 613a BGB und § 81 Abs. 2 BetrVG scheidet zudem eine analoge - ergänzende - Anwendung des § 81 Abs. 2 BetrVG aus[698]. Des Weiteren wurde der Anwendungsbereich weder durch § 122 BetrVG 1972, Art. 13 UmwBerG oder dem BetrVG-ReformG ausgedehnt, was den engen Anwendungsbereich der Norm bestätigt.

Wie bei § 43 BetrVG setzt der Bericht nach § 110 BetrVG einen kooperationswilligen Arbeitgeber voraus. Individuell-detaillierte Informationen erhalten die Arbeitnehmer nach diesen Vorschriften nicht. Nach der bis zum Erlass von § 613a Abs. 5 BGB herrschenden Meinung konnte allerdings die Erwähnung eines Betriebsübergangs für die erforderliche Kenntnis des widerspruchswilligen Arbeitnehmers ausreichen.

Schließlich scheidet § 75 Abs. 2 S. 1 BetrVG als Grundlage für eine - ergänzende - Informationspflicht aus. Diese Norm richtet sich vielmehr an die Betriebspartner gemeinschaftlich, ohne dass einzelne Arbeitnehmer hieraus Rechte herleiten könnten.

---

[698] So aber Blank u.a., Arbeitnehmerschutz bei Betriebsaufspaltung und Unternehmensteilung, S. 253; Ingenfeld, Die Betriebsausgliederung aus der Sicht des Arbeitsrechts, S. 162

D. Zusammenfassung

Die neben § 613a Abs. 5 BGB bestehenden gesetzlichen Informationsvorschriften sind nur bedingt geeignet, die typisierenden Globalinformationen des § 613a Abs. 5 BGB zu ergänzen und dem einzelnen Arbeitnehmer eine individual-detaillierte Entscheidungsgrundlage zu liefern.
Zwar sehen die kollektivrechtlichen Informationspflichten nach §§ 106 Abs. 2, 111 S. 1, 80 Abs. 2 S. 1 BetrVG eine "umfassende" Information vor, die jedoch grundsätzlich einer typisierend-betrieblichen Orientierung folgt. Diese Informationspflichten bestehen gegenüber dem Wirtschaftsausschuss bzw. dem Betriebsrat. Das subsidiäre Informationsmodell ist jedoch wenig geeignet, weil der Informationsfluss von der Arbeitnehmervertretung zum jeweiligen Arbeitnehmer nicht gesichert ist.
Anders verhält es sich hingegen mit den Informationsvorschriften des UmwG. Diese sehen unabhängig von der Existenz einer Arbeitnehmervertretung eine Information der Arbeitnehmer vor, gehen jedoch inhaltlich nicht über den auch bei Umwandlungen geltenden § 613a Abs. 5 BGB hinaus, was die Individualität angeht. Zudem bestehen für den widerspruchsberechtigten Arbeitnehmer Probleme hinsichtlich des Zeitpunktes und der Kenntnisnahme.
Noch weniger geeignet sind die Informationen nach dem WpÜG. Diese sind zwar auch gegenüber den Arbeitnehmern selbst, wenn eine Arbeitnehmervertretung nicht existiert, zu erteilen. Hinsichtlich des Umfangs bleiben sie jedoch hinter § 613a Abs. 5 BGB zurück.
Lediglich die nicht im Hinblick auf einen Betriebsübergang erlassenen Nachweispflichten, wirken sich mittelbar - § 613a Abs. 5 BGB ergänzend - auf das Informationsbedürfnis des widerspruchsberechtigten Arbeitnehmers aus. Die Informationen sind grundsätzlich individuell-detailliert und enthalten alle wesentlichen Arbeitsbedingungen. Gleichwohl sind sie nur sehr eingeschränkt zur ergänzenden Information geeignet: Die Nachweispflichten entstehen unabhängig von der die Widerspruchsfrist auslösenden Information nach § 613a Abs. 5 BGB erst nach dem Betriebsübergang. Zudem enthalten sie keine Informationen über die Folgen des Widerspruches.
Die unmittelbar gegenüber den Arbeitnehmern bestehenden Informationsvorschriften des BetrVG vermögen grundsätzlich keine ergänzende Informationen zu liefern. Allenfalls die arbeitsplatzbezogenen Informationen nach § 81 Abs. 2 BetrVG sind hierzu bedingt geeignet. Eine weitergehende Informationspflicht ist dem BetrVG nicht zu entnehmen; insbesondere bietet § 75 Abs. 2 S. 1 BetrVG hierfür keine Grundlage.

4. Kapitel: Zwei-Stufen-Modell

Da die bestehenden gesetzlichen Informationspflichten nicht geeignet sind, dem einzelnen Arbeitnehmer eine individuell-detaillierte Entscheidungsgrundlage für die Ausübung seines Widerspruchsrechts zu liefern, ist nunmehr zu untersuchen, ob neben § 613a Abs. 5 BGB weitergehende nebenvertragliche Informationspflichten in Betracht kommen.
Ein derartiges zweistufiges Informationsmodell ist dem deutschen Recht nicht fremd. Beispielsweise enthält § 53 Abs. 2 BörsG[699] eine besondere Informationspflicht zur Herstellung der Termingeschäftsfähigkeit kraft Information. Diese besondere Informationspflicht gewährleistet eine erforderliche Grundaufklärung über die Funktionsweise und Risiken der verschiedenen Arten von Börsentermingeschäften. Eine über diese besondere Informationspflicht hinausgehende Aufklärungspflicht, die durch die individuellen Verhältnisse des Anlegers oder die Besonderheiten des konkreten Geschäfts bedingt ist, wird durch § 53 Abs. 2 BörsG nicht ausgeschlossen. Vielmehr besteht gegebenenfalls nach den allgemeinen Grundsätzen auf einer zweiten Stufe eine individuelle Aufklärungspflicht[700]. Zwar lassen sich beide Sachverhalte nur schwerlich miteinander vergleichen, da § 53 Abs. 2 BörsG auf die Herbeiführung der Termingeschäftsfähigkeit Unkundiger durch einen Hinweis auf typische mit Termingeschäften verbundene Gefahren gerichtet ist. § 613a Abs. 5 BGB bezieht sich dagegen nicht auf die mit einem Betriebsübergang typischerweise verbundenen Gefahren, sondern auf einen ganz konkreten Übergang. Gleichwohl handelt es sich auch hier um typisierende Globalinformationen ohne Rücksicht auf das individuelle Informationsbedürfnis des jeweiligen Arbeitnehmers.

A. Zulässigkeit einer zweiten Informationsstufe

I. Kein abschließender Charakter des § 613a Abs. 5 BGB

Damit für eine nebenvertragliche individuelle Informationspflicht neben § 613a Abs. 5 BGB auf einer zweiten Stufe Raum ist, bedarf es der Klärung, ob § 613a Abs. 5 BGB die zu erteilenden Informationen abschließend regelt und weitergehende Informationspflichten ausschließt.

---

[699] Eingeführt durch das Gesetz zur Änderung des Börsengesetzes vom 11.7.1989, BGBl. I, S. 1412, zuletzt geändert durch Art. 23 des Gesetzes vom 13.7.2001, BGBl. I, S. 1542

[700] Vgl. BGH vom 11.6.1996, NJW 1996, 2511, 2512; BGH vom 11.3.1997, WM 1997, 811, 812; BGH vom 15.5.1998, NJW 1998, 25675; Irmen, in: Schäfer, Wertpapierhandelsgesetz, Börsengesetz, Verkaufsprospektgesetz, § 53 BörsG, Rn. 43 m.w.N.

Dem Wortlaut des § 613a Abs. 5 BGB ist ein etwaiger abschließender Charakter nicht zu entnehmen. Nach der Semantik ist eine weitergehende nebenvertragliche Informationspflicht daher nicht ausgeschlossen. Auch aus der Systematik lässt sich ein derartiger Ausschluss nicht herleiten. Nach § 613a Abs. 6 BGB dient die Information (auch) der Ausübung des Widerspruchsrechts. Hieraus könnte man schlussfolgern, dass der Gesetzgeber die typisierenden Informationen nach § 613a Abs. 5 BGB für ausreichend erachtet und weitergehende individuell-detaillierte Informationen nicht für erforderlich hält. Die nebenvertragliche Informationspflicht stellt primär auf das jeweilige Informationsbedürfnis ab; § 613a Abs. 6 BGB dagegen zunächst auf den Zugang der Information nach Abs. 5. Für § 613a Abs. 6 BGB ist das individuelle Informationsbedürfnis daher grundsätzlich irrelevant. Es ist nicht anzunehmen, dass § 613a Abs. 5 BGB nach der Vorstellung des deutschen Gesetzgebers das Informationsbedürfnis bei einem Betriebsübergang abschließend regelt. Dies bestätigt auch die historische Auslegung. Weder aus den Materialien des § 122 BetrVG 1972[701], des arbeitsrechtlichen EG-Anpassungsgesetzes[702] noch des Art. 2 UmwBerG[703] ergeben sich Anhaltspunkte für eine abschließende Regelung des § 613a BGB. Allenfalls aufgrund der Nichtumsetzung des Art. 6 Abs. 5 RL 77/187/EWG ließen sich bis zum Erlass des § 613a Abs. 5 BGB womöglich Rückschlüsse herleiten, dass der deutsche Gesetzgeber keine individuelle Informationspflicht statuieren wollte. Von einem beredten Schweigen des Gesetzgebers in § 613a Abs. 5 BGB kann allerdings keine Rede sein. In der Begründung zu § 613a Abs. 5 BGB[704] heißt es:

"Im Unterschied zu einer lediglich mündlichen Unterrichtung, ..., hat der Arbeitnehmer ... die Möglichkeit, die für ihn neuen und nicht sofort überschaubaren Informationen nachzulesen, sich weitergehend zu erkundigen und gegebenenfalls beraten zu lassen und auf dieser Grundlage zu entscheiden, ob er dem Übergang des Arbeitsverhältnisses widersprechen will."

Der Hinweis auf die weitergehenden individuell-detaillierten Informationen trotz der Unterrichtung nach § 613a Abs. 5 BGB belegt, dass diese Vorschrift nicht abschließend zu verstehen ist, auch wenn von der individuellen Information des Referentenentwurfs Abstand genommen wurde. Eine umfassende Information für jeden einzelnen Arbeitnehmer enthält der § 613a Abs. 5 BGB daher nicht, weshalb Raum für weitergehende Informationspflichten ist. Europarechtliche Vorgaben führen zu keinem anderen Ergebnis. Eine für den Arbeitnehmer günstigere - ergänzende - Informationspflicht, wäre nach Art. 8 RL 2001/23/EG zulässig.

---

[701] BT-Ds. VI/1786, S. 27 f., 59

[702] BT-Ds. 8/3317

[703] Abgedruckt bei: Wagner, Das neue Umwandlungsrecht, S. 347

[704] BR-Ds. 831/01, S. 42 = BT-Ds. 14/7760, S. 19; ähnlich Meyer, AuA 2002, 159, 162

II. Kein ausschließlicher Vorrang der Selbstinformation

Wie der Begründung zu § 613a Abs. 5 BGB zu entnehmen ist, geht der Gesetzgeber scheinbar davon aus, dass sich der Arbeitnehmer bei einem weitergehenden Informationsbedürfnis auf Grundlage der typisierenden Globalinformationen selbst erkundigen könne. Ob diese Aussage abschließend unter Ausschluss jeglicher weitergehender Informationspflichten zu verstehen ist, erscheint indes fraglich.

Die vor Erlass des § 613a Abs. 5, 6 BGB herrschende Meinung ging davon aus, dass es für den Beginn der Widerspruchsfrist ausreiche, wenn der Arbeitnehmer gewisse Grundinformationen habe. Im Übrigen könne sich der Arbeitnehmer anschließend selbst erkundigen[705]. Die früher herrschende Auffassung folgte daher ebenso einem Zwei-Stufen-Modell: Erste Stufe war die Verschaffung eines Grundkenntnisstandes; zweite Stufe die Informationsbeschaffung durch den Arbeitnehmer, notfalls mittels Auskunftsanspruchs[706]. Damit entsprach diese Meinung - bis auf den Rechtscharakter der Grundinformation als Obliegenheit - durchaus der allgemeinen Auffassung, dass eine Aufklärungspflicht dann ausscheidet, wenn vom Berechtigten selbständige Erkundigungen und ergänzende Fragestellungen erwartet werden[707]. Gleichwohl wäre eine pauschale Anknüpfung an dieser grundsätzlich zutreffenden Auffassung verfehlt. Sie würde das Informationsrisiko einseitig auf den Arbeitnehmer abwälzen. Er müsste das Risiko seiner eigenen Bemühungen tragen. Zudem ist der Arbeitnehmer stets einem gewissen Zeitdruck nach § 613a Abs. 6 BGB ausgesetzt, der - je nach Zugang der Information im Sinne von § 613a Abs. 5 BGB - erheblich kürzer sein kann, da es nicht auf die tatsächliche Kenntnisnahme ankommt. Der Arbeitnehmer wäre darlegungs- und beweispflichtig für einen weitergehenden Auskunftsanspruch. Zudem besteht das Risiko eines nach erteilter Grundinformation erklärten Widerspruchs oder einer Eigenkündigung des Arbeitnehmers, was bei gehöriger Detailkenntnis nicht erfolgt wäre. Insofern ließe sich eine Kompensation allenfalls durch einen nachfolgenden Schadensersatzprozess erreichen, dessen Risiko wiederum der Arbeitnehmer trüge. Fernerhin hängt eine Auskunftserteilung von einer vorherigen Anfrage ab. Hieraus ergibt sich zunächst eine zeitliche Komponente, was die ohnehin knappe Entscheidungsfrist von einem Monat zusätzlich verkürzen würde. Des Weiteren ist bei einem objektiven Informationsbedürfnis davon auszugehen, dass ein durchschnittlicher Arbeitnehmer diesbezügliche Auskunftsansprüche ohnehin geltend machen wird, weshalb es eines Umweges über ein Auskunftsverlangen nicht bedarf. Die Antizipation der Anfrage ergibt

---

[705] Siehe hierzu S. 179 ff.

[706] So Dreher, BB 2001, 2358, 2362

[707] Vgl. BAG vom 23.5.1989, AP 28 zu § 1 BetrAVG Zusatzversorgungskassen; BGH vom 16.9.1981, WM 1981, 1224, 1225; BGH vom 26.11.1986, WM 1987, 319, 320; BGH vom 13.7.1988, NJW 1988, 763; BGH vom 6.4.2001, NJW 2001, 2021

sich dann bereits aus dem Informationsbedarf. Es wäre daher pleonastisch, den Arbeitnehmer auf sein Auskunftsrecht zu verweisen, wenn sein Auskunftsverlangen ohnehin erwartet wird. Der Vorrang der Selbstinformation begrenzt sich daher auf Umstände die rein subjektiver Natur bzw. von untergeordneter Bedeutung sind oder aus den typisierenden Globalinformationen nach § 613a Abs. 5 BGB ohne weiteres hergeleitet werden können. Der Vorrang der Selbstinformation stößt schließlich dann an seine Grenzen, wenn der Arbeitnehmer noch nicht einmal die Möglichkeit hat, entsprechende Fragen zu stellen[708], weil es sich seiner Kenntnis entzieht, wonach er fragen müsste.
Der Gesetzesbegründung zu § 613a Abs. 5 BGB ist trotz des Hinweises auf weitergehende Informationsbeschaffung durch den Arbeitnehmer nicht zu entnehmen, dass der Vorrang der Selbstinformation apodiktisch zu verstehen ist. Vielmehr baut diese Aussage auf die Informationen nach § 613a Abs. 5 BGB auf. Entsprechen diese nicht den gesetzlichen Vorgaben oder lassen sich hieraus keine weitergehenden Erkenntnisse gewinnen, so kann der Grundsatz der Selbstinformation nicht abschließend gelten. Ergänzende Informationspflichten sind daher möglich.

B. Voraussetzungen einer Informationspflicht nach § 242 BGB

I. Im allgemeinen Zivilrecht

1.) Grundsatz

Es entspricht der ständigen Rechtsprechung der Zivilgerichte und der herrschenden Ansicht in der Literatur, dass sowohl im vorvertraglichen als auch im vertraglichen Bereich keine allgemeine Aufklärungspflicht besteht[709]. Eine ausnahmsweise aus § 242 BGB hergeleitete Aufklärungspflicht eines Vertragspartners setze voraus, dass es sich um einen für die Entschließung der anderen Seite erkennbar wesentlichen, insbesondere den Vertragszweck gefährdenden Umstand

---

[708] Schwarze, Vorvertragliche Verständigungspflichten, S. 10, 146 f. ("Problemerkennungskompetenz"); Teichmann, JA 1984, 545, 547; vgl. auch BGH vom 4.7.2002 - I ZR 55/00; BGH vom 28.5.2002 - XI ZR 150/01

[709] RG vom 7.7.1925, RGZ 111, 233, 234; BGH vom 13.7.1983, NJW 1983, 2493, 2494; BGH vom 11.3.1987, NJW 1987, 2082, 2084; BGH vom 13.7.1988, NJW 89, 763; BGH vom 15.4.1997 , NJW 97, 3230, 3231 m.w.N.; BGH, 12.07.2001 - IX ZR 360/00 - im Internet: www.rws-verlag.de/volltext/zbgh183.htm ; OLG Dresden vom 28.5.2001, WM 2002, 1881; LG Darmstadt vom 18.12.1996, NJW 1999, 365, 366; Grigoleit, Vorvertragliche Informationshaftung, S. 7; ders., WM 2001, 597, 599; Klingler, Aufklärungspflichten im Vertragsrecht, S. 23; Lorenz, Der Schutz vor dem unerwünschten Vertrag, S. 319; MüKo-Roth, § 242 BGB, Rn. 269; Schwarze, Vorvertragliche Verständigungspflichten, S. 21 f.

handelt. Überdies wird verlangt, dass der Vertragspartner nach Treu und Glauben unter Berücksichtigung der Verkehrssitte Aufklärung erwarten darf[710]. Unterlässt der Verpflichtete die Aufklärung, so kann dies eine Pflichtverletzung darstellen, die zum Schadensersatz aus culpa in contrahendo bzw. positiver Forderungsverletzung verpflichtet. Parallelen bestehen insofern zur Anfechtung wegen arglistiger Täuschung nach § 123 BGB, wenn auf einen Umstand hinzuweisen war, wobei als Verschuldensmaßstab jedoch Arglist vorliegen muss. An diesen Grundsätzen hat auch die Schuldrechtsreform[711] nichts geändert. Ein Schadensersatzanspruch aus einer Informationspflichtverletzung ergibt sich nunmehr im bestehenden Vertragsverhältnis aus § 280 Abs. 1 BGB und bei einem vorvertraglichen Schuldverhältnis i.V.m. § 311 Abs. 2 BGB. Die besondere Pflicht zur Rücksichtnahme im Schuldverhältnis ist in § 241 Abs. 2 BGB statuiert[712]. Dessen konkreter Inhalt lässt sich allerdings - wie bislang - nur über §§ 157, 242 BGB bestimmen[713].

2.) Voraussetzungen im Einzelnen

a) Generalklausel

Soweit kein - stillschweigend vereinbarter - Beratungsvertrag vorliegt, leitet die h.M. mangels gesetzlicher Grundlage[714] eine Aufklärungspflicht aus § 242 BGB als vertragliche Nebenpflicht her. Hierbei werden oftmals sehr weit gefasste generalklauselartige Formulierungen verwandt, wonach bei einem besonderen Vertrauensverhältnis[715] oder nach Treu und Glauben unter Berücksichtigung der Verkehrsanschauung redlicherweise eine Aufklärung zu erwarten ist[716]. Diese

---

710 Ständige Rechtsprechung: vgl. RG vom 7.7.1925, RGZ 111, 233, 234; BGH vom 13.7.1988, NJW 1989, 763; BGH vom 20.10.2000, WM 2001, 216, 217; BGH vom 4.4.2001 - VIII ZR 32/00 - II. 3. b) d. Gr., im Internet: www.rws-verlag.de/volltext/zbgh752.htm; BGH vom 6.4.2001, NJW 2001, 2021; BGH vom 28.11.2001, DB 2002, 838, 839; LSG Rheinland-Pfalz vom 20.9.2001, NZA-RR 2003, 46, 48; Grigoleit, Vorvertragliche Informationshaftung, S. 6; Enneccerus-Lehmann, Schuldrecht, 14. Aufl., § 43 III. (S. 184); MüKo-Roth, § 242 BGB, Rn. 270

711 BT-Ds. 14/7052; BGBl. I vom 29.11.2001, S. 3138

712 Die Regierungsbegründung zu § 241 Abs. 2 BGB erwähnt explizit auch Aufklärungspflichten (BT-Ds. 14/6040, S. 125); Palandt/Heinrichs, § 241 BGB, Rn. 7; krit. insofern Zimmer, NJW 2002, 1, 7, 12.

713 Teichmann, BB 2001, 1485, 1491

714 Vgl. Mugdan I 467: *"...inwieweit eine Rechtspflicht besteht, dem anderen Theile Umstände mitzuteilen, von denen vorauszusetzen ist, daß sie auf seine Entschließung von Einfluß sein würden, entzieht sich der gesetzlichen Lösung."*

715 Vgl. nur BGH vom 16.2.1981, NJW 1981, 1266, BGH vom 13.7.1983, NJW 1983, 2493, 2494; Giesen, NJW 1971, 1795, 1798

716 Vgl. RG vom 7.7.1925, RGZ 111, 233, 234; BGH vom 28.4.1971, NJW 1971, 1795, 1799; BGH vom 13.7.1983, NJW 1983, 2493, 2494; BGH vom 20.10.2000, WM 2001, 216, 217;

generalklauselartigen Umschreibungen werden teilweise als "Leerformeln" kritisiert und für eine dogmatische Begründung als unzureichend angesehen[717]. Im Bemühen um eine ansatzweise Konkretisierung haben Rechtsprechung und Lehre verschiedene Fallgruppen gebildet, wobei dennoch im Ergebnis eine Einzelfallbetrachtung als notwendig angesehen wird.
So soll die Intensität der gegenseitigen Beziehungen ein Kriterium für eine Aufklärungspflicht sein. Je intensiver die Beziehung, d.h. einmaliger geschäftlicher Kontakt oder Dauerrechtsverhältnis, desto weitergehender seien die Aufklärungspflichten[718]. Hiergegen hat *Breidenbach* überzeugend eingewandt, dass eine langjährige Beziehung lediglich als Indiz und nicht als Kriterium für eine Aufklärungspflicht dienen könne[719]. Die Intensität der Beziehung habe Einfluss auf die Erkennbarkeit des Informationsbedarfs für den Aufklärungspflichtigen, was jedoch nicht für das Bestehen einer Aufklärungspflicht, sondern lediglich für den Verschuldensmaßstab eine Rolle spiele[720].
Fernerhin soll besondere Sachkunde ein Kriterium für eine Aufklärungspflicht sein[721]. Ist die besondere Sachkunde des Aufklärungspflichtigen nicht bereits nach Auffassung beider Vertragspartner Grundlage einer Entscheidung, also ein (stillschweigender) Beratungsvertrag, so sieht *Breidenbach* zutreffend hierin die

---

BGH v. 4.4.2001 -VIII ZR 32/00 - II. 3. b) d. Gr., im Internet: www.rws-verlag.de/volltext/zbgh752.htm; BGH vom 6.4.2001, NJW 2001, 2021; BGH vom 6.2.2002 - VIII ZR 185/00; LG München vom 19.12.2001, WM 2002, 285, 286; Palandt/Heinrichs, § 311 BGB, Rn 42; Enneccerus-Lehmann, Schuldrecht, 14. Aufl., § 43 III. (S. 184); Klingler, Aufklärungspflichten im Vertragsrecht, S. 22

[717] Breidenbach, Die Voraussetzungen von Informationspflichten beim Vertragsschluß, S. 52; Klingler, Aufklärungspflichten im Vertragsrecht, S. 22; krit. auch Lorenz, Der Schutz vor dem unerwünschten Vertrag, S. 318

[718] RG vom 9.12.1932, RGZ 139, 103, 105 f.; BGH vom 31.1.1979, MDR 1979, 730; ähnlich BGH vom 22.10.1981, MDR 1982, 462, 463; BGH vom 14.1.2002 - II ZR 184/99; Breidenbach, Die Voraussetzungen von Informationspflichten beim Vertragsschluß, S. 52 ff. m.w.N.; Henssler, Risiko als Vertragsgegenstand, S. 147; Hopt, Der Kapitalanlegerschutz im Recht der Banken, S. 421; MüKo-Roth, § 242 BGB, Rn. 306; ähnlich auch Fleischer, Informationsasymmetrie im Vertragsrecht, S.567 ff., der verschiedene "Bausteine einer Theorie vorvertraglicher Informationsverantwortlichkeiten" auch nach den verschiedenen Vertragstypen gliedert.

[719] Breidenbach, Die Voraussetzungen von Informationspflichten beim Vertragsschluß, S. 56

[720] Breidenbach, Die Voraussetzungen von Informationspflichten beim Vertragsschluß, S. 54; Henssler, Risiko als Vertragsgegenstand, S. 145; Lorenz, Der Schutz vor dem unerwünschten Vertrag, S. 419

[721] BGH vom 28.4.1971, NJW 1971, 1795, 1799; BGH vom 24.3.1977 , NJW 1978, 41, 42; BGH vom 22.10.1981, MDR 1982, 462, 463; ähnlich BGH vom 28.1.1997, NJW 1997, 1361, 1362; OLG Dresden vom 28.5.2001, WM 2002, 1881, 1882; Giesen, NJW 1971, 1798; Werres, Aufklärungspflichten in Schuldverhältnissen und deren Grenzen, S. 139; weitere Nachweise bei Breidenbach, Die Voraussetzungen von Informationspflichten beim Vertragsschluß, S. 56, Fn. 25; Fleischer, Informationsasymmetrie im Vertragsrecht, S. 580 f.

Merkmale für eine Aufklärungspflicht, nämlich Informationsbedarf und Möglichkeit der Information[722].
Im Bemühen um eine dogmatische Herleitung einer nebenvertraglichen Aufklärungspflicht, führt *Breidenbach* die drei Topoi *Informationsbedarf*, *Möglichkeit der Information* und *Funktionskreis* an, die in einem *beweglichen System* zueinander stünden[723]. Im Folgenden soll nun auf diese Kriterien näher eingegangen werden, um zu klären, ob sie tatsächlich als konkrete Merkmale für eine Aufklärungspflicht geeignet sind.

b) Informationsbedarf

Das Merkmal *Informationsbedarf* ist bereits in den generalklauselartigen Umschreibungen der Aufklärungspflicht enthalten, wenn es heißt, dass "*über solche Umstände aufzuklären ist, die den Vertragszweck vereiteln können und daher für seinen Entschluss von wesentlicher Bedeutung sind*"[724].
Hierbei kommt es auf die Notwenigkeit der Information für eine Entscheidung an, die nicht von groben Fehlvorstellungen geleitet ist, wobei auf den konkreten

---

722 Breidenbach, Die Voraussetzungen von Informationspflichten beim Vertragsschluß, S. 57 ff.

723 Breidenbach, Die Voraussetzungen von Informationspflichten beim Vertragsschluß, S. 61, mit der Auffassung, daß auch einzelne Elemente des beweglichen Systems entfallen könnten, wobei dennoch eine Informationspflicht bestünde, z.B. der Funktionskreis (S. 77); vgl. zum sog. beweglichen System auch: Canaris, Die Vertrauenshaftung im Deutschen Privatrecht, S. 302 f. (Typisch für ein bewegliches System sei vor allem, daß zwar bestimmte Kriterien generell feststehen, daß sich die Rechtsfolge aber nur im Einzelfall entsprechend dem Zusammenwirken dieser Elemente ergibt. Je mehr der Merkmale erfüllt sind, desto eher sei ein Anspruch gegeben.); Krebs, Sonderverbindung und außerdeliktische Schutzpflichten, S. 509; Kohte, ZBB 1994, 172, 176; Schumacher, Vertragsaufhebung wegen fahrlässiger Irreführung unerfahrener Vertragspartner, S. 99; grundlegend: Wilburg, AcP 163 (1963), 346 ff; kritisch zur Beweglichkeit des Systems insbes. Fleischer, Informationsasymmetrie im Vertragsrecht, S. 274 ff.; Henssler, Risiko als Vertragsgegenstand, S. 142; Schwarze, Vorvertragliche Verständigungspflichten, S.90 ff.

724 Vgl. BGH vom 18.10.1978, NJW 1979, 2243; BGH vom 13.10.1992, ZIP 1992, 1614, 1616 ("aufklärungsbedürftig"); BGH vom 28.1.1997, NJW 1997, 1361, 1362 ("besonderes Aufklärungs- und Schutzbedürfnis"); BGH vom 11.3.1997, NJW 1997, 2171, 2172 ("Aufklärungsbedürftigkeit"); BGH vom 1.7.1999, WM 1999, 1614, 1615 ("Aufklärungsbedürftigkeit"); BGH vom 5.10.1999, NJW 2000, 359, 362 ("Informationsbedarf"); BGH vom 23.11.1999, NJW 2000, 1650 ("Aufklärungsbedürfnis"); OLG Brandenburg vom 27.6.2001 - 7 U 246/00, I. 3. a) der Entscheidungsgründe ("Informationsbedarf"), im Internet: www.rws-verlag.de/volltext/zolg871.htm ; OLG Düsseldorf vom 19.5.1998, ZIP 1998, 1220, 1221 ("Informationsbedarf"); OLG Naumburg vom 15.6.2000, WM 2001, 1411, 1412 ("Aufklärungsbedürfnis"); Böhner, BB 2001, 1749, 1750; Hopt, Der Kapitalanlegerschutz im Recht der Banken, S. 414 ff. ("Aufklärungsbedürftigkeit"); Schumacher, Vertragsaufhebung wegen fahrlässiger Irreführung unerfahrener Vertragspartner, S. 69 ("Informationsbedürfnis"); Thamm/Pilger, BB 1994, 729, 730

Vertragszweck abzustellen ist, da unendlich viele subjektive Umstände eine Rolle spielen können[725]. Entscheidend für den objektiv zu ermittelnden Informationsbedarf ist daher der konkrete Vertragszweck, der sich aus dem Vertrag selbst oder den Umständen ergeben kann. Die Aufklärungspflicht selbst aber auch ihr Umfang bemessen sich nach der Erheblichkeit des Informationsbedarfs. Bei einer Vereitelung des Vertrages durch Unterlassen der Information ist das Informationsbedürfnis größer als wenn die Information lediglich für den Vertragszweck von wesentlicher Bedeutung ist[726]. Daher besteht kein Informationsbedarf hinsichtlich allgemeiner Marktverhältnisse[727] oder vertragstypischer Risiken[728], es sei denn, es besteht eine Abweichung vom vertragstypischen Risiko[729], der Aufklärungspflichtige hat Kenntnis des auf irrige Vorstellungen beruhenden besonderen Informationsbedarfs[730] oder der Aufklärungspflichtige hat selbst den be-

---

[725] Vgl. BGH vom 13.7.1988, NJW 1989, 763; BGH vom 19.12.1997, NJW 1998, 898, 899 (maßgeblich sei der individuelle Vertragszweck); BGH v. 4.4.2001 -VIII ZR 32/00 - II. 3. c) bb) d. Gr., im Internet: www.rws-verlag.de/volltext/zbgh752.htm; Breidenbach, Die Voraussetzungen von Informationspflichten beim Vertragsschluß, S. 63; Lorenz, Der Schutz vor dem unerwünschten Vertrag, S. 417; Schumacher, Vertragsaufhebung wegen fahrlässiger Irreführung unerfahrener Vertragspartner, S. 109

[726] BGH vom 13.6.2002 - VII ZR 30/01; Breidenbach, Die Voraussetzungen von Informationspflichten beim Vertragsschluß, S. 67 f.; Henssler, Risiko als Vertragsgegenstand, S. 146; Krebs, Sonderverbindung und außerdeliktische Schutzpflichten, S. 506, 512; wohl auch Schwarze, Vorvertragliche Verständigungspflichten, S. 228 f.

[727] Vgl. RG vom 7.7.1925, RGZ 111, 233, 235; BGH vom 13.7.1983, NJW 1983, 2493, 2494; OLG Dresden vom 28.5.2001, WM 2002, 1881, 1882; Breidenbach, Die Voraussetzungen von Informationspflichten beim Vertragsschluß, S. 68 m.w.N. ; Fleischer, Informationsasymmetrie im Vertragsrecht, S. 577 ff. mit weiteren Abstufungen; Henssler, Risiko als Vertragsgegenstand, S. 140; Lorenz, Der Schutz vor dem unerwünschten Vertrag, S. 423 m.w.N.; MüKo-Roth, § 242 BGB, Rn. 284; Schwarze, Vorvertragliche Verständigungspflichten, S. 117 f., 204

[728] Vgl. BGH vom 21.5.1981, WM 1981, 868, 870; BGH vom 10.10.1985, WM 1986, 6, 7; OLG Hamm vom 9.11.1998, ZIP 1999, 745, 748; Breidenbach, Die Voraussetzungen von Informationspflichten beim Vertragsschluß, S. 79; Fleischer, Informationsasymmetrie im Vertragsrecht, S. 319; MüKo-Roth, § 242 BGB, Rn. 289; Schwarze, Vorvertragliche Verständigungspflichten, S. 117

[729] Vgl. BGH vom 15.4.1997, NJW 1997, 3230, 3231; BGH vom 2.4.1998, NJW 1998, 2280; OLG Hamm vom 9.11.1998, ZIP 1999, 745, 748; LG München vom 19.12.2001, WM 2002, 285, 286; Breidenbach, Die Voraussetzungen von Informationspflichten beim Vertragsschluß, S. 81; Henssler, Risiko als Vertragsgegenstand, S. 149; Lorenz, Der Schutz vor dem unerwünschten Vertrag, S. 430; Schumacher, Vertragsaufhebung wegen fahrlässiger Irreführung unerfahrener Vertragspartner, S. 107

[730] Vgl. BGH vom 21.5.1981, WM 1981, 868, 870; BGH vom 11.3.1987, NJW 1987, 2082, 2084; BGH vom 18.1.1996, NJW 1996, 1274, 1275; BGH vom 15.4.1997, NJW 1997, 3230, 3231; BGH vom 2.4.1998, NJW 1998, 2280, 2281; BGH vom 21.10.1998, NJW 1998, 305, 306; BGH vom 1.7.1999, NJW 1999, 2814 f.; BGH vom 20.10.2000, WM 2001, 216 f.; BGH vom 6.4.2001, NJW 2001, 2021; BGH vom 6.2.2002 - VIII ZR 185/00; OLG Dresden vom 28.5.2001, WM 2002, 1881, 1882; OLG Düsseldorf vom 21.8.1996, NJW 1996, 3284; OLG Naumburg vom 15.6.2000, WM 2001, 1411, 1412; Breidenbach, Die Voraussetzungen von

sonderen Informationsbedarf, etwa durch Erzeugung eines Irrtums, verursacht[731]. Diese typische Regel-Ausnahme-Konstellation lässt sich einer Vielzahl von Stellungnahmen zur Aufklärungspflicht entnehmen und liegt auch der Begründung *Breidenbachs* zu Grunde.

Für den objektiv sich aus dem Vertragszweck ergebenden Informationsbedarf ist es ferner unerheblich, ob es sich um einen sozial schutzwürdigen Informationsbedürftigen, etwa Privatperson oder Verbraucher handelt, da einzig und allein der Vertragszweck unabhängig von der Person den Informationsbedarf bestimmt[732].

Ist der Aufklärungsbedürftige bereits informiert, entfällt auch der Informationsbedarf[733].

c) Möglichkeit der Information

Die tatsächliche Kenntnis und die hierdurch bedingte Möglichkeit der Weitergabe der Information ist ein weiteres Kriterium für eine Aufklärungspflicht.

Verfügt der Aufklärungspflichtige über präsentes Wissens, wird eher eine Aufklärungspflicht angenommen als wenn die Informationen erst mühsam und Kosten verursachend beschafft werden müssen[734]. Teilweise wird in diesem Zusam-

---

Informationspflichten beim Vertragsschluß, S. 81; Brors, Die Abschaffung der Fürsorgepflicht, S. 189; krit. Giesen, NJW 1971, 1795, 1797 f.; Schwarze, Vorvertragliche Verständigungspflichten, S. 273, der die konkrete Wissensüberlegenheit einer Partei als maßgeblichen Topos ansieht.

[731] Vgl. BGH vom 8.6.1978, BGHZ 72, 92, 103 (Finanzierung einer Arbeitnehmerbeteiligung); BGH vom 30.5.1995, NJW 1995, 2218; BGH vom 28.1.1997, NJW 1997, 1361, 1362; BGH vom 15.4.1997, NJW 1997, 3230, 3231; BGH vom 10.2.2000, NJW 2000, 1563, 1565; BGH, 12.07.2001 - IX ZR 360/00 - im Internet: www.rws-verlag.de/volltext/zbgh183.htm; KG vom 22.10.1998, NZM 1999, 255, 256 (Aufklärungspflicht des Verwalters über Wegfall der Verwaltereigenschaft); OLG Dresden vom 28.5.2001, WM 2002, 1881, 1882; OLG München vom 12.10.2000, WM 2001, 1215, 1216; OLG Naumburg vom 15.6.2000, WM 2001, 1411, 1412; Breidenbach, Die Voraussetzungen von Informationspflichten beim Vertragsschluß, S. 81 zur Bürgschaft; Fleischer, Informationsasymmetrie im Vertragsrecht, S. 309; Kohte, ZBB 1989, 130, 133; Krebs, Sonderverbindung und außerdeliktische Schutzpflichten, S. 507; Lorenz, Der Schutz vor dem unerwünschten Vertrag, S. 431; Schwarze, Vorvertragliche Verständigungspflichten, S. 113; Werres, Aufklärungspflichten in Schuldverhältnissen, S. 78

[732] Breidenbach, Die Voraussetzungen von Informationspflichten beim Vertragsschluß, S. 64 f.; Brors, Die Abschaffung der Fürsorgepflicht, S. 177; krit. zur Typisierung im Verbraucherschutz insbes. Lorenz, der Schutz vor dem unerwünschten Vertrag, S. 5 ff. sowie Schwarze, Vorvertragliche Verständigungspflichten, S. 149 ff.; vgl. dagegen Hopt, Der Kapitalanlegerschutz im Recht der Banken, S. 416, der für eine Kundentypik plädiert; ähnlich Teichmann, FS Kraft, S. 629, 631 f.

[733] BGH vom 5.10.1982 - VI ZR 261/80, 2. b) der Gründe; LG München vom 29.4.1998, NZG 1998, 592, 593; Henssler, Risiko als Vertragsgegenstand, S. 141; Hopt, Der Kapitalanlegerschutz im Recht der Banken, S. 415

[734] Vgl. BGH vom 27.6.2000, NJW 2000, 3558, 3559; LG Nürnberg vom 7.3.2001, WM 2001, 1900. 1901 re. Sp. a.E.; Breidenbach, Die Voraussetzungen von Informationspflichten beim

menhang auch in Erwägung gebracht, welche Schwierigkeiten für den Informationsbedürftigen bestehen, sich die Informationen selbst zu beschaffen[735]. Deshalb wird insbesondere eine Aufklärungspflicht dann angenommen, wenn der Informationsbedürftige auf die Information seitens des Aufklärungspflichtigen angewiesen ist, weil nur er über die Informationen verfügt oder die Informationsbeschaffung für den Informationsbedürftigen mit erheblichem Aufwand verbunden wäre[736]. Insbesondere *Fleischer*[737] folgert bei einem Wissensvorsprung aus Insiderquellen ein Indiz für Aufklärungspflichten. Verfügt dagegen der Aufklärungspflichtige nicht über präsentes Wissen, so kommt es darauf an, wie schwer sich die Informationsbeschaffung gestaltet[738]. Zumindest hat der Pflichtige auf bestehende Schwierigkeiten oder bei ungeprüften Informationen durch Dritte auf die Schwierigkeiten und die Herkunft der Information hinzuweisen[739]. Kritisch zum Merkmal der Möglichkeit der Information äußert sich insbesondere *Lorenz*. Er hält *Breidenbach* entgegen, dass mit dem Merkmal der Möglichkeit der Information wiederum subjektive Kriterien weiten Raum hätten, da *Breidenbach* unzutreffend nicht die Möglichkeit und Zumutbarkeit der Selbstinformation bei Klärung des Informationsbedarfs prüfe[740].

Das Abstellen auf die zumutbare Selbstinformation durch den Aufklärungspflichtigen im Zusammenhang mit dem Merkmal Informationsmöglichkeit ist teilweise widersprüchlich, da die Angewiesenheit vielmehr (auch) den Informationsbedarf bestimmt. Zum Informationsbedarf kann nur die Frage der (objektiven) Wesentlichkeit für den Vertragspartner und nicht die Möglichkeit der Selbstinformation eine Rolle spielen. Lediglich der Informationsbedarf lässt sich objektiv bestimmen. Die Möglichkeit der Selbstinformation beinhaltet immer auch subjektive Kriterien, die durch die von *Breidenbach* herausgearbeiteten Topoi gerade vermieden werden sollen. Das Kriterium der Informationsmöglichkeit sollte daher ausschließlich nur auf die objektive Möglichkeit abstellen, ob der Informationspflichtige die Informationen zu erteilen vermag.

Vertragsschluß, S. 46 (ökonomische Analyse des Rechts), 70; ähnlich Thamm/Pilger, BB 1994, 729, 730; Schwarze, Vorvertragliche Verständigungspflichten, S. 60 ff.

[735] Breidenbach, Die Voraussetzungen von Informationspflichten beim Vertragsschluß, S. 71; Fleischer, Informationsasymmetrie im Vertragsrecht, S. 298, 573, 584, der die ökonomischen Aspekte mehrfach betont; Krebs, Sonderverbindung und außerdeliktische Schutzpflichten, S. 506; Lorenz, der Schutz vor dem unerwünschten Vertrag, S. 421

[736] Vgl. BGHZ 79, 344; BGHZ 80, 81; BGH vom 4.4.2001 -VIII ZR 32/00 - II. 3. b) d. Gr., im Internet: www.rws-verlag.de/volltext/zbgh752.htm ; Breidenbach, Die Voraussetzungen von Informationspflichten beim Vertragsschluß, S 71

[737] Fleischer, Informationsasymmetrie im Vertragsrecht, S. 299 ff., 578

[738] Breidenbach, Die Voraussetzungen von Informationspflichten beim Vertragsschluß, S. 72; krit. zur ökonomischen Analyse des Rechts vor allem Schwarze, Vorvertragliche Verständigungspflichten, S. 60 ff., der dies zutreffend lediglich als einen von mehreren Faktoren ansieht.

[739] BGH vom 28.9.2000, NJW 2000, 3642; Breidenbach, Die Voraussetzungen von Informationspflichten beim Vertragsschluß, S. 72

[740] Lorenz, Der Schutz vor dem unerwünschten Vertrag, S. 421 (Fn. 1226), 435 (Fn. 1294)

d) Funktionskreis

Als drittes Element des beweglichen Systems stellt *Breidenbach* auf die Funktion des Pflichtigen ab. Soweit der eine Teil aufgrund der gesamten Umstände eine Funktion übernehme und der andere Teil im Vertrauen darauf auf eigene Bemühungen zur Informationsbeschaffung verzichtet, entstehe ein Schutzbedarf[741]. Im Ergebnis stützt sich die Argumentation *Breidenbachs* auf einen Vertrauenstatbestand. Soweit er wiederum auf typische Marktfunktionen bestimmter Aufklärungspflichtiger, beispielsweise Effektenhändler, abstellt, ist seine Ansicht inkonsequent, da er andererseits eine Typisierung Informationsbedürftiger strikt ablehnt. Es ist jedoch lediglich eine Frage der Perspektive, ob der Effektenkäufer typischerweise aufklärungsbedürftig ist oder aber - so *Breidenbach* - ob dem Effektenverkäufer eine bestimmte Funktion am Markt zukommt. Mit dieser Argumentation weicht *Breidenbach* vom Ziel einer Konkretisierung der allgemein benutzten Generalklauseln teilweise ab und unterscheidet sich von der in der Berufshaftungsdiskussion angeführten beruflichen Rolle allenfalls in der Terminologie. Lediglich wenn man im Topos *Funktionskreis*, die dem Verpflichteten *objektiv* zugewiesene Funktion zur Aufklärung sieht, d.h. nicht die Schaffung eines subjektiven, sondern eines objektiven Vertrauenstatbestandes, ist der Funktionskreis geeignet, ein hinreichend bestimmbarer Topos zu sein, der sich jedoch von der typisierenden Rollendiskussion nicht zwingend unterscheidet[742]. Zudem ist bei der Bestimmung des Funktionskreises zu klären, ob der Berechtigte zumutbare Möglichkeiten zur Selbstinformation hat[743]. In diesem Fall ist davon auszugehen, dass der Berechtigte weniger darauf vertrauen darf, der Verpflichtete werde ihm die Informationen vermitteln, als wenn er keine zumutbare Möglichkeit zur Selbstinformation hat.

---

[741] Breidenbach, Die Voraussetzungen von Informationspflichten beim Vertragsschluß, S. 73

[742] Zum objektiven Vertrauenstatbestand bei culpa in contrahendo: Fleischer, Informationsasymmetrie im Vertragsrecht, S. 419, 421 m.w.N.; Teichmann, FS Kraft, S. 629, 639; Thiele, JZ 1967, 649, 652; Soergel/Wiedemann, vor § 275 BGB, Rn. 105; Wiedemann, FS Herschel, 463, 465; krit. zu den verschiedenen Ansätzen der Vertrauenshaftung insbes. Schwarze, Vorvertragliche Verständigungspflichten, S. 89 ff.

[743] Wohl auch Fleischer, Informationsasymmetrie im Vertragsrecht, S. 586, wonach nur der Aufklärung erwarten dürfe, wen im Einzelfall keine Obliegenheit zur Selbstinformation trifft; Henssler, Risiko als Vertragsgegenstand, S. 146, wonach bei unterlassenen eigenen Bemühungen kein Vertrauenstatbestand entstehe. Gänzlich anderer Ansatz bei Schwarze, Vorvertragliche Verständigungspflichten, S. 132 ff., 144 f., der vor allem die Selbstbestimmungsfreiheit für maßgeblich hält und prüft, ob der Berechtigte seiner Informationslast nicht nachzukommen vermag; im Ergebnis jedoch auch eine Informationspflicht verneinend, falls eine zumutbare Möglichkeit zur Selbstinformation besteht.

e) Zwischenergebnis

Der Versuch *Breidenbachs*, die bisherige generalklauselartige Umschreibung von vor- oder nebenvertraglichen Aufklärungspflichten zu konkretisieren, ist nur eingeschränkt gelungen, da er diese wiederum durch die wertende Betrachtung des Funktionskreises und seinen Hinweis auf die Beweglichkeit des Systems teilweise durch andere unbestimmte Begriffe ersetzt[744]. Die von der Rechtsprechung allgemein benutzte und als Leerformel oftmals kritisierte zweistufige Formulierung entspricht im Wesentlichen der Darstellung *Breidenbachs*. Hiernach besteht eine Aufklärungspflicht, wenn es sich erstens um einen für die Entschließung der anderen Seite erkennbar wesentlichen, insbesondere den Vertragszweck gefährdenden Umstand handelt und zweitens der Vertragspartner nach Treu und Glauben unter Berücksichtigung der Verkehrssitte Aufklärung erwarten darf. Die erste Stufe entspricht hierbei dem von *Breidenbach* angeführten *Informationsbedarf*. Die zweite Stufe beinhaltet die Kriterien *Möglichkeit* der Information, *Funktionskreis* und letztlich eine *Gesamtbetrachtung* aller Umstände. Gleichwohl sollen die von *Breidenbach* vorgeschlagenen Kriterien, die zunehmend Zustimmung in Rechtsprechung[745] und Literatur[746] erfahren, als Grundlage zur Klärung der Frage nach arbeitgeberseitigen Informationspflichten bei einem Betriebsübergang dienen. Sie erlauben zumindest, im Gegensatz zu manchem - oftmals willkürlich anmutenden - Urteil, eine nachvollziehbare Analyse möglicher Aufklärungspflichten im Schuldverhältnis, obgleich diese wohl niemals abschließend erfasst werden können[747].

3.) Inhalt und Grenzen

Die Begründung der Aufklärungspflicht selbst erfordert im Ergebnis eine Einzelfallabwägung der beiderseitigen Interessen. Für die Bestimmung des Inhalts und

---

[744] Zustimmend Moosmayer, Aufklärungspflichten beim Unternehmenskauf, S. 105; Krit. Fleischer, Informationsasymmetrie im Vertragsrecht, S. 274 ff.; Lorenz, der Schutz vor dem unerwünschten Vertrag, S. 320; MüKo-Roth, § 242 BGB, Rn. 271; Schwarze, Vorvertragliche Verständigungspflichten, S. 90 ff., 110

[745] OLG München vom 24.4.2001, BB 2001, 1759, 1760: "*Die Reichweite der Aufklärungspflicht bestimmt sich entscheidend auch nach dem Informationsbedarf und den Informationsmöglichkeiten des anderen Teils sowie den Informationsmöglichkeiten und der Funktion des Verpflichteten.*"

[746] Vgl. Moosmayer, Aufklärungspflichten beim Unternehmenskauf, S. 104 f.

[747] Grigoleit, Vorvertragliche Informationshaftung, S. 11 m.w.N., der darauf hinweist, daß sämtliche Präzisierungsversuche im Wesentlichen mit der Rechtsprechung übereinstimmen und keinen nennenswerten Gewinn an Präzision brachten; Henssler, Risiko als Vertragsgegenstand, S. 141; ebenso wohl MüKo-Roth, § 242 BGB, Rn. 271; Schwarze, Vorvertragliche Verständigungspflichten, S. 135 a.E.; krit. zu diesem Befund Fleischer, Informationsasymmetrie im Vertragsrecht, S. 277

der Grenzen ist diese Abwägung ebenso maßgeblich, d.h. auch hier ist nach dem Informationszweck unter billiger Abwägung der Interessen der Beteiligten zu fragen[748]. Daher ist nur insoweit aufzuklären als die vorstehenden Voraussetzungen vorliegen.

II. Im Arbeitsrecht

1.) Grundsatz: Keine Abweichung vom allgemeinen Zivilrecht

"*Im Arbeitsrecht ist manches anders.*"[749] Daher halten einige das Arbeitsrecht als ein vom BGB losgelöstes Sonderrecht, obgleich die weit überwiegende Ansicht an der grundsätzlichen Geltung des BGB festhält[750]. Das gilt insbesondere auch für Aufklärungspflichten und die Grundsätze der culpa in contrahendo beim Vertragsschluss[751].
Aufklärungspflichten im Arbeitsverhältnis werden insbesondere im Zusammenhang mit § 123 BGB wegen unterlassener Aufklärung über maßgebliche Umstände bei Begründung und einvernehmlicher Beendigung des Arbeitsverhältnisses diskutiert. Entgegen der früheren Ansicht[752] werden etwaige Aufklärungspflichten in jüngster Zeit zunehmend nicht mehr mit der Fürsorgepflicht des Arbeitgebers bzw. der Treuepflicht des Arbeitnehmers begründet. Vielmehr wird auf eine, sofern gesetzlich nicht ausgeschlossen[753] bzw. nicht vertraglich vereinbart, aus § 242 BGB folgende arbeitsvertragliche Nebenpflicht abgestellt. Teil-

---

[748] MüKo-Roth, § 242 BGB, Rn. 309; Werres, Aufklärungspflichten in Schuldverhältnissen und deren Grenzen, S. 16; Winkler v. Mohrenfels, Abgeleitete Informationsleistungspflichten im deutschen Zivilrecht, S. 95

[749] Wiedemann, FS Herschel, 463, 464

[750] Vgl. hierzu Boemke, Schuldvertrag und Arbeitsverhältnis, S. 197 ff. m.w.N.; Ernst, Aufhebungsverträge zur Beendigung von Arbeitsverhältnissen, S. 31 ff. m.w.N.; Preis, Grundfragen der Vertragsgestaltung im Arbeitsrecht, S. 11 ff.

[751] Boemke, Schuldvertrag und Arbeitsverhältnis, S. 203 m.w.N., 209; Haiduk, Die culpa in contrahendo im Arbeitsverhältnis, S. 1, 48 m.w.N., mit starker Akzentuierung des damals vorherrschenden Treue- und Fürsorgegedankens; Preis, Grundfragen der Vertragsgestaltung im Arbeitsrecht, S. 11 ff.; Wiedemann, FS Herschel, 463, 466 ff.

[752] Vgl. BAG vom 4.12.1956, AP 16 zu § 3 TOA; BAG vom 12.12.1957, AP 2 zu § 276 BGB; BAG vom 16.12.1959, AP 25 zu § 256 ZPO; BAG vom 22.11.1963, SAE 1964, 119; BAG vom 24.5.1963, SAE 1964, 186; BAG vom 28.5.1964, AP 6 zu § 242 BGB Verwirkung; BAG vom 26.7.1972, AP 1 zu § 4 MTB II; wohl auch BAG vom 24.9.1974 AP 1 zu § 13 GmbHG; BAG vom 13.11.1984, AP 5 zu § 1 BetrAVG Zusatzversorgungskassen; wohl auch BAG vom 3.7.1990, AP 24 zu § 1 BetrAVG; BAG vom 13.11.1991, AR-Blattei ES 1130 Nr. 70 (krit. Anm. Kohte); BAG vom 26.08.1993, AP 8 zu § 72 LPVG NW; vgl. auch LAG Hamburg vom 20.8.1992, LAGE 9 zu § 611 BGB Aufhebungsvertrag; wohl auch LAG Berlin vom 18.1.1999, NZA-RR 1999, 179

[753] So die Ansicht des BAG zu § 8 TVG - vgl. BAG vom 6.7.1972, AP 1 zu § 8 TVG 1969; vgl. auch BAG vom 26.8.1993, AP 8 zu § 72 LVPG NW

weise lässt sich den jeweiligen Entscheidungen keinerlei Begründung der Aufklärungspflicht entnehmen[754] oder sie stand gelegentlich mit der zivilrechtlichen Herleitung der Aufklärungspflicht nicht im Einklang. So rechnete das BAG[755] entgegen der überwiegenden Ansicht im allgemeinen Zivilrecht dem *Informationsbedarf* keine aufklärungsbegründende Wirkung zu, sondern sah dies lediglich als einen Umstand an, der im Rahmen des Verschuldens eine Rolle spiele. Des Weiteren hat das BAG eine Aufklärungspflicht im Zusammenhang mit einer tariflichen Ausschlussfrist abgelehnt, obgleich der Arbeitgeber durch eine Falschauskunft den Informationsbedarf des Arbeitnehmers selbst verursacht hat[756]. Obgleich oftmals die allgemeine Fürsorgepflicht und nicht die allgemeinen zivilrechtlichen Grundsätze als Begründung herangezogen wurde, ergab sich hieraus kein wesentlich inhaltlicher Unterschied, da die Formulierung der benutzten Generalklauseln oftmals identisch waren[757]. Bei der Heranziehung der allgemeinen Fürsorgepflicht besteht jedoch die jedem "Schlagwort" anhaftende Gefahr, eine willkürliche Entscheidung für oder gegen eine Aufklärungspflicht zu treffen, ohne dies argumentativ zu begründen.

Bereits frühzeitig hat das BAG klargestellt, dass auch im Arbeitsverhältnis keine allgemeine Aufklärungspflicht besteht[758]. Überspitzt formulierte es diesen Grundsatz wie folgt[759]:

---

[754] Vgl. BAG vom 24.1.1974, AP 74 zu § 611 BGB Haftung des Arbeitnehmers; BAG vom 15.5.1974, AP 9 zu § 276 BGB Verschulden bei Vertragsschluss; BAG vom 2.12.1976, AP 10 zu § 276 BGB Verschulden bei Vertragsschluss; BAG vom 18.5.1977, AP 2 zu § 611 BGB Nettolohn; BAG vom 13.12.1988, AP 22 zu § 1 BetrAVG Zusatzversorgungskassen, 1. a) bb) der Gründe

[755] BAG vom 24.5.1963, SAE 1964, 186, 187 a.E.

[756] BAG vom 22.1.1997, AP 27 zu § 70 BAT; ähnlich LAG Berlin vom 18.1.1999, NZA-RR 1999, 179, I. 2. b) d. Entscheidungsgründe: Keine Aufklärungspflicht über mögliche steuerliche Nachteile, auch wenn der Arbeitnehmer hierüber vom Arbeitgeber falsch informiert wurde.

[757] Vgl. BAG vom 22.11.1963, SAE 1964, 119, 120:*"...Bei Ihrer* [der Fürsorgepflicht] *Ausgestaltung im einzelnen müssen deshalb die beiderseitigen Belange gegeneinander abgewogen und es darf dem ArbG als Fürsorgemaßnahme nur das zugemutet werden, was nach Treu und Glauben unter Berücksichtigung der im Einzelfall gegebenen Umstände erwartet werden kann.";* BAG vom 13.11.1984, AP 5 zu § 1 BetrAVG Zusatzversorgungskassen, 3. a) der Entscheidungsgründe; BAG vom 10.3.1988, AP 99 zu § 611 BGB Fürsorgepflicht, II. 1. a) der Gründe; vgl. auch LAG Hamburg vom 20.8.1992, LAGE 9 zu § 611 BGB Aufhebungsvertrag, 1. a) der Entscheidungsgründe

[758] Vgl. nur BAG vom 16.12.1959, AP 25 zu § 256 ZPO; BAG vom 26.7.1972, AP 1 zu § 4 MTB II; BAG vom 21.2.1991, AP 35 zu § 123 BGB, m.w.N.; BAG vom 26.8.1993, AP 8 zu § 72 LPVG NW; BAG vom 23.1.2002, NZA 2002, 800, 804; vgl. auch LAG Hamburg vom 20.8.192, LAGE 9 zu § 611 BGB Aufhebungsvertrag, 1. a) der Entscheidungsgründe; LAG Berlin vom 18.1.1999, NZA-RR 1999, 179, I. 2. b) der Entscheidungsgründe; LAG Köln, 2.11.1999 - 13 Sa 477/99 - nv., 2. a) der Entscheidungsgründe

[759] BAG vom 6.7.1972, AP 1 zu § 8 TVG 1969, 3. der Entscheidungsgründe

"Einem in der Mitte des 20. Jahrhunderts lebenden Menschen (ArbN) ist zuzumuten, sich die Rechtskenntnisse zu verschaffen, die er im ArbLeben für die Wahrnehmung seiner sozialen Sicherheit braucht. Hierfür stehen ihm in ausreichendem Maße sachkundige Interessenverbände und Organisationen sowie sonstige Informationsmittel zur Verfügung."

In seinen jüngeren Entscheidungen zu Aufklärungspflichten verweist das BAG, wohl auch aufgrund der Kritik des Schrifttums[760] zur allgemeinen Fürsorgepflicht, nicht mehr auf dieses Rechtsinstitut, sondern vielmehr auf die arbeitsvertragliche Nebenpflicht, die sich im Einzelfall aus dem Grundsatz von Treu und Glauben ergebe[761].
Im arbeitsrechtlichen Schrifttum wird die Frage der dogmatischen Grundlage einer Aufklärungspflicht nicht mehr ernsthaft diskutiert[762]. Die Auseinandersetzung dreht sich im Wesentlichen um die Frage, über welche einzelnen Sachverhalte die jeweilige Arbeitsvertragspartei insbesondere bei Abschluss des Arbeitsvertrages oder eines Aufhebungsvertrages aufklären muss. Eine Abweichung von den allgemeinen Grundsätzen wird nicht vertreten.

---

[760] Vgl. nur Boemke, Schuldvertrag und Arbeitsverhältnis, S. 269, 324, 383 m.w.N.; Heckelmann, Anm. zu BAG , SAE 1974, 123, 126, 127; Richardi, in: Tomandl, Treue- und Fürsorgepflicht im Arbeitsrecht, S. 41, 61 ff.; Schwerdtner, Fürsorgetheorie und Entgelttheorie im Recht der Arbeitsbedingungen, S. 79, 97; Zöllner, in: Tomandl, Treue- und Fürsorgepflicht im Arbeitsrecht, S. 91, 101 f. speziell zu Aufklärungspflichten

[761] Vgl. BAG vom 18.9.1984, AP 6 zu § 1 BetrAVG Zusatzversorgungskasse; wohl auch BAG vom 10.3.1988, AP 99 zu § 611 BGB Fürsorgepflicht; BAG vom 13.12.1988, AP 22 zu § 1 BetrAVG Zusatzversorgungskasse; BAG vom 28.6.2000, ZIP 2000, 1781, 1786; BAG vom 17.10.2000, NZA 2001, 203, 205; BAG vom 17.10.2000, NZA 2001, 206, 207; BAG vom 21.11.2000, NZA 2002, 618, 620; BAG vom 13.11.2001, NZA 2002, 1047, 1048; BAG vom 11.12.2001 - 3 AZR 339/00; BAG vom 21.2.2002, BB 2002, 2335, 2337; vgl. auch LAG Frankfurt vom 7.8.1986, NZA 1987, 352, 353

[762] Vgl. Grundlage Nebenpflicht oder Fürsorgepflicht *dahingestellt*: Bauer, Arbeitsrechtliche Aufhebungsverträge, Rn. 82 ff., 113 c; Becker-Schaffner, BB 1993, 1281; Ernst, Aufhebungsverträge zur Beendigung von Arbeitsverhältnissen, S. 119; wohl auch Müller, Arbeitsrechtliche Aufhebungsverträge, S. 119 f.; Reufels, ArbRB 2001, 26; Weber/Ehrich/Burmester, Handbuch der arbeitsrechtlichen Aufhebungsverträge, Teil 1, Rn. 71; Wisskirchen/Wolzalla, DB 1994, 577, 580; *nur § 242 BGB erwähnend*: Boemke, Schuldvertrag und Arbeitsverhältnis, S. 383 ff.; ErfK-Müller-Glöge, § 620 BGB, Rn. 11; *Fürsorgepflicht*: Blomeyer, SAE 2001, 315; Hopt, Der Kapitalanlegerschutz der Banken, S. 253; Menze, Das Widerspruchsrecht der Arbeitnehmer beim Betriebsübergang, S. 204; Moll/Reufels, MDR 2001, 361, 363; Moll, Anm. zu BAG, AP 103 zu § 613a BGB; Schwarze, ZfA 1997, 43, 59;; wohl auch Welsau, Anm. zu LAG Hamburg, LAGE 9 zu § 611 BGB Aufhebungsvertrag, unter I.; *allgemeine zivilrechtliche Regelungen*: insbes. v. Bar, AcP 179 (1979), 452, 472 (*"Bloße soziale Erwägungen...sind sicher keine selbständige Anspruchsgrundlage !"*; allerdings zum Wiedereinstellungsanspruch); Boemke, AR-Blattei SD Auskunftspflicht, Rn. 25 ff., 236; Derleder, KJ 1995, 320, 337; Kohte, Anm. zu BAG, AR-Blattei ES 1130, Nr. 70 unter 6.; Kursawe, NZA 1997, 245, 246; ErfK-Preis, § 611 BGB, Rn. 898; Schliemann, BB 2001, 1302, 1304

Im Folgenden soll nunmehr der Frage nachgegangen werden, ob sich die von *Breidenbach* angeführten Topoi, *Informationsbedarf, Möglichkeit der Information* und *Funktionskreis*, auch den bisherigen Ausführungen im Arbeitsrecht zur nebenvertraglichen Aufklärungspflicht entnehmen lassen.

2.) Informationsbedarf

Der aus dem konkreten Vertragszweck objektiv herzuleitende Informationsbedarf als Erfordernis für eine Aufklärungspflicht lässt sich auch der Ansicht des BAG entnehmen. So hat es ähnlich wie im allgemeinen Zivilrecht formuliert: Eine Aufklärungspflicht sei an "*die Voraussetzung gebunden, dass die verschwiegenden Umstände die Erfüllung der arbeitsvertraglichen Leistungspflicht unmöglich machen oder sonst für den in Betracht kommenden Arbeitsplatz von ausschlaggebender Bedeutung sind.*"[763]
Im allgemeinen Zivilrecht wird der Informationsbedarf aus einer typischen Regel-Ausnahme-Konstellation hergeleitet. Handelt es sich um ein typisches Risiko, besteht grundsätzlich kein Informationsbedarf, es sei denn, es besteht eine Abweichung vom vertragstypischen Risiko, der Aufklärungspflichtige hat Kenntnis des auf irrige Vorstellungen beruhenden besonderen Informationsbedarfs oder er hat den besonderen Bedarf selbst verursacht. Ohne dies ausdrücklich zu erwähnen, kann fast allen Entscheidungen zur Aufklärungspflicht eine Orientierung hieran entnommen werden. Bereits in früheren Entscheidungen ist der Ausnahmecharakter einer Aufklärungspflicht hervorgehoben worden, so wenn ein außergewöhnliches und atypisches Vertragsrisiko besteht[764], der Arbeitgeber den besonderen über das vertragstypische Risiko hinausgehenden Informationsbedarf des Arbeitnehmers kennt[765] oder den besonderen Informationsbedarf selbst verursacht hat[766].

---

[763] BAG vom 21.2.1991, AP 35 zu § 123 BGB, II. 1. a) der Gründe
[764] LAG Frankfurt vom 7.8.1986, NZA 1987, 352 (Aufklärungspflicht des Arbeitnehmers über Vorstrafen; Ausnahme: besonderer Informationsbedarf, da eine Abweichung vom vertragstypischen Risiko)
[765] BAG vom 12.12.1957, AP 2 zu § 276 BGB Verschulden bei Vertragsschluß; BAG vom 28.5.1964, AP 6 zu § 242 BGB Unzulässige Rechtsausübung - Verwirkung; BAG 18.5.1977, AP 2 zu § 611 BGB Nettolohn; BAG vom 18.9.1984, AP 6 zu § 1 BetrAVG Zusatzversorgungskassen (Aufklärungspflicht mangels Vorliegen einer Ausnahme verneinend); BAG vom 10.3.1988, AP 99 zu § 611 BGB Fürsorgepflicht sowie BAG vom 21.2.2002, BB 2002, 2335, 2338 (Ausnahme: Kenntnis des Aufklärungspflichtigen vom besonderen, vom gewöhnlichen abweichenden Informationsbedarf); LAG Hessen vom 19.11.2001, MDR 2002, 705, 706
[766] BAG vom 4.12.1956, AP 16 zu § 3 TOA; BAG vom 24.9.1974, AP 1 zu § 13 GmbHG; BAG vom 2.12.1976, AP 10 zu § 276 BGB Verschulden bei Vertragsschluß; BAG vom 23.5.1989, AP 28 zu § 1 BetrAVG Zusatzversorgungskasse; so wohl BAG vom 17.10.2000, NZA, 2001, 203, 205; BAG vom 21.2.2002, BB 2002, 2335, 2337 (Ausnahme: Schaffung einer Gefahr des Auklärungspflichtigen, die über die vertragstypische Gefahr hinausgeht und daher einen besonderen Informationsbedarf verursacht)

Die Argumentationslinie des BAG lässt sich besonders deutlich einer jüngeren Entscheidung vom 17.10.2000 zur umstrittenen Aufklärungspflicht bei Abschluss eines Aufhebungsvertrages entnehmen[767]:
Das BAG erwog einen Schadensersatzanspruch aus positiver Forderungsverletzung, wenn der (öffentliche) Arbeitgeber bei Abschluss eines Aufhebungsvertrages Aufklärungspflichten hinsichtlich der bestehenden Zusatzversorgung verletzt hat. Hierbei bestätigte das BAG zunächst den Grundsatz, dass sich jeder Arbeitnehmer vor Abschluss eines Aufhebungsvertrages über dessen Folgen selbst Klarheit verschaffen müsse[768]. Dies gelte dann nicht, wenn der Arbeitgeber den Aufhebungsvertrag im eigenen Interesse initiiert habe, weil er hiermit eine "*außergewöhnliche Gefahrenquelle*" schaffe[769], wenn der Arbeitgeber Kenntnis vom außergewöhnlichen Informationsbedürfnis des Arbeitnehmers hat[770] sowie, wenn Nachteile drohen, die über die üblicherweise drohenden Nachteile hinausgehen, mit denen jeder Arbeitnehmer rechnen müsse[771]. Die Entscheidung verdeutlicht, dass auch das BAG nicht vom im allgemeinen Zivilrecht geltenden Grundsätzen abweicht und ebenso der Regel-Ausnahme-Konstellation folgt.

Hat der Arbeitnehmer bereits Kenntnis, so entfällt auch der Informationsbedarf[772]

In der arbeitsrechtlichen Literatur wird das Merkmal Informationsbedarf nur gelegentlich erwähnt[773]. Die Diskussion erschöpft sich oftmals darin, ob eine Aus-

---

767 BAG vom 17.10.2000, NZA 2001, 206; vgl. BAG vom 11.12.2001 - 3 AZR 339/00, in dem es auch um die Atypizität von Gefahren ging.

768 BAG vom 17.10.2000, NZA 2001, 206, 207, II. 2. a) der Gründe

769 BAG vom 17.10.2000, NZA 2001, 206, 208, II. 2. b) bb) der Gründe (Ausnahme: Schaffung einer Gefahr durch den Aufklärungspflichtigen, die ein über das gewöhnliche Maß hinausgehenden Informationsbedarf auslöst); vgl. auch BAG vom 13.11.1984, AP 5 zu § 1 BetrAVG Zusatzversorgungskassen; BAG vom 18.9.1984, AP 6 zu § 1 BetrAVG Zusatzversorgungskassen (Keine Aufklärungspflicht, wenn Arbeitnehmer den Aufhebungsvertrag initiiert)

770 BAG vom 17.10.2000, NZA 2001, 206, 208, II. 2. b) cc) der Gründe (Ausnahme: Kenntnis des Aufklärungspflichtigen vom besonderen, vom gewöhnlichen abweichenden Informationsbedarf)

771 BAG vom 17.10.2000, NZA 2001, 206, 208, II. 2. c) der Gründe (Ausnahme: besonderer Informationsbedarf, da eine Abweichung vom vertragstypischen Risiko); vgl. aber BAG vom 13.11.1984, AP 5 zu § 1 BetrAVG Zusatzversorgungskassen (Keine Aufklärungspflicht, da Rentennachteile bei vorzeitiger Beendigung ohne weiteres als bekannt vorausgesetzt werden.)

772 BAG vom 7.12.2000, NZA 2001, 495, 499

773 Ausdrücklich Boemke, AR-Blattei SD Auskunftspflicht, Rn. 29; ders., Schuldvertrag und Arbeitsverhältnis, S. 344; Blomeyer, SAE 2001, 315, 317 ("Schutzbedürfnis"); Hofmann, ZfA 1975, 1; Ingenfeld, Die Betriebsausgliederung aus der Sicht des Arbeitsrechts, S. 156; Kursawe, NZA 1997, 245, 247; Löwisch, FS Hilger/Stumpf, 429, 433; Reufels, ArbRB 2001, 26, 27; Schwarze, Anm. zu LAG Hamburg, LAGE 9 zu § 611 BGB Aufhebungsvertrag, unter II.;

nahme gegeben ist oder nicht, ohne auf den konkreten Informationsbedarf einzugehen.

3.) Möglichkeit der Information

Wie im allgemeinen Zivilrecht werden im Arbeitsrecht dem Arbeitgeber keine Informationen abverlangt, die ihm nicht möglich sind[774]. Dieses Merkmal spielt jedoch nur eine untergeordnete Rolle, da der Arbeitgeber zumindest die unmittelbar für das Arbeitsverhältnis relevanten Informationen präsent verfügbar hat. Vom Arbeitgeber wird nicht verlangt, dass er nicht präsentes aber für den Arbeitnehmer interessantes Wissen umfassend beibringt. Vielmehr reicht wie im allgemeinen Zivilrecht der Hinweis darauf, dass die Information nicht vollständig ist und wo der Arbeitnehmer Erkundigungen einholen kann[775]. In diesem Fall ist zumindest das Problembewusstsein des Arbeitnehmers zu wecken[776]. Wenn verschiedene rechtliche Ansichten zu einem aufklärungsbedürftigen Umstand bestehen, lässt dies möglicherweise ein Verschulden nicht aber die Informationspflicht an sich entfallen[777]. Insofern hat der Arbeitgeber auf die unsichere Rechtslage hinzuweisen. Dies ist ihm ohne weiteres möglich.
Problematisch ist in diesem Zusammenhang die insbesondere von *Nägele*[778] vertretene "Sphärendiskussion". Hiernach sei der Arbeitgeber nur soweit zur Aufklärung verpflichtet, als es sein "Wissenspotenzial" zulasse. Dieses Wissenspotenzial könne nur solche Sachverhalte erfassen, die in der Sphäre des Arbeitgebers begründet sind. Hierbei ist bereits fraglich, wonach sich das Wissenspotenzial bestimmen soll, insbesondere ob lediglich verfügbares Wissen gemeint ist. Soweit *Nägele* hierunter lediglich die Möglichkeit der Information verstanden wis-

---

Welsau, Anm. zu LAG Hamburg, LAGE 9 zu § 611 BGB Aufhebungsvertrag , unter II. 1.; Willemsen/Annuß, NJW 1999, 2073, 2080 explizit zu Art. 6 Abs. 6 RL 98/50/EG

[774] So ausdrücklich BAG vom 13.12.1988, AP 22 zu § 1 BetrAVG Zusatzversorgungskassen, 1. a) bb) der Gründe: "*Er braucht den Arbeitnehmer nur auf die ihm bekannten Möglichkeiten hinzuweisen.*"; ähnlich BAG vom 13.11.1996, NZA 1997, 390, 392; Boemke, AR-Blattei SD Auskunftspflicht, Rn. 33; Kursawe, NZA 1997, 245, 247; wohl auch Wisskirchen/Worzalla, DB 1994, 577, 580

[775] Vgl. BAG vom 10.3.1988 , AP 99 zu § 611 BGB Fürsorgepflicht (mögliche Erkundigungen bei Arbeitsamt über etwaige Sperre des Arbeitslosengeldes); BAG vom 13.12.1988, AP 22 zu § 1 BetrAVG Zusatzversorgungskassen (Hinweis auf die verschiedenen Antragsmöglichkeiten); BAG vom 17.10.2000, NZA 2001, 206, 208 m.w.N. (Verweis an Zusatzversorgungskasse); Welsau, Anm. zu LAG Hamburg, LAGE 9 zu § 611 BGB Aufhebungsvertrag, unter II. 2.

[776] So ausdrücklich BAG vom 17.10.2000, NZA 2001, 206, 208

[777] Der Entscheidung des BAG vom 16.12.1959, AP 25 zu § 256 ZPO, lässt sich entgegen des Tenors zu Ziff. 4. keine andere Ansicht entnehmen, da daß BAG in den Entscheidungsgründen einschränkend ausführte, daß *nicht "unter allen Umständen"* über etwaige *Ansprüche* zu belehren sei, wenn darüber rechtlich verschiedene Meinungen möglich sind.

[778] Nägele, BB 1992, 1274, 1277; zustimmend Bengelsdorf, BB 1996, 905, 906; ähnlich Boemke, Schuldvertrag und Arbeitsverhältnis, S. 344; Kursawe, NZA 1997, 245, 248

sen will, kann dem noch gefolgt werden. Es besteht jedoch kein Zusammenhang zwischen dem Kenntnisstand des Arbeitgebers und der Zugehörigkeit des aufzuklärenden Sachverhalts zu einer bestimmten Sphäre. So ist es denkbar, dass keine Möglichkeit zur Information besteht, obgleich der Sachverhalt eindeutig dem Arbeitsverhältnis zuzuordnen ist. Desgleichen wäre es vermessen, wenn man die Kenntnis des Arbeitgebers auf die Sphäre des Arbeitsverhältnisses beschränken würde. Die Frage der Sphäre einer bestimmten Information kann, neben der Informationsmöglichkeit, lediglich bei dem Funktionskreis eine Rolle spielen, ob der Berechtigte darauf vertrauen darf, dass der Verpflichtete seine Interessen wahren wird[779].
Die Frage der Kostenbelastung des Arbeitgebers und dessen Vorteil durch eine etwaige Informationspflicht wird im Arbeitsrecht gelegentlich nur am Rande erwähnt[780].

4.) Funktionskreis

Als besonders problematisch erweist sich im Arbeitsrecht der *Funktionskreis*, da es sich bei einem Arbeitsverhältnis nicht um ein gewöhnliches Schuldverhältnis handelt, welches sich auf die Hauptleistungspflichten beschränkt. Vielmehr ergeben sich aus dem Arbeitsverhältnis, was weitgehend unstreitig ist, zahlreiche Nebenpflichten, für deren Begründung bis in die achtziger Jahre oftmals das Schlagwort "Fürsorgepflicht" herangezogen wurde. Gerade weil aus dem Arbeitsverhältnis als Dauerschuldverhältnis über das gewöhnliche Maß hinausreichende Pflichten erwachsen, ist der *Funktionskreis* schwierig zu bestimmen.

a) Grundsatz: Keine Sachwalterfunktion des Arbeitgebers

Der ganz überwiegenden Ansicht ist gemein, dass dem Arbeitgeber keine allgemeine Sachwalterfunktion für die vermögensrechtlichen Interessen des Arbeitnehmers zugewiesen wird[781]. Diejenigen, die den Arbeitgeber in einer dem Dienstherrn im Beamtenrecht vergleichbaren Stellung sehen[782], verkennen, dass die gesonderte und gesteigerte Treuepflicht im Beamtenverhältnis sich von den Pflichten im Arbeitsverhältnis vollkommen unterscheidet. Es fehlt bereits an einem Vertragsverhältnis. Vielmehr wird der Beamte ernannt und verrichtet seinen

[779] So wohl auch Fleischer, Informationsasymmetrie im deutschen Vertragsrecht, S. 317; Schwarze, Vorvertragliche Verständigungspflichten, S. 255
[780] Vgl. BAG vom 24.5.1963, SAE 1964, 186, 188; Brors, Die Abschaffung der Fürsorgepflicht, S. 180 f.; Fenski, BB 1987, 2293, 2296
[781] Vgl. LAG Hessen vom 19.11.2001, MDR 2002, 705, 706; Bengelsdorf, NZA 1994, 193, 199; Loritz, ZfA 2001, 183, 198 f.; Nägele, BB 1992, 1274, 1277 ("Vormund"); Valentin, AuR 1990, 276, 281; Wisskirchen/Worzalla, DB 1994, 577, 580; sehr weitgehend hinsichtlich der Fürsorgepflicht dagegen Hopt, Der Kapitalanlegerschutz im Recht der Banken, S. 258
[782] So Richter/Richter, AiB 1988, 320, 322

Dienst. Im Beamtenverhältnis steht der Fürsorgegedanke wesentlich stärker im Vordergrund als im gewöhnlichen Arbeitsverhältnis[783], obgleich es auch hier keine generelle Informationspflicht gibt[784].
Für das Arbeitsverhältnis ist das die Aufklärung auslösende Moment innerhalb des Dauerschuldverhältnisses maßgeblich. Wie im allgemeinen Zivilrecht stellt die Rechtsprechung insbesondere auf einen Vertrauenstatbestand ab. So kann der Arbeitnehmer aufgrund seiner Vorleistungspflicht darauf vertrauen, dass der Arbeitgeber das Gehalt pünktlich zahlt[785]. Fernerhin kann jede Vertragspartei im Arbeitsverhältnis darauf vertrauen, dass die andere Vertragspartei bei wesentlichen Gefahren für den Vertragszweck aufgeklärt wird[786]. Bei einem möglichen Verlust der Versorgungsanwartschaft weist das BAG dem Arbeitgeber die Funktion zu, die für die Verwirklichung der Versorgungsmöglichkeit notwendigen Schritte einzuleiten oder den Arbeitnehmer zu informieren, jedenfalls wenn der Arbeitgeber die Auflösung des Arbeitsverhältnisses veranlasst[787]. In diesem Falle darf der Arbeitnehmer darauf vertrauen, der Arbeitgeber werde seine Interessen wahren und vor nachteiligen Folgen bewahren[788].

b) Tatsachen außerhalb des Arbeitsverhältnisses und rechtliche Informationen

(1) Tatsachen außerhalb des Arbeitsverhältnisses

Problematischer gestaltet sich die Situation, wenn es um Aufklärungspflichten geht, die Sachverhalte betreffen, welche mit dem Arbeitsverhältnis nicht im unmittelbaren Zusammenhang stehen.
Beispielsweise wird eine heftige Diskussion darüber geführt, ob der Arbeitgeber bei einem Aufhebungsvertrag den Arbeitnehmer auch auf eine mögliche Sperre des Arbeitslosengeldes hinweisen muss. Das BAG weist in diesem Zusammenhang auf eine Abwägung der beiderseitigen Interessen im Einzelfall hin[789]. Demgegenüber lehnen einige eine Hinweispflicht mit dem Argument ab, dass die Fra-

---

[783] Wisskirchen/Worzalla, DB 1994, 577, 580; vgl. § 79 BBG
[784] BVerwG vom 24.11.1983, BVerwGE 68, 197, 200
[785] BAG vom 24.9.1974, AP 1 zu § 13 GmbHG
[786] BAG vom 12.12.1957, AP 2, vom 7.6.1963, AP 4, vom 2.7.1964, AP 6, vom 15.5.1974, AP 9, vom 2.12.1976, AP 10 zu § 276 BGB Verschulden bei Vertragsschluß; BAG vom 21.2.1991, AP 35 zu § 123 BGB; LAG Berlin vom 10.10.1977, BB 1978, 1311; LAG Frankfurt vom 7.8.1986, NZA 1987, 352
[787] Vgl. BAG vom 18.9.1984, AP 6, vom 13.12.1988, AP 22, vom 23.5.1989, AP 28 zu § 1 BetrAVG Zusatzversorgungskassen; BAG vom 17.10.2000, NZA 2001, 206, 207; LAG Hamburg vom 20.8.1992, LAGE 9 zu § 611 BGB Aufhebungsvertrag
[788] So ausdrücklich BAG vom 3.7.1990, AP 24 zu § 1 BetrAVG
[789] BAG vom 10.3.1988, AP 99 zu § 611 BGB Fürsorgepflicht; das Sphärenargument ablehnend und ebenso eine Einzelfallbetrachtung vornehmend: Welsau, Anm. zu LAG Hamburg, LAGE 9 zu § 611 BGB Aufhebungsvertrag, unter II. 1.

ge einer Sperre nicht zur Sphäre des Arbeitgebers gehöre[790]. Andere schließen sich dieser Auffassung an, lassen jedoch Ausnahmen von der Sphärenbetrachtung zu, wenn der Arbeitgeber gesteigerte Obhutspflichten habe[791]. Des Weiteren wird teilweise eine Aufklärungspflicht des Arbeitgebers bei einem Aufhebungsvertrag hinsichtlich steuerlicher Nachteile abgelehnt[792]. Ferner verneint das BAG eine Hinweispflicht des Arbeitgebers auf einen möglichen Vollstreckungsschutzantrag nach § 850 i ZPO mit der Begründung, dass dies lediglich das Verhältnis zwischen Arbeitnehmer und dessen Gläubiger betreffe. Für dieses Rechtsverhältnis treffe den Arbeitgeber keine Fürsorgepflicht[793].
Der Arbeitgeber hat keine allgemeine Sachwalterfunktion für die Interessen des Arbeitnehmers. Dies muss auch und gerade für Fragen außerhalb des Arbeitsverhältnisses, wie steuerrechtliche oder sozialrechtliche Aspekte, gelten, da insofern grundsätzlich kein Bezug zum Vertragszweck besteht und der Arbeitnehmer auf eine Funktionswahrnehmung seiner Interessen durch den Arbeitgeber nicht vertrauen darf. Anders ist die Sachlage jedoch zu beurteilen, wenn diese außervertraglichen Sachverhalte einen konkreten Bezug zum jeweiligen Vertrag aufweisen und der Arbeitnehmer auf seine Interessenwahrnehmung durch den Arbeitgeber vertrauen durfte. Soll beispielsweise das Arbeitsverhältnis eines älteren Arbeitnehmers einvernehmlich beendet werden, so kann es für den Arbeitnehmer von wesentlicher Bedeutung sein, wie er einen möglichen Einkommensverlust auch unter Berücksichtigung von Sozialleistungen weitgehend kompensieren kann. Dies ist zumeist eine Kalkulationsgrundlage für die Abfindungshöhe. Zudem sind für den Aufhebungsvertrag oftmals auch die steuerrechtlichen, sozialversicherungsrechtlichen sowie versorgungsrechtlichen Aspekte von Bedeutung, so dass insofern ein konkreter Bezug zum Vertragszweck - Beendigung des Arbeitsverhältnisses und Einkommensverlustkompensation - bestehen kann.

(2) Rechtliche Informationen

Insbesondere in den Fällen, wo von einer Partei Aufklärungspflichten hinsichtlich rechtlicher Informationen geltend gemacht werden, ist Rechtsprechung und Literatur mit der Annahme einer Aufklärungspflicht zurückhaltender als bei tatsächlichen Informationen. Es wird davon ausgegangen, dass sich die jeweilige Arbeits-

---

[790] LAG Hessen vom 19.11.2001, MDR 2002, 705, 706 (Aktienoptionen); Hoß/Ehrich, DB 1997, 625, 626; Nägele, BB 1992, 1274, 1277 f.; Weber/Ehrich/Burmester, Handbuch der arbeitsrechtlichen Aufhebungsverträge, Teil 1, Rn. 74

[791] LAG Hamburg vom 20.8.1992, LAGE 9 zu § 611 BGB Aufhebungsvertrag; wohl auch Ernst, Aufhebungsverträge zur Beendigung von Arbeitsverhältnissen, S. 126 (Es komme darauf an, ob eine "Beratungssituation" vorliege.)

[792] So LAG Berlin vom 18.1.1999, NZA-RR 1999, 179, I. 2. b) d. Entscheidungsgründe: der Arbeitgeber würde überfordert; vgl. aber BAG vom 18.5.1977, AP 2 zu § 611 BGB Nettolohn: Aufklärungspflicht über Steuerpflicht im bestehenden Vertragsverhältnis

[793] BAG vom 13.11.1991, AR-Blattei ES 1130, Nr. 70 (krit. Anm. Kohte)

vertragspartei grundsätzlich selbst über ihre Rechte und Pflichten Kenntnis verschafft. Besonders deutlich wird diese Differenzierung in der Entscheidung des BAG vom 26.08.1993[794]. Hierbei ging es um die Frage, ob ein Arbeitgeber des öffentlichen Dienstes verpflichtet ist, den Arbeitnehmer, einen wissenschaftlichen Mitarbeiter, auf die Kündigungsabsicht und auf dessen Antragsrecht zur Mitbestimmung des Personalrats an der Kündigung hinzuweisen. Falls der Arbeitnehmer nichts von der beabsichtigten Kündigung (Tatsache) wisse, so komme ausnahmsweise eine Hinweispflicht in Betracht. Hingegen sei regelmäßig davon auszugehen, dass sich der Arbeitnehmer über die für das Arbeitsverhältnis einschlägigen Vorschriften (Rechtsinformation) selbst informiert. Dieser Differenzierung ist grundsätzlich zuzustimmen, da sie eine abstrakte Wertung der konkreten Informationsfunktion erlaubt. Über *Tatsachen* aus der Sphäre des anderen Teils kann sich der Aufklärungsbedürftige regelmäßig selbst keine Kenntnis verschaffen. Hingegen ist grundsätzlich davon auszugehen, dass er sich über seine *Rechte* selbst informiert. Dies wird von ihm regelmäßig erwartet.
Das Merkmal Funktionskreis wird vom BAG auch gelegentlich danach beurteilt, ob der andere Teil auf die Informationen angewiesen ist, was es bei Tatsachen eher annimmt als bei Rechten, beispielsweise bei Informationen aus der Privatsphäre des Arbeitnehmers[795] oder wirtschaftlichen Daten auf Seiten des Arbeitgebers[796] gegenüber verschiedenen rechtlichen Informationen, die der Arbeitnehmer bereits hat, haben müsste oder sich beschaffen könnte, d.h. auf die er nicht zwingend angewiesen ist[797]. Mit dem Argument der Angewiesenheit begründet das BAG auch die verstärkten Aufklärungspflichten bei Begründung des

---

[794] BAG vom 26.8.1993, AP 8 zu § 72 LPVG NW

[795] BAG vom 7.2.1964, AP 6 zu § 276 BGB (Krankheit des Arbeitnehmers); BAG vom 24.1.1974, AP 74 zu § 611 BGB Haftung des Arbeitnehmers (fehlende Fahrpraxis des Arbeitnehmers); BAG vom 18.1.2000, DB 2000, 2276 (Vorzeitige Beendigung der Schwangerschaft); LAG Berlin, BB 78, 1311 (Krankheiten des Arbeitnehmers); LAG Frankfurt, NZA 87, 362 (Freiheitsstrafe des Arbeitnehmers)

[796] BAG vom 24.9.1974, AP 1 zu § 13 GmbHG (Zahlungsschwierigkeiten des Arbeitgebers); BAG vom 28.6.2000, ZIP 2000, 1781, 1786 (Wiedereinstellungsmöglichkeit); BAG vom 21.2.2002, BB 2002, 2335, 2338 (Insolvenzgefahr)

[797] Vgl. BAG vom 28.5.1964, AP 6 zu § 242 BGB Unzulässige Rechtsausübung - Verwirkung (drohende Verjährung); BAG vom 6.7.1972, AP 1 zu § 8 TVG 1969 (Allgemeinverbindlichkeit eines Tarifvertrages); BAG vom 26.7.1972, AP 1 zu § 4 MTB II (Ansprüche aus Ministererlass); BAG vom 18.5.1977, AP 2 zu § 611 BGB Nettolohn (Steuerpflicht des Mitarbeiters); BAG vom 13.11.1984, AP 5, vom 18.9.1984, AP 6, vom 13.12.1988, AP 22, vom 23.5.1989, AP 28 zu § 1 BetrAVG Zusatzversorgungskassen; BAG vom 10.3.1988, AP 99 zu § 611 BGB Fürsorgepflicht (Arbeitslosengeld); BAG vom 3.7.1990, AP 24 zu § 1 BetrAVG; BAG vom 6.2.1991, AR-Blattei ES 1130 Nr. 70 (Vollstreckungsschutzantrag nach § 850 i ZPO); BAG vom 17.10.2000, NZA 2001, 203; BAG vom 17.10.2000, NZA 2001, 206 (Rentennachteile); LAG Berlin vom 18.1.1999, NZA-RR 1999, 179 (Steuernachteile) ; LAG Hamburg vom 22.8.1992, LAGE 9 zu § 611 BGB Aufhebungsvertrag

Arbeitsverhältnisses gegenüber seiner Beendigung[798]. Insofern geht das BAG davon aus, dass der Arbeitnehmer, der erstmals ein Arbeitsverhältnis zu einem Arbeitgeber begründet, eher auf Informationen angewiesen sei, wohingegen im bestehenden Arbeitsverhältnis vermutet wird, dass der Arbeitnehmer sich bereits informiert habe. Dies verdeutlicht, dass auch das BAG hinsichtlich des Funktionskreises darauf abstellt, was objektiv von den Beteiligten erwartet wird, d.h. ob von einer zumutbaren Selbstinformation auszugehen ist.

c) Strukturelle Unterlegenheit des Arbeitnehmers - Entscheidungsfreiheit

Neuen Schwung in die Diskussion über die Aufklärungspflichten des Arbeitgebers bei Vertragsschluss brachten die Beschlüsse des BVerfG vom 19.10.1993 und 05.08.1994 zur Sittenwidrigkeit der Bürgschaft naher Angehöriger[799], die eine Fortsetzung der viel beachteten Handelsvertreterentscheidung[800] darstellen. Hiernach seien die kollidierenden Grundrechtspositionen der Vertragspartner im Privatrecht, d.h. jeweils die durch Art. 2 Abs. 1 GG gewährleistete Handlungsfreiheit, in ihrer Wechselwirkung zu sehen und so zu begrenzen, dass sie für alle Beteiligten möglichst wirksam werden. Habe im Vertragsrecht einer der Vertragsteile ein so starkes Übergewicht, dass er den Vertragsinhalt faktisch einseitig bestimmen könne, bewirke dies für den anderen Teil Fremdbestimmung. Aus der grundrechtlichen Gewährleistung der Privatautonomie (Art. 2 Abs. 1 GG) und dem Sozialstaatsprinzip (Art. 20 Abs. 1, Art. 28 Abs. 1 GG) folge, dass bei einer typisierenden - nicht bei jeder - Fallgestaltung, die eine strukturelle Unterlegenheit des einen Vertragsteils erkennen lasse, *und* bei ungewöhnlicher Belastung für den unterlegenen Vertragsteil, Korrekturen zu ermöglichen seien, was die Gerichte bei der Auslegung von Generalklauseln zu beachten hätten. Die Beschlüsse des BVerfG haben zwischenzeitlich mehrfach Anlass gegeben, im Zivilrecht eine Aufklärungspflicht zu begründen[801].
Das BAG hat sich mit der strukturellen Unterlegenheit des Arbeitnehmers bei Abschluss eines Aufhebungsvertrages auseinandergesetzt und lehnte in Übereinstimmung mit der überwiegenden Mehrheit im Schrifttum eine Bedenkzeit oder ein Rücktritts- bzw. Widerrufsrecht ab[802]. Der Arbeitnehmer könne dem Ansin-

---

[798] Vgl. BAG 24.5.1963, SAE 1964, 186; BAG vom 23.5.1989, AP 28 zu § 1 BetrAVG Zusatzversorgungskassen, 2. b) der Gründe
[799] BVerfG vom 19.10.1993, NJW 1994, 36; BVerfG vom 5.8.1994, NJW 1994, 2749
[800] BVerfG vom 7.2.1990, AP 65 zu Art. 12 GG
[801] Vgl. BGH vom 24.2.1994, NJW 1994, 1341; BGH vom 1.7.1999, NJW 1999, 2814; BGH vom 6.4.2001, NJW 2001, 2021; so bereits Schumacher, Vertragsaufhebung wegen fahrlässiger Irreführung unerfahrener Vertragspartner, S. 80
[802] BAG vom 14.2.1996, NZA 1996, 811, 812; vgl. auch BAG vom 23.1.2002, NZA 2002, 800, 804 zu § 8 TVG; LAG Köln vom 6.6.1997, EWiR 1998, 827; LAG Rheinland-Pfalz vom 16.7.2002, NZA-RR 2003, 30, 33; Bauer/Diller, DB 1995, 1810; Bengelsdorf, NZA 1994, 193, 197; ders., ZfA 1995, 229, 262; ders., BB 1996, 904, f.; ders., DB 1997, 874; Boemke, Schuld-

nen des Arbeitgebers auf Abschluss eines Aufhebungsvertrages ein schlichtes "Nein" entgegensetzen und den Aufhebungsvertrag selbst mitgestalten, weshalb es an einer strukturell ungleichen Verhandlungsstärke fehle. Zwar weise das Arbeitsverhältnis eine latent strukturelle Unterlegenheit des Arbeitnehmers auf, die jedoch nicht zu weitergehenden Verhaltenspflichten führe[803]. Anderenfalls müsste man im Arbeitsverhältnis stets von einer korrekturbedürftigen gestörten Vertragsparität ausgehen. So begründet *Koch*[804] unter Bezugnahme auf die Ausführungen des BVerfG in den Bürgschaftsentscheidungen eine Pflicht zur Mitteilung nach § 8 TVG u.a. mit der bei einem Informationsdefizit des Arbeitnehmers typischerweise fehlenden Vertragsparität. Eine angemessene und ausgewogene Vertragsdurchführung sei regelmäßig nur bei identischem Kenntnisstand beider Vertragspartner denkbar. Selbst wenn man von einer strukturellen Unterlegenheit mit *Koch* ausginge, was angesichts des verlangten identischen Kenntnisstandes in jedem Vertragsverhältnis zwingend Aufklärungspflichten auslösen würde[805], so übersieht er, dass das BVerfG nicht nur eine außergewöhnliche typisierende strukturelle Unterlegenheit, sondern vielmehr auch eine ungewöhnliche Belastung der unterlegenen Vertragspartei für ein korrigierendes Eingreifen ver-

---

vertrag und Arbeitsverhältnis, S. 216 f.; Haller, BB 1994, 787; Hoß/Ehrich, DB 1997, 625, 627; Pauly, MDR 1995, 1081, 1084; Wank, Anm. zu BAG, EzA 21 zu § 611 BGB Aufhebungsvertrag; Wisskirchen/Worzalla, DB 1994, 577, 581; vgl. dagegen: ErfK-Dieterich, 1. Aufl., Art. 2 GG, Rn. 40; Zwanziger, DB 1994, 982; zur Aufklärungspflicht aus Gerechtigkeitserwägungen Zöllner, FS Söllner, 1297, 1315 f.

803 Vgl. LAG Köln vom 6.6.1997, EWiR 1998, 827; LAG Köln vom 27.6.1997, LAGE 24 zu § 123 BGB mit Verweis auf BAG vom 16.3.1994, AP 18 zu § 611 BGB Ausbildungsbeihilfe, unter A. II. 1. b) dd) der Entscheidungsgründe; vgl. auch die Handelsvertreterentscheidung des BVerfG vom 7.2.1990, AP 65 zu Art. 12 GG, unter C. III. 1. der Gründe, wonach Handelsvertreter in ihrer Mehrzahl wirtschaftlich abhängig seien und deshalb bei typisierender Betrachtungsweise nicht über ausreichende Verhandlungsstärke verfügen würden, was jedoch auch als latent strukturell ungleiche Verhandlungsstärke zu verstehen ist; ähnlich auch BVerfG vom 28.1.1992, NZA 1992, 270, 273; Müller, Die Berufsfreiheit des Arbeitgebers, S. 201; Schwarze, Vorvertragliche Verständigungspflichten, S. 137; Wellenhofer-Klein, ZIP 1997, 774, 775; Wolf, Rechtsgeschäftliche Entscheidungsfreiheit und vertraglicher Interessenausgleich, S. 12 f. m.w.N.; krit. zur strukturell ungleichen Verhandlungsstärke im Arbeitsrecht aus jüngster Zeit vor allem Bengelsdorf, NZA 1994, 193, 197; ders., ZfA 1995, 229, 262; ders., BB 1996, 904, f.; ders., DB 1997, 874; Stoffels, Anm. zu BAG, SAE 1995, 167, 176, 177 m.w.N.; Zöllner, AcP 176 (1976), 221, 237 mit kritischem Hinweis auf Säcker, Gruppenautonomie und Übermachtskontrolle im Arbeitsrecht, S. 88 ff.

804 Koch, FS Schaub, 421, 431 f.

805 Vgl. Fleischer, Informationsasymmetrie im deutschen Vertragsrecht, S. 297 f., der einen identischen Kenntnisstand mit rechtshistorischen, rechtsökonomischen und rechtsdogmatischen Argumenten ablehnt, zugleich aber einen gleichen Informationszugang der Vertragspartner fordert, der wohl im Hinblick auf Tarifvertragswerke gegeben ist. Ebenso Schwarze, Vorvertragliche Verständigungspflichten, S. 140, die "Paritätstheorie" ablehnend.

langt[806]. Daher wird man allgemein aus einer "latenten" strukturellen Unterlegenheit des Arbeitnehmers keine Aufklärungspflicht herleiten können. Gleichwohl sind die in diesem Zusammenhang diskutierten Argumente der Vertragsfreiheit und Vertragsparität bei der vorzunehmenden Einzelfallabwägung zu berücksichtigen. Insbesondere die Entscheidungsfreiheit als Bestandteil der Vertragsfreiheit[807] erfordert einen gewissen Kenntnisstand, der gegebenenfalls durch Aufklärung herzustellen ist.

d) Allgemeine Fürsorgepflicht des Arbeitgebers

Wenn man für die Begründung einer Informationspflicht den allgemeinen zivilrechtlichen Grundsätzen folgt, kommt der Fürsorgepflicht des Arbeitgebers keine eigenständige Bedeutung zu. Sie ist als Begründung einer Informationspflicht angesichts ihrer weiten Formulierung nicht geeignet. Abzulehnen ist die vor allem von *Schumacher*[808] vertretene Ansicht, wonach etwaige arbeitsrechtliche Informationspflichten aufgrund der Fürsorgepflicht besonders *hervortretende* Aufklärungspflichten seien; obgleich er jedoch - insoweit widersprüchlich - im arbeitsrechtlichen Schutzprinzip keine Erklärung für die "Informationsbedürftigkeit" des Arbeitnehmers erkennen kann. Die Fürsorgepflicht ist jedoch nicht völlig bedeutungslos. Insbesondere bei der Entscheidung, ob dem Arbeitgeber eine besondere Informationsfunktion zukommt, kann die Fürsorgepflicht ein Argumentationspunkt sein. Auch diejenigen, die einer Fürsorgepflicht ablehnend gegenüberstehen, erkennen an, dass zwischen einem Arbeitsvertrag und einem gewöhnlichen Schuldvertrag Unterschiede bestehen[809]. Ob man diese Unterschiede mit der allgemeinen Fürsorgepflicht oder aber angesichts der Weisungsbefugnis des Arbeitgebers mit dem Persönlichkeitsrecht des Arbeitnehmers begründet, kann im Ergebnis dahinstehen. Gerade aufgrund des personalen Einschlags im Arbeitsverhältnis wird man eine Informationsfunktion im Arbeitsverhältnis eher bejahen als bei einem gewöhnlichen Kaufvertrag. Dies darf jedoch nicht dazu führen, dass der Arbeitgeber über alle möglichen Umstände aufzuklären hat. Vielmehr kommt es zunächst auf das Informationsbedürfnis und die Möglichkeit der Information an. Erst im Rahmen des Funktionskreises bzw. der wertenden

---

[806] Vgl. Müller, Die Berufsfreiheit des Arbeitgebers, S. 99; Schwarze, Vorvertragliche Verständigungspflichten, S. 139; Wiedemann, JZ 1994, 411, 412; a.A. Kohte, ZBB 1994, 172,176, der die kumulativen Voraussetzungen nur hinsichtlich einer Korrektur durch die Gerichte verlangt.

[807] Vgl. BVerfG vom 28.1.1992, NZA 1992, 270, 273 ("freie Selbstbestimmung"); BGH vom 10.3.1982, NJW 1982, 1455; Canaris, AcP 200 (2000), 273, 296, 300; Kohte, ZBB 1994, 172, 175; Wolf, Rechtsgeschäftliche Entscheidungsfreiheit und vertraglicher Interessenausgleich, S. 19 f., 27, 113, 133 ff.; Zöllner, FS Söllner, 1297, 1315; ders., AcP 196 (1996), 1, 25, 27 ff.

[808] Schumacher, Vertragsaufhebung wegen fahrlässiger Irreführung unerfahrener Vertragspartner, S. 89 ff., 94

[809] Siehe Fn. 760

Gesamtbetrachtung kann der personale Einschlag oder die Fürsorgepflicht eine Rolle spielen. Hierbei ist dieser Aspekt lediglich einer von vielen. Es würde dem Unterschied zwischen Arbeitsvertrag und gewöhnlichem Schuldvertrag nicht gerecht, wenn man über die Besonderheiten des Arbeitsverhältnisses hinwegginge.

5.) Zwischenergebnis

Die Diskussion über Aufklärungspflichten im Arbeitsrecht wird oftmals aus der Perspektive des jeweiligen "Lagers" heraus geführt. Gleichwohl ist zu konstatieren, dass Aufklärungspflichten im Arbeitsrecht sich nach den gleichen Grundsätzen wie im allgemeinen Zivilrecht richten. Die früher oftmals als Begründung angeführte allgemeine Fürsorgepflicht hat zwar zu terminologischen Unterschieden nicht jedoch zu wesentlich anderen Ergebnissen geführt. Eine Abkehr von den allgemeinen zivilrechtlichen Grundsätzen wird von niemanden ernsthaft behauptet. Maßgeblich sind daher auch im Arbeitsrecht die Topoi *Informationsbedarf*, *Informationsmöglichkeit*, *Funktionskreis* sowie *Gesamtbetrachtung*. Insbesondere bei der Bestimmung des Informationsbedarfs wird deutlich, dass auch das BAG hierbei die typisierende Regel-Ausnahme-Konstellation zu Grunde legt.

C. Anwendung der allgemeinen Grundsätze bei einem Betriebsübergang

Nunmehr soll eruiert werden, ob die allgemeinen Grundsätze, die zu einer Aufklärungspflicht führen, möglicherweise eine den § 613a Abs. 5 BGB ergänzende individuell-detaillierte Informationspflicht auf einer zweiten Informationsstufe begründen können.
Obgleich sich der Übergang des Arbeitsverhältnisses nicht vertraglich, sondern kraft Gesetzes vollzieht, sind die vorstehenden Grundsätze auch hier anwendbar. Da der Vertragspartnerwechsel kraft Gesetzes erfolgt, müssen diese *erst recht* gelten[810]. Bei einem typischen Konsensualvertrag haben es die Parteien regelmäßig selbst in der Hand, ob, wann und wie sie eine vertragliche Beziehung eingehen, was bei einem Vertragspartnerwechsel kraft Gesetzes nicht der Fall ist. Die Situation beim Betriebsübergang weist jedoch Gemeinsamkeiten mit einem Vertragsschluss auf. Der Arbeitnehmer steht vor der Entscheidung, ein neues Arbeitsverhältnis mit dem Betriebserwerber mit möglicherweise anderem Inhalt letztlich durch Nichtausübung des Widerspruchs zu begründen oder das alte, nicht mehr identische, Arbeitsverhältnis durch Widerspruchserklärung fortzusetzen. Der Betriebsübergang selbst eröffnet dem Arbeitnehmer diese Entscheidungsalternativen. Es fehlt zwar an einer typischen Vertragssituation, da lediglich

---

[810] Diese Problematik stellt sich lediglich bei dem Erwerber, da zwischen Veräußerer und Arbeitnehmer bereits ein Vertragsverhältnis besteht, bei dem die Grundsätze der culpa in contrahendo *erst recht* gelten (Canaris, JZ 1965, 475, 476).

der Arbeitnehmer eine eigene Entscheidung treffen kann und die beteiligten Arbeitgeber dies zu akzeptieren haben. Diese Konstellation entspricht jedoch dem im Vertragsrecht ausnahmsweise anerkannten Kontrahierungszwang. Dem Arbeitnehmer werden quasi zwei Vertragsalternativen offeriert. Als weitere Alternativen bieten sich für den Arbeitnehmer eine Kündigung, die Zustimmung zum Übergang bzw. der Verzicht auf das Widerspruchsrecht sowie ein Aufhebungsvertrag an.

I. Informationsbedarf

1.) Meinungsstand

In Rechtsprechung und Lehre wurde bis zum Erlass des § 613a Abs. 5 BGB der Informationsbedarf bei einem Betriebsübergang lediglich am Rande erwähnt, ohne dass dieser Terminus explizit verwandt wurde. Der nach damaliger Auffassung erforderliche Kenntnisstand des widerspruchsberechtigten Arbeitnehmers kann hierbei jedoch als ein Indiz für den Informationsbedarf des Arbeitnehmers angesehen werden.

In seiner Entscheidung vom 17.11.1977[811] führte das BAG aus, die beteiligten Arbeitgeber müssten alle betroffenen Arbeitnehmer über den geplanten Betriebsübergang informieren. Dazu gehörten Angaben über den neuen Arbeitgeber; der Arbeitnehmer müsse in der Lage sein, Erkundigungen und Rat einzuholen. Später hat das BAG[812] hieran anknüpfend klargestellt, dass jedenfalls eine "ausreichende" Unterrichtung den Beginn der Widerspruchsfrist auslöse. In dem zu entscheidenden Sachverhalt wurden die Arbeitnehmer anlässlich einer Betriebsversammlung vom sofortigen Übergang und vom neuen Tarifvertrag informiert, was das BAG für ausreichend erachtete. Es sei unerheblich, wenn der Arbeitnehmer noch nicht überblicken könne, wie sich der Betriebsübergang auf seinen Arbeitsvertrag im Einzelnen auswirke. Ansonsten könne sich der Arbeitnehmer selbst sachkundig machen. Nach dem Betriebsübergang als entscheidendes Moment verlangte das BAG die Kenntnis des Arbeitnehmers von den den Betriebsübergang ausmachenden tatsächlichen Umständen[813]. Welche Umstände dies waren, erwähnte das BAG jedoch nicht.
Auch nach Stimmen in der Literatur vor Erlass des § 613a Abs. 5 BGB war Ziel der Information keine vollständige Entscheidungsgrundlage, sondern die ermög-

---

[811] BAG vom 17.11.1977, AP 10 zu § 613a BGB
[812] BAG vom 22.4.1993, AP 102 zu § 613a BGB; ebenso die Instanzgerichte: vgl. LAG Berlin vom 20.02.1995, LAGE 39 zu § 613a BGB; LAG Köln vom 26.11.1996, LAGE 58 zu § 613a BGB
[813] BAG vom 27.1.2000 - 8 AZR 106/99, n.v.

lichte Selbstinformation. So waren einige[814] der Ansicht, dass es nicht alle Einzelheiten des Art. 7 Abs. 1, 6 RL 2001/23/EG sein müssten, worüber zu unterrichten sei. Es müsse genügen, wenn der Betriebsübergang und die Person des Erwerbers feststünden. Der Arbeitnehmer könne innerhalb der Überlegungsfrist selbst ermitteln. Nach *Pietzko*[815] zählte zu einer ordnungsgemäßen Information: Name, Anschrift und Rechtsform des neuen Arbeitgebers, Angaben über den Zeitpunkt des Betriebsübergangs, Art des Betriebsübergangs, Angaben über betriebliche Ruhegeldansprüche sowie eine Belehrung über das Widerspruchsrecht, da dieses häufig unbekannt sei. Eine nähere Begründung ist seinen Ausführungen nicht zu entnehmen. Im Bemühen um konkrete Aussagen verlangten einige[816], ohne an die Betriebsübergangsrichtlinie anzuknüpfen, dass der Arbeitnehmer über die Art der Übertragung, den Zeitpunkt und insbesondere über den neuen Arbeitgeber informiert werden müsse, damit er selbst Erkundigungen einholen und somit eine Entscheidung über das Widerspruchsrecht treffen könne. Im Übrigen könne sich der Arbeitnehmer selbst erkundigen. Teilweise wurde sogar die Auffassung vertreten, die Informationen dürften nicht "allumfassend" sein, da der Arbeitnehmer sonst keine eigenverantwortliche Entscheidung mehr treffen könnte[817]. *Menze*, ebenso um Konkretisierung bemüht, schlug einen - umfassenden - Grundinformationskatalog vor. Im Übrigen müssten sich die Arbeitnehmer jedoch selbst informieren. So gehörte nach ihrer Auffassung zu den existenziellen Informationen der Name des Erwerbers, dessen Rechtsform sowie Informationen darüber, ob und wenn ja, wo und welchen Betrieb der Erwerber bereits führt. Ferner stelle die Art der Übertragung eine notwendige Grundinformation dar, da hiervon die Haftungsgrundlage abhänge[818]. Der Zeitpunkt des Übergangs müsse

---

814 Moll, Anm. zu BAG AP 103 zu § 613a BGB (Anders jedoch Moll/Jacobi, Anm. zu BAG AP 177 zu § 613a BGB, wonach an die europarechtlichen Vorgaben anzuknüpfen sei.); Pietzko, Der Tatbestand des § 613a BGB, S. 289; Weber, SAE 1998, 319, 322, 323; Wolf, SAE 1981, 9, 12

815 Pietzko, Der Tatbestand des § 613a BGB, S. 290

816 So Bachner, in: Kittner/Zwanziger, Arbeitsrecht, § 115, Rn. 30, mit der nicht näher erläuterten Ansicht, der Arbeitnehmer müsse erforderliche Unterlagen des neuen Betriebsinhabers erhalten; Dreher, BB 2001, 2358, 2359; Hergenröder, AR-Blattei SD 500.1, Rechtsgeschäftlicher Betriebsinhaberwechsel, Rn. 302; Seiter, Betriebsinhaberwechsel, S. 71; Tschöpe, Rechtsfolgen eines arbeitnehmerseitigen Widerspruchsrechts beim Betriebsinhaberwechsel, S. 36; unklar Ingenfeld, Die Betriebsausgliederung aus der Sicht des Arbeitsrechts, S. 163, der Informationen über den Zeitpunkt des Betriebsübergangs, dessen Umfang und die Person des Erwerbers verlangt, jedoch dies nicht auf eine Informationspflicht, sondern vielmehr auf einen Auskunftsanspruch bezieht.

817 Opitz, Individualarbeitsrechtliche und sozialversicherungsrechtliche Probleme des arbeitnehmerseitigen Widerspruchs beim Betriebsübergang, S. 144, der allerdings davon ausgeht, dass negative Prognosen einen Widerspruch provozieren könnten. Er verkennt und unterschätzt hierbei zum einen die eigene Verantwortung des Arbeitnehmers und zum anderen die Urheberschaft der negativen Prognose.

818 Menze, Das Widerspruchsrecht der Arbeitnehmer beim Betriebsübergang, S. 59

dagegen nicht mitgeteilt werden, da dieser oftmals noch nicht feststehe und es nach ihrer Auffassung für den Fristbeginn der Widerspruchsausübung nicht auf den Betriebsübergang, sondern auf die Information und Fristsetzung ankam[819]. Des Weiteren müssten den Arbeitnehmern die unmittelbaren Folgen des Betriebsübergangs mitgeteilt werden. Hierzu würden mögliche Veränderungen des Kündigungsschutzes, beruflicher Aufstiegsmöglichkeiten und der Tarifzuständigkeit gehören. Es sei für die betroffenen Arbeitnehmer hinsichtlich der Schwellenwerte in § 23 KSchG, § 1 BetrVG sowie der besseren Aufstiegs- und Weiterbildungsmöglichkeiten von Bedeutung, ob sie künftig in einem Kleinbetrieb oder größeren Betrieb beschäftigt seien[820]. Über die beim Erwerber bestehenden Ruhegeldansprüche müsse allerdings nicht informiert werden, da sich insofern kein Unterschied zu den anderen arbeitsvertraglichen Regelungen ergebe[821]. Eine Information über mittelbare Folgen, etwa anstehende Betriebsänderungen, müsse aufgrund des § 111 BetrVG nur dann erteilt werden, wenn diese bereits feststünden oder beschlossen seien[822]. Schließlich müssten die Arbeitnehmer über tatsächliche Folgen informiert werden, d.h. über Veränderungen der Anfahrtswege und den Verbleib des Restbetriebes, um eine Weiterbeschäftigungsmöglichkeit beurteilen zu können. Über die veränderten Nutzungsmöglichkeiten öffentlicher Verkehrsmittel müssten sich die Arbeitnehmer dagegen selbst informieren. Dies sei dem Arbeitgeber nicht zuzumuten[823].
Vorstehende Ansichten, die teilweise auch zu § 613a Abs. 5 BGB vertreten werden[824], gehen, mit Ausnahme *Menzes*, nicht über die nach § 613a Abs. 5 BGB zu vermittelnden typisierenden Globalinformationen hinaus. Hiernach bestünde kein weitergehender Informationsbedarf.

2.) Stellungnahme

a) Gefährdung des Vertragszwecks durch einen Betriebsübergang

(1) Zäsur im Vertragsverhältnis, § 613a Abs. 1 S. 1 BGB

§ 613a BGB gefährdet an sich nicht den Arbeitsplatz, sondern soll dessen Bestand sichern. Der Schutzzweck besteht in einer Bestandssicherung als auch einer Sicherung der Kontinuität des Arbeitsvertragsinhalts. Nach dem Betriebsüber-

---

[819] Menze, Das Widerspruchsrecht der Arbeitnehmer beim Betriebsübergang, S. 55 ff., 60; die Information halten ebenso aus Gründen der Rechtssicherheit für maßgeblich: Fenn/Klose, JUS 2000, 531, 533; wohl auch Richardi/Annuß, in: Staudinger, § 613a BGB, Rn. 125; Weber, SAE 98, 319, 322, 323
[820] Menze, Das Widerspruchsrecht der Arbeitnehmer beim Betriebsübergang, S. 60
[821] Menze, Das Widerspruchsrecht der Arbeitnehmer beim Betriebsübergang, S. 62
[822] Menze, Das Widerspruchsrecht der Arbeitnehmer beim Betriebsübergang, S. 62 f.
[823] Menze, Das Widerspruchsrecht der Arbeitnehmer beim Betriebsübergang, S. 63
[824] So ausdrücklich Meyer, AuA 2002, 159, 162

gang ist zwar der Arbeitsplatz derselbe. Das Arbeitsverhältnis ist aber ein anderes, wenn auch gelegentlich mit gleichem Inhalt. Insofern liegt nicht nur eine Gefahr, sondern vielmehr eine Störung des Vertragszwecks im Sinne einer Bestandsstörung vor. Diese Gefahr haben im Übrigen der Veräußerer und Erwerber verursacht, so dass sich der Informationsbedarf aus der auch im allgemeinen Zivilrecht geltenden Regel-Ausnahme-Konstellation ergibt. Insofern sind die Ausnahmen besondere Gefahr für den Vertragszweck als auch Verursachung des Informationsbedarfs durch Veräußerer und Erwerber maßgeblich. Eine entsprechende Information über diese Zäsur im Arbeitsverhältnis ist bereits nach § 613a Abs. 5 Nr. 1 BGB zu erteilen.

Der Informationsbedarf besteht im Übrigen nicht nur bei Arbeitnehmern im bestehenden Arbeitsverhältnis. So steht der Wiedereinstellungsanspruch nicht nur bereits gekündigten, sondern (nach umstrittener Auffassung) auch bereits ausgeschiedenen Arbeitnehmern zu[825]. Um den Anspruch geltend machen zu können, haben sie ein wesentliches Informationsbedürfnis, vom Übergang rechtzeitig Kenntnis zu erlangen[826]. Der - individuelle- Informationsbedarf eines bereits ge-

---

[825] Vgl. BAG vom 4.12.1997, AP 4 zu § 1 KSchG 1969 Wiedereinstellung; BAG vom 11.12.1997, AP 169 zu § 613a BGB, unter II. 3. c) der Entscheidungsgründe; BAG vom 12.11.1998, AP 5 zu § 1 KSchG 1969 Wiedereinstellung, unter C. III. 1. der Entscheidungsgründe; hierzu die Erwägung in BAG, 28.6.2000, ZIP 2000, 1781, 1786; MüHB-Berkowsky, § 134, Rn. 85; Bram/Rühl, NZA 1990, 753, 756 f.; KR-Etzel, 5. Aufl., § 1 KSchG, Rn. 569 m.w.N.; KassHB-Hattesen, 6.7, Rn. 227; Meinel/Bauer, NZA 1999, 575, 579, je nach Prognose des Arbeitgebers; Otto, FS Kraft, 451, 460, 463; *jedenfalls für den Betriebsübergang*: LAG Hessen vom 14.3.2000 - 11 Sa 922/99 (nicht im Insolvenzverfahren); Appel, in: Kittner/Zwanziger, Arbeitsrecht, § 107, Rn. 6; Boewer, NZA 1999, 1177, 1180; wohl auch Erman-Hanau, § 613a BGB, Rn. 122; Langenbucher, ZfA 1999, 299, 306 ff. m.w.N.; Kania, in: Personalbuch 2002, Wiedereinstellungsanspruch, Rn. 5; Kiel, in: Ascheid/Preis/Schmidt, § 1 KSchG, Rn. 792; Kreitner, Kündigungsrechtliche Probleme beim Betriebsinhaberwechsel, S. 185 m.w.N.; Müller-Glöge, NZA 1999, 449, 455; Oetker, ZIP 2000, 643, 650; KR-Pfeiffer, § 613a BGB, Rn. 196; Preis/Steffan, DB 1998, 309, 315; ErfK-Preis, § 613a BGB, Rn. 161; Raab, RdA 2000, 147, 162; Raab, RdA 2001, 243, 248, 251; Richardi/Annuß, in Staudinger, § 613a BGB, Rn. 70; Walker, SAE 1998, 103,106; MüHB-Wank, § 124, Rn. 59; KSchR-Zwanziger, Einl., Rn. 390b, § 613a BGB, Rn. 127; Zwanziger, AuR 2001, 384, 389; *ablehnend:* BAG vom 6.8.1997, AP 2 zu § 1 KSchG 1969 Wiedereinstellung, unter II. 1. c) der Entscheidungsgründe; Annuß, BB 1998, 1582,1587; Bauer/von Steinau-Steinrück, in: Hölters, Handbuch des Unternehmens- und Beteiligungskaufs, Teil V, Rn. 63; Boemke, Schuldvertrag und Arbeitsverhältnis, S. 372; MüHB-Buchner, § 40, Rn. 113; KR-Etzel, § 1 KSchG, Rn. 733; Lisec, Der Wiedereinstellungsanspruch des Arbeitnehmers nach betriebsbedingter Kündigung und Betriebsübergang, S. 101 ff.; Löwisch, § 1 KSchG, Rn. 263; Rose, Betriebsübergänge in der Insolvenz, S. 151; Steffan, in: Ascheid/Preis/Schmidt, § 613a BGB, Rn. 184; wohl auch v. Stein, RdA 1991, 85, 90 f.; Thees, Das Arbeitnehmer-Persönlichkeitsrecht als Leitidee des Arbeitsrechts, S. 350; Zwanziger, BB 1997, 42, 43; offengelassen BAG vom 28.6.2000, ZIP 2000, 1781, 1785, aber eine Informationspflicht erwähnend.

[826] Bezüglich des Informationsbedarfs im Zeitpunkt des Übergangs bereits ausgeschiedener Arbeitnehmer gibt es keine Stellungnahme. Insofern hat das BAG im Zusammenhang mit dem Wiedereinstellungsanspruch, der allerdings nicht auf einem Betriebsübergang beruhte, eine

kündigten Arbeitnehmers kann sich beispielsweise auch bei einem nachvertraglichen unternehmensbezogenen Wettbewerbsverbot ergeben, dass durch den Betriebsübergang eine Inhaltsänderung erfährt[827]. Endet das Arbeitsverhältnis unmittelbar nach dem Betriebsübergang, kann der Arbeitnehmer dem Veräußerer grundsätzlich Konkurrenz machen[828]. Damit der Arbeitnehmer nicht im Glauben am Bestand des Wettbewerbsverbotes bestimmte berufliche Aktivitäten unterlässt und somit in seiner Berufsausübungsfreiheit eingeschränkt ist oder unwissend gegen eine Wettbewerbsabrede verstößt, hat er ein wesentliches Informationsbedürfnis, vom Übergang zu erfahren. Selbst wenn das Arbeitsverhältnis unmittelbar nach dem Übergang endet, besteht daher ein Informationsbedürfnis des Arbeitnehmers, über die Reichweite des Wettbewerbsverbotes Kenntnis zu erlangen. Nach umstrittener Ansicht gehen auch Wettbewerbsabreden bereits beendeter Arbeitsverhältnisse entsprechend § 613a BGB auf den Erwerber über[829], so dass auch in diesem Falle ein Informationsbedürfnis des ausgeschiedenen Arbeitnehmers besteht, was gleichfalls aus Art. 12 Abs. 1 GG folgt. Auch hier lässt sich der Informationsbedarf aus der Regel-Ausnahme-Konstellation herleiten. Hinsichtlich des Wiedereinstellungsanspruchs ergibt sich diese aus der Abweichung vom typischen Risiko, welches in der ursprünglich geplanten Betriebsstillegung zu sehen ist sowie der Kenntnis des Verpflichteten hiervon. Bezüglich des Wettbewerbsverbots würde ohne Information beim Wettbewerb unterlassenden Arbeitnehmer ein Irrtum erzeugt werden.

---

mögliche Informationspflicht lediglich am Rande erwähnt; vgl. BAG vom 28.6.2000, RdA 2001, 243, 248; für eine Obliegenheit: Oetker, ZIP 2000, 1787,1790; Raab, Anm. zu BAG, RdA 2001, 243; ders., RdA 2000, 147, 156; für eine Informationspflicht: KR-Pfeiffer, § 613a BGB, Rn. 197.

[827] Umfassend hierzu Bossmann, Die Auswirkungen des Betriebsübergangs nach § 613a BGB auf die Wettbewerbsverbote, S. 155 ff.; Bauer/Diller, Wettbewerbsverbote, Rn. 673 m.w.N.; Richardi/Annuß, in: Staudinger, § 613a BGB, Rn. 157; ablehnend lediglich Nägele, BB 1989, 1480, 1481, wonach Arbeitsvertrag und Wettbewerbsabrede voneinander unabhängig seien.

[828] Statt aller: Bauer/Diller, Wettbewerbsverbote, Rn. 679 m.w.N.

[829] Bossmann, Die Auswirkungen des Betriebsübergangs nach § 613a BGB auf die Wettbewerbsverbote, S. 159 ff. m.w.N.; KassHB-Welsau, 6.1, Rn. 555; KR-Pfeiffer, § 613a BGB, Rn. 15; ErfK-Preis, § 613a BGB, Rn. 80; Seiter, Betriebsinhaberwechsel, S. 80 f.; hiergegen: Bachner, in: Kittner/Zwanziger, Arbeitsrecht, § 115, Rn. 53; Bauer/Diller, Wettbewerbsverbote, Rn. 687; Bauer/von Steinau-Steinrück, in: Hölters, Handbuch des Unternehmens- und Beteiligungskaufs, Teil V, Rn. 196; GK-HGB-Etzel, §§ 74-75d HGB, Rn. 66; Kreitner, in: Personalbuch 2002, Betriebsübergang, Rn. 45; Picot, in: Picot, Unternehmenskauf und Restrukturierung, S. 409; Posth, Arbeitsrechtliche Probleme beim Betriebsinhaberwechsel, S. 138 ff.; Richardi/Annuß, in: Staudinger, § 613a BGB, Rn. 161; Willemsen, in: Willemsen, Umstrukturierung, G 190; Zöllner/Loritz, Arbeitsrecht, § 20 III. 6. (S. 264); KSchR-Zwanziger, § 613a BGB, Rn. 95a

(2) Rechtliche Folgen nach § 613a Abs. 1 BGB

Ein Betriebsübergang ist ein latent dem Arbeitsverhältnis innewohnender Umstand, der unabhängig vom Willen des Arbeitnehmers eintritt. Das Recht der beteiligten Arbeitgeber, Betriebe zu veräußern und Umstrukturierungen vorzunehmen, ergibt sich bereits aus deren Eigentumsrecht nach Art. 14 GG[830]. Als gesetzlichen Regelfall ordnet § 613a Abs. 1 S. 1 BGB an, dass der Erwerber in die Rechte und Pflichten aus dem Arbeitsverhältnis eintritt. Hiernach soll der bisherige Inhalt des alten Arbeitsverhältnisses grundsätzlich fortbestehen. Aufgrund der Regel-Ausnahme-Konstellation in § 613a Abs. 1 S. 2 - 4 BGB gilt fernerhin der Grundsatz, dass bislang geltende normative Regelungen Inhalt des Arbeitsverhältnisses werden. Hat der Arbeitnehmer vom Übergang seines Arbeitsverhältnisses Kenntnis, so muss er sich auf diese Grundsätze einstellen. Ein Informationsbedarf besteht aufgrund der gesetzlichen Regel-Ausnahme-Konstellation nicht.
Liegen jedoch Ausnahmen von diesem Grundsatz vor, so besteht eine atypische Abweichung von den gesetzlich primär angeordneten Folgen. Wird der Arbeitnehmer hierüber nicht informiert, muss er aufgrund der gesetzlichen Regel-Ausnahme-Konstellation zwangsläufig einem Irrtum unterliegen. Diese atypische Abweichung haben zudem der Veräußerer und der Erwerber verursacht.
Aufgrund dessen besteht beispielsweise ein Informationsbedarf, wenn bisherige Tarifverträge und Betriebsvereinbarungen normativ weitergelten, da nach § 613a Abs. 1 S. 2 BGB grundsätzlich eine Transformation auf einzelvertragliche Ebene stattfindet. Desgleichen stellt die Geltung anderer und eventuell für den Arbeitnehmer schlechterer Tarifverträge oder Betriebsvereinbarungen eine Abweichung von der Regel dar, so dass auch hinsichtlich dessen ein Informationsbedarf besteht. Aus der normativen Wirkung bestehender oder neuer Tarifverträge bzw. Betriebsvereinbarungen lassen sich Kenntnisse über die betriebliche Struktur sowie die betriebliche Arbeitnehmervertretung herleiten. Diese kollektiven Folgen sind bereits Inhalt der nach § 613a Abs. 5 BGB zu erteilenden Informationen, die jedoch keine individuell-detaillierten Kenntnisse vermitteln. Daher kann beispielsweise bei einzelvertraglichen Verweisungsklauseln, je nach deren Verweisungsintensität, ein ergänzender Informationsbedarf des betreffenden Arbeitnehmers bestehen. Vor allem bei unternehmensbezogenen einzelvertraglichen Vergütungsabreden (z.B. Provisionen, Tantieme etc.) besteht ein besonderes Informationsbedürfnis. Aufgrund der Regelung in § 613a Abs. 1 S. 1 BGB dürfte sich nichts ändern, was jedoch wegen der Anknüpfung an das Unternehmen oftmals gerade nicht der Fall ist[831].

---

[830] BAG vom 25.1.2001, AP 215 zu § 613a BGB, III. 5. c) der Entscheidungsgründe; zur verfassungsrechtlichen Bewertung insbes. Willemsen, in: Willemsen, Umstrukturierung, G 21 ff.
[831] Vgl. Willemsen, in: Willemsen, Umstrukturierung, G 183 ff.

(3) Von § 613a Abs. 1 BGB nicht erfasste Folgen

§ 613a Abs. 1 erfasst lediglich "Rechte und Pflichten aus den im Zeitpunkt des Übergangs bestehenden Arbeitsverhältnissen". Es gibt jedoch Regelungsgegenstände, bei denen eine Zuordnung zu § 613a Abs. 1 S. 1 BGB problematisch ist, die für den Arbeitnehmer aber von wesentlicher Bedeutung sein können. So besteht beispielsweise darüber Streit, ob auch Arbeitgeberdarlehen unter § 613a Abs. 1 S. 1 BGB fallen, was die wohl überwiegende Ansicht verneint[832]. Ein ähnlicher Streit besteht bei Werkswohnungen[833] und anderen Sozialleistungen des Veräußerers wie die Bereitstellung eines Firmenwagens auch zur Privatnutzung, Rabatte und Sachleistungen bei Unternehmensprodukten, Gruppenunfallversicherung, Verbesserungsvorschlagsprämien und Kantinenversorgung[834]. Fernerhin werden in diesem Zusammenhang oftmals andere vom Unternehmen abhängige Leistungen wie Aktienoptionen erwähnt[835]. Unmittelbar mit dem Unternehmensgegenstand hängt auch die Reichweite von Wettbewerbsabreden und Nebentätigkeitsgenehmigungen sowie Versetzungsklauseln ab. Ferner werden nur Inhaltsnormen und keine normativen Regelungen von § 613a Abs. 1 S. 2 BGB erfasst. Schließlich besteht weitgehend Einigkeit dahingehend, dass besondere Berechtigungen und Verpflichtungen, die nur anlässlich des bestehenden Arbeitsverhältnisses entstanden sind, nicht automatisch übertragen werden, was insbesondere für Vollmachten und Prokuren gilt[836].

---

[832] Differenzierend BAG vom 21.01.1999 - 8 AZR 373/97 n.v.; vgl. Übersicht bei: Fuchs, Betriebliche Sozialleistungen beim Betriebsübergang, S. 28 f. m.w.N.; Bauer/von Steinau-Steinrück, in: Hölters, Handbuch des Unternehmens- und Beteiligungskaufs, Teil V, Rn. 174; Nägele, BB 1989, 1480, 1481; Posth, Arbeitsrechtliche Probleme beim Betriebsinhaberwechsel, S. 147; ErfK-Preis, § 613a BGB, Rn. 73; Willemsen, in: Willemsen, Umstrukturierung, G 179

[833] Vgl. Übersicht bei: Fuchs, Betriebliche Sozialleistungen beim Betriebsübergang, S. 40 f. m.w.N.; Bachner, in: Kittner/Zwanziger, Arbeitsrecht, § 115, Rn. 47 f.; Bauer/von Steinau-Steinrück, in: Hölters, Handbuch des Unternehmens- und Beteiligungskaufs, Teil V, Rn. 182 f.; Nägele, BB 1989, 1480, 1481; Posth, Arbeitsrechtliche Probleme beim Betriebsinhaberwechsel, S. 142 ff.; ErfK-Preis, § 613a BGB, Rn. 76; Richardi/Annuß, in: Staudinger, § 613a BGB, Rn. 15; Willemsen, in: Willemsen, Umstrukturierung, G 180

[834] Hierzu insbesondere Fuchs, Betriebliche Sozialleistungen beim Betriebsübergang, S. 33 ff. m.w.N.

[835] Vgl. Bachner, in: Kittner/Zwanziger, Arbeitsrecht, § 115, Rn. 51; Bauer/Göpfert/von Steinau-Steinbrück, ZIP 2001, 1129; Bauer/von Steinau-Steinrück, in: Hölters, Handbuch des Unternehmens- und Beteiligungskaufs, Teil V, Rn. 176; Fuchs, Betriebliche Sozialleistungen beim Betriebsübergang, S. 38 f.; Grimm/Walk, BB 2003, 577; Lemke, BB 2001, 1469, 1474; Mechlem/Melms, DB 2000, 1614, 1616; Willemsen, in: Willemsen, Umstrukturierung, G 183 ff.;

[836] RGRK-Ascheid, § 613a BGB, Rn. 145; Bachner, in: Kittner/Zwanziger, Arbeitsrecht, § 115, Rn. 42; Bauer/Göpfert/v. Steinau-Steinbrück, ZIP 2001, 1129, 1131; Bauer/von Steinau-Steinrück, in: Hölters, Handbuch des Unternehmens- und Beteiligungskaufs, Teil V, Rn. 147, 166; Erman-Hanau, § 613a BGB, Rn. 63; KassHB-Hattesen, 6.7, Rn. 135; Picot, in: Picot, Un-

Diesen Rechten und Pflichten ist gemeinsam, dass sie entgegen der gesetzlichen Regelung nicht auf den Erwerber übergehen (müssen). Gleichwohl kann der Betriebsübergang hierdurch erheblichen Einfluss auf den Inhalt des Arbeitsverhältnisses nehmen. Auch wenn vorstehende Rechte und Pflichten im Einzelfall nicht Inhalt des Arbeitsverhältnisses sind, weshalb sie auch nicht gem. § 613a Abs. 1 BGB auf den Erwerber übergehen, so hängen sie gleichwohl mit diesem als Annex unmittelbar zusammen. Das Arbeitsverhältnis selbst ist Voraussetzung für die vorstehenden Rechte und Pflichten[837]. Mag beispielsweise ein Aktienoptionsvertrag auf einem strikt vom Arbeitsvertrag zu trennenden Kaufvertrag beruhen[838], so ist doch der Arbeitsvertrag i.d.R. Grundlage des Aktienoptionsvertrages, auch wenn die gewährte Leistung einem Drittvergleich standhält und keine besondere Vergünstigung beinhaltet[839]. Diese Rechte können für den Arbeitnehmer im Einzelfall ebenso von erheblicher Bedeutung sein.
Hier stellt sich die Frage, welche typische Regel-Ausnahme-Konstellation vorliegt. An sich ist bereits der gesetzliche Vertragspartnerwechsel nach § 613a Abs. 1 S. 1 BGB eine Ausnahmeregelung, so dass es für die nicht von dieser Norm erfassten Aspekte des Arbeitsverhältnisses an einem besonderen Informationsbedürfnis fehlen würde, wenn der Arbeitnehmer vom Übergang Kenntnis hat. Es handelt sich dann um das diesen Ansprüchen typischerweise innewohnende Risiko. Andererseits bezweckte der Gesetzgeber mit dem § 613a BGB, die Rechtsfolgen eines Betriebsübergangs für die Arbeitsverhältnisse "allgemein" zu regeln[840]. Dies spricht dafür, den § 613a Abs. 1 S. 1 BGB im *Arbeitsverhältnis* generell nicht als Ausnahmeregelung, sondern als typische Grundregel aufzufassen. Zudem haben die Arbeitgeber die Zäsur im Vertragsgefüge verursacht. Somit besteht der Informationsbedarf hinsichtlich dessen aufgrund der Regel-Ausnahme-Konstellation, d.h. Abweichung vom typischen Geschehensablauf und Verursachung durch den anderen Teil.

b) Gefährdung des Vertragszwecks durch die Entscheidungsalternativen

Das Widerspruchsrecht vermag den Vertragszweck auf zweierlei Weise zu gefährden. Widerspricht der Arbeitnehmer dem Übergang nicht, nicht rechtzeitig

ternehmenskauf und Restrukturierung, S. 411; ErfK-Preis, § 613a BGB, Rn. 78; Richardi/Annuß, in: Staudinger, § 613a BGB, Rn. 145; Willemsen, in: Willemsen, Umstrukturierung, G 175

[837] So Bossmann, Die Auswirkungen des Betriebsübergangs nach § 613a BGB auf die Wettbewerbsverbote der Arbeitnehmer, S. 151 ff., zu den Wettbewerbsabreden.

[838] So insbesondere Bauer/Göpfert/v. Steinau-Steinbrück, ZIP 2001, 1129, 1130

[839] Fuchs, Betriebliche Sozialleistungen beim Betriebsübergang, S. 63, stellt - ähnlich wie bei einem kapitalersetzenden Darlehen eines GmbH-Geschäftsführers - auf einen Drittvergleich ab, d.h. zusätzliche Leistungen würden dann von § 613a Abs. 1 BGB erfasst, wenn Dritte diese nicht zu den gleichen Konditionen erhalten würden.

[840] BT-Ds. VI/1786, S. 27

oder verzichtet er auf den Widerspruch, so geht er ein neues Arbeitsverhältnis mit einem anderen Arbeitgeber ein, das er gegebenenfalls nicht oder jedenfalls nicht so wollte oder dessen Bestand aufgrund von Umstrukturierungsmaßnahmen möglicherweise gefährdet ist. Widerspricht der Arbeitnehmer dagegen rechtzeitig dem Übergang, so ist der Bestand des Arbeitsverhältnisses dadurch gefährdet, dass er aufgrund des Wegfalls seines Arbeitsplatzes ungewollt versetzt wird oder eine betriebsbedingte Kündigung erhält. Zudem besteht für den Arbeitnehmer die - eventuell bei ausreichender Information nicht gewollte - Möglichkeit einer Eigenkündigung oder eines Aufhebungsvertrages.

(1) Information über den Betriebsübergang

Damit der Arbeitnehmer über vorgenannte Alternativen entscheiden kann, muss er zunächst Kenntnis vom Übergang seines Arbeitsverhältnisses haben. Diese Information ist für die Ausübung der Entscheidungsalternativen nicht nur wesentlich, sondern vielmehr zwingende Voraussetzung. Eine entsprechende Kenntnis wird dem Arbeitnehmer grundsätzlich bereits durch § 613a Abs. 5 BGB vermittelt.

(2) Information über das Widerspruchsrecht

Pietzko[841] hielt vor dem Erlass des § 613a Abs. 6 BGB eine Information des Arbeitnehmers über das Widerspruchsrecht für erforderlich, da er dieses nicht als allgemein bekannt ansah. Ob diese Annahme nach nahezu 30-jähriger Rechtsprechung des BAG trotz nicht bestehender gesetzlicher Regelung zutreffend war, kann nunmehr mit Erlass des § 613a Abs. 6 BGB dahinstehen. Es bedarf nach § 613a Abs. 5 BGB keiner Aufklärung über das Widerspruchsrecht; die zu erteilenden Informationen wären ohne den Vorbehalt eines rechtzeitigen Widerspruchs zwar unvollständig. Gleichwohl ist angesichts der gesetzlichen Regelung in § 613a Abs. 5 BGB hierüber nicht zu informieren[842]. Ein objektiv zu bestimmender Informationsbedarf besteht nicht; das Widerspruchsrecht ergibt sich aus dem Gesetz und bedarf daher keiner Erwähnung. Eine Ausnahme kann jedoch dann vorliegen, wenn der Arbeitgeber von einem atypischerweise bestehenden Informationsbedarf des Arbeitnehmers Kenntnis hat.

---

[841] Pietzko, Der Tatbestand des § 613a BGB, S. 290; a.A. Joost, in: Preis/Willemsen, Umstrukturierung in Betrieb und Unternehmen im Arbeitsrecht, C 28, allerdings bezogen auf die Angaben nach dem UmwG

[842] Bauer/von Steinau-Steinrück, ZIP 2002, 457, 463; Gaul, Betriebs- und Unternehmensspaltung, § 11, Rn. 16; ErfK-Preis, § 613a BGB, Rn. 86; Willemsen/Lembke, NJW 2002. 1159, 1163; a.A. Worzalla, NZA 2002, 353, 355; Sagasser/Sickinger, Umwandlungen, N 130; Simon, in: Semler/Stengel, § 5 UmwG, Rn. 68; siehe S. 65 ff.

(3) Information über die Folgen des Betriebsübergangs

Unabhängig vom Widerspruchsrecht wurde ein wesentliches Informationsbedürfnis hinsichtlich der Folgen des Betriebsübergangs bereits angenommen, da eine Zäsur im Arbeitsverhältnis erfolgt. Nichts anderes kann hinsichtlich der Entscheidungsalternativen des Arbeitnehmers gelten. Auch hierfür ist es von erheblicher Bedeutung, ob sich entgegen des gesetzliches Grundsatzes der Inhalt des Arbeitsvertrages ändert, der Arbeitgeber tarifgebunden ist und eine Arbeitnehmervertretung besteht. Insofern soll § 613a Abs. 5 BGB dem Arbeitnehmer Kenntnisse über unmittelbare und mittelbare Folgen des Betriebsübergangs vermitteln. Sind diese individualrechtlicher Art, so besteht auch diesbezüglich ein - ergänzender - Informationsbedarf. Für die Ausübung der Entscheidungsalternativen sind derartige Aspekte angesichts der drohenden Nachteile von wesentlicher Bedeutung. Diese Bedeutung ist größer als hinsichtlich des Betriebsübergangs selbst, da dem Arbeitnehmer zumindest nach dem Wortlaut der RL 2001/23/EG keine Entscheidungsalternativen eröffnet sind.
Dahingehende Änderungen drohen sowohl beim Veräußerer als auch Erwerber. Stehen beispielsweise Umstrukturierungen mit Entlassungen beim Erwerber an, so sind diese typisierend global nach § 613a Abs. 5 BGB darzustellen. Für den einzelnen Arbeitnehmer ist es jedoch von weit erheblicherer Bedeutung, ob gerade ihm aufgrund dessen gekündigt wird. Er hat ein wesentliches Informationsbedürfnis, wie sich die nach § 613a Abs. 5 BGB mitgeteilten Folgen konkret auf sein Arbeitsverhältnis auswirken. Dagegen besteht grundsätzlich kein Informationsbedürfnis, wenn sich diese Folgen wiederum aus der Umstrukturierungsmaßnahme selbst ergeben, wie beispielsweise höhere Fahrtkosten.

(4) Information über die Folgen des Widerspruchs

Schwieriger beurteilt sich die Frage, ob der Arbeitnehmer auch hinsichtlich der Folgen des Widerspruches ein Informationsbedürfnis hat. Hierüber ist nicht nach § 613a Abs. 5 BGB zu informieren. Hinsichtlich dessen kommt es insbesondere darauf an, ob die Folgen des Widerspruchs zum typischen Risiko gehören, d.h. es ist wiederum die typische Regel-Ausnahme-Konstellation maßgeblich.

(a) Mögliche Folgen des Widerspruchs

Der Widerspruch selbst bewirkt, dass das Arbeitsverhältnis mit dem Veräußerer fortbesteht und der Arbeitnehmer in der Regel seinen Arbeitsplatz verliert, da dieser mit dem Betrieb auf den Erwerber übergeht. Dies sind die einzigen unmittelbaren Folgen des Widerspruchs.
Die mittelbaren Folgen hängen im Wesentlichen mit dem Übergang des Arbeitsplatzes und der hierdurch möglicherweise bedingten fehlenden Weiterbeschäftigungsmöglichkeit zusammen:

So besteht insbesondere das Risiko einer betriebsbedingten Kündigung, wobei eine eingeschränkte Sozialauswahl erfolgt. Nach Ansicht des BAG und einem Großteil des Schrifttums[843] soll sich der widersprechende Arbeitnehmer dann nicht auf eine fehlerhafte Sozialauswahl berufen können, wenn für den Widerspruch im Einzelfall ein sachlicher Grund fehlt. Als sachliche Gründe werden beispielsweise die Gefährdung des Arbeitsplatzes, des Arbeitsentgelts, die Höhe des Arbeitsentgelts sowie der Übergang von einem größeren auf einen kleineren Betrieb wegen der Schwellenwerte in §§ 23 KSchG, 111 BetrVG genannt[844]. Des Weiteren besteht die Gefahr eines eingeschränkten Schutzes nach § 102 BetrVG[845].

Fernerhin riskiert der widersprechende Arbeitnehmer unter Umständen den Verlust von Abfindungszahlungen aufgrund besonderer Regelungen eines Tarifvertrages oder eines Sozialplanes[846].

---

[843] Vgl. BAG vom 7.4.1993, AP 22 zu § 1 KSchG 1969 Soziale Auswahl; BAG vom 17.9.1998, AP 148 zu § 626 BGB; BAG, 18.3.1999, SAE 2000, 286; BAG, 24.2.2000, SAE 2001, 117; LAG Sachsen vom 19.7.2001, NZA-RR 2002, 79; Bachner, in: Kittner/Zwanziger, Arbeitsrecht, § 115, Rn. 32; Berkowsky, Die betriebsbedingte Kündigung, § 9, Rn. 60; Beseler, Arbeitsrechtliche Probleme, S. 48; Franzen, RdA 2002, 258, 269; Gaul, ZTR 1995, 387, 392; Erman-Hanau, § 613a BGB, Rn. 56; KassHB-Hattesen, 6.7, Rn. 122; Hergenröder, AR-Blattei SD 500.1, Rechtsgeschäftlicher Betriebsinhaberwechsel, Rn. 314 ff.; Kreitner, in: Personalbuch 2002, Betriebsübergang, Rn. 38; Kreitner, Kündigungsrechtliche Probleme beim Betriebsinhaberwechsel, S. 163 ff. m.w.N.; Menze, Das Widerspruchsrecht der Arbeitnehmer beim Betriebsübergang, S. 111 ff. m.w.N.; Meyer, NJW 2002, 1615, 1619; Moll, NJW 1993, 2016, 2017; Müller-Glöge, NZA 1999, 449, 455; Richardi/Annuß, in: Staudinger, § 613a BGB, Rn. 135; Schaub, ArbHB, § 118 (Rn. 62) ; Trittin, Der Betriebsübergang, S. 18; MüHB-Wank, § 124, Rn. 106; Wenking, Der Betriebsübergang im europäischen und deutschen Arbeitsrecht, S. 93; Willemsen, in: Willemsen, Umstrukturierung, G 167; Wollenschläger/Pollert, ZfA 1996, 547, 563; ablehnend u.a. Ingelfinger, ZfA 1996, 591, 610, da der Arbeitnehmer allein die Konsequenz des Widerspruches zu tragen habe; ebenso Lipinski, Sonderkündigungsschutz und Betriebsübergang, S. 89 f.; Lipinski, DB 2002, 1214, 1217; krit. Fischer, AuR 2002, 291 (Verstoß gegen § 612a BGB)

[844] Vgl. LAG Hamm vom 21.6.1994, NZA 1995, 471; Menze, Das Widerspruchsrecht der Arbeitnehmer beim Betriebsübergang, S. 132 ff. m.w.N.; Willemsen, in: Willemsen: Umstrukturierung, G 167

[845] BAG vom 24.2.2000, NZA 2000, 764; BAG vom 25.5.2000, ZIP 2000, 1630

[846] BAG vom 19.2.1998, AuA 1999, 90 (krit. Anm. Kohte); BAG vom 15.12.1998, SAE 2001, 63; Bachner, in: Kittner/Zwanziger, Arbeitsrecht, § 115, Rn. 33; Bauer/von Steinau-Steinrück, in: Hölters, Handbuch des Unternehmens- und Beteiligungskaufs, Teil V, Rn. 125; Franzen, RdA 2002, 258, 269; KassHB-Hattesen, 6.7, Rn. 125; Hergenröder, AR-Blattei SD 500.1, Rechtsgeschäftlicher Betriebsinhaberwechsel, Rn. 322 ff.; Menze, Das Widerspruchsrecht der Arbeitnehmer beim Betriebsübergang, S. 170 ff. m.w.N.; Meyer, NJW 2002, 1615, 1619; ErfK-Preis, § 613a BGB, Rn. 105; Steffan, in: Ascheid/Preis/Schmidt, § 613a BGB, Rn. 107 f.; Trittin, Der Betriebsübergang, S. 19; MüHB-Wank, § 124, Rn. 109; Willemsen, in: Willemsen, Umstrukturierung, G 170

Weigert sich der widersprechende Arbeitnehmer bei dem Erwerber tätig zu sein, kann sich sein Vergütungsanspruch gegenüber dem Veräußerer wegen böswillig unterlassenen Erwerbs nach § 615 S. 2 BGB mindern[847].
Zudem wird häufig als weitere Folge des Widerspruchs und einer aufgrund der mangelnden Weiterbeschäftigungsmöglichkeit ausgesprochenen Kündigung eine mögliche Sperre des Arbeitslosengeldes nach § 144 SGB III genannt[848].
Schließlich ist zu erwähnen, dass das ursprüngliche Arbeitsverhältnis nach dem Widerspruch einen gänzlich anderen Charakter haben kann; so ist der (verbleibende) Betriebsteil kleiner, was unter Umständen Auswirkungen auf gesetzliche Schwellenwerte hat, möglicherweise existiert keine Arbeitnehmervertretung mehr oder der Veräußerer möchte den verbleibenden Betriebsteil mit anderen Betrieben zusammenlegen oder an einen Dritten veräußern bzw. stilllegen.
Vorgenannte Aufzählung der möglichen Folgen verdeutlicht, dass die Ausübung des Widerspruches für den Arbeitnehmer weit reichende Konsequenzen haben kann. Neben den finanziellen können auch die sozialen Folgen erheblich sein. Andererseits eröffnet das Widerspruchsrecht dem Arbeitnehmer beispielsweise bei einem Wettbewerbsverbot eine günstigere Ausgangslage als etwa eine Eigenkündigung[849]. Daher bedarf der Arbeitnehmer einer Entscheidungsgrundlage, um über die bestehenden Entscheidungsalternativen eine wohlüberlegte Entscheidung treffen zu können.

---

[847] BAG 19.3.1998, AP 177 zu § 613a BGB; Bachner, in: Kittner/Zwanziger, Arbeitsrecht, § 115, Rn. 35; Bauer/von Steinau-Steinrück, in: Hölters, Handbuch des Unternehmens- und Beteiligungskaufs, Teil V, Rn. 140; Beseler, Arbeitsrechtliche Probleme, S. 45; Gaul, Betriebs- und Unternehmensspaltung, § 11, Rn 66 f.; Menze, Das Widerspruchsrecht der Arbeitnehmer beim Betriebsübergang, S. 177 ff. m.w.N.; Müller-Glöge, NZA 1999, 449, 455; Pietzko, Der Tatbestand des § 613a BGB, S. 299; Schiefer, SAE 2000, 286, 289, 293; Seiter, Betriebsinhaberwechsel, S, 69; Steffan, in: Ascheid/Preis/Schmidt, § 613a BGB, Rn. 101; Willemsen, in: Willemsen, Umstrukturierung, G 169

[848] Bachner, in: Kittner/Zwanziger, Arbeitsrecht, § 115, Rn. 34; Bauer/von Steinau-Steinrück, in: Hölters, Handbuch des Unternehmens- und Beteiligungskaufs, Teil V, Rn. 141; Commandeur, NJW 1996, 2537,2544 ff.; Gaul, Betriebs- und Unternehmensspaltung, § 11, Rn 65; Herschel, Anm. zu BAG, AP 21 zu § 613a BGB; Kreitner, in: Personalbuch 2002, Betriebsübergang, Rn. 41; Menze, Das Widerspruchsrecht der Arbeitnehmer beim Betriebsübergang, S. 181 ff. m.w.N.; Meyer, NJW 2002, 1615, 1620; Müller-Ehlen, Der Übergang von Arbeitsverhältnissen im Umwandlungsrecht, S. 98 ff.; Pottmeyer, NZA 1988, 521 ff.; Schaub, ArbRHB, § 118 (Rn. 64); Suffert, Schutz des Arbeitnehmers beim Betriebsübergang, S. 90 f.; Tschöpe, Rechtsfolgen eines arbeitnehmerseitigen Widerspruchsrechts beim Betriebsinhaberwechsel, S. 68; MüHB-Wank, § 124, Rn. 110; Willemsen, in: Willemsen, Umstrukturierung, G 171

[849] Zu den taktischen Varianten vgl. Bauer/Diller, Wettbewerbsverbote, Rn. 682; Bossmann, Die Auswirkungen des Betriebsübergangs nach § 613a BGB auf die Wettbewerbsverbote der Arbeitnehmer, S. 116 ff.

(b) Informationsbedarf hinsichtlich der Folgen des Widerspruchs

Unmittelbare Folge des Widerspruchs ist, dass kein Übergang des Arbeitsverhältnisses erfolgt. Mit der Information nach § 613a Abs. 5 BGB hat der Arbeitnehmer jedoch grundsätzlich Kenntnis davon, dass die Rechtsfolgen des § 613a Abs. 1 S. 1 BGB nicht eintreten müssen. Dies ergibt sich bereits aus dem Gesetz. Eine weitergehende Information ist insofern nicht erforderlich. Kein Informationsbedarf besteht hinsichtlich des Wegfalls des Arbeitsplatzes. Dieser stellt die Regel denn die Ausnahme dar. Es dürfte jedem einsichtig sein, dass bei der Veräußerung eines Betriebs auch sein konkreter Arbeitsplatz aufgrund des Übergangs bei dem bisherigen Betriebsinhaber nicht mehr besteht. Etwas anderes kommt allenfalls dann in Betracht, wenn auch der Arbeitsplatz mit dem Widerspruch an den bisherigen Betriebsinhaber zurückfällt oder eine Zuordnung des Arbeitnehmers nicht zweifelsfrei möglich ist.
Hinsichtlich der mittelbaren Folgen kommt es ebenso auf die Regel-Ausnahme-Konstellation an, d.h. insbesondere ob es sich um ein typisches Risiko handelt. Da nicht alle mittelbaren Folgen abschließend dargestellt werden können, soll lediglich auf die regelmäßig angesprochenen Folgen eingegangen werden. Im Einzelfall kann es jedoch auch zu anderen mittelbaren Folgen kommen, wobei auch hier die typische Regel-Ausnahme-Konstellation maßgeblich ist:
Ob der widersprechende Arbeitnehmer typischerweise mit einer betriebsbedingten Kündigung rechnen muss[850], ist danach zu bestimmen, ob er die Gefahr einer fehlenden Weiterbeschäftigungsmöglichkeit ernsthaft in Erwägung zu ziehen hat. Aufgrund des Betriebsübergangs muss der widerspruchswillige Arbeitnehmer vom Verlust seines Arbeitsplatzes ausgehen, da dieser grundsätzlich zum übergehenden Betrieb(steil) gehört. Der Verlust des Arbeitsplatzes ist jedoch für die Beurteilung einer betriebsbedingten Kündigung nicht allein maßgeblich. Vielmehr kommt es insbesondere darauf an, ob der Bedarf nach einer Beschäftigung des Arbeitnehmers nicht mehr besteht[851], d.h. wenn eine Weiterbeschäftigungs-

---

[850] So BAG vom 15.2.1984, AP 37 zu § 613a BGB, unter II. 3. der Gründe; BAG vom 10.11.1993, AP 43 zu § 1 TVG, unter B. III. 1. a) der Gründe, allerdings mit vorhersehbarer Stillegung des Veräußererbetriebes; unklar LAG Rheinland-Pfalz vom 26.6.1998, LAGE 74 zu § 613a BGB unter I. 2. der Entscheidungsgründe; wohl Henssler, NZA 1994, 913, 921; Herschel, Anm. zu BAG, AP 21 zu § 613a BGB; Ingelfinger, ZfA 1996, 591, 610; Lipinski, Sonderkündigungsschutz und Betriebsübergang, S. 86; Kindscher, Die Kündigung wegen Betriebsübergangs, S. 195; wohl auch Müller-Ehlen, Der Übergang von Arbeitsverhältnissen im Umwandlungsrecht, S. 99; Pietzko, Der Tatbestand des § 613a BGB, S. 303; Pottmeyer, NZA 1988, 521, 524 f.

[851] Ständige Rechtsprechung, vgl. nur BAG vom 30.5.1985, AP 24, vom 15.6.1989, AP 45 zu § 1 KSchG 1969 Betriebsbedingte Kündigung; BAG vom 7.12.2000, NZA 2001, 495, 497; BAG vom 15.3.2001, NJW 2002, 459, 463; BAG vom 22.3.2001- 8 AZR 565/00, im Internet: www.bundesarbeitsgericht.de (=EWiR 2001, 989); BAG vom 15.8.2002, ZIP 2003, 365 (Arbeitgeber muss einem widerspruchsberechtigten Arbeitnehmer einen freien Arbeitsplatz anbie-

möglichkeit im Betrieb oder im Unternehmen nicht existiert. Insofern ist der Arbeitgeber darlegungs- und beweispflichtig; er muss insbesondere den Wegfall des Beschäftigungsbedarfs als auch die fehlende Weiterbeschäftigungsmöglichkeit darlegen und beweisen, wobei er sich hinsichtlich letzterer zunächst auf einfaches Bestreiten beschränken kann und es dann Sache des Arbeitnehmers ist, zunächst eine konkrete Weiterbeschäftigungsmöglichkeit zu benennen[852]. Vor allem aufgrund dieser Darlegungslastregel besteht die Vermutung, dass der Arbeitnehmer nicht zwingend von einer fehlenden Weiterbeschäftigungsmöglichkeit ausgehen muss und eine solche nicht per se bei einem Wegfall des Arbeitsplatzes vorliegt. Die Vermutung ergibt sich aber auch aus dem Widerspruchsrecht selbst, das dann völlig sinnwidrig wäre, wenn der widersprechende Arbeitnehmer grundsätzlich die betriebsbedingte Kündigung erwarten müsste. Auszugehen ist vom Zweck des Widerspruchsrechts, der nicht in der Beendigung des Arbeitsverhältnisses mit dem Veräußerer gesehen werden kann. Hierfür besteht die Möglichkeit einer Kündigung. Allenfalls bei einer durch den Widerspruch provozierten betriebsbedingten Kündigung kann dieser Zweck angenommen werden, was jedoch in der Regel dem widersprechenden Arbeitnehmer nicht unterstellt werden kann[853]. Stattdessen möchte der widersprechende Arbeitnehmer grundsätzlich den Übergang seines Arbeitsverhältnisses verhindern und dieses mit dem Veräußerer fortsetzen. Daher ist für die Typizität einer möglicherweise zu erwartenden betriebsbedingten Kündigung insbesondere die fehlende Weiterbeschäftigungsmöglichkeit entscheidend.
Diese ist nach allgemeiner Ansicht nicht betriebs-, sondern vielmehr unternehmens- und ausnahmsweise konzernbezogen[854]. Abzulehnen ist daher die Ansicht *Pietzkos*[855], wonach der widersprechende Arbeitnehmer die Notwendigkeit einer betriebsbedingten Kündigung selbst verursacht habe, weshalb dieser Sachverhalt einer verhaltensbedingten Kündigung entspreche und die Weiterbeschäftigungsmöglichkeiten ausnahmsweise betriebsbezogen zu beurteilen seien. Ursache einer etwaigen betriebsbedingten Kündigung ist nicht der Widerspruch, sondern die unternehmerische Entscheidung des Veräußerers[856]. Der Widerspruch macht zudem nur dann Sinn, wenn der Arbeitnehmer weiterbeschäftigt werden kann und bei entsprechender Möglichkeit weiterbeschäftigt werden muss. Bei einer Beschränkung auf den Betrieb würde eine derartige Möglichkeit gegen Null tendie-

---

ten.); unklar LAG Rheinland-Pfalz vom 26.6.1998, LAGE 74 zu § 613a BGB unter I. 2. der Entscheidungsgründe

852 Statt aller: KR-Etzel, § 1 KSchG, Rn. 260 m.w.N.

853 So aber Pottmeyer, NZA 1988, 521, 525, jedoch mit der Einschränkung, daß dem Arbeitnehmer die Folgen des Widerspruches bekannt sind, was gerade nicht selbstverständlich ist.

854 Statt aller: KR-Etzel, § 1 KSchG, Rn. 218 m.w.N.; BAG vom 22.3.2001, EWiR 2001, 989

855 Pietzko, Der Tatbestand des § 613a BGB, S. 303; ähnlich Kindscher, Die Kündigung wegen Betriebsübergangs, S. 193

856 Kreitner, Kündigungsrechtliche Probleme beim Betriebsinhaberwechsel, S. 154 m.w.N.; Fischer, AuR 2002, 291, 292

ren und das Widerspruchsrecht ad absurdum führen. Auch dem anderen Argument *Pietzkos*, § 613a BGB sei nur betriebsbezogen, kann nicht gefolgt werden. Die Wirksamkeit einer betriebsbedingten Kündigung des Veräußerers nach einem Widerspruch beurteilt sich nach dem KSchG und nicht nach § 613a BGB, weshalb es bei den allgemeinen Grundsätzen, d.h. der Beurteilung einer Weiterbeschäftigungsmöglichkeit im Unternehmen, verbleibt. Aufgrund der Unternehmensbezogenheit kann der Arbeitnehmer die Weiterbeschäftigungsmöglichkeiten selbst beurteilen, wenn der einzige Betrieb eines Unternehmens übergeht. In diesem Falle ist die fehlende Weiterbeschäftigungsmöglichkeit offensichtlich[857]. Demgegenüber kann er sie regelmäßig nicht einschätzen, wenn einer von mehreren Betrieben des Unternehmens übertragen wird. Insofern besteht ein Informationsbedürfnis des Arbeitnehmers hinsichtlich der fehlenden Weiterbeschäftigungsmöglichkeit. Schwieriger ist die Sachlage hingegen, wenn lediglich ein Betriebsteil übergeht. In diesem Falle liegt die fehlende Weiterbeschäftigungsmöglichkeit nicht offensichtlich auf der Hand[858]. Insofern wird man danach differenzieren müssen, ob der Arbeitnehmer aufgrund der tatsächlichen Gegebenheiten im Einzelfall davon ausgehen muss, dass keine Weiterbeschäftigungsmöglichkeit besteht. Ist dies ohne weiteres erkennbar, so ist ein Informationsbedürfnis abzulehnen, da sich die typische Gefahr verwirklicht. Ist die fehlende Weiterbeschäftigungsmöglichkeit im verbleibenden Betriebsteil nicht ohne weiteres erkennbar, besteht keine für den Arbeitnehmer typische Gefahr, weshalb insofern von einem Informationsbedürfnis auszugehen ist. Den Informationsbedarf haben zudem die beteiligten Arbeitgeber verursacht. Gleiches gilt, wenn der Arbeitnehmer trotz fehlender Weiterbeschäftigungsmöglichkeit im Unternehmen nicht mit einer betriebsbedingten Kündigung rechnen muss, weil er beispielsweise für eine Personalreserve vorgesehen ist, eine konzerninterne Arbeitnehmerüberlassung als milderes Mittel in Betracht kommt oder die Weiterbeschäftigungsmöglichkeit ausnahmsweise konzernbezogen ist[859]. Dagegen gehört die eingeschränkte Sozialauswahl zum typischen Risiko des widersprechenden Arbeitnehmers. Gleiches gilt für das Risiko mehrerer Widersprüche, wenn hierdurch eine an sich bestehende Weiterbeschäftigungsmöglichkeit beim Veräußerer entfällt.

---

[857] So auch Kreitner, Kündigungsrechtliche Probleme beim Betriebsinhaberwechsel, S. 155; Lipinski, Sonderkündigungsschutz bei Betriebsübergang, S. 74; Pottmeyer, NZA 1988, 521, 524 f.

[858] Schlachter, NZA 1995, 705, 706; a.A. Pottmeyer, NZA 88, 521, 525, der eine bestehende Weiterbeschäftigungsmöglichkeit als Zufall bezeichnet, ohne dies jedoch näher zu begründen; ähnlich Kreitner, Kündigungsrechtliche Probleme beim Betriebsinhaberwechsel, S. 157, 169; Lipinski, Sonderkündigungsschutz und Betriebsübergang, S. 78; Tschöpe, Rechtsfolgen eines arbeitnehmerseitigen Widerspruchsrechts beim Betriebsinhaberwechsel, S. 49

[859] Zu der Möglichkeit der konzerninternen Arbeitnehmerüberlassung und der Konzernbezogenheit bei einem Widerspruch bei einem konzerninternen Betriebsübergang die Vorinstanz von BAG vom 22.3.2001, EWiR 2001, 989.

Hinsichtlich einer etwaigen Sperre des Arbeitslosengeldes ist es bereits fraglich, ob diesbezügliche Informationen noch einen konkreten Bezug zum Arbeitsvertrag und zum Widerspruchsrecht haben, was für den objektiv zu bestimmenden Informationsbedarf maßgeblich ist. Selbst wenn der Arbeitnehmer nicht mit einer Kündigung und in diesem Zusammenhang mit einer Sperre rechnen muss, ist ein Informationsbedürfnis zu verneinen. Dies ergibt sich aus dem hierfür maßgeblichen Zweck des Widerspruchs, d.h. kein Übergang des Arbeitsverhältnisses und Fortsetzung desjenigen mit dem Veräußerer. Mag man beispielsweise bei einem Aufhebungsvertrag hinsichtlich der Sperre ein Informationsbedürfnis noch bejahen, wenn dieser eine finanzielle Absicherung des Arbeitnehmers bezweckt und das zu erwartende Arbeitslosengeld als Berechnungsgrundlage für die Abfindung herangezogen wird, so besteht dieser Zweck bei einem Widerspruch nicht. Auch wenn für den Arbeitnehmer finanzielle Einbußen von Bedeutung sein mögen, weisen diese Aspekte keinen konkreten Bezug zum Arbeitsverhältnis auf. Daher besteht grundsätzlich kein objektives Informationsbedürfnis, obgleich dieser Aspekt subjektiv gelegentlich eine Rolle spielen kann.
Bezüglich des erwogenen böswilligen Unterlassens der Tätigkeit für den Erwerber nach § 615 S. 2 BGB kommt es darauf an, ob der Arbeitnehmer davon ausgehen muss, dass er bei dem Erwerber trotz des Widerspruchs weiterhin seiner Erwerbstätigkeit (vorübergehend) nachgehen darf. Dies kann allerdings ohne besondere Anhaltspunkte nicht vermutet werden[860]. Aufgrund der fehlenden Typizität des § 615 S. 2 BGB ist deshalb von einem Informationsbedürfnis des Arbeitnehmers auszugehen.
Gleiches gilt für den Ausschluss etwaiger Abfindungsansprüche aufgrund entsprechender Klauseln im Tarifvertrag oder Sozialplan, wenn der Abfindungsausschluss zutreffend als Ausnahme denn als Regel angesehen wird[861]. Auch wenn sich der Ausschluss nicht explizit auf einen Widerspruch beziehen muss, sondern lediglich auf die Ablehnung einer anderen zumutbaren Tätigkeit, erfordert er doch eine ausdrückliche Regelung im Tarifvertrag bzw. Sozialplan. Hiermit muss der Arbeitnehmer nicht ohne weiteres rechnen. Es handelt sich um ein für den Widerspruch atypisches Risiko, weshalb ein Aufklärungsbedürfnis besteht, wenn derartige Ausschlussklauseln vorgesehen sind.

---

[860] Wohl auch Menze, Das Widerspruchsrecht der Arbeitnehmer beim Betriebsübergang, S. 179

[861] BAG vom 10.12.1996, AP 32 zu § 113 BetrVG 1972; BAG vom 15.12.1998, SAE 2001, 63; DKK-Däubler, § 111 BetrVG, Rn. 106; für eine Anwendung des § 112 Abs. 5 S. 2 Nr. 2 BetrVG jedoch: Bauer/von Steinau-Steinrück, in: Hölters, Handbuch des Unternehmens- und Beteiligungskaufs, Teil V, Rn. 125; Henssler, NZA 1994, 913, 922; Meyer, NJW 2002, 1615, 1620; Neef, NZA 1994, 97, 101; Schlachter, NZA 1995, 705, 709

c) Erfüllung

Hat der widerspruchsberechtigte Arbeitnehmer bereits Kenntnis von Umständen, bei denen ein Informationsbedarf besteht, so entfällt - insoweit - das Informationsbedürfnis mit Kenntnisnahme.
Dies gilt insbesondere für die auf erster Stufe nach § 613a Abs. 5 BGB zu erteilenden typisierenden Globalinformationen. Ein Informationsbedarf besteht jedoch dann, wenn der Arbeitnehmer diese Informationen nicht, nicht vollständig oder nicht rechtzeitig erhält. Keine Erfüllungswirkung haben diese Informationen hinsichtlich der individuellen Umstände und der Folgen des Widerspruchs.
Desgleichen wird eine - überobligatorische - schriftliche Fixierung der wesentlichen Arbeitsbedingungen nach den Nachweisvorschriften bereits vor dem Betriebsübergang viele aber nicht alle Informationstatsachen enthalten.
Zudem ist es möglich, dass die Arbeitnehmervertretung den Arbeitnehmer vor dem Betriebsübergang umfassend informiert, so dass ein - zusätzliches - Informationsbedürfnis fehlt.
Sofern der Arbeitgeber die Informationen im Umwandlungsvertrag oder Umwandlungsplan aufgenommen hat, stellt sich die Frage der Erfüllungswirkung der Handelsregistereintragung, da nach §§ 16, 17 UmwG die Umwandlung zum Handelsregister anzumelden, einzutragen und nach § 10 HGB bekannt zu machen ist. Einen besonderen Hinweis von dem Umwandlungsvertrag oder -plan erhalten Anteilseigner, Gläubiger und Arbeitnehmer bei Aktiengesellschaften nach § 61 UmwG. Hiernach ist der Umwandlungsvertrag oder -plan vor Einberufung der entscheidenden Hauptversammlung zum Handelsregister einzureichen und vom Handelsregister nach § 10 HGB bekannt zu machen. Nach § 9 Abs. 1, 2 HGB kann jede Person, also auch der Arbeitnehmer, Einsicht in die eingereichten Unterlagen nehmen und eine Abschrift verlangen. Hierdurch haben die einzelnen Arbeitnehmer die Möglichkeit, sich durch Einsichtnahme in die Handelsregisterakten zu informieren[862].
So hatte das LAG Hessen[863] zu entscheiden, ob ein Arbeitnehmer vom Betriebsübergang rechtzeitig Kenntnis erlangte, wobei es auch § 15 HGB prüfte, im Ergebnis jedoch eine Kenntnisnahme (nur deshalb) verneinte, weil die Eintragung zu spät erfolgte. Vor allem *Menze*[864] war vor Erlass des § 613a Abs. 5 BGB der Ansicht, dass all diejenigen Informationen, die der Arbeitnehmer durch Einsicht in das Handelsregister nach § 9 HGB erhalten kann, nicht mitgeteilt werden müssten. Allerdings ist ihre Auffassung teilweise widersprüchlich, da sie die beteiligten Rechtsträger bei einer Umwandlung zusätzlich für verpflichtet hielt, die

---

[862] Engelmeyer, DB 1996, 2542
[863] LAG Hessen vom 13.6.1994 - 9 Sa 408/93 - nv.
[864] Menze, Das Widerspruchsrecht der Arbeitnehmer beim Betriebsübergang, S. 59

dem Betriebsrat zugeleiteten Informationen auch den Arbeitnehmern zukommen zu lassen[865].

Der (bevorstehende) Betriebsübergang selbst ist keine eintragungspflichtige Tatsache i.S.d. § 15 Abs. 2 S. 1 HGB, sondern allenfalls hierauf hindeutende Umstände. Des Weiteren ist zwar die Umwandlung selbst, nicht jedoch der Umwandlungsvertrag oder -plan nebst arbeitsrechtlicher Angaben eine einzutragende Tatsache. Auf die Publizitätswirkung des Handelsregisters kann der Arbeitnehmer daher nicht verwiesen werden. Dies schließt jedoch eine etwaige Haftung nicht aus, wenn der Arbeitnehmer gleichwohl Einsicht in die Handelsregisterakten nimmt und aufgrund unzutreffender Angaben nach dem UmwG für ihn ungünstige Entscheidungen trifft. Zudem wird eine vorherige Information durch die Umwandlungsunterlagen nur dann möglich sein, wenn die Umwandlung dem Betriebsübergang zeitlich vorausgeht. Erst wenn sämtliche Unterlagen einschließlich Negativerklärung i.S.v. § 17 UmwG vorliegen, ist die Eintragung der Umwandlung nach § 10 HGB bekannt zu machen. Die Veröffentlichung ist alsdann nach § 32 HRV unverzüglich zu veranlassen, d.h. es vergeht ein gewisser Zeitraum zwischen Anmeldung und Eintragung[866] sowie Eintragung und Bekanntgabe[867].

Ferner stellt die Veröffentlichung der Informationen im Gesetz- und Verordnungsblatt, Bekanntgabe im Bundesanzeiger, als ad-hoc Mitteilung nach § 15 WpHG oder in Presseartikeln keine Erfüllung dar. Die Information ist eine Wissensvermittlung, weshalb dafür Sorge zu tragen ist, dass die Informationen tatsächlich dem Adressaten zugehen und er hiervon Kenntnis nehmen kann. So hat das BAG eine Erfüllungswirkung durch Veröffentlichung im Gesetz- und Verordnungsblatt zutreffend abgelehnt[868]. Dem entspricht auch die Wertung des WpÜG, wonach trotz Veröffentlichung des Angebots und der Angebotsunterlage anschließend zusätzlich nach §§ 10 Abs. 5 S. 2, 14 Abs. 4 S. 2 WpÜG die Arbeitnehmervertretung sowie hilfsweise die Arbeitnehmer gesondert zu informieren sind. Die gleiche Intention hat § 324 UmwG i.V.m. § 613a Abs. 6 BGB. Hierdurch wird die gesetzgeberische Wertung deutlich, dass die Veröffentlichung bestimmter Tatsachen nicht der Information gleichgesetzt wird. Demgegenüber hat das LAG Köln eine Presseveröffentlichung als ausreichend erachtet[869], wobei der den Betriebsübergang geltend machende Arbeitnehmer vom Presseartikel tatsächlich Kenntnis hatte. Auch der BGH[870] ist der Ansicht, dass Presseartikel im

---

[865] Menze, Das Widerspruchsrecht der Arbeitnehmer beim Betriebsübergang, S. 210

[866] Nach Auskunft des Handelsregisters bei dem AG Charlottenburg vergeht bis zur Eintragung bei Vollständigkeit der einzureichenden Unterlagen ein Zeitraum von ca. 2 Monaten.

[867] Nach Mitteilung des Bundesanzeigerverlages vergeht bis zur Bekanntmachung ein Zeitraum von ca. 14 Tagen.

[868] BAG vom 25.1.2001, AP 215 zu § 613a BGB, IV. 2. b) der Gründe; vgl. auch Vorinstanz LAG Berlin, 7.3.2000 - 3 Sa 2740/99 nv., II. 3. b) aa) der Entscheidungsgründe

[869] LAG Köln vom 9.5.2000 - 9 Sa 1442/99 nv.

[870] BGH vom 19.7.2001 - IX ZR 36/99, im Internet: www.rws-verlag.de/volltext/zbgh514.htm

Einzelfall eine Erkundigungsobliegenheit auslösen können. Insofern ist jedoch zu differenzieren: Informiert der Arbeitgeber selbst über die Presse und erhält der Arbeitnehmer hiervon tatsächlich Kenntnis, so entfällt bei Vollständigkeit das Informationsbedürfnis. Die Veröffentlichung in der Presse selbst reicht jedoch nicht aus, da wie auch bei anderen Publikationen die Kenntnisnahme maßgeblich ist. Erhält der Arbeitnehmer von dritter Seite die erforderlichen Informationen, so kommt es darauf an, wie verlässlich diese anzusehen sind[871]. Erlangt er lediglich aufgrund von Gerüchten oder zweifelhaften Quellen Kenntnis, so lässt dies den Informationsbedarf nicht entfallen, da Gerüchte und nicht gesicherte Informationen keine Kenntnisverschaffung sind. Sie stellen vielmehr ein aliud dar. Demgegenüber ist es nicht zwingend, dass nur eine Unterrichtung durch den Veräußerer oder den Erwerber *persönlich* den Informationsbedarf entfallen lässt[872]. Vielmehr stellt auch eine Information durch den Arbeitgeber über die Arbeitnehmervertretung, zuverlässige Angestellte oder sonstige "sichere" Dritte eine Information dar, da es hinsichtlich des Informationsbedarfs lediglich darauf ankommt, ob dieser besteht, was dann nicht der Fall ist, wenn der Arbeitnehmer bereits Kenntnis von den zu verschaffenden Informationen hat. Insofern entfällt nicht nur mangels Informationsbedarfs eine Pflichtverletzung, sondern auch die Kausalität für einen etwaigen Schaden.

II. Möglichkeit der Information

1.) Informationen aus der Sphäre des Veräußerers

Keine Probleme bestehen hinsichtlich der Informationen aus der Sphäre des Veräußerers. Dieser hat sowohl Kenntnis vom Betriebsübergang, dessen beabsichtigten Zeitpunkt, vom Betriebserwerber, vom betroffenen Arbeitnehmer und dessen konkreten Arbeitsbedingungen als auch von ihm geplante Folgen und Maßnahmen. Zudem verfügt der Veräußerer über Informationen hinsichtlich bestehender Weiterbeschäftigungsmöglichkeiten. Dieses Wissen ist präsent. Lediglich im Falle eines Betriebsüberganges, der als solcher nicht oder nur schwerlich einzuordnen ist, scheint der Veräußerer beschränkte Informationsmöglichkeiten zu haben. Indes spielen diese Gesichtspunkte bei der objektiv zu beurteilenden Informationsmöglichkeit keine Rolle. Entweder liegt objektiv ein Betriebsübergang vor oder nicht. Selbst bei zweifelhaften Konstellationen ist es dem Arbeitgeber

---

[871] Wohl auch LAG Hessen vom 25.2.1994 - 9 Sa 408/93 nv., II. 1. a) (3) der Entscheidungsgründe: "weil Gerüchte keine ordentliche Unterrichtung durch den Arbeitgeber ersetzen können"; LAG Schleswig-Holstein vom 17.10.2000, NZA-RR 2001, 176, verlangt "sichere Kenntnis".

[872] So Dreher, BB 2001, 2358, 2359; Menze, Das Widerspruchsrecht der Arbeitnehmer beim Betriebsübergang, S 65, die aus Gründen der Rechtssicherheit eine persönliche Information verlangt; KSchR-Zwanziger, § 613a BGB, Rn. 125

objektiv nicht unmöglich, hierüber zu informieren. Auf die Erkennbarkeit eines Betriebsübergangs kommt es nur im Rahmen des Verschuldens an.

2.) Informationen aus der Sphäre des Erwerbers

Schwieriger beurteilt sich die Frage der Informationsmöglichkeit des Veräußerers über Informationen aus der Sphäre des Erwerbers, da der Veräußerer insofern regelmäßig über kein präsentes Wissen verfügen wird. Bei Erlass des § 613a Abs. 5 BGB ging der Gesetzgeber davon aus, dass sich der bisherige Arbeitgeber und der neue Inhaber untereinander verständigen sollen, in welcher Weise sie ihre Informationspflicht erfüllen[873]. Das BAG war ebenso der Ansicht, es sei Sache der Parteien des dem Betriebsübergang zu Grunde liegenden Vertrages sich im Innenverhältnis aufgrund ihrer nebenvertraglichen Pflichten gegenseitig zu informieren[874]. In der Literatur war man der Auffassung, dass Veräußerer und Erwerber als *"eine Person"* angesehen werden müssten und daher beide zur Information verpflichtet seien[875]. Hiernach würden keine Probleme bezüglich der Möglichkeit über Informationen aus der jeweils anderen Sphäre bestehen. Indes bereitet diese Lösung Probleme. Unklar ist insbesondere, was unter "*einer Person*" zu verstehen ist. Das BAG schien hinsichtlich der Informationen über den Erwerber eine Informationskette vom Erwerber auf den Veräußerer und schließlich auf den Arbeitnehmer zu favorisieren.
Art. 3 Ziff. 2 RL 2001/23/EG sieht ausdrücklich die für die Mitgliedsstaaten fakultative Unterrichtung des Erwerbers durch den Veräußerer über alle Rechte und Pflichten vor, die nach der Richtlinie auf den Erwerber übergehen, was für den Veräußerer weit reichende haftungsrechtliche Konsequenzen in sich bergen kann[876]. Diese Bestimmung hat der deutsche Gesetzgeber nicht ausdrücklich umgesetzt. Kann man den Informationsfluss vom Veräußerer auf den Erwerber bei Unternehmenskäufen bezüglich der übergehenden Rechte und Pflichten noch mit nebenvertraglichen Pflichten aus dem Veräußerungsgeschäft begründen, die in der Praxis in der Regel im Rahmen der Due Diligence erfüllt werden, so ist ein umgekehrter Informationsfluss vom Erwerber auf den Veräußerer problematisch. Eine nebenvertragliche Pflicht des Erwerbers, den Veräußerer über dessen Betrieb, Unternehmen, Tarifgefüge und insbesondere geplante Umstrukturierungen zu informieren, lässt sich nur schwerlich begründen. Diese Aspekte spielen vordergründig für den Unternehmenskauf keine Rolle. Zwar könnte ein besonderes

---

[873] Siehe oben S. 61 f.
[874] BAG vom 22.4.1993, AP 103 zu § 613a BGB, II. 5. b) bb) der Gründe; BAG vom 25.1.2001, AP 215 zu § 613a BGB, IV. 1. a) der Gründe
[875] Menze, Das Widerspruchsrecht der Arbeitnehmer beim Betriebsübergang, S. 64; ähnlich Bauer/von Steinau-Steinrück, in: Hölters, Handbuch des Unternehmens- und Beteiligungskaufs, Teil V, Rn. 118 f.; Willemsen, in: Willemsen, Umstrukturierung, G 159
[876] Gaul, BB 1999, 526, 528 f.

Informationsbedürfnis des Veräußerers daraus resultieren, dass (auch) er im Falle der unterbliebenen Information durch den Erwerber das Risiko des hierdurch entstandenen Schadens trägt und das Veräußerungsgeschäft aufgrund dessen scheitern kann. Im Ergebnis würde jedoch eine etwaige Informationspflicht des Veräußerers von einer Informationspflicht des Erwerbers ihm gegenüber sowie deren Erfüllung abhängen. Zudem würde eine Informationskette insbesondere bei den Betriebsübergängen Probleme bereiten, bei denen mehrere Personen beteiligt sind, da für die Anwendung von § 613a BGB kein unmittelbares Rechtsgeschäft zwischen dem bisherigen Inhaber und dem Betriebserwerber erforderlich ist. § 613a Abs. 1 BGB verlangt kein einheitliches Rechtsgeschäft, sondern lässt auch mehrere Rechtsgeschäfte genügen, wenn sie nur in ihrer Gesamtheit auf die Übernahme eines Betriebes und den Übergang der Leitungsmacht gerichtet sind[877]. In diesen Fällen, bei denen kein unmittelbar vertragliches Verhältnis zwischen Veräußerer und Erwerber existiert, besteht grundsätzlich keine nebenvertragliche Informationspflicht. Eine Informationskette erweist sich hier als untauglich.
Hinsichtlich der nach § 613a Abs. 5 BGB zu erteilenden typisierenden Globalinformationen bei Tatsachen aus der Sphäre des Erwerbers besteht ausnahmsweise eine Informationspflicht des Erwerbers gegenüber den Arbeitnehmern des Veräußerers aufgrund richtliniekonformer Auslegung[878]. Da individuell-detaillierte Informationen von der Richtlinie nicht verlangt werden, hilft die richtlinienkonforme Auslegung hier nicht weiter.
Weil zwischen dem widerspruchsberechtigten Arbeitnehmer und dem Erwerber *vor* dem Betriebsübergang kein Vertragsverhältnis besteht, kann eine Informationspflicht allenfalls aus den Grundsätzen der culpa in contrahendo (§ 311 Abs. 2 BGB) hergeleitet werden. Mangels vorherigen geschäftlichen Kontakts zwischen Arbeitnehmer und Erwerber lehnen einige jedoch etwaige vorvertragliche Pflichten des Erwerbers vor dem Betriebsübergang ab[879].

---

[877] Vgl. EuGH vom 10.2.1988, Slg. 1988, 739; EuGH vom 15.6.1988, Slg. 1988, 3057, 3079; EuGH vom 24.1.2002, NZA 2002, 265, 267; BAG vom 22.5.1985, AP 43 zu § 613a BGB; BAG vom 3.7.1986, AP 53 zu § 613a BGB; BAG vom 20.6.2002 8 AZR 459/01; LAG Hamm vom 28.8.1997, LAGE 64 zu § 613a BGB (Ls.), unter 2.1.5. der Entscheidungsgründe m.w.N.; ErfK-Preis, § 613a BGB, Rn. 60

[878] Siehe oben S. 39 ff., 61 f.

[879] Menze, Das Widerspruchsrecht der Arbeitnehmer beim Betriebsübergang, S. 201, wonach ein Anspruch aus positiver Vertragsverletzung dabei von vornherein ausscheide, da zwischen Betriebserwerber und Arbeitnehmer kein Vertrag besteht. Allerdings bestehe hier wegen der Verantwortung des Betriebserwerbers für die Situation des Arbeitnehmers ausnahmsweise einmal ein Bedürfnis für Ersatzansprüche wegen Verletzung von Schutzpflichten unabhängig vom Vorliegen eines Vertrages, allerdings ohne eine Grundlage hierfür zu nennen; Willemsen, in: Willemsen, Umstrukturierung, G 30: *"Der Erwerber stand daher bislang in keinerlei Verantwortungsnähe zu der Belegschaft,...; eine derartige Verantwortungsnähe kann daher - wenn überhaupt - erst durch den Akt der Betriebsübernahme entstehen."*

Ursprünglich bezeichnete man mit "*culpa in contrahendo*" ein Schuldverhältnis aus der Vertragsanbahnung[880]. Hieraus erwachsen den Parteien insbesondere bei den Vertragsverhandlungen besondere gegenseitige Leistungs- und Schutzpflichten[881]. Begrenzt man den Anwendungsbereich der culpa in contrahendo auf Vertragsverhandlungen, sind etwaige schuldrechtliche vorvertragliche Informationspflichten zwischen Erwerber und Arbeitnehmer abzulehnen. Der Übergang erfolgt unabhängig vom Parteiwillen kraft Gesetzes. Ein Konsensualvertrag zwischen Arbeitnehmer und Erwerber liegt nicht vor. Obgleich die Haftung aus culpa in contrahendo insbesondere aus Vertrauensschutzgesichtspunkten im vorvertraglichen Bereich Anwendung findet[882], hat sie sich seither - noch nicht abschließend[883] - weiterentwickelt. So wurde von beachtlichen Stimmen in der Literatur vertreten, dass die besondere Einstandspflicht kraft besonderer Rechtsbeziehung unabhängig davon besteht, ob diese Rechtsbeziehung final geknüpft oder aber ungewollt durch eine ungesteuerte Rechtskreisberührung und selbst durch bloßes Naturwirken herbeigeführt wird[884]. Teilweise wurde nicht mehr zwischen vorvertraglichen und vertraglichen Schutzpflichten differenziert, weshalb die culpa in contrahendo und die positive Forderungsverletzung als ein einheitliches gesetzliches Schuldverhältnis angesehen wurden[885]. Es genüge zur Begründung des Schuldverhältnisses ein objektiver sozialer Kontakt, dieser liege insbesondere beim Eintritt in die von einem anderen beherrschten Rechtssphäre vor[886]. Maßgeblich sei, dass der Kontakt beider Parteien eine besondere Einwirkungsmög-

---

880 Gernhuber, Das Schuldverhältnis, § 8 I. 1. (S. 172)

881 Gernhuber, Das Schuldverhältnis, § 8 I. 1. (S. 173) m.w.N.

882 Grundlegend Ballerstedt, AcP 151 (1951), 501, 506 und Canaris, JZ 65, 475, 476; ders., Die Vertrauenshaftung im Deutschen Privatrecht, S. 440; Breidenbach, Die Voraussetzungen von Informationspflichten beim Vertragsschluß, S. 47 ff.; Fleischer, Informationssymmetrie im Vertragsrecht, S. 417; Enneccerus-Lehmann, Schuldrecht, § 43 III. ; wohl auch Klingler, Aufklärungspflichten im Vertragsrecht, S. 16 ff.; krit. Stoll, FS Caemmerer, 435, 447

883 MüKo-Emmerich, vor § 275 BGB, Rn. 58; Gernhuber, Das Schuldverhältnis, § 8 I. 1. (S. 173); vgl. auch RegBegr. zu § 311 BGB n.F., BT-Ds. 14/6040, S. 161, 162

884 Vgl. Nachweise bei Picker, AcP 183 (1983), 368, 410

885 MüKo-Emmerich, vor § 275 BGB, Rn. 53; Gerhardt, JuS 1970, 597, 598; Gernhuber, Das Schuldverhältnis, § 8 I. 5. (S. 177); Thiele, JZ 1967, 649, 654; anders Canaris, JZ 1965, 475, 478 f. der zwar von einem einheitlichen Schuldverhältnis bzgl. der Schutzpflichten ausgeht, gleichwohl eine Trennung zwischen c.i.c. und pVV vornimmt; Müller-Graf, JZ 1976, 153, 155; krit. Picker, AcP 183 (1983), 368, 411 m.w.N.; MüKo-Roth, § 242 BGB, Rn. 167; Soergel/Wiedemann, vor § 275 BGB, Rn. 154; ablehnend z.B. Henssler, Risiko als Vertragsgegenstand, S. 133

886 Dölle, ZStW 103 (1943), 67, 73 f., aber hinsichtlich Aufklärungspflichten eine rechtsgeschäftliche Beziehung verlangend (S. 86); ähnlich Teichmann, JA 1984, 709, 712 ("soziale Nähe"); Thiele, JZ 1967, 649, 652, der den von Dölle angeführten und vielfach kritisierten sozialen Kontakt zutreffend dahingehend versteht, als es darum geht, ob im Rahmen eines tatsächlich begründeten Kontakts mindestens ein Teil erwarten darf, daß der andere Teil ihm und seinen Rechtsgütern mit besonderer Sorgfalt gegenübertritt; krit. hierzu Picker, AcP 183 (1983), 368, 412 m.w.N.

lichkeit auf die Rechtsgüter des Gegners eröffne und deshalb zur Annahme eines besonderen - über die deliktische Verantwortung hinausreichenden - Haftungsgrundes berechtige[887]. Nunmehr sind vorstehende bislang von der Rechtslehre entwickelte Haftungsinstitutionen in §§ 241 Abs. 2, 311 Abs. 2, 280 Abs. 1 BGB im Zuge der Schuldrechtsreform[888] geregelt. Grundnorm ist hierbei § 241 Abs. 2 BGB. Nach der Begründung erfasst diese Vorschrift alle Leistungs- und Schutzpflichten, so auch Aufklärungspflichten, und stellt i.V.m. § 280 Abs. 1 BGB eine gesetzliche Regelung der positiven Forderungsverletzung dar[889]. Hierbei ist es unerheblich, ob das die Schutzpflicht erzeugende Schuldverhältnis in jedem Fall auf Gesetz beruht oder auch auf einem wirksamen Rechtsgeschäft beruhen kann[890]. Als leges speciales wird die Haftung aus culpa in contrahendo nunmehr in § 311 Abs. 2 BGB geregelt. Hiernach wird klargestellt, dass ein Schuldverhältnis mit den Pflichten nach § 241 Abs. 2 BGB bereits im vorvertraglichen Bereich entstehen kann. Da nach § 311 Abs. 2 Nr. 3 BGB ein Schuldverhältnis auch durch "ähnliche geschäftliche Kontakte" entsteht, ist allein ein "sozialer" Kontakt für die c.i.c. nicht ausreichend[891]. Allerdings wird die bereits erwähnte besondere Einwirkungsmöglichkeit auf die Rechtsgüter des Vertragspartners nunmehr von § 311 Abs. 2 Nr. 2 BGB erfasst. Nach der Gesetzesbegründung ist hiermit das Anbahnungsverhältnis gemeint[892]. Es geht um eine potenzielle rechtsgeschäftliche Beziehung. Wenn der eine Teil dem anderen Teil im Hinblick auf eine solche rechtsgeschäftliche Beziehung die Einwirkung auf seine Rechte, Rechtsgüter und Interessen, insbesondere auch die Entscheidungsfreiheit, ermöglicht, entstehen ähnliche Obhutspflichten wie bei der Aufnahme von Vertragsverhandlungen[893]. § 311 Abs. 2 Nr. 2 BGB erfasst augenscheinlich nur Fälle des potenziellen Konsensualvertrages, nicht jedoch eines gesetzlichen Vertragspartnerwechsels. Dies ergibt sich aus der Überschrift "Rechtsgeschäftliche Schuldverhältnisse" und der Stellung im Gesetz. Dies ist auch konsequent in Fällen des gesetzlichen Vertragspartnerwechsels, bei denen dem neuen Vertragspartner aufgrund der gesetzlichen Regelung keine Einwirkung auf die Entscheidungsfreiheit des anderen Teils ermöglicht wird, wie beispielsweise bei § 566 BGB. Hier ergeben sich keinerlei Änderungen mit Ausnahme des neuen Vertragspartners. Etwas anderes muss jedoch dann gelten, wenn der gesetzliche Vertragspartnerwechsel zu inhaltlichen Änderungen führen kann, wie dies bei § 613a BGB der Fall ist. § 613a BGB hat nicht schlicht einen neuen Vertrag zum Ergebnis, der inhaltlich dem

---

887 Canaris, JZ 1965, 475, 476; Thiele, JZ 1967, 649, 651 ff.; MüKo-Roth, § 242 BGB, Rn. 160; krit. Picker, AcP 183 (1983), 368, 411 m.w.N.

888 BGBl. I vom 29.11.2001, S. 3138

889 RegBgr. zu § 241 Abs. 2, BT-Ds. 14/6040, S. 125; Ausschussbericht, BT-Ds. 14/7052, S. 175

890 RegBegr. zu § 241 Abs. 2, BT-Ds. 14/6040, S. 126

891 Canaris, JZ 2001, 499, 520; a.A. Däubler, NJW 2001, 3729, 3733

892 BT-Ds. 14/6040, S. 163

893 RegBegr. zu § 311 BGB, BT-Ds. 14/6040, S. 163

alten entspricht. Vielmehr sind inhaltliche Änderungen aufgrund des § 613a Abs. 1 S. 2-4 BGB und der Abhängigkeit des Arbeitsvertragsinhalts vom konkreten Arbeitgeber möglich und häufig. Hinzu kommen die verschiedenen Entscheidungsalternativen des Arbeitnehmers, insbesondere ob und welches Vertragsverhältnis er eingeht. Zudem hat der Erwerber aufgrund des § 613a Abs. 5 BGB konkrete Einwirkungsmöglichkeiten auf die Entscheidungsfreiheit des Arbeitnehmers. Daher ist trotz des gesetzlich zustande gekommenen Vertrages mit dem Erwerber die Situation mit einem "normalen" Vertragsschluss vergleichbar. Aufgrund dessen besteht bereits vor dem Betriebsübergang ein "Vertragsanbahnungsverhältnis" zwischen Arbeitnehmer und Erwerber. Der für die Haftung aus culpa in contrahendo teilweise verlangte Vertrauenstatbestand besteht in subjektiver Hinsicht ohne Information nicht zwischen Erwerber und Arbeitnehmer, da sich ohne Kontakt keine subjektive Vertrauensbasis bilden kann. Verlangt man jedoch zutreffend einen objektiven, typisierenden Vertrauenstatbestand dahingehend, was der andere Teil objektiv erwarten darf[894], so steht der vorherige mangelnde Kontakt zwischen Erwerber und Arbeitnehmer einer Haftung aus culpa in contrahendo nicht entgegen. Gerade weil der Arbeitnehmer gem. § 613a Abs. 6 BGB mit Zugang der vor dem Betriebsübergang zu erteilenden Informationen gehalten ist, eine Entscheidung über den Widerspruch binnen eines Monats auszuüben und er diese nur sachgerecht zu treffen vermag, wenn er Kenntnis vom konkreten Inhalt des Vertrages mit dem Erwerber hat, ermöglicht das Anbahnungsverhältnis eine Einwirkung des Erwerbers auf die Entscheidungsfreiheit des betroffenen Arbeitnehmers.

Es wäre auch möglich, für jeden Arbeitgeber die jeweilige Informationspflicht getrennt zu betrachten, da es sich bei den Informationen nicht um eine unteilbare Leistung handelt. Dies würde einer Teilschuld nach § 420 BGB gleichkommen. Jeder Arbeitgeber würde für "seine" Informationspflichtverletzung haften[895]. Eine Schadensersatzpflicht des Erwerbers vermag jedoch im Wege der Naturalrestitution kein Fortbestehen des Arbeitsverhältnisses mit dem bisherigen Arbeitgeber zu begründen, der seinerseits sämtliche Informationen erteilt hat. In diesem Falle würde der Veräußerer für Pflichtverletzungen des Erwerbers haften, was bei einer Teilschuld ausgeschlossen ist. Besteht jedoch eine nebenvertragliche Informationspflicht vor dem Betriebsübergang, so ist diese als Verpflichtung "aus dem Arbeitsverhältnis" nach § 613a Abs. 2 BGB einzuordnen, weshalb Veräußerer und Erwerber als Gesamtschuldner haften, jedoch erst ab dem Betriebsübergang. Hiermit ist keine Aussage getroffen, wie die Informationspflicht vorher zu erfüllen ist. In Betracht kommt eine gemeinschaftliche aber auch eine Gesamtschuld. Da sowohl der Veräußerer als auch der Erwerber die Informationen aus der je-

---

[894] Fleischer, Informationssymmetrie im Vertragsrecht, S. 419, 421 m.w.N.; Kettler, NZA 2001, 928; Teichmann, FS Kraft, S. 629, 639; Thiele, JZ 1967, 649, 652; Soergel/Wiedemann, vor § 275 BGB, Rn. 105; Wiedemann, FS Herschel, 463, 465

[895] Gaul, Aktuelles Arbeitsrecht, S. 338 f.; Gaul/Otto, DB 2002, 634, 639; Gaul, Betriebs- und Unternehmensspaltung, § 11, Rn. 76 ff.

weiligen "Sphäre" erbringen können, scheidet eine gemeinschaftliche Schuld aus, die eine Leistung erfordert, die nur zusammen erbracht werden kann. Ausgehend vom Zweck der Information vor dem Betriebsübergang, der Lieferung einer Entscheidungsgrundlage zur Ausübung des Wahlrechts des Arbeitnehmers sowie der Inkenntnissetzung über den konkreten Inhalt des neuen Vertragsverhältnisses, bestehen keine Unterschiede zwischen der Informationserteilung durch Veräußerer und Erwerber. Der jeweilige Zweck der Informationspflicht ist derselbe. Dies spricht für eine Gesamtschuld nach § 421 BGB bereits vor dem Betriebsübergang.
Aufgrund dessen ist es beiden Arbeitgebern gemeinsam objektiv möglich, die oben aufgeführten Informationen zu erteilen. Weigert sich ein Arbeitgeber, so geht dies auch zulasten des anderen. Sollte einem Arbeitgeber es nicht zuzumuten sein, Interna einem möglichen Konkurrenten preiszugeben, so ist dies keine Frage der Möglichkeit, sondern der Gesamtbetrachtung sowie des Verschuldens.

3.) Kostenbelastung durch die Information

Eine unzumutbare ökonomische Belastung der Informationspflichtigen durch die individuell-detaillierten Informationen ist nicht zu erkennen. Zwar sind Veräußerer und Erwerber je nach Informationsbedarf gehalten, für jedes Arbeitsverhältnis detailliert zu eruieren, welche Auswirkungen der Übergang und ein Widerspruch hat. Diese Tätigkeit stellt jedoch gerade deshalb keine unzumutbare Belastung dar, weil über einen Großteil der Informationen vor dem Übergang gem. § 613a Abs. 5 BGB und danach gem. § 2 NachwG ohnehin informiert werden muss. Zudem wird ein etwaiger Aufwand mit der Gewissheit über den Bestand des Arbeitsverhältnisses bzw. mit einer Dispositionsbefugnis über freie Arbeitsplätze "vergütet", wenn man die Unsicherheit bezüglich des Widerspruches als "Hypothek" versteht[896].
Zu konstatieren ist daher, dass eine etwaige Informationspflicht von beiden Arbeitgebern, dem Veräußerer und dem Erwerber, als Gesamtschuldner zu erfüllen ist. Der Informationsfluss zwischen den Arbeitgebern ist deren Angelegenheit und spielt lediglich für den Gesamtschuldnerausgleich nach § 426 BGB eine Rolle. Aufgrund der Gesamtschuld gibt es auch grundsätzlich keine Bedenken hinsichtlich der objektiven Möglichkeit der Informationsverschaffung. Eine etwaige Kostenbelastung durch die Informationsbeschaffung ist unerheblich, da die einzelnen Arbeitnehmer zeitlich nach dem Betriebsübergang gem. § 2 NachwG ohnehin individuell-detailliert zu informieren sind.

[896] Düwell, AuA 2001, 292, 293

III. Funktionskreis

Nachdem der Informationsbedarf sowie die Möglichkeit der Information festgestellt wurde, soll nunmehr auf den Funktionskreis näher eingegangen werden. Aufgrund seiner Unbestimmtheit und der wertenden Betrachtung ist dieses Merkmal nicht unproblematisch. Auch und gerade im Arbeitsverhältnis als Dauerschuldverhältnis mit besonderer Beziehung der Vertragsparteien ist der Funktionskreis besonders schwierig zu bestimmen.

1.) Eigenverantwortlichkeit des Arbeitnehmers

Bei der Bestimmung des Funktionskreises ist insbesondere auch zu klären, ob der Arbeitnehmer lediglich eine Grundinformation oder aber eine seinem Informationsbedürfnis entsprechende individuell-detaillierte Entscheidungsgrundlage erhalten soll. Insofern ging die wohl überwiegende Ansicht vor Erlass des § 613a Abs. 5 BGB, unabhängig vom Bestehen einer Informationspflicht, davon aus, dass eine Grundinformation ausreiche und sich der Arbeitnehmer anschließend selbst erkundigen könne[897]. Es sei dem Arbeitgeber nicht zuzumuten, auf jedes individuelle Informationsinteresse einzugehen[898]. Insbesondere wenn es um die Folgen des Widerspruches geht, wird die Eigenverantwortlichkeit des Arbeitnehmers für sein Handeln betont. Indes kann die grundsätzliche Eigenverantwortlichkeit des Arbeitnehmers nicht als Begründung einer geringfügigen Grundinformation dienen. Wie im allgemeinen Zivilrecht soll dem Adressat der Information nicht die Verantwortung für seine Entscheidung abgenommen werden. Vielmehr dient die Information lediglich der Möglichkeit, eine Entscheidung in eigener Verantwortung und in Kenntnis möglicher Folgen treffen zu können. An der Eigenverantwortlichkeit des Arbeitnehmers ändert eine Informationspflicht nichts.

2.) Zumutbare Möglichkeit der Selbstinformation

Im Rahmen der Begründung einer individuellen Informationspflicht ist stets danach zu fragen, welche eigenen zumutbaren Möglichkeiten der Informationsberechtigte hat, sich die Informationen selbst zu beschaffen. Hat er diese Möglichkeit, so kann er grundsätzlich nicht darauf vertrauen, der Informationspflichtige werde ihn zusätzlich informieren.
Unproblematisch sind hierbei die Informationen, die bereits nach § 613a Abs. 5 Nr. 1, 2 BGB zu erteilen sind und auf die der Arbeitnehmer besonders angewie-

---

[897] Siehe oben S. 179 ff.

[898] Menze, Das Widerspruchsrecht der Arbeitnehmer beim Betriebsübergang, S. 59, die allerdings im Ergebnis einen recht detaillierten Grundinformationskatalog vorschlägt.

sen ist, namentlich Art und Zeit des Übergangs sowie Name und Sitz des Erwerbers. Diese Tatsachen werden überwiegend als notwendige Grundinformationen angesehen. Diesbezüglich hat der Arbeitnehmer grundsätzlich keine Möglichkeit, sich selbst Informationen zu verschaffen. Selbst das BAG[899] geht davon aus, dass ein Betriebsübergang oftmals verschleiert wird, um den Übergang der Arbeitsverhältnisse zu vermeiden. Zu erwägen ist zwar, ob für den Arbeitnehmer die Möglichkeit besteht, sich über Bekanntmachungen nach § 10 HGB oder über laufende Ad-hoc-Mitteilungen seines Arbeitgebers zu informieren. Hierbei handelt es sich jedoch nicht um zumutbare Informationsmöglichkeiten. Von einem durchschnittlichen Arbeitnehmer kann nicht erwartet werden, dass er aufgrund der latenten Möglichkeit eines Betriebsübergangs kontinuierlich vorgenannte Informationsquellen nutzt[900]. Bezüglich der Person des Erwerbers und des Übergangs selbst bestehen daher keine zumutbaren Informationsmöglichkeiten des Arbeitnehmers. Es handelt sich um Insiderwissen. Hinsichtlich dessen ist der Arbeitnehmer auf Informationen dringend angewiesen. Dies gilt erst recht bei ruhenden Arbeitsverhältnissen, bei denen kein Kontakt zur Belegschaft besteht.
Nachdem der Arbeitnehmer diesbezügliche Informationen erhalten hat, kann er sich über die rechtlichen Folgen eines Betriebsübergangs gem. § 613a Abs. 1 S. 1 BGB durch einen Blick ins Gesetz oder aber rechtlichen Rat von dritter Seite grundsätzlich unschwer informieren.
Hinsichtlich der Ansprüche, die sich ausnahmsweise nicht unmittelbar aus § 613a Abs. 1 S. 1 BGB herleiten lassen (z.B. unternehmensbezogene Vergütungsbestandteile und Sozialleistungen), vermag sich der Arbeitnehmer dagegen nicht mit einem einfachen Blick ins Gesetz selbst zu erkundigen. Gleiches gilt bezüglich der Umstände, die für die rechtlichen Folgen nach § 613a Abs. 1 S. 2-4 BGB von Bedeutung und nach § 613a Abs. 5 Nr. 3 BGB - auf typisierend-globale In-

---

[899] BAG vom 20.5.1988, AP 5 zu § 242 BGB Prozeßverwirkung; so auch Fischer, DB 2001, 331; Dreher, BB 2001, 2358, 2362; Seiter, Betriebsinhaberwechsel, S. 71, der die Drei-Wochen-Frist für bedenklich hält, weil die Erkundigung über einen neuen Arbeitgeber u.U. sehr viel schwieriger sei, als die Erkundigung über die Erfolgsaussichten einer Kündigungsschutzklage; daher wurde die ursprüngliche Frist von drei Wochen auf einen Monat ausgedehnt, vgl. BT-Ds. 14/8128, S. 7.

[900] Vgl. Canaris, Handelsrecht, § 4 I. 1.(S. 55), wonach die ständige Lektüre des Bundesanzeigers für den "normalen Rechtsgenossen" eine Überforderung sei, und auch die Einsichtnahme in das Handelsregister häufig, insbesondere vor dem Abschluß alltäglicher Routinegeschäfte untunlich sei; dies muss erst recht für Ad-hoc-Mitteilungen gelten, die überaus zahlreich sind und wohl nur mit Hilfe elektronischer Hilfsmittel wahrgenommen werden können, so im Internet unter: www.dgap.de ; ähnlich Fleischer, Informationsasymmetrie im deutschen Vertragsrecht, S. 303; vgl. hinsichtlich der ad-hoc-pflichtigen Tatsachen die Aufzählung des Bundesaufsichtamtes für den Wertpapierhandel, Insiderhandelsverbote und Ad-hoc-Publizität nach dem Wertpapierhandelsgesetz, 2. Aufl., S. 50, 60: z.B. Umwandlungen, Fusionen, Rationalisierungsmaßnahmen, Strukturmaßnahmen; vgl. aber BGH vom 19.7.2001, IX ZR 36/99, im Internet: www.rws-verlag.de/volltext/zbgh514.htm, wonach Presseartikel eine Informationsobliegenheit auslösen könnten.

formationen beschränkt - mitzuteilen sind. Insofern sind Kenntnisse über Tatsachen aus der Sphäre des Erwerbers notwendig, die sich nicht ohne weiteres herleiten lassen. Auch außenstehende Dritte vermögen hierüber nur Auskunft erteilen zu können, wenn sie die Tatsachen kennen, die für die Folgen nach § 613a Abs. 1 S. 2-4 BGB von Bedeutung sind. Sofern es sich bei dem Erwerber nicht gerade um einen bekannten Arbeitgeber handelt, bestehen für den Arbeitnehmer keine Möglichkeiten sich selbst zu informieren. Dies gilt erst recht hinsichtlich der mittelbaren Folgen des Betriebsübergangs wie des Widerspruches. Hat der Arbeitnehmer die Informationen nach § 613a Abs. 5 BGB erhalten, so weiß er oder kann insofern Erkundigungen einholen, dass mit dem Widerspruch die Folgen des § 613a Abs. 1 S. 1 BGB verhindert werden können. Etwas anderes gilt jedoch hinsichtlich der möglichen Folgen des Widerspruchs. Hat der Arbeitnehmer vom Erwerber, Zeitpunkt und Art des Übergangs und vom Widerspruchsrecht Kenntnis, so stellt es eine zumutbare Selbstinformation dar, wenn er sich rechtskundigen Rat holt. Derartige Eigeninformationen werden ihm auch nicht bei der Prüfung der Erfolgsaussichten einer Kündigungsschutzklage abgenommen. Diese Selbstinformation hinsichtlich der rechtlichen Folgen ist jedoch nur dann möglich, wenn der Arbeitnehmer alle tatsächlichen Informationen hat, die für die Beurteilung der rechtlichen Folgen von Bedeutung sind. Als Beispiel sei die fehlende Weiterbeschäftigungsmöglichkeit oder der Ausschluss einer Abfindung genannt. Ohne Tatsachenkenntnis vermag auch ein Rechtskundiger keinen Rat zu erteilen.
Die teilweise favorisierte kombinierte Lösung[901] zwischen Grundinformationspflicht und Auskunftsanspruch führt ebenso zu keinem sachgerechten Ergebnis, was bereits dargestellt wurde[902]. Diese Lösung verlagert das Risiko einer falschen und verspäteten Entscheidung einseitig auf den Arbeitnehmer, sofern der Arbeitnehmer überhaupt weiß, welche Auskünfte er verlangen soll.

3.) Wertungen über die Informationsfunktion des Arbeitgebers

Wie im allgemeinen Zivilrecht (z.B. Verordnung über Informations- und Nachweispflichten nach bürgerlichem Recht) sind auch im Arbeitsrecht vor allem in neuerer Zeit Vorschriften in Kraft getreten, die dem Arbeitgeber explizit eine Informationsfunktion zuweisen. Es stellt sich die Frage, ob den gesetzlichen Informationsvorschriften eine Ausstrahlungswirkung dahingehend zukommt, dem Arbeitgeber in bestimmten Situationen eine Informationsfunktion zuzuweisen[903].

---

[901] Dreher, BB 2000, 2358, 2362

[902] Siehe oben S. 155 f.

[903] Vgl. Fleischer, Informationssymmetrie im deutschen Vertragsrecht, S. 436, der den spezialgesetzlichen Informationspflichten im Zivilrecht eine "einheitsstiftende Grundidee" entnimmt. Ähnlich Schumacher, Vertragsaufhebung wegen fahrlässiger Irreführung unerfahrener Vertragspartner, S. 101, der den besonderen Informationspflichten die Funktion von Regelbeispie-

Bei der Ausstrahlungswirkung handelt es sich um einen methodischen Vorgang unterhalb der Analogiebildung. Eine Norm wird hierbei auf einen bestimmten Regelungskomplex zwar nicht analog angewandt, aber sie beeinflusst ihn allein durch ihre Existenz dahingehend, dass Rechtsfragen gleich oder zumindest ähnlich entschieden werden wie in dem Regelungskomplex, für den die fragliche Norm unmittelbar gilt. Hintergrund ist hierbei das Streben nach systematischer Geschlossenheit des Rechts in dem Sinne, dass eine neu eingeführte Norm mittelbar das Verständnis anderer rechtlicher Regelungen verändert. Dies darf jedoch nicht dazu führen, dass eine ursprünglich als punktuell konzipierte Regelung zu einer allgemeinen Regelungsdichte führt[904].
Im diesem Zusammenhang sind zunächst die Informationsvorschriften zu nennen, die typisierende Globalinformationen bei Umstrukturierungen vorsehen, namentlich Art. 7 Abs. 6 RL 2001/23/EG, § 613a Abs. 5 BGB sowie die Regelungen des UmwG und des WpÜG. Diesen Vorschriften lässt sich entnehmen, dass dem Arbeitgeber bei weit reichenden Umstrukturierungsprozessen eine Informationsfunktion zukommt, wenngleich diese inhaltlich beschränkt ist.
Auf individuell-detaillierter Informationsebene ist § 2 KSchG zu erwähnen. Es besteht Einigkeit darüber, dass der Arbeitgeber den Arbeitnehmer vor Ausspruch einer Kündigung nicht informieren muss[905]. Anders ist es jedoch bei einer Änderungskündigung nach § 2 KSchG. Die Änderungskündigung eröffnet dem Arbeitnehmer eine Wahlmöglichkeit dahingehend, das Angebot mit oder ohne Vorbehalt anzunehmen oder gänzlich abzulehnen. Der Arbeitnehmer hat es selbst in der Hand, sich in jedem Fall den Arbeitsplatz zu erhalten[906]. Dieser Zweck des § 2 KSchG ist durchaus mit der Situation eines widerspruchswilligen Arbeitnehmers vergleichbar. Auch er hat zu entscheiden, ob er sich seinen Arbeitsplatz bei dem Erwerber erhalten oder aber von seinem Widerspruchsrecht Gebrauch machen bzw. selbst kündigen möchte. Der Betriebsübergang eröffnet dem Arbeitnehmer wie eine Änderungskündigung die Wahl zwischen zwei Arbeitsverträgen, wenngleich beim Betriebsübergang die Interessen von mindestens drei Parteien berührt sind. So kann der Arbeitnehmer einen neuen Arbeitsvertrag aufgrund Annahme des Änderungsangebotes bei der Änderungskündigung bzw. aufgrund des unwidersprochenen Übergangs beim Betriebsübergang eingehen. Er kann jedoch auch den ursprünglichen Arbeitsvertrag fortsetzen, indem er das Änderungsangebot ablehnt bzw. anderseits dem Übergang widerspricht. Freilich kann der Arbeitnehmer dem Übergang nicht unter dem Vorbehalt der sozialen Recht-

---

len im Rahmen des beweglichen Systems beimisst. Ablehnend dagegen Schwarze, Vorvertragliche Verständigungspflichten, S. 149, der jedoch den situativen Schutzcharakter bestimmter gesetzlicher Vorschriften anerkennt; eine Ausstrahlung dieses situativen Schutzes ist wohl auch nach seiner Ansicht nicht ausgeschlossen.

904 Vgl. hierzu eingehend Drygala/Drygala, ZIP 2000, 297, 300 m.w.N.

905 Statt aller: Ernst, Aufhebungsverträge zur Beendigung von Arbeitsverhältnissen, S. 124 f. m.w.N.

906 Statt aller: KR-Rost, § 2 KSchG, Rn. 7

fertigung i.S.v. § 2 S. 1 KSchG widersprechen. Gleichwohl bestehen auch hier Parallelen. Prüfungsmaßstab einer Änderungskündigung ist u.a., ob die neuen Bedingungen des Änderungsangebotes annehmbar sind[907]. Geht es um die Sozialwidrigkeit einer betriebsbedingten Kündigung nach erfolgtem Widerspruch, so ist für die h.M. der sachliche Grund für den Widerspruch maßgeblich[908]. Damit der Arbeitnehmer die Folgen seines Handelns bei einer Änderungskündigung eigenverantwortlich einschätzen kann, verlangt das BAG, dass das Änderungsangebot vollständig und eindeutig ist und der Arbeitgeber klarstellt, dass er im Falle der Ablehnung des Änderungsangebotes eine Kündigung beabsichtigt[909]. Insofern unterscheidet sich die Änderungskündigung maßgeblich von der Beendigungskündigung. Dem Arbeitgeber wird angesichts der von ihm einseitig verursachten Wahlmöglichkeit des Arbeitnehmers eine konkrete Informationsfunktion zugewiesen. Dies entspricht auch der Tendenz im Arbeitsrecht, eine Informationspflicht eher bei Begründung eines Arbeitsverhältnisses denn bei seiner Beendigung anzunehmen. Aufgrund der Vergleichbarkeit beider Sachverhalte spricht viel dafür, dem Arbeitgeber bei einem Betriebsübergang ebenso eine solche Informationsfunktion zuzuweisen. Hiermit soll nicht etwa eine Analogie angedeutet werden. Lediglich die gesetzliche Wertung spricht dafür, dass dem Arbeitgeber auch eine Informationsfunktion ähnlich wie bei einer Änderungskündigung zukommt, da er den Zwang zur Entscheidung verursacht hat.
Auch dem NachwG ist eine individuell-detaillierte Informationsfunktion dahingehend zu entnehmen, dass der Arbeitgeber den Arbeitnehmer über den Inhalt des Arbeitsverhältnisses individuell-detailliert informieren muss. Diese Informationsfunktion besteht zwar nicht vor Beginn des Arbeitsverhältnisses und somit nicht vor dem Betriebsübergang hinsichtlich der zeitlich nachfolgenden Bedingungen. Gleichwohl ist dem Gesetz eine Funktion des jeweiligen Arbeitgebers, den Arbeitnehmer über alle wesentlichen Vertragsbedingungen und deren Änderungen zu informieren, unzweifelhaft zu entnehmen. Allerdings schränkt § 2 Abs. 1 S. 2 Nr. 10, Abs. 3 NachwG diese Funktion hinsichtlich geltender normativer Regelungen wieder ein. Es reicht hinsichtlich bestimmter kollektiver Arbeitsbedingungen ein Hinweis auf diese Regelungen aus. Das spricht dafür, die nach § 613a Abs. 5 BGB mitgeteilten typisierenden Globalinformationen, soweit sie normative Änderungen der in § 2 Abs. 1 S. 2 Nr. 10, Abs. 3 NachwG genannten Bedingungen betreffen, für ausreichend zu erachten. Aufgrund dieser gesetzgeberischen Aussage wird vermutet, dass sich der einzelne Arbeitnehmer selbst über die für ihn maßgebenden normativen Regelungen informiert[910], zumindest wenn

---

[907] KR-Rost, § 2 KSchG, Rn. 98

[908] Siehe Fn. 843

[909] Vgl. BAG vom 27.9.1984, AP 8 zu § 2 KSchG 1969; BAG vom 7.12.2000, NZA 2001, 495, 499 m.w.N.

[910] BAG vom 23.1.2002, NZA 2002, 800, 803; BAG vom 29.5.2002 - 5 AZR 105/01; LAG Bremen, 9.11.2000, DB 2001, 32; LAG Niedersachsen vom 7.12.2000, NZA-RR 2001, 145; LAG Rheinland-Pfalz vom 16.7.2002, NZA-RR 2003, 30; Bepler, ZTR 2001, 241, 244; Rich-

ihm die normativen Regelungen zur Verfügung stehen. Diese gesetzliche Wertung muss auch im Rahmen der Informationsfunktion Beachtung finden, wenn es um - § 613a Abs. 5 BGB ergänzende - individuell-detaillierte Informationen geht. Allerdings ist Voraussetzung der Selbstinformation, dass der Arbeitnehmer die kollektiven Regelungen selbst einsehen kann. Insbesondere letzteres ist nicht zwingend gewährleistet, da dem Arbeitnehmer vor Betriebsübergang die Vorschriften nach §§ 8 TVG, 77 Abs. 2 S. 3 BetrVG hinsichtlich der künftigen bei dem Erwerber geltenden normativen Regelungen nichts nutzen. Nur wenn der Arbeitnehmer die zumutbare Möglichkeit der Selbstinformation hat, braucht er *insoweit* nicht ergänzend informiert zu werden. So kann er z.B. anhand eines neuen Tarifvertrages seine neue Vergütung ermitteln.
Auch das neue TzBfG sieht eine Informationsfunktion des Arbeitgebers vor. So hat der Arbeitgeber nach § 7 Abs. 2 TzBfG den Arbeitnehmer über Teilzeitarbeitsplätze zu informieren, damit dieser sein Recht auf Teilzeitarbeit nach § 8 TzBfG wahrnehmen kann. Um den Arbeitnehmern eine bessere Möglichkeit zum Übergang in ein unbefristetes Arbeitsverhältnis zu schaffen, sieht § 18 TzBfG ebenso eine Informationspflicht vor. Diese Normen verdeutlichen die Wertungen des Gesetzgebers, dass dem Arbeitgeber in bestimmten Situationen eine Funktion dahingehend zukommt, den Arbeitnehmer zu informieren, damit dieser seine Rechte freiverantwortlich einschätzen und wahrnehmen kann. Das gilt insbesondere dann, wenn lediglich der Arbeitgeber Kenntnis von den maßgeblichen Tatsachen hat. Parallelen bestehen insofern hinsichtlich des möglichen Wiedereinstellungsanspruchs bereits vor dem Betriebsübergang ausgeschiedener Arbeitnehmer. Auch diese haben ebenso wie Teilzeitbeschäftigte oder befristet Beschäftigte ein Interesse und ein erhebliches Informationsbedürfnis zu erfahren, ob eine Beschäftigungsmöglichkeit besteht. Diese Informationsfunktion über Tatsachen aus der Sphäre des Arbeitgebers, die der Arbeitnehmer nicht kennt, aber zur Ausübung bestimmter Rechte benötigt, ist beispielsweise auch in § 81 Abs. 2 BetrVG sowie häufig im Arbeitsschutz anzutreffen.

4.) Strukturelle Unterlegenheit des Arbeitnehmers - Entscheidungsfreiheit

Wie bereits dargestellt[911], lässt sich allein aus einer strukturell ungleichen Verhandlungsstärke keine Aufklärungspflicht herleiten. Gleichwohl müssen die in diesem Zusammenhang angeführten Argumente - Vertragsfreiheit und Vertragsparität - Berücksichtigung finden.
Die Änderung der Vertragsbedingungen und der Wechsel des Vertragspartners infolge des Betriebsübergangs ist ein Eingriff in die Vertragsfreiheit des Arbeit-

---

ter/Mitsch, AuA 1996, 7, 11; Schwarze, ZfA 1997, 43, 51; a.A. wohl Plander/Wißmann, Anm. LAG Köln, EWiR 2001, 543, 544; vgl. RegBgr. BT-Ds. 13/668; krit. zu Zugangsmöglichkeiten von Tarifnormen insbes. BVerfG vom 24.5.1977, AP 15 zu § 5 TVG unter B. II. 2. d)

[911] Siehe oben S. 175 f.

nehmers. Dieser Eingriff ist jedoch aufgrund des mit § 613a BGB verfolgten Bestandsschutzes und der Möglichkeit, dem Übergang zu widersprechen bzw. das Arbeitsverhältnis zu kündigen, gerechtfertigt, wie sich der früheren Diskussion um die Anerkennung des Widerspruchsrechts entnehmen lässt. Wird dem Arbeitnehmer jedoch die Wahl zwischen zwei Vertragsverhältnissen eingeräumt, so kann er eine Entscheidung nur treffen, wenn er den konkreten Inhalt beider Vertragsalternativen kennt. Falls lediglich die beteiligten Arbeitgeber vom Inhalt der jeweiligen Alternativen Kenntnis haben, wäre die Vertragsparität nicht nur ungleich, sondern überhaupt nicht vorhanden, wenn der entscheidungsberechtigte aber aufgrund der zu beachtenden Fristen auch entscheidungsverpflichtete Arbeitnehmer vom konkreten Inhalt der Vertragsalternativen nicht informiert würde. Hiergegen könnte zwar eingewandt werden, der widersprechende Arbeitnehmer gehe bewusst ein Risiko ein und habe den Informationsbedarf selbst verursacht[912]. Indes wird man hiermit der eigentlichen Urheberschaft des durch die Wahlmöglichkeit hervorgerufenen Informationsbedarfs nicht gerecht. Alleinige Verursacher sind die am Betriebsübergang beteiligten Arbeitgeber. Ohne den Betriebsübergang und den damit einhergehenden Eingriff in das Arbeitsvertragsgefüge bestände das Informationsbedürfnis nicht. Zwar trägt der Arbeitnehmer das Risiko einer betriebsbedingten Kündigung. Gleichwohl kann er dieser Verantwortung nur dann gerecht werden, wenn er um das Risiko weiß. Daher ist die Entscheidungsfreiheit nicht erst dann berührt, wenn ein Vertragspartner einem Zwang unterliegt, den Vertragsantrag des anderen anzunehmen[913], sondern auch, wenn er zwar Entscheidungsalternativen hat, deren Inhalt jedoch nicht kennt. Gerade die den beteiligten Arbeitgebern durch § 613a Abs. 1 S. 2-4 BGB eingeräumte Änderungsmöglichkeit des Arbeitsvertragsinhalts bewirkt eine Fremdbestimmung des Arbeitnehmers[914], welche es durch Information zu kompensieren gilt.

5.) Fürsorgepflicht des Arbeitgebers

Vor Erlass des § 613a BGB bestand darüber Streit, ob ein Übergang des Arbeitsverhältnisses wegen § 613 S. 2 BGB ausgeschlossen sei. Da diese Vorschrift lediglich eine Auslegungsregel darstellt, hat die damals h.M. die Zustimmung des Arbeitnehmers bei Bekanntgabe des Betriebsübergangs in Anlehnung an § 409 BGB unterstellt, dem Arbeitnehmer ein Widerspruchsrecht eingeräumt und den Erwerber für verpflichtet gehalten, die mangelnde Zustimmung ausdrücklich und rechtzeitig zu erklären, da diese mit Weiterbeschäftigung des Arbeitnehmers

---

[912] Siehe Fn. 850

[913] Zöllner, AcP 196 (1996), 1, 31 f.

[914] Vgl. Kittner, FS Dieterich, 279, 280; Preis, FS Dieterich, 429, 441: Hat einer der Vertragspartner ein so starkes Übergewicht, daß er vertragliche Regelungen faktisch einseitig setzen kann, bewirke dies für den anderen Teil Fremdbestimmung.

vermutet wurde[915]. Die entgegen § 613 S. 2 BGB vermutete Zustimmung des Arbeitnehmers sollte jedoch ausnahmsweise dann nicht gelten, wenn der Arbeitgeberwechsel eine inhaltliche Änderung des Arbeitsverhältnisses nach sich zog[916]. Aufgrund der Regelung des § 613 S. 2 BGB stellt § 613a BGB eine Ausnahmevorschrift dar[917], die ohne Beachtung des Arbeitnehmerwillens in § 613a Abs. 1 S. 2-4 BGB sogar eine mögliche Änderung der Arbeitsbedingungen beinhaltet. Wegen dieser atypischen Möglichkeit stellt die Fürsorgepflicht im Sinne einer (gesteigerten) Schutzpflicht[918] ein weiteres Argument für eine individuell-detaillierte Informationsfunktion des Arbeitgebers dar. Wenn man der Fürsorgepflicht hinsichtlich der Informationspflicht überhaupt Rechnung tragen will, dann im Rahmen des Funktionskreises wegen der Ausnahme von § 613 S. 2 BGB. Insbesondere das Risiko einer auf unzureichender Kenntnisbasis basierenden Entscheidung des Arbeitnehmers gebietet es, dass er rechtzeitig, d.h. zeitgleich mit der typisierenden Globalinformation nach § 613a Abs. 5 BGB spätestens einen Monat vor dem Übergang die ergänzenden individuell-detaillierten Informationen erhält. Die Fürsorgepflicht ordnet insofern dem Veräußerer und Erwerber eine Funktion dahingehend zu, dass diese dem Arbeitnehmer nicht "sehenden Auges" aufgrund unterlassener Information eine für ihn ungünstige und möglicherweise bestandsgefährdende Entscheidung treffen lassen. In seiner Entscheidung zum Kündigungsschutz in Kleinbetrieben hat das BAG die Verpflichtung des Arbeitgebers, ein gewisses Maß an sozialer Rücksichtnahme einzuhalten, angeführt[919]. Ob hiermit gesteigerte Nebenpflichten, die Fürsorgepflicht oder aber ein weiteres Rechtsinstitut gemeint ist, bleibt offen. Mit dem Gebot, auch die sozialen Belange des Arbeitnehmers, insbesondere den Schutz des Arbeitsplatzes, zu berücksichtigen, wäre es jedoch unvereinbar, wenn der Arbeitnehmer nur deshalb seine Beschäftigung verliert, weil er nicht rechtzeitig oder unzureichend informiert wurde.

IV. Gesamtbetrachtung

Da der *Informationsbedarf*, die *Informationsmöglichkeit* als auch der *Funktionskreis* hinsichtlich ergänzender Informationen geklärt ist, soll nunmehr eine wertende *Gesamtbetrachtung* dieser Topoi erfolgen.

---

[915] Vgl. Darstellung des Streitstandes bei Grell, Der Betriebsinhaberwechsel, S. 115 ff. m.w.N.; Hueck-Nipperdey, Arbeitsrecht, 6. Aufl., § 54, S. 465 ff. m.w.N.

[916] Hueck-Nipperdey, Arbeitsrecht, 6. Aufl., § 54, S. 466, die eine Änderung der *Arbeitsleistung* erwähnen.

[917] Vgl. LAG Hamm vom 28.8.1997, LAGE 64 zu § 613a BGB (Ls.), unter 2.3. der Entscheidungsgründe

[918] Canaris, JZ 1965, 475, 480

[919] BAG vom 21.2.2001, NZA 2001, 833, 835

Bei den Interessen des Veräußerers und des Erwerbers sind insbesondere auch deren Grundrechte zu berücksichtigen, die zwar nach überwiegender Ansicht nicht zwischen Privaten gelten, jedoch bei der Auslegung zivilrechtlicher Generalklauseln zu berücksichtigen sind[920].
Widersprechen die Arbeitnehmer dem Betriebsübergang, so kann dieser insbesondere bei betriebsmittelarmen Betrieben ausnahmsweise hierdurch auch verhindert werden[921], was Veräußerer und Erwerber in ihren Grundrechten aus Art. 14 GG tangieren kann. In der Regel haben die beteiligten Arbeitgeber ein Interesse an der Nichtausübung des Widerspruchs, da der Erwerber den Betrieb fortführen möchte[922]. Der Widerspruch belastet sowohl Veräußerer als auch Erwerber. Hieraus resultiert ihr Interesse an einer möglichst frühen Klärung[923]. Diesem Interesse steht eine - ergänzende - Informationspflicht jedoch nicht entgegen. Vielmehr kommt den Arbeitgebern eine frühzeitige Information entgegen, da hierdurch eine Klärung erfolgt. Allenfalls eine zu umfassende Informationspflicht würde dieses Interesse gefährden, wenn der Arbeitnehmer im Rahmen des Schadensersatzes diese Klärung wieder in Frage stellen könnte. Auf der anderen Seite haben es Veräußerer und Erwerber allein in der Hand, den Arbeitnehmer entsprechend dem Informationsbedürfnis zu informieren. Sie können hierdurch möglichst frühzeitig einen Zustand der Rechtssicherheit herstellen. Zudem wäre es vermessen, wenn man glaubt, eine Grundinformation würde den rechtzeitigen Widerspruch oder eine Eigenkündigung verhindern können. Gerade eine derartige Information kann Arbeitnehmer veranlassen, dem Übergang zu widersprechen oder selbst zu kündigen. Der Arbeitnehmer möchte nicht in erster Linie wissen, welche typisierenden Folgen der Betriebsübergang für die Belegschaft hat; vielmehr hat er ein Interesse, was mit "seinem" Arbeitsverhältnis konkret geschieht und was er bei "seinem" Widerspruch zu erwarten hat. Nur eine individuell-detaillierte Information kann diese Unsicherheit der Arbeitnehmer verhindern. Lediglich wenn der Übergang zu schlechteren Arbeitsbedingungen führt, ist zu erwarten, dass der Arbeitnehmer widerspricht bzw. kündigt. Ursache hierfür ist jedoch die Änderung der Arbeitsbedingungen und nicht die Information. Sollten die beteiligten Arbeitgeber ein Interesse daran haben, bestimmte für den einzelnen Arbeitnehmer nachteilige Folgen zu verheimlichen, würde dieser Aspekt einer Informationspflicht nicht entgegenstehen, da dieses Interesse nicht schutzwürdig ist.

---

[920] Grundlegend BVerfG vom 15.01.1958, NJW 1958, 257

[921] Willemsen, in: Willemsen, Umstrukturierung, G 158, sowie unter G 20 ff. mit einer verfassungsrechtlichen Bewertung des § 613a BGB

[922] Vgl. bereits vor Erlass des § 613a BGB: Grell, Der Betriebsinhaberwechsel, S. 118; Hueck-Nipperdey, Arbeitsrecht, 6. Aufl., § 54, S. 468; vgl. aber auch Willemsen, in: Willemsen, Umstrukturierung, G 19, 27 ("quasi-dingliche Belastung")

[923] Bachner, in: Kittner/Zwanziger, Arbeitsrecht, § 115, Rn. 29; Weber, SAE 1998, 319, 322, 323; Willemsen, in: Willemsen, Umstrukturierung, G 155

Eine Informationspflicht tangiert die allgemeine Handlungspflicht, da der Veräußerer und Erwerber möglicherweise gegen ihren Willen zur Information verpflichtet sind. Die Einschränkung der allgemeinen Handlungspflicht ist jedoch aufgrund der schützenswerteren Interessen des Arbeitnehmers und dem Kenntnisvorsprung der Arbeitgeber gerechtfertigt.
Das schützenswerte Interesse des Arbeitnehmers resultiert insbesondere aus seiner Berufs- und Vertragsfreiheit. Ohne entsprechende Informationen stände der Arbeitnehmer in einem Arbeitsverhältnis, welches er so niemals eingegangen wäre. Zudem besteht bei einem uninformierten Arbeitnehmer die ernste Gefahr, dass ihm bei einer falschen Entscheidung betriebsbedingt gekündigt wird. Kann man die Arbeitsvertragsfreiheit in dem Sinne, über eine konkrete Beschäftigung bei einem frei gewählten Vertragspartner selbst zu entscheiden[924], durch eine von der früher herrschenden Meinung favorisierten Informationsobliegenheit bzw. durch typisierende Globalinformationen nach § 613a Abs. 5 BGB möglicherweise noch für ausreichend gewahrt erachten, so ist dies hinsichtlich der konkreten Gefährdung der Beschäftigung durch eine aufgrund fehlender Informationen unbedachten Entscheidung nicht mehr der Fall. Zwar würde ein Arbeitsplatzverlust angesichts der sozialen Rechte des Arbeitnehmers grundsätzlich keine ungewöhnliche Belastung im Sinne der Bürgschaftsbeschlüsse des BVerfG[925] darstellen. Dennoch ist nicht zu verkennen, dass die Beschäftigung in der Regel die wirtschaftliche Existenzgrundlage für den Arbeitnehmer sowie seiner Familie darstellt und von überaus großer Wichtigkeit für seine sozialen Belange ist[926]. Obwohl § 613a BGB den Arbeitsplatz des Arbeitnehmers gerade schützen soll, eröffnet ihm die Wahlmöglichkeit zwischen Nichtwiderspruch, Widerspruch, Eigenkündigung und Aufhebungsvertrag eine für ihn ungünstige Entscheidung, die u.a. zum Beschäftigungsverlust führen kann. Zudem sieht selbst das Gesetz in § 613a Abs. 1 S. 2-4 BGB eine Änderung der Arbeitsbedingungen vor, auf die der Arbeitnehmer keinen Einfluss hat. Andere Bedingungen des Arbeitsverhältnisses, wie einige Sozialansprüche, unterliegen im Übrigen nicht dem Schutz des § 613a BGB. Sowohl der für den Arbeitnehmer unvorhersehbare Eingriff in die künftige Ent-

---

[924] Vgl hierzu insbesondere BVerfG vom 24.4.1991, NJW 1991, 1667 sowie S. 138 ff.
[925] BVerfG vom 19.10.1993, NJW 1994, 36; BVerfG vom 5.8.1994, NJW 1994, 2749
[926] BVerfG vom 27.1.1998, NJW 1998, 1475, 1476: *"Der Arbeitsplatz ist die wirtschaftliche Existenzgrundlage für ihn und seine Familie. Lebenszuschnitt und Wohnumfeld werden davon bestimmt, ebenso gesellschaftliche Stellung und Selbstwertgefühl. Mit der Beendigung des Arbeitsverhältnisses wird dieses ökonomische und soziale Beziehungsgeflecht in Frage gestellt. Die Aussichten, eine ähnliche Position ohne Einbußen an Lebensstandard und Verlust von Nachbarschaftsbeziehungen zu finden, hängen vom Arbeitsmarkt ab. In Zeiten struktureller Arbeitslosigkeit sind sie vor allem für den älteren Arbeitnehmer schlecht. Gelingt es ihm nicht, alsbald einen neuen Arbeitsplatz zu finden, gerät er häufig in eine Krise, in der ihm durch die Leistungen der Arbeitslosenversicherung nur teilweise und auch nur für einen begrenzten Zeitraum geholfen wird."* Ähnlich BVerfG vom 7.2.1990, NJW 1990, 1469, C. I. 2. der Gründe; etwas zurückhaltender hinsichtlich der sozialen Absicherung BVerfG vom 24.4.1991, NJW 1991, 1667, 1670; vgl. auch Zöllner, AcP 196 (1996), 1, 33.

wicklung der vertraglichen Beziehung[927] als auch die Gefahr für den Bestand aufgrund einer falschen Entscheidung und für den bisherigen Besitzstand[928] verlangen eine individuell-detaillierte Informationspflicht. Dies gilt insbesondere vor dem Hintergrund, dass fast sämtliche *Topoi* des beweglichen Systems mit den dargestellten Ausnahmen erfüllt sind. Demgegenüber treten die Interessen der beteiligten Arbeitgeber, sofern überhaupt schutzwürdig, zurück. Hierbei ist zu berücksichtigen, dass nicht die Information einen Widerspruch bzw. eine Kündigung auslöst, sondern allein die mitgeteilten Tatsachen, für welche die Arbeitgeber die Verantwortung tragen. Schließlich sind konträre Interessen der Arbeitsvertragsparteien nicht zwingend. Sowohl die Arbeitnehmer als auch die beteiligten Arbeitgeber haben grundsätzlich ein Interesse an einer möglichst frühzeitigen Klärung. Dieses Interesse kann man durchaus als gemeinsames Ziel aller Beteiligten ansehen. Auch dies spricht für eine ergänzende individuell-detaillierte Informationspflicht[929].

V. Ergebnis

Auch ohne Erlass des § 613a Abs. 5 BGB bestände, entgegen der früher herrschenden Meinung, eine Pflicht des Veräußerers und des Erwerbers den einzelnen Arbeitnehmer bereits vor dem Betriebsübergang zu informieren. Da § 613a Abs. 5 BGB lediglich typisierende Globalinformationen hinsichtlich des Betriebsübergangs vermittelt und keine individuell-detaillierten Informationen bezüglich des einzelnen Arbeitsverhältnisses und hinsichtlich etwaiger Folgen des Widerspruchs, besteht - parallel - auf einer zweiten Stufe eine nebenvertragliche Informationspflicht, diese Informationen individuell-detailliert zu ergänzen. Grundlage dessen ist die im allgemeinen Zivilrecht entwickelte neben- bzw. vorvertragliche Aufklärungspflicht. Diese bestimmt sich im Einzelfall aus den Topoi *Informationsbedarf*, *Informationsmöglichkeit*, *Funktionskreis* und einer *Gesamtwürdigung*, wie dies insbesondere von *Breidenbach* herausgearbeitet wurde.
Der objektiv zu bestimmende *Informationsbedarf* ergibt sich insbesondere aus der Regel-Ausnahme-Konstellation sowie der Verursachung einer Zäsur im Arbeitsverhältnis durch die beteiligten Arbeitgeber. Bezüglich der Folgen des Widerspruchs kommt es ebenso auf die Regel-Ausnahme-Konstellation an, d.h. mit

---

[927] Vgl. bzgl. dieser Gefahr bei Wettbewerbsabreden: BVerfG vom 7.2.1990, AP 65 zu Art. 12 GG, unter C. II. der Gründe

[928] Vgl. BVerfG vom 10.3.1992, NJW 1992, 1373, unter C. III. 1. d) cc) der Gründe: "*Ein nicht geringer Teil der Arbeitnehmer ist auch dadurch belastet, daß das Arbeitsverhältnis endet, obwohl der Arbeitsplatz in seiner Substanz erhalten bleibt.*"

[929] Vgl. Fleischer, Informationsasymmetrie im deutschen Vertragsrecht, S. 573 f., der gesteigerte Informationspflichten bei Kooperationsverträgen, insbesondere im Gesellschaftsrecht, annimmt und hierbei auf den Treuegedanken im Privatrecht hinweist; ähnlich Schwarze, Vorvertragliche Verständigungspflichten, S. 22, 334 ff.

welchen Folgen der widersprechende Arbeitnehmer typischerweise rechnen muss. Dies hängt beispielsweise bei einer betriebsbedingten Kündigung von den konkret bestehenden Weiterbeschäftigungsmöglichkeiten ab. Kein Informationsbedarf besteht dagegen, wenn der Arbeitnehmer von den zu vermittelnden Informationen bereits Kenntnis hat. Aufgrund des sowohl dem Veräußerer als auch dem Erwerber präsenten Wissens von den maßgeblichen Umständen, ist es diesen als Gesamtschuldner ohne großen Aufwand möglich, die erforderlichen Informationen zu erteilen. Des Weiteren ist auch der dritte von *Breidenbach* angeführte Topos *Funktionskreis* bei dem Großteil der Informationen erfüllt. Der Funktionskreis stellt auf einen objektiven Vertrauenstatbestand ab. Maßgeblich ist, was ein Arbeitnehmer an Informationen erwarten darf und welche zumutbaren Möglichkeiten der Selbstinformation er hat. Letzteres wird man vom Arbeitnehmer hinsichtlich der rechtlichen Folgen des Betriebsübergangs erwarten können, sofern ihm die hierfür notwendigen Tatsachen mitgeteilt wurden. Zudem lassen verschiedene Gesetze die Wertung des Gesetzgebers erkennen, dass dem Arbeitgeber in bestimmten für das Arbeitsverhältnis bedeutenden Situationen eine individuell-detaillierte Informationsfunktion zukommt. Überdies ist die aufgrund der von Gesetzes wegen eingeräumten Möglichkeit verschlechternder Arbeitsbedingungen gestörte Vertragsparität und die Ausnahmesituation von § 613 S. 2 BGB zugunsten des Arbeitnehmers zu berücksichtigen.
Schließlich führt auch die Gesamtabwägung unter Berücksichtigung der Belange aller Beteiligten zu dem Ergebnis, dass beide Arbeitgeber zur ergänzenden individuell-detaillierten Information verpflichtet sind. Eine bestimmte Form muss die ergänzende Information nicht haben. Gleichwohl ist es bei komplizierten und umfangreichen Darstellungen denkbar, dass nur eine körperliche und zu einem späteren Zeitpunkt rekapitulierbare Information dem Interesse des Arbeitnehmers gerecht wird, da die Informationspflicht ihr Ziel verfehlt, wenn der zu Schützende die Unterrichtung nicht versteht[930].

---

930 Grunewald, AcP 190 (1990), 609, 613

D. Rechtsfolgen

Schließlich stellt sich die Frage der Rechtsfolgen einer unterbliebenen oder fehlerhaften ergänzenden Information, wobei auch unvollständige Informationen als fehlerhaft anzusehen sind. In Betracht kommen wie bei § 613a Abs. 5 BGB[931] Schadensersatzansprüche, Anfechtung sowie Klage auf Erfüllung, was nunmehr kursorisch untersucht werden soll.

I. Schadensersatz

Folge einer Informationspflichtverletzung ist eine Schadensersatzpflicht des Veräußerers und des Erwerbers als Gesamtschuldner nach §§ 280 Abs. 1, 311 Abs. 2, 241 Abs. 2 BGB, wenn die Pflichtverletzung zu vertreten war und der Schaden hierauf kausal beruht.

Weithin unstreitig ist ein Schadensersatzanspruch, wenn der Gläubiger aufgrund der Informationspflichtverletzung einen wirtschaftlich ungünstigen Vertrag abgeschlossen hat. In diesem Falle kann im Wege der Naturalrestitution der Schaden durch Aufhebung des Vertrages beseitigt werden[932]. Heftig diskutiert wird dagegen die Frage des Verschuldensmaßstabes aufgrund der Parallelität zwischen der Vertragsaufhebung im Rahmen des Schadensersatzes aus culpa in contrahendo und § 123 BGB. Die überwiegende Meinung in der Literatur schließt sich hierbei der ständigen Rechtsprechung des BGH zumindest im Ergebnis an, wonach im Rahmen des Schadensersatzanspruches aus culpa in contrahendo eine Lösung vom "unerwünschten" Vertrag möglich ist[933]. Aufgrund der gesetzlichen Regelung in § 311 Abs. 2 BGB wird sich der Streit wohl erledigen. Zwar hat der Gesetzgeber das Konkurrenzverhältnis, so es denn überhaupt ein solches gibt, nicht

---

[931] Siehe oben S. 69 ff.

[932] Ständige Rspr. des BGH, vgl. aus jüngerer Zeit BGH vom 7.9.2000, NJW 2001, 436, 438 m.w.N.

[933] Vgl. (nunmehr auch) Canaris, AcP 200(2000), 273, 308; Fleischer, AcP 200 (2000), 91, 94 m.w.N., 99 ff.; ders., Informationsasymmetrie im Vertragsrecht, S. 429 ff.; Grigoleit, Vorvertragliche Informationshaftung, S. 50-79, der überzeugend eine Korrektur des informationellen Vorsatzdogmas darstellt; ders., in: Die Schuldrechtsreform vor dem Hintergrund des Gemeinschaftsrechts, 269, 272; Palandt/Heinrichs, § 311 BGB, Rn. 24; Henssler, Risiko als Vertragsgegenstand, S. 35; 158; 160; Larenz, Schuldrecht AT, § 9 I. 3. (S. 113); Lorenz, Der Schutz vor dem unerwünschten Vertrag, S. 69 f. m.w.N.; ders., ZIP 1998, 1053 f.; Moosmayer, Aufklärungspflichten beim Unternehmenskauf, S. 76; Schwarze, Vorvertragliche Verständigungspflichten, S. 306 f.; Schwarze, Vorvertragliche Verständigungspflichten, S. 86, 308; Teichmann, BB 2001, 1485, 1492; wohl auch Soergel/Wiedemann, vor § 275 BGB, Rn. 199; a.A. insbes. Liebs, AcP 174 (1974), 26; Lieb, FS Medicus, S. 337 ff.; Medicus, JuS 1965, 209, 212 ff.

gelöst. Gleichwohl wurde dieses Problem erwähnt[934], weshalb nicht mehr eingewandt werden kann, eine Vertragsaufhebung wegen fahrlässiger Falschinformation scheide de lege lata aus[935].
Umstritten ist bislang ferner, ob eine Vertragsaufhebung bei einem wirtschaftlich neutralen Vertrag in Betracht kommt. Eine Ansicht verneint einen diesbezüglichen Schadensersatzanspruch mangels Vermögensschadens[936]. Die überwiegende Ansicht lässt dagegen als Schaden eine Verletzung der Entschließungsfreiheit genügen, da § 249 Abs. 1 BGB gerade keinen Vermögensschaden voraussetzt[937]. Der BGH hat sich in einer viel beachteten Entscheidung hiermit auseinandergesetzt und einen Vermögensschaden verlangt[938]. Die Anfechtung schütze die freie Selbstbestimmung und die Haftung aus culpa in contrahendo setzte einen Schaden voraus. Wolle man die Unterschiede beider Rechtsinstitute nicht verwischen, so müsse die Haftung nach culpa in contrahendo von einem Vermögensschaden abhängen. Allerdings könne der Schaden auch in einem subjektivierten Vermögensschaden, ähnlich wie im Strafrecht, gesehen werden. In einer neueren Entscheidung hat der BGH die Frage des Vermögensschadens dagegen ausdrücklich offen gelassen[939]. Der Gesetzgeber hat nunmehr in § 311 Abs. 2 BGB als Schutzgut jedoch explizit auch die Entscheidungsfreiheit erwähnt[940]. Zudem wird der Arbeitnehmer bei einem Betriebsübergang mit einer Dienstleistungspflicht ge-

---

[934] Vgl. BT-Ds. 14/6040, S. 162: *"Danach besteht in jedem Fall eine Haftung auf Schadensersatz. Ob es genügt, wenn der Geschädigte auf dieser Grundlage unter Anwendung von § 249 die Lösung von dem Vertrag als Naturalrestitution zu verlangen, oder ob auch eine Modifikation der eingegangenen vertraglichen Verpflichtungen in Betracht kommt, soll offen und der Rechtsprechung überlassen bleiben"*; vgl. S. 173 zu § 312e BGB: *"Wenn dies zu einem Schaden führen sollte, könnte dafür eine Haftung aus §§ 311 Abs. 2, 241 Abs. 2 in Verbindung mit § 280 RE (culpa in contrahendo) begründet sein.... Das kann gemäß § 249 einen Anspruch auf Rückabwicklung, unter Umständen sogar Anpassung des abgeschlossenen Vetrags (...) begründen."*

[935] So auch Grigoleit, in: Schulze/Schulte, Die Schuldrechtsreform vor dem Hintergrund des Gemeinschaftsrechts, 269, 275, zum BGB-DiskE

[936] Brors, Die Abschaffung der Fürsorgepflicht, S. 186; Franzen, RdA 2002, 258, 268; Palandt/Heinrichs, § 311 BGB, Rn. 24; Lieb, FS Medicus, S. 337 ff.; Paefgen, Haftung für mangelhafte Aufklärung aus culpa in contrahendo, S. 19 ff. m.w.N.; Stoll, FS Deutsch, 361, 366 f.

[937] Vgl. Canaris, AcP 200 (2000), 273, 314; Fleischer, AcP 200 (2000), 91, 111ff. m.w.N. ; ders., Informationsasymmetrie im Vertragsrecht, S. 442 ff.; Grigoleit, Vorvertragliche Informationshaftung, S. 67 ff.; ders., NJW 1999, 900, 902; ders., in: Die Schuldrechtsreform vor dem Hintergrund des Gemeinschaftsrechts, 269, 272; Lorenz, Der Schutz vor dem unerwünschten Vertrag, S. 72 f. m.w.N.; ders., ZIP 1998, 1053, 1055; Schwarze, Vorvertragliche Verständigungspflichten, S. 86 f.; Wiedemann, JZ 1998, 176 f.

[938] BGH vom 26.9.1997, NJW 1998, 302, 304

[939] BGH vom 7.9.2000, NJW 2001, 436, 438

[940] BT-Ds. 14/6040, S. 163

genüber einem anderen Arbeitgeber belastet, was ebenso als Vermögensschaden anzusehen ist[941].
Allerdings stellt sich hier die Frage des Konkurrenzverhältnisses zwischen § 613a Abs. 6 BGB und einem Schadensersatzanspruch aus nebenvertraglicher - ergänzender - Informationspflichtverletzung nach § 280 Abs. 1, 311 Abs. 2, 241 Abs. 2 BGB. Diese Konkurrenz könnte daraus folgen, dass es der Gesetzgeber als ausreichend angesehen hat, wenn der Arbeitnehmer lediglich nach § 613a Abs. 5 BGB typisierend-global informiert wird. Mit einer Fortsetzung des ursprünglichen Arbeitsverhältnisses im Wege der Naturalrestitution, was der Wirkung eines Widerspruchs entspräche, könnte das vom Gesetzgeber angestrebte Ziel der Rechtssicherheit konterkariert werden. Ein derartiges Konkurrenzverhältnis stellt sich jedoch nur, wenn man die Regelung des § 613a Abs. 6 BGB abschließend versteht, was jedoch gerade nicht der Fall ist[942]. § 613a Abs. 6 BGB regelt allein den Beginn der Widerspruchsfrist. Es handelt sich nicht um die alleinige Rechtsfolge der Information. Diese Rechtsfolge, die der früher herrschenden Auffassung einer Informationsobliegenheit entsprechen würde, widerspräche den europarechtlichen Vorgaben einer wirksamen Sanktionierung. Zudem handelt es sich bei § 613a Abs. 6 BGB nicht um eine gesetzliche Schadensregelung; Schaden ist nicht der nicht mehr mögliche Widerspruch, sondern der unerwünschte Vertrag[943].
Liegt eine Informationspflichtverletzung vor, so ist der Arbeitnehmer daher im Rahmen der Naturalrestitution so zu stellen, als ob er widersprochen hätte. Ist der Widerspruch bereits erfolgt, so kann er diesen anfechten und Wiedereinstellung vom Erwerber verlangen. Zudem kommt die Anfechtung eines Änderungs- bzw. Aufhebungsvertrages in Betracht. Hat der Arbeitnehmer finanzielle Einbußen, sind auch diese im Wege des Schadensersatzes zu ersetzen. Dem bereits vor Betriebsübergang ausgeschiedenen Arbeitnehmer muss im Wege des Schadensersatzanspruches aufgrund fehlerhafter Aufklärung auch noch in dem Zeitpunkt ein Wiedereinstellungsanspruch zustehen, in dem er eigentlich nicht mehr geltend gemacht werden kann. Die Sachlage ist mit dem sekundären Schadensersatzanspruch einer unterlassenen Aufklärung über eigene Pflichtverletzungen eines Rechtsanwaltes vergleichbar. Ist eine Naturalrestitution nicht möglich, so ist Ersatz in Geld zu leisten.
Zudem steht dem Geschädigten nach der zivilrechtliche Rechtsprechung ein Wahlrecht zu, ob er sich vom Vertrag lösen möchte oder aber "kleinen" Schadensersatz verlangt, unabhängig davon, ob sich auch die andere Partei auf einen

---

941 Vgl. Larenz, Schuldrecht AT, § 29 II. b) (S. 494); wohl auch BAG vom 18.1.2000, RdA 2001, 333, 335 für den unerwünschten Vertragsschluss, nicht jedoch für die "Nichtbeendigung" eines Arbeitsverhältnisses.
942 Siehe oben S. 153 f.
943 Vgl. oben S. 69 ff.

solchen Vertragsschluss eingelassen hätte[944]. Letzteres wird von der Literatur teilweise kritisiert und ein Wahlrecht abgelehnt[945]. Bei einem Betriebsübergang besteht jedoch in Abweichung zur allgemeinen Vertragssituation die Besonderheit, dass es nur der Arbeitnehmer in der Hand hat, ob und mit wem er einen Vertragt eingeht. Dem Veräußerer und Erwerber steht demgegenüber ein derartiges Wahlrecht nicht zu. Unabhängig von ihrem Willen wird das Arbeitsverhältnis allein durch den Betriebsübergang kraft Gesetzes und im Ergebnis durch die Reaktion des Arbeitnehmers begründet, so dass es auf diesen Streit nicht ankommt. Nicht mit den Grundsätzen des allgemeinen Zivilrechts vereinbar ist dagegen die im Arbeitsrecht, insbesondere bei Aufhebungsverträgen, verbreitete Ansicht, eine Informationspflichtverletzung begründe einen Schadensersatzanspruch, die "Unwirksamkeit" des Vertrages habe sie jedoch nicht zur Folge[946]. Die Frage, ob der Arbeitnehmer die Aufhebung des Vertrages oder aber lediglich eine Schadenskompensation in Geld verlangen kann, ist zum einen ein Problem der Kausalität und zum anderen der Schadensbemessung, d.h. der Wahl zwischen "großem" oder "kleinem" Schadensersatz.

---

[944] Vgl. BGH, NJW 1989, 1793 f.; BGH, NJW 1991, 1819, 1820; BGH, NJW 1994, 663; wohl etwas zurückhaltender BGH vom 24.6.1998, NJW 1998, 2900, 2901; BGH vom 6.4.2001, NJW 2001, 2875; Canaris, AcP 200 (2000), 273, 315; Grigoleit, Vorvertragliche Informationshaftung, S. 182 ff. m.w.N.; Paefgen, Haftung für mangelhafte Aufklärung aus culpa in contrahendo, S. 73 f. m.w.N.; Schwarze, Vorvertragliche Verständigungspflichten, S. 316; Stoll, FS Deutsch, 361, 371; Thamm/Pilger, BB 1994, 729, 732

[945] Vgl. Lorenz, Der Schutz vor dem unerwünschten Vertrag, S. 79 m.w.N.; ders., NJW 1999, 1001, 1002; wohl auch Gaul, Aktuelles Arbeitsrecht 2001, S. 337; Gaul/Otto, DB 2002, 634, 639; Gaul, Betriebs- und Unternehmensspaltung, § 11, Rn. 78

[946] Vgl. BAG vom 10.3.1988, AP 99 zu § 611 BGB Fürsorgepflicht; BAG vom 14.2.1996, NZA 1996, 811; BAG vom 17.10.2000, NZA 2001, 206, 207, mit dem Argument, der Abschluss eines Verlängerungsvertrages für einen zurückliegenden Zeitraum könne nicht verlangt werden, da in der Vergangenheit keine Dienstleistungen erbracht werden können, weshalb ein hierauf gerichteter Vertrag nach § 306 BGB nichtig sei. Dies hat das BAG auch zum Wiedereinstellungsanspruch ausgeführt und den Arbeitnehmer für die Vergangenheit auf Schadensersatzansprüche verwiesen (vgl. BAG vom 28.6.2000, RdA 2001, 243, 245 m.w.N.). Hierbei verkennt das BAG, daß der Schadensersatzberechtigte so zu stellen ist, wie er bei zutreffender Information gestanden hätte, d.h. in einem - länger bestehenden - Arbeitsverhältnis und mit einem zwischenzeitlich erzieltem Verdienst. Auf die Unmöglichkeit der Erbringung der Arbeitsleistung kommt es im Rahmen der Naturalrestitution nicht an (so auch Raab, RdA 2001, 243, 248, 249). Ein Großteil in der Literatur folgt der Ansicht des BAG; vgl: Bauer, Arbeitsrechtliche Aufhebungsverträge, Rn. 86 einerseits und Rn. 113c andererseits, der jedoch unzutreffend einen Schadensersatzanspruch im Wege der Naturalrestitution bei einer positiven Forderungsverletzung verneint (vgl. hierzu statt aller Palandt/Heinrichs, § 280 BGB, Rn. 32); Hoß/Ehrich, DB 1997, 625, 627; Reufels, ArbRB 2001, 26; Weber/Ehrich/Burmester, Handbuch der arbeitsrechtlichen Aufhebungsverträge, Teil 1, Rn. 88; als Kausalitätsproblem sehen dies u.a.: Ernst, Aufhebungsverträge zur Beendigung von Arbeitsverhältnissen, S. 129; Welsau, Anm. zu LAG Hamburg, LAGE 9 zu § 611 BGB Aufhebungsvertrag, S. 22

Bezüglich der Kausalität zwischen Informationspflichtverletzung und Schaden besteht nach ganz h.M. grundsätzlich eine Beweislastumkehr. Hiernach ist der die Informationspflicht Verletzende darlegungs- und beweispflichtig dafür, dass der Schaden auch bei pflichtgemäßem Verhalten eingetreten wäre[947]. Dieser Auffassung folgt auch das BAG[948]. Demgegenüber ist ein Großteil der arbeitsrechtlichen Literatur bei Aufhebungsverträgen pauschal der Ansicht, der Arbeitnehmer müsse die Kausalität beweisen[949]. Andere gehen schlicht davon aus, dass der Arbeitnehmer bei zutreffender Information den Aufhebungsvertrag gleichwohl geschlossen hätte, jedoch zu anderen Konditionen[950]. Dieser Auffassung ist in dieser Stringenz nicht zu folgen, da sie der ganz herrschenden Ansicht im allgemeinen Zivilrecht widerspricht, wonach sich die Beweislastumkehr aus dem Zweck der Informationspflicht ergibt[951]. Dieser besteht darin, dem anderen Klarheit über ein *bestimmtes* Risiko zu verschaffen. Diese Beweislastumkehr muss auch im Arbeitsrecht gelten. Beim Betriebsübergang besteht jedoch die Besonderheit, dass der Arbeitnehmer zwischen mehreren Alternativen wählen kann. Insofern entspricht es allgemeiner Ansicht, dass bei mehreren sinnvollen Handlungsalternativen die ansonsten bestehende Kausalitätsvermutung nicht in Betracht kommt[952]. Daher ist von einer Kausalitätsvermutung nur dann auszugehen, wenn es für den Arbeitnehmer aufgrund der zu erteilenden Informationen vernünftigerweise nur eine bestimmte Möglichkeit der Reaktion gab und die Möglichkeit eines Entscheidungskonfliktes ausscheidet. Dies kann beispielsweise dann der

---

[947] BGH vom 13.10.1992, ZIP 1992, 1614, 1616; BGH vom 16.11.1993, NJW 1994, 512, 513 m.w.N.; BGH vom 26.9.1997, NJW 1998, 302, 303 m.w.N.; BGH vom 6.4.2001, NJW 2001, 2875, 2877; BGH vom 28.5.2002 - XI ZR 150/01; Brors, Die Abschaffung der Fürsorgepflicht, S. 186; MüKo-Emmerich, vor § 275 BGB, Rn. 195, 310 m.w.N.; sehr weitgehende Auffassung bei Grigoleit, Vorvertragliche Informationshaftung, S. 163 ff. m.w.N., 176; Palandt/Heinrichs, § 280 BGB, Rn. 39; Henssler, Risiko als Vertragsgegenstand, S. 163; Lambrich, Anm. zu BAG vom 23.1.2002, EzA 3 zu § 2 NachwG, S. 29; Larenz, Schuldrecht AT, § 29 IV (S. 518); Lorenz, Der Schutz vor dem unerwünschten Vertrag, S. 75 m.w.N.; vgl. Übersicht hinsichtlich der verschiedenen Vertragstypen bei Stodolkowitz, VersR 1994, 11 ff.

[948] BAG vom 17.10.2000, NZA 2001, 206, 209 m.w.N.; BAG vom 21.11.2000, NZA 2002, 618, 621; BAG vom 17.4.2002, NZA 2002, 1096, 1098 f.

[949] So Ernst, Aufhebungsverträge zur Beendigung von Arbeitsverhältnissen, S. 129; Welsau, Anm. zu LAG Hamburg, LAGE 9 zu § 611 BGB Aufhebungsvertrag, S. 22

[950] Bauer, Arbeitsrechtliche Aufhebungsverträge, Rn. 86; Schwarze, Anm. zu LAG Hamburg, LAGE 9 zu § 611 BGB Aufhebungsvertrag, S. 39; Weber/Ehrich/Burmester, Handbuch der arbeitsrechtlichen Aufhebungsverträge, Teil 1, Rn. 88

[951] BGH vom 26.9.1997, NJW, 1998, 302, 303 m.w.N.; Grigoleit, NJW 1999, 900, 903; Lorenz, Der Schutz vor dem unerwünschten Vertrag, S. 76 f. m.w.N.

[952] BGH vom 30.9.1993, NJW 1993, 3259; BGH vom 16.11.1993, NJW 1994, 512, 513 f.; BGH vom 10.5.1994, NJW 1994, 2541, 2542; BGH vom 6.4.2001, NJW 2001, 2021, 2022; einschränkend BGH vom 7.5.2002 - XI ZR 197/01 - im Internet: http://www.rws-verlag.de/bgh-free/volltext_6/vo85577htm, wenn beide Alternativen geeignet gewesen wären, den Schaden zu vermeiden; Palandt/Heinrichs, § 280 BGB, Rn. 39; MüKo-Emmerich, vor § 275 BGB, Rn. 310

Fall sein, wenn die neuen Arbeitsbedingungen bei dem Erwerber wesentlich schlechter als die beim Veräußerer sind. Bestehen jedoch sinnvolle Handlungsalternativen kann die Kausalität nicht vermutet werden. Es verbleibt bei den allgemeinen Beweislastregeln, wobei je nach Einzelfall Beweiserleichterungen in Betracht kommen[953].
Letztlich können die erteilten Informationen bei entsprechendem Willen ausnahmsweise ein Schuldanerkenntnis darstellen oder zur Haftung nach § 826 BGB führen.

II. Anfechtung

Wird der Arbeitnehmer unzutreffend, d.h. nicht, unvollständig oder in sonstiger Weise unrichtig, informiert, so kommt die Anfechtung nach § 123 Abs. 1 BGB etwaiger hierauf - der Täuschung durch Vorspiegeln, Entstellen oder durch Verschweigen von Tatsachen - basierender Willenserklärungen in Betracht, was jedoch Arglist voraussetzt. So ist eine Anfechtung des Widerspruchs, der Zustimmung zum Übergang, des Widerspruchsverzichtes, einer Eigenkündigung oder eines Aufhebungs- oder Änderungsvertrages möglich.

III. Klage auf Informationserteilung

Schließlich ist es fraglich, ob der Arbeitnehmer die Informationspflichten einklagen kann. Teilweise wird die Klagbarkeit nebenvertraglichen Informationspflichten verneint. Was eingeklagt werden muss, sei nicht spontan erfüllt. Die vorenthaltene Information sei jedenfalls meist ohne Wert, weil die Verhaltensreaktion bereits erfolgt ist und es nur noch um den Ausgleich des entstandenen Nachteils gehe.[954] Andere nehmen eine Differenzierung dahingehend vor, dass bei drohender Rechtsverletzung Schutzpflichten grundsätzlich klagbar seien, wenn sie sich auf ein bestimmtes Verhalten konkretisieren lassen und ein effektiver Schutz der Gläubigerinteressen nicht auf andere Weise, insbesondere nicht durch eine Gefahren vermeidende Umgestaltung des Sozialkontakts möglich ist[955].

---

[953] Vgl. Schwarze, Vorvertragliche Verständigungspflichten, S. 313m.w.N.; Stodolkolwitz, VersR 1994, 11, 13

[954] V. Bar, AcP 179 (1979),452, 464; Henssler, Risiko als Vertragsgegenstand, S. 130; von Mohrenfels, Abgeleitete Informationsleistungspflichten im deutschen Zivilrecht, S. 22, mit unzutreffenden Hinweis auf Stürner, JZ 1976, 386; Lüke, JuS 1986, 2, 7, zwischen Anspruch und Klagbarkeit differenzierend; MüKo-Roth, § 242 BGB, Rn. 260 (vgl. dagegen Rn. 259); Schwarze, Vorvertragliche Verständigungspflichten, S. 13 f.; vgl. weitere Nachweise bei Taupitz, Die zivilrechtliche Pflicht zu unaufgeforderten Offenbarung eigenen Fehlverhaltens, S. 51 (Fn. 37)

[955] Köhler, AcP 190 (1990), 496, 509 f.; wohl auch Krebs, Sonderverbindung und außerdeliktische Schutzpflichten, S. 549 ff.; Larenz, Schuldrecht AT, § 2 I. (S. 12); MüKo-Roth, § 242

Dieser Streit kann jedoch hinsichtlich der Informationspflichten bei einem Betriebsübergang dahinstehen. Wenn der Arbeitnehmer nicht oder unrichtig vor dem Betriebsübergang informiert wurde, besteht zunächst ein kompensierender Schadensersatzanspruch. Gleichwohl müssen sich die Informationspflichten nicht in der Vermittlung von Kenntnissen erschöpfen, um eine sachgerechte Entscheidung treffen zu können. Vielmehr kann der Arbeitnehmer auch nach dem Betriebsübergang ein Interesse an vorenthaltenen Informationen haben. Dieses Interesse kann sich daraus ergeben, dass der Arbeitnehmer die neuen Arbeitsbedingungen möglicherweise nicht kennt. Insofern besteht bereits ein einklagbarer Anspruch nach dem NachwG. Aufgrund der Besonderheiten der Informationspflichten bei einem Betriebsübergang ist daher grundsätzlich von einer Klagbarkeit auszugehen. Ausnahmen bestehen allenfalls bei Informationen, die nicht die Arbeitsbedingungen treffen und sich das Interesse des Arbeitnehmers daher in einem kompensatorischen Schadensersatzanspruch erschöpft, beispielsweise bei Umstrukturierungsmaßnahmen, die auch sein Arbeitsverhältnis betreffen.

Die Rechtsfolgen der nebenvertraglichen Informationspflichtverletzung unterscheiden sich daher nicht von denen des § 613a Abs. 5, 6 BGB.

BGB, Rn. 259 (vgl. dagegen Rn. 260); Stürner, JZ 1976, 384, 386, 388; Soergel/Teichmann, § 242 BGB, Rn. 174 f., 190

5. Kapitel: Zusammenfassung

1. Die bis zum Erlass des § 613a Abs. 5 BGB herrschende Ansicht in Rechtsprechung und Literatur sah die Information des Arbeitnehmers vor einem Betriebsübergang als bloße Obliegenheit und nicht als Pflicht an. Aufgrund dieser Einordnung waren Schadensersatzansprüche grundsätzlich ausgeschlossen. Eine Klage auf Informationserteilung kam nicht in Betracht.
2. Diese Auffassung ist mit Erlass des § 613a Abs. 5 BGB im Zuge der Umsetzung von Art. 7 Abs. 6 RL 2001/23/EG obsolet geworden. Nunmehr ist eine vorherige Information zwingend als Pflicht vorgeschrieben.
   Für das Verständnis des § 613a Abs. 5 BGB ist die Richtlinie 2001/23/EG von ausschlaggebender Bedeutung, da dies die richtlinienkonforme Auslegung gebietet und der deutsche Gesetzgeber eine Kongruenz zwischen Art. 7 Abs. 6 RL 2001/23/EG und § 613a Abs. 5 BGB herstellen wollte. Nach der Richtlinie sind alle vom Betriebsübergang "betroffenen" Arbeitnehmer, d.h. nicht nur die widerspruchsberechtigten Arbeitnehmer, zu informieren. Die nach der Richtlinie zu erteilenden Informationen sind jedoch begrenzt: Sie vermitteln lediglich typisierende Globalinformationen und keine individuell-detaillierten Kenntnisse. Zudem sind die Arbeitnehmer nicht über die Folgen des Widerspruchs zu informieren. Innerhalb des Anwendungsbereichs der Richtlinie sind die Informationen über die unmittelbaren und mittelbaren Auswirkungen des Betriebsübergangs und die sozialen Maßnahmen allen "betroffenen" Arbeitnehmern umfassend zu vermitteln.
   Dieses Verständnis gilt auch für § 613a Abs. 5 BGB, jedoch mit der über die Richtlinie hinausgehenden Maßgabe, dass die widerspruchsberechtigten Arbeitnehmer grundsätzlich einen Monat vor dem (geplanten) Betriebsübergang und in Textform zu informieren sind. Rechtsfolge einer unzureichenden Unterrichtung nach § 613a Abs. 5 BGB ist zunächst, dass der Arbeitnehmer nach § 613a Abs. 6 BGB auch noch nach dem Betriebsübergang widersprechen kann. Der Arbeitnehmer muss ferner grundsätzlich das Recht haben, die Informationen einzuklagen. Schließlich kommen Schadensersatzansprüche insbesondere nach §§ 280 Abs. 1, 311 Abs. 2, 241 Abs. 2 BGB und eine Anfechtung nach § 123 Abs. 1 BGB in Betracht. Da sich die Informationen auf typisierende Globalangaben beschränken, bieten sie allerdings nur sehr eingeschränkt eine Entscheidungsgrundlage für den widerspruchsberechtigten Arbeitnehmer. Dieser hat vielmehr Interesse an individuell-detaillierten Informationen.
3. Dieses Informationsdefizit vermögen bestehende Informationsvorschriften grundsätzlich nicht zu schließen:

a) Die Arbeitnehmervertretung ist nach §§ 106 Abs. 2, Abs. 3 Nr. 10, 111 S. 1, 80 Abs. 2 S. 1 BetrVG vor dem Betriebsübergang umfassend zu informieren. Der deutsche Gesetzgeber hat somit zumindest die Informationspflicht nach

Art. 7 Abs. 1 RL 2001/23/EG vollständig umgesetzt. Sind über den Betriebsübergang hinausgehende Folgen geplant, so bestehen zudem noch zahlreiche weitergehende Informationsvorschriften. Allerdings nutzen diese Regelungen dem widerspruchsberechtigten Arbeitnehmer wenig. Das der Richtlinie zu Grunde liegende subsidiäre Informationsmodell ist nicht geeignet, dem Arbeitnehmer individuell-detaillierte Informationen zu vermitteln: Dem steht zunächst eine mögliche (vorläufige) Kompetenzsperre des Betriebsrates entgegen, von sich aus die Arbeitnehmer zu informieren, wenn keine Anzeichen dafür bestehen, dass der Arbeitgeber seinen Pflichten nach § 613a Abs. 5 BGB nicht nachkommt. Fernerhin ist dieses Modell ungeeignet, weil der Betriebsrat keine Pflicht hat, dem einzelnen Arbeitnehmer ergänzende Informationen zu verschaffen und die der Arbeitnehmervertretung zu vermittelnden Informationen gleichfalls lediglich typisierend betrieblich orientiert sind.
Auch die arbeitsrechtsspezifischen Informationen nach dem UmwG führen nicht zu individuell-detaillierten Informationen. Die Vorschriften entsprechen nach ihrem Inhalt und dem Adressatenkreis größtenteils § 613a Abs. 5 BGB. Zudem ist der Anwendungsbereich auf Umwandlungen nach dem UmwG beschränkt und bietet daher nur insoweit ein Informationspotenzial als mit der Umwandlung ein Betriebsübergang zeitlich einhergeht. Des Weiteren ist eine Kenntnisnahme der Arbeitnehmer von den Informationen erschwert, da eine Einsichtnahme ins Handelsregister erfolgen muss. Dennoch stellen diese Normen eine gewisse Sicherungsfunktion für Arbeitnehmervertretung und Arbeitnehmer dar, weil die drohenden Sanktionen für die beteiligten Rechtsträger ungleich empfindlicher als bei § 613a Abs. 5 BGB oder nach dem BetrVG sind.
Die Informationsvorschriften des WpÜG haben für den einzelnen Arbeitnehmer dagegen einen weit geringeren Informationswert. Die hierdurch vermittelten Informationen schließen zwar eine wesentliche gesetzliche Informationslücke, da über Gesellschafterwechsel bislang mit Ausnahme des § 106 BetrVG nicht zu informieren war. Zudem wird die Missachtung dieser Vorschriften spürbar sanktioniert. Für den an individuell-detaillierten Kenntnissen interessierten Arbeitnehmer enthält das WpÜG jedoch keine Regelungen.

b) Die gesetzlichen Nachweispflichten sind zwar grundsätzlich individuell-detailliert und wären daher an sich als ergänzende Informationsgrundlage geeignet. Insbesondere sind sie auch dann zu erfüllen, wenn noch nicht feststeht, ob der Arbeitnehmer widerspricht. Gleichwohl verhindert die zeitliche Abfolge eine ergänzende Informationsfunktion der Nachweisvorschriften, da diese nicht wie § 613a Abs. 5 BGB spätestens einen Monat vor dem Übergang zu erfüllen sind. Zudem vermitteln die Nachweispflichten keine Kenntnisse über etwaige Folgen des Widerspruchs.

c) Die nach dem BetrVG unmittelbar gegenüber den Arbeitnehmern zu erteilenden Informationen scheiden ebenso als - ergänzende - Informationsgrundlage aus. Allenfalls § 81 Abs. 2 S. 1 BetrVG vermag derartige Informationen zu vermitteln, die jedoch auf den Arbeitsbereich begrenzt sind und zeitlich nicht mit dem Betriebsübergang einhergehen müssen. §§ 43 Abs. 2 S. 3, 110 BetrVG sehen keine individuell-detaillierte Information vor und gehen daher nicht über § 613a Abs. 5 BGB hinaus. Schließlich resultieren aus § 75 Abs. 2 S. 1 BetrVG keine ergänzenden Informationspflichten.

4. Da keine gesetzlichen Normen bestehen, welche die nach § 613a Abs. 5 BGB zu erteilenden Informationen ergänzen, kommt lediglich eine nebenvertragliche Informations- oder Aufklärungspflicht nach den allgemeinen Grundsätzen in Betracht.

a) Maßgeblich für ein Zwei-Stufen-Informationsmodell vor einem Betriebsübergang ist vor allem, dass § 613a Abs. 5 BGB die Informationspflichten nicht abschließend regelt. Er lässt vielmehr Raum für ergänzende nebenvertragliche individuell-detaillierte Informationspflichten.

b) Ob derartige Pflichten auf einer zweiten Stufe bestehen, richtet sich im Einzelfall nach den allgemeinen zivilrechtlichen Grundsätzen. Ausschlaggebend sind hierbei die Topoi *Informationsbedarf*, *Informationsmöglichkeit* und *Funktionskreis* im Rahmen einer vorzunehmenden *Gesamtbetrachtung*. Dem Informationsbedarf liegt eine typisierende Regel-Ausnahme-Konstellation zu Grunde: Er ist objektiv zu bestimmen und abzulehnen bezüglich allgemeiner Marktverhältnisse und typischer Risiken. Ausnahmsweise besteht jedoch ein Informationsbedarf, wenn vom typischen Risiko abgewichen wird, der Verpflichtete den besonderen Informationsbedarf kennt oder ihn selbst verursacht hat. Zudem scheidet eine Informationspflicht aus, wenn der Verpflichtete objektiv keine Informationsmöglichkeit hat. Schließlich richtet sich der Funktionskreis danach, ob der Rechtsverkehr dem Verpflichteten eine bestimmte Informationsfunktion zuweist, d.h. ob insbesondere ein objektiver Vertrauenstatbestand vorliegt. Dies ist vor allem dann nicht der Fall, wenn vom Berechtigten eine zumutbare Selbstinformation erwartet wird.

c) Diese Topoi gelten auch im Arbeitsrecht. Insbesondere kommt auch dem Arbeitgeber keine allgemeine Sachwalterfunktion zu, stets die Interessen des Arbeitnehmers zu wahren. Zudem hat er grundsätzlich keine Informationsfunktion, den Arbeitnehmer über Tatsachen aufzuklären, die nicht im Zusammenhang mit dem Vertragszweck stehen. Des Weiteren besteht der Grundsatz, dass sich jede Arbeitsvertragspartei über ihre Rechte selbst informieren muss. Abweichend vom allgemeinen Zivilrecht ist im Arbeitsrecht bei der Bestimmung der Informationsfunktion des Arbeitgebers die so genannte Fürsorgepflicht gesondert zu berücksichtigen; anderenfalls würde man dem Unterschied zwischen einem Arbeitsverhältnis und einem gewöhnlichen Schuldverhältnis nicht gerecht.

5. Unter Berücksichtigung dieser Grundsätze ist abweichend von der bisherigen herrschenden Auffassung grundsätzlich eine nebenvertragliche Pflicht zu bejahen, wonach der widerspruchsberechtigte Arbeitnehmer rechtzeitig - zeitlich parallel mit § 613a Abs. 5 BGB - vor dem Betriebsübergang auch individuell-

detailliert über die Folgen des Betriebsübergangs und des Widerspruchsrechts zu informieren ist. Die typisierenden Globalinformationen nach § 613a Abs. 5 BGB stellen die erste und die nebenvertraglichen individuell-detaillierten Informationen die zweite Informationsstufe dar.

a) Der Informationsbedarf besteht zunächst hinsichtlich der tatsächlichen Voraussetzungen nach § 613a Abs. 1 S. 1 BGB, sofern der Arbeitnehmer diese Informationen nicht bereits nach § 613a Abs. 5 BGB erhalten hat. Ohne diese Informationen kann er sein Widerspruchsrecht nicht ausüben. Demgegenüber existiert kein Informationsbedürfnis hinsichtlich der rechtlichen Folgen nach § 613a Abs. 1 S. 1 BGB, da sich diese aus dem Gesetz ergeben. Etwas anderes gilt jedoch dann, wenn sich entgegen dieser Regelrechtsfolge Änderungen des Arbeitsvertragsinhalts nach § 613a Abs. 1 S. 2 - 4 BGB oder hinsichtlich etwaiger so genannter Sozialansprüche ergeben, da insofern eine Ausnahme von der Regel vorliegt. Diese Tatsachen sind auch für das Widerspruchsrecht von wesentlicher Bedeutung. Demgegenüber besteht bezüglich des Widerspruchsrechts selbst kein Informationsbedarf; dieses ist dem Gesetz zu entnehmen. Hinsichtlich der Folgen des Widerspruchs kommt es darauf an, ob es sich um typische Risiken handelt. Dies ist beispielsweise bei einer betriebsbedingten Kündigung nach einem Widerspruch nur dann der Fall, wenn erkennbar keine Weiterbeschäftigungsmöglichkeiten bestehen.
   Erhält der Arbeitnehmer bereits nach § 613a Abs. 5 BGB, dem UmwG oder dem NachwG Kenntnis oder können aus den typisierenden Globalangaben weitere individuell-detaillierte Informationen hergeleitet werden, so besteht kein zusätzliches Informationsbedürfnis.

b) Die am Betriebsübergang beteiligten Arbeitgeber sind als Gesamtschuldner zur vorherigen Information verpflichtet. Obwohl der widerspruchsberechtigte Arbeitnehmer vor dem Übergang nicht in einem Vertragsverhältnis zum Erwerber steht, reicht das künftige Vertragsverhältnis angesichts der Entscheidungsalternativen des Arbeitnehmers aus, um Pflichten aus einem Schuldverhältnis zu begründen und einen objektiven Vertrauenstatbestand zu schaffen. Eine etwaige Kostenbelastung der Verpflichteten ist als gering einzuschätzen, da detaillierte Informationen nach dem NachwG ohnehin zu erbringen sind und außerdem Rechtssicherheit erreicht wird.

c) Die Information des Arbeitnehmers ändert nichts an dessen Eigenverantwortlichkeit für die zu treffende Entscheidung. Kann sich der Arbeitnehmer anhand der bereits erhaltenen Informationen selbst informieren, so hat der Arbeitgeber grundsätzlich keine ergänzende Informationsfunktion. Eine derartige Funktion wird ihm aber in bestimmten Fällen gesetzlich zugewiesen und ist auch bei einer nebenvertraglichen Informationspflicht zu berücksichtigen. So sieht § 2 KSchG vor, dass der Arbeitnehmer bei einer Änderungskündigung über die verschiedenen Entscheidungsalternativen genau in Kenntnis gesetzt wird. Eine individuell-detaillierte Informationsfunktion ist vor allem auch dem NachwG zu entnehmen. Zudem spricht die durch den Betriebsübergang gestörte Vertragsparität und die arbeitsrechtliche Fürsorgepflicht für eine Informationsfunktion.

d) Gerade die von den Informationspflichtigen verursachte Zäsur im Arbeitsvertragsgefüge mit aktuellem Änderungspotential führt im Rahmen einer Gesamtbetrachtung zu einer im Einzelfall ergänzenden individuell-detaillierten Informationsfunktion über die Folgen des Betriebsübergangs und des Widerspruchs.

6. Die Rechtsfolgen einer nebenvertraglichen Informationspflichtverletzung entsprechen denen des § 613a Abs. 5 BGB. Dem Arbeitnehmer steht ein Schadensersatzanspruch aus §§ 280 Abs. 1, 311 Abs. 2, 241 Abs. 2 BGB n.F. zu. Im Wege der Naturalrestitution kann sich der Arbeitnehmer daher vom unerwünschten Vertrag lösen. Der Schadensersatzanspruch setzt weder Arglist noch einen konkreten Vermögensschaden voraus. Hat der Arbeitnehmer jedoch mehrere sinnvolle Entscheidungsalternativen, muss er die Kausalität beweisen. Insbesondere ist es nicht ausgeschlossen, dass der Arbeitnehmer im Wege der Naturalrestitution auch noch nach Ablauf der Frist in § 613a Abs. 6 BGB die Fortsetzung des Arbeitsverhältnisses mit dem Veräußerer verlangt, da der Gesetzgeber in § 613a Abs. 6 BGB keine abschließende Schadensregelung getroffen hat. Als weitere Rechtsfolge kommt eine Anfechtung nach § 123 BGB in Betracht. Schließlich besteht grundsätzlich die Möglichkeit, die Informationen einzuklagen.

Literatur

Aha, Christof	Einzel- oder Gesamtrechtsnachfolge bei der Ausgliederung ?, AG 1997, 345
Alsbaek, Henriette	Der Betriebsübergang und seine individualrechtlichen Folgen in Europa, 2001
Alvensleben, Constantin von	Die Rechte der Arbeitnehmer bei Betriebsübergang im Europäischen Gemeinschaftsrecht, 1992
Annuß, Georg	Der Betriebsübergang in der neuesten Rechtsprechung des Bundesarbeitsgerichts, DB 1998, 1582
Anweiler, Jochen	Die Auslegungsmethoden des Gerichtshofs der Europäischen Gemeinschaften, 1996
Ascheid, Reiner u.a. (Bearbeiter)	Das Bürgerliche Gesetzbuch mit besonderer Berücksichtigung der Rechtsprechung des Reichsgerichts und des Bundesgerichtshofs, Bd. II Teil 3/1, 12. Aufl., 1997 (zit.: RGRK-Bearbeiter)
ders.	Richtlinie 77/187 EWG: Harmonisierung europäischen und deutschen Richterrechts, Festschrift für Thomas Dieterich, 1999, S. 9
ders./Preis, Ulrich/Schmidt, Ingrid	Großkommentar zum Kündigungsrecht, 2000 (zit.: Bearbeiter, in: Ascheid/Preis/Schmidt)
Bachner, Michael	Individualarbeits- und kollektivrechtliche Auswirkungen des neuen Umwandlungsgesetzes, NJW 1995, 2881
ders.	Der Betriebsübergang nach § 613a BGB, AiB 1996, 291
ders./ Köstler, Roland/ Trittin, Wolfgang/ Trümmer, Ralf	Arbeitsrecht bei Unternehmensumwandlung, 1996
Bachof, Otto	Reflexwirkungen und subjektive Rechte im öffentlichen Recht, Gedächtnisschrift für Walter Jellinek, 1955, S. 287

Backmeister, Thomas | Anmerkung zu ArbG Frankfurt vom 25.8.1999, AiB 2000, 772

Baeck, Ulrich/ Diller, Martin | Zur Teilbarkeit von Betriebsänderungen, NZA 1997, 689

Ballerstedt, Kurt | Zur Haftung für culpa in contrahendo bei Geschäftsabschluß durch Stellvertreter, AcP 151 (1951), 501

ders. | Buchbesprechung zu Reimer Schmidt, Die Obliegenheiten, ZHR 121 (1958), 78

Bar, Christian von | "Nachwirkende" Vertragspflichten, AcP 179 (1979), 452

Bauer, Jobst-Hubertus | Sprecherausschußgesetz mit Wahlordnung und Erläuterungen, 2. Aufl., 1990 (zit.: Bauer, SprAuG)

ders./ Lingemann, Stefan | Das neue Umwandlungsrecht und seine arbeitsrechtlichen Auswirkungen, NZA 1994, 1057

ders. | Kein Widerspruchsrecht der Arbeitnehmer bei Betriebsübergang, NZA 1990, 881

ders./Diller, Martin | Zur Inhaltskontrolle von Aufhebungsverträgen, DB 1995, 1810

dies. | Wettbewerbsverbote, 3. Aufl., 2002

ders. | Arbeitsrechtliche Aufhebungsverträge: arbeits-, gesellschafts-, steuer- und sozialversicherungsrechtliche Hinweise zur einvernehmlichen Beendigung von Dienst- und Arbeitsverhältnissen, 6. Aufl., 1999

ders./Mengel, Anja | Anmerkung zu BAG vom 25.5.2000, ZIP 2000, 1630, 1635

ders./Göpfert, Burkhard/von Steinau-Steinrück, Robert | Aktienoptionen bei Betriebsübergang, ZIP 2001, 1129

ders./ von Steinau-Steinrück, Robert | Neuregelung des Betriebsübergangs: Erhebliche Risiken und viel mehr Bürokratie !, ZIP 2002, 457

Bayer, Walter | 1000 Tage neues Umwandlungsrecht – eine Zwischenbilanz, ZIP 1997, 1613

Becker-Schaffner, Reinhard	Umfang und Grenzen der arbeitgeberseitigen Hinweis- und Belehrungspflichten, BB 1993, 1281
Beckmann, Ralph / Kersting, Mark Oliver / Mielke, Werner	Das neue Übernahmerecht, 2002
Belling, Detlev W./ Liedmeier, Norbert	Anmerkung zu BAG vom 27.06.1989, SAE 1990, 162
Belling, Detlev W.	Die Haftung des Betriebsrats und seiner Mitglieder für Pflichtverletzungen, 1990
Bengelsdorf, Peter	Der gesetzes- und verfassungswidrige Zugriff auf die arbeitsrechtliche Beendigungsfreiheit, NZA 1994, 193
ders.	Der arbeitsrechtliche Aufhebungsvertrag, ZfA 1995, 229
ders.	Aufhebungsverträge und Vertragsfreiheit, BB 1996, 904
ders.	Privatautonomie und Aufhebungsvertrag, DB 1997, 874
Bepler, Klaus	Der Nachweis von Ausschlußfristen, ZTR 2001, 241
Berger-Delhey, Ulf	Anmerkung zu EuGH vom 5.5.1988, EzA 89 zu § 613a BGB
Bergsdorf, Hans-Martin/ Buschkröger, Katja	Anmerkung zu LAG Schleswig-Holstein vom 8.2.2000, AiB 2001, 241
Bergwitz, Christoph	Die Bedeutung des Nachweisgesetzes für die Darlegungs- und Beweislast beim Arbeitsvertrag, BB 2001, 2316
Berkowsky, Wilfried	Die betriebsbedingte Kündigung, 5. Aufl., 2002
Berscheid, Ernst-Dieter	Die Auswirkungen der arbeitsrechtlichen Vorschriften des Umwandlungsgesetzes auf die einzelnen Arbeitsverhältnisse und die Beteiligungsrechte des Betriebsrates, Festschrift für Eugen Stahlhacke, 1995, S. 15
Beseler, Lothar/ Düwell, Franz Josef/ Göttling, Wulfhard	Arbeitsrechtliche Probleme beim Betriebsübergang, Betriebsänderung und Unternehmensumwandlung, 2000 (zit.: Bearbeiter, Arbeitsrechtliche Probleme)

Binder, Martin	Arbeitsvertragsrechts-Anpassungsgesetz, 2001 (zit.: Binder, AVRAG)
Birk, Rolf	Das Nachweisgesetz zur Umsetzung der Richtlinie 91/533/EWG in das deutsche Recht, NZA 1996, 281
ders.	Der EuGH und das Widerspruchsrecht des Arbeitnehmers beim Betriebsinhaberwechsel nach § 613a BGB, EuZW 1993, 156
Birk, Uwe	Auskünfte über Arbeitnehmer, 1985
Bizer, Johann	Personaldaten am "Schwarzen Brett" des Betriebsrates ?, DuD 1997, 653
Blampain, Roger/ Schmidt, Marlene/ Schweibert, Ulrike	Europäisches Arbeitsrecht, 2. Aufl., 1996
Blank, Michael/ Blanke, Hermann/ Klebe, Thomas/ Kümpel, Winfried/ Wendeling-Schröder, Ulrike/ Wolter, Henner	Arbeitnehmerschutz bei Betriebsaufspaltung und Unternehmensteilung, 2. Aufl., 1987
Blanke, Hermann	Lohn- und Gehaltsdaten - Geheimhaltungspflicht des Betriebsrats ?, AiB 1982, 6
Blanke, Thomas	Die Weitergeltung von Tarifvereinbarungen und das Widerspruchsrecht der Arbeitnehmer gegen den Übergang ihres Arbeitsverhältnisses bei Privatisierungen, PersR 1995, 463
ders.	Leitfaden Privatisierungsrecht: Praxis der Personalüberleitungs- und Personalgestellungsverträge für Arbeiter und Angestellte, 1998 (zit.: Privatisierungsrecht)
ders.	Beteiligungsrechte der Personalvertretung bei Privatisierung, PersR 2000, 43
Blomeyer, Wolfgang/ Otto, Klaus	Gesetz zur Verbesserung der betrieblichen Altersversorgung, BetrAVG, 2. Aufl., 1997

ders.	Der Interessenkonflikt zwischen Arbeitnehmer und Betriebsrat bei Individualmaßnahmen, Gedächtnisschrift für Rolf Dietz, 1973, 147
ders.	Anmerkung zu BAG vom 17.10.2000, SAE 2001, 310
Böhmer, Reinhard	Bestand und Ausmaß der vorvertraglichen Aufklärungspflicht des Franchisegebers - das "Aufina"-Urteil unter der Lupe, BB 2001, 1749
Boecken, Winfried	Unternehmensumwandlungen und Arbeitsrecht, 1996 (zit.: Boecken, Unternehmensumwandlungen)
ders.	Anmerkung zu BAG v. 25.05.2000, RdA 2001, 240
Boemke, Burkhart	Privatautonomie im Arbeitsvertragsrecht, NZA 1993, 532
ders.	Kontrahierungszwang im Arbeitsrecht wegen Grundrechtsverletzung ?, NZA 1993, 2083
ders.	Auskunftspflicht, AR-Blattei SD 320, Stand: November 1997
ders.	Schuldvertrag und Arbeitsverhältnis, 1999
ders./Gründel, Mirko	Grundrechte im Arbeitsverhältnis, ZfA 2001, 245
Bösche-Moderegger, Burchard/ Grimberg, Herbert	Anmerkung zu LAG Hamm vom 13.2.1990, AuR 1990, 298
Boewer, Dietrich	Der Wiedereinstellungsanspruch, NZA 1999, 1121 (Teil 1), 1177 (Teil 2)
Bossmann, Michael	Die Auswirkungen des Betriebsübergangs nach § 613a BGB auf die Wettbewerbsverbote, 1993
Bracker, Ulrich	Betriebsübergang und Betriebsverfassung, 1979
Bram, Rainer/ Rühl, Werner	Praktische Probleme des Wiedereinstellungsanspruchs nach wirksamer Kündigung, NZA 1990, 753
Brechmann, Winfried	Die richtlinienkonforme Auslegung: zugleich ein Beitrag zur Dogmatik der EG-Richtlinie, 1994

Brehm, Wolfgang — Anmerkung zu BGH von 17.4.1984, JZ 1984, 673

Breidenbach, Stephan — Die Voraussetzungen von Informationspflichten beim Vertragsschluß, 1988

Bremer, Jürgen — Herausgabe von Informationen im Rahmen einer Due Diligence, GmbHR 2000, 176

Brill, Werner — Der Arbeitgeber in der Betriebsversammlung, BB 1983, 1860

Brors, Christiane — Die Abschaffung der Fürsorgepflicht: Versuch einer vertragstheorethischen Neubegründung der Nebenpflichten des Arbeitgebers, 2002

Buchner, Herbert — Die Ausgliederung von betrieblichen Funktionen (Betriebsteilen) unter arbeitsrechtlichen Aspekten, GmbHR 1997, 377 (Teil 1), 434 (Teil 2)

Budde, Wolfgang Dieter/ Lawall, Lars — Übernahmerecht - Schützenswerte Interessen in der Zielgesellschaft, Festschrift für Welf Müller, 2001, S. 27

Bungert, Hartwig — Darstellungsweise und Überprüfbarkeit der Angaben über Arbeitnehmerfolgen im Umwandlungsvertrag, DB 1997, 2209

ders. — Ausgliederung durch Einzelrechtsnachfolge und analoge Anwendung des Umwandlungsgesetzes, NZG 1998, 367

Canaris, Claus-Wilhelm — Ansprüche wegen "positive Vertragsverletzung" und "Schutzwirkung für Dritte" bei nichtigen Verträgen, JZ 1965, 475

ders. — Die Vertrauenshaftung im deutschen Privatrecht, 1971

ders. — Handelsrecht, 23. Aufl., 2000

ders. — Die Reform des Rechts der Leistungsstörungen, JZ 2001, 499

ders. — Wandlungen des Schuldvertragsrechts - Tendenzen zu seiner "Materialisierung", AcP 200 (2001), 273

Colneric, Ninon — Gemeinschaftsrechtliche Informations- und Konsultationspflichten beim Betriebsübergang, Festschrift für Ernst Steindorff, 1990, S. 1129

dies.	Grundrechtsschutz durch den Gerichtshof der Europäischen Gemeinschaften, AuR 2001, 366
Commandeur, Gert	Betriebs-, Firmen- und Vermögensübernahme: eine Gesamtdarstellung der haftungsrechtlichen Probleme bei Einzelrechtsnachfolge; (§§ 613a, 419 BGB; § 25 HGB; § 75 AO), 1990
ders.	Arbeitsrechtliche Probleme des Widerspruchs des Arbeitnehmers beim Betriebsübergang, NJW 1996, 2537
Däubler, Wolfgang	EG-Arbeitsrecht auf dem Vormarsch, NZA 1992, 577
ders.	Gläserne Belegschaften ?, 3. Aufl., 1993
ders.	Das Arbeitsrecht im neuen Umwandlungsgesetz, RdA 1995, 136
ders./ Kittner, Michael/ Klebe, Thomas (Hrsg.)	Betriebsverfassungsgesetz, Kommentar für die Praxis, 8. Aufl., 2002 (zit.: DKK-Bearbeiter)
ders.	Internet und Arbeitsrecht, 2001
ders.	Das neue Bundesdatenschutzgesetz und seine Auswirkungen im Arbeitsrecht, NZA 2001, 874
ders.	EU-Grundrechte-Charta und kollektives Arbeitsrecht, AuR 2001, 380
ders.	Neues Schuldrecht - ein erster Überblick, NJW 2001, 3729
ders./ Kittner, Michael/ Zwanziger, Bertram	Kündigungsschutzrecht, 5. Aufl., 2001 (zit.: KSchR-Bearbeiter)
Debong, Bernhard	Die EG-Richtlinie über die Wahrung der Arbeitnehmeransprüche bei Betriebsübergang, 1988
Derleder, Peter	Unterlegenenschutz im Vertragsrecht Ein Modell für das Arbeitsrecht ?, KJ 1995, 320
Dieterich, Thomas	Grundgesetz und Privatautonomie im Arbeitsrecht, RdA 1995, 129

ders./ Hanau, Peter/ Schaub, Günter (Hrsg.)	Erfurter Kommentar zum Arbeitsrecht, 1. Aufl. 1998, 3. Aufl., 2003 (zit.: ErfK-Bearbeiter)
Di Fabio, Udo	Richtlinienkonformität als ranghöchstes Normauslegungsprinzip ?, NJW 1990, 947
Dölle, Hans	Außergesetzliche Schuldpflichten, ZStW 103 (1943), 67
Dreher, Martina	Die zeitlichen Grenzen des arbeitnehmerseitigen Widerspruchs bei Betriebsübergang, BB 2000, 2358
Drygala, Anja	Die Reichweite der arbeitsrechtlichen Angaben im Verschmelzungsvertrag, ZIP 1996, 1365
dies./Drygala, Tim	Wer braucht Frühwarnsysteme ?, ZIP 2000, 297
Dütz, Wilhelm	Betriebsverfassungsrechtliche Auskunftspflichten im Unternehmen, Festschrift für Harry Westermann, 1974, S. 37
Düwell, Franz Josef	Umwandlung von Unternehmen und arbeitrechtliche Folgen, NZA 1996, 393
ders.	Änderung der europäischen Betriebsübergangsrichtlinie, FA 1998, 282
ders.	Arbeitsrechtliche Chancen und Risiken von Outsourcing, Festschrift für Thomas Dieterich, 1999, S. 101
ders.	Chancen und Risiken von Outsourcing, AuA 2001, 292
ders.	Unterrichtungspflicht und Widerspruchsrecht bei Betriebsübergängen, FA 2002, 107
Ehmann, Horst	Informationsschutz und Informationsverkehr im Zivilrecht, AcP 188 (1988), 230
ders.	Die Persönlichkeit als Grundlage des Arbeitsrechts, Festschrift für Günther Wiese, 1998, S. 99
Ehrich, Christian	Das Widerspruchsrecht des Arbeitnehmers beim Betriebsübergang (§ 613a BGB) - keine Makulatur!, NZA 1993, 635

Engelmeyer, Cäcilie	Die Spaltung von Aktiengesellschaften nach dem neuen Umwandlungsrecht, 1995
dies.	Die Informationsrechte des Betriebsrats und der Arbeitnehmer bei Strukturänderungen, DB 1996, 2542
dies.	Ausgliederung durch partielle Gesamtrechtsnachfolge und Einzelrechtsnachfolge – ein Vergleich, AG 1999, 263
Ende, Monika	Das Recht des Arbeitnehmers auf Beendigung seines Arbeitsverhältnisses bei Betriebsübergang im EG-Recht, NZA 1994, 494
Enneccerus, Ludwig/ Lehmann, Heinrich	Recht der Schuldverhältnisse, 14. Aufl., 1954; 15. Aufl., 1958
Enneccerus, Ludwig/ Nipperdey, Hans Carl	Allgemeiner Teil des Bürgerlichen Rechts, 14. Aufl., 1955; 15. Aufl., 1959
Ernst, Falk	Aufhebungsverträge zur Beendigung von Arbeitsverhältnissen, 1993
Ernsthaler, Jürgen (Hrsg.)	Gemeinschaftskommentar zum Handelsgesetzbuch, 6. Aufl., 1999 (zit. GK-HGB-Bearbeiter)
Esser, Josef/Schmidt, Eike	Schuldrecht, Bd. 1, Allgemeiner Teil, 8. Aufl., 1995
Esser, Josef	Buchbesprechung: Reimer Schmidt, Die Obliegenheiten, AcP 154 (1954), 49
Etzel, Gerhard (Gesamtredakteur)	Gemeinschaftskommentar zum Kündigungsschutzgesetz und zu sonstigen kündigungsrechtlichen Vorschriften, 5. Aufl., 1998, 6. Aufl., 2001 (zit.: KR-Bearbeiter)
Fabricius, Fritz/ Kraft, Alfons/ Wiese, Günther/ Oetker, Hartmut	Gemeinschaftskommentar zum Betriebsverfassungsgesetz, 6. Aufl., 1998 (zit.: GK-Bearbeiter)
Feldgen, Dagmar	Nachweisgesetz, 1. Aufl., 1995
Felsner, Marcus	Arbeitsrechtliche Rahmenbedingungen von Unternehmensübergängen in Europa, 1997

Fenn, Herbert/ Klose, Oliver — Anmerkung zu BAG vom 19.3.1998, JuS 2000, 531

Fenski, Martin — Die Pflicht des Arbeitgebers zum Hinweis auf tarifvertragliche Ausschlußfristen, BB 1987, 2293

Fikentscher, Wolfgang — Schuldrecht, 9. Aufl., 1997

Fischer, Ulrich — Individualrechtliche Probleme des verdeckten bzw. (zunächst) unerkannten Betriebsübergangs, DB 2001, 331

ders. — Sozialauswahl bei Kündigung nach Widerspruch gegen einen Betriebsübergang, AuR 2002, 291

Fleischer, Holger — Konkurrenzprobleme um die culpa in contrahendo: Fahrlässige Irreführung versus arglistige Täuschung, AcP 200 (2000), 91

ders. — Informationsasymmetrie im Vertragsrecht: eine rechtsvergleichende und interdisziplinäre Abhandlung zu Reichweite und Grenzen vertragsschlußbezogener Aufklärungspflichten, 2001

Franke, Karl — Bedeutung des Nachweisgesetzes für die Darlegungs- und Beweislast im arbeitsgerichtlichen Verfahren, DB 2000, 274

Franzen, Martin — Der Betriebsinhaberwechsel nach § 613a BGB im internationalen Arbeitsrecht, 1993

ders. — Die Richtlinie 98/50/EG zur Änderung der Betriebsübergangsrichtlinie 77/187/EWG und ihre Auswirkungen auf das deutsche Arbeitsrecht, RdA 1999, 361

ders. — Informationspflichten und Widerspruchsrecht beim Betriebsübergang nach § 613a Abs. 5 und 6 BGB, RdA 2002, 258

Fritsch, Stephan — Gleichbehandlung als Aufgabe von Arbeitgeber und Betriebsrat nach § 75 Abs. 1 BetrVG, BB 1992, 701

Fuchs, Bernhard — Betriebliche Sozialleistungen beim Betriebsübergang: Unter besonderer Berücksichtigung unternehmensspezifischer Sozialleistungen, 1999

Fuchs, Maximilian/ Marhold, Franz	Europäisches Arbeitsrecht, 2001
Fuhrmann, Lambertus/ Simon, Stefan	Praktische Probleme bei der umwandlungsrechtlichen Ausgliederung, AG 2000, 49
Gahleitner, Sieglinde/ Leitsmüller, Heinz	Umstrukturierung und AVRAG: betriebswirtschaftliche Aspekte und arbeitsrechtliche Folgen von Unternehmensumstrukturierungen; mit Gesetzestext, erläuternden Bemerkungen und einschlägiger OGH- und EuGH-Judikatur, 1996
Galerpin, Hans/ Löwisch, Manfred	Kommentar zum Betriebsverfassungsgesetz, 6. Aufl., 1982
Gaul, Björn	Beteiligungsrechte von Wirtschaftsausschuß und Betriebsrat bei Umwandlung und Betriebsübergang, DB 1995, 2265
ders.	Die Einrichtung Europäischer Betriebsräte, NJW 1995, 228
ders.	Die Privatisierung von Dienstleistungen als rechtsgeschäftlicher Betriebsübergang, ZTR 1995, 344 (Teil 1), 387 (Teil 2)
ders.	Die neue EG-Richtlinie zum Betriebs- und Unternehmensübergang, DB 1999, 526 (Teil 1), 582 (Teil 2)
ders./ Boewer, Dietrich	Aktuelles Arbeitsrecht 2000, Bd. 2
ders./ Boewer, Dietrich	Aktuelles Arbeitsrecht 2001, Bd. 2
ders.	Unterrichtungspflicht und Widerspruchsrecht in § 613a BGB, FA 2002, 299
ders./ Otto, Björn	Unterrichtungsanspruch und Widerspruchsrecht bei Betriebsübergang und Umwandlung, DB 2002, 634
ders.	Das Arbeitsrecht der Betriebs- und Unternehmensspaltung: Gestaltung von Betriebsübergang, Outsourcing, Umwandlung, 2002 (zit: Gaul, Betriebs- und Unternehmensspaltung)
Gaul, Dieter	Der Betriebsübergang: Arbeitsrecht, Sozialrecht, Gesellschaftsrecht, gewerblicher Rechtsschutz, 2. Aufl., 1993
ders.	Anmerkung zu EuGH vom 5.5.1988, EzA 89 zu § 613a BGB

Gedon, Walter/ Spiertz, Hans	Berufsbildungsrecht, Stand: September 2001
Geibel, Stephan/ Süßmann, Rainer (Hrsg.)	Wertpapiererwerbs- und Übernahmegesetz, 2002
Gerhardt, Walter	Der Haftungsmaßstab im gesetzlichen Schutzverhältnis (Positive Vertragsverletzung, culpa in contrahendo), JA 1970, 597
Gernhuber, Joachim	Das Schuldverhältnis, 1989
Gester, Heinz	Die betriebsverfassungsrechtliche Stellung von Belegschaft und Betriebsrat, 1958
Giesen, Richard	EU-Richtlinienvorschlag zur Information und Anhörung der Arbeitnehmer, RdA 2000, 298
Glatzel, Brigitte	AR-Blattei SD 260, Aufhebungsvertrag, Stand: März 2000
Götz, Volkmar	Europäische Gesetzgebung durch Richtlinien - Zusammenwirken von Gemeinschaft und Staat, NJW 1992, 1849
Götze, Cornelius	Auskunftserteilung durch GmbH-Geschäftsführer im Rahmen der Due Diligence beim Beteiligungserwerb, ZGR 1999, 202
Gola, Peter	Beschränkt das BDSG die Bekanntgabe von Mitarbeiterdaten in Werkszeitungen ?, DB 1978, 2159
Goutier, Klaus/ Knopf, Rüdiger/ Tulloch, Anthony (Hrsg.)	Kommentar zum Umwandlungsrecht, 1. Aufl., 1995 (zit.: Bearbeiter, in: Goutier/Knopf/Tulloch)
Grell, Dieter	Der Betriebsinhaberwechsel, 1957
Grigoleit, Christoph	Vorvertragliche Informationshaftung: Vorsatzdogma, Rechtsfolgen, Schranken, 1997
ders.	Neuere Tendenzen zur schadensrechtlichen Vertragsaufhebung, NJW 1999, 900
ders.	Rechtsfolgenspezifische Analyse "besonderer" Informationspflichten am Beispiel der Reformpläne für den E-Commerce, WM 2001, 597

Grimm, Oliver/ Walk, Frank	Das Schicksal erfolgsbezogener Vergütungsformen beim Betriebsübergang, BB 2003, 577
Grobys, Marcel	Arbeitsrechtliche Aspekte des Wertpapiererwerbs- und Übernahmegesetzes, NZA 2002, 1
ders.	Die Neuregelung des Betriebsübergangs in § 613a BGB, BB 2002, 726
Groß, Ernst	Ordnungsmäßigkeit der Satzung einer GmbH, RPfl 1983, 213
Grünberger, Johannes	Nachweisgesetz und Änderung des Kündigungsschutzgesetzes, NJW 1995, 2809
Grunewald, Barbara/ Müller H.-F.	Die Entwicklung des Gesellschaftsrechts 1997/1998
Grunewald, Barbara	Aufklärungspflichten ohne Grenzen ?, AcP 190 (1990), 609
Gussen, Heinrich	Anmerkung zu BAG vom 12.11.1998, AP 5 zu § 1 KSchG 1969 Wiedereinstellung
Haarmann, Wilhelm / Riehmer, Klaus / Schüppen, Matthias (Hrsg.)	Öffentliche Übernahmeangebote Kommentar zum Wertpapiererwerbs- und Übernahmegesetz, 2003
Hadding, Walter/ Hammen H.	Anmerkung zu BAG vom 16.12.1986, AP 53 zu § 74 HGB
Haiduk, Burkard	Die culpa in contrahendo im Arbeitsverhältnis, 1971
Hallenberger, Achim	Die Pflicht des Arbeitgebers zur Förderung der freien Persönlichkeitsentfaltung nach § 75 Abs. 2 Betriebsverfassungsgesetz, 1988
Haller, Robert	Widerruf von arbeitsrechtlichen Aufhebungsverträgen, BB 1994, 787
Hanau, Peter	Aktuelles zu Betrieb, Unternehmen und Konzern im Arbeitsrecht, ZfA 1990, 115
ders.	Objektive Elemente im Tatbestand der Willenserklärung, AcP 165 (1965), 220

ders.	Arbeitsrecht und Mitbestimmung in Umwandlung und Fusion, ZGR 1990, 548
ders./ Steinmeyer, Heinz-Dietrich/ Wank, Rolf	Handbuch des europäischen Arbeits- und Sozialrechts, 2002 (zit.: Bearbeiter, in: Handbuch des europäischen Arbeits- und Sozialrechts)
Haneberg, Eva	§ 75 BetrVG 1972 - Rechte und Pflichten, 1986
Hammer, Michael	Die betriebsverfassungsrechtliche Schutzpflicht für die Selbstbestimmungsfreiheit des Arbeitnehmers, 1997
Hartmann, Christian	Die privatautonome Zuordnung von Arbeitsverhältnissen nach Umwandlungsrecht, ZfA 1997, 21
Heckelmann, Dieter	Anmerkung zu BAG vom 24.9.1974, SAE 1974, 123
Heckschen, Heribert	Die Entwicklung des Umwandlungsrechts aus Sicht der Rechtsprechung und Praxis, DB 1998, 1385
ders.	Das Umwandlungsrecht unter Berücksichtigung registerrechtlicher Problembereiche, RPfl 1999, 357
Heidenhain, Martin/ Meister, Burkhardt W. (Hrsg.)	Münchner Vertragshandbuch, Bd. 1, Gesellschaftsrecht, 4. Aufl., 1996
Heinze,Meinhard	Arbeitsrechtliche Fragen bei der Übertragung und Umwandlung von Unternehmen, ZfA 1997, 1
ders.	Inhalt und Grenzen betriebsverfassungsrechtlicher Rechte, ZfA 1988, 53
Heiss, Manuela	Die Spaltung von Unternehmen im deutschen Gesellschaftrecht, 1994
Henssler, Martin	Aufspaltung, Ausgliederung und Fremdvergabe, NZA 1994, 294
ders.	Aktuelle Rechtsprobleme des Betriebsübergangs, NZA 1994, 913

ders.	Risiko als Vertragsgegenstand, 1994
ders.	Arbeitnehmerinformation bei Umwandlungen und ihre Folgen im Gesellschaftsrecht, in: Festschrift für Alfons Kraft zum 70. Geburtstag, 1998, S. 219
Henze, Hartwig	Neue Maßstäbe für die Auslegung des Umwandlungsrechts ?, BB 1999, 2208
Herbst, Jens	Arbeitsrecht im neuen Umwandlungsgesetz, AiB 1995, 5
Herdegen, Matthias	Auslegende Erklärungen von Gemeinschaftsorganen und Mitgliedsstaaten zu EG-Rechtsakten, ZHR 155 (1991), 52
Hergenröder, Wolfgang	AR-Blattei SD, Rechtsgeschäftlicher Betriebsinhaberwechsel I, 500.1, Stand: November 1999
ders.	AR-Blattei SD, Betriebsinhaberwechsel II, Gesamtrechtsnachfolge, 500.2, Stand: Mai 2000
Herket, Josef	Berufsbildungsgesetz, Stand: Oktober 2001
Herschel, Wilhelm	Anmerkung zu BAG vom 1.3.1966, SAE 1967, 63
ders.	Anmerkung zu BAG vom 6.2.1980, AP 21 zu § 613a BGB
ders.	Anmerkung zu BAG vom 5.4.1984, AP 2 zu § 17 BBiG
Hess, Harald/ Schlochauer, Ursula/ Glaubitz, Werner	Kommentar zum Betriebsverfassungsgesetz, 5. Aufl., 1997 (zit.: HSG)
Hirte, Heribert/ von Bülow, Christoph (Hrsg.)	Kölner Kommentar zum WpÜG, 2003 (zit.: KK-WpÜG-Bearbeiter)
Hjort, Jens Peter	Der notwendige Inhalt eines Verschmelzungsvertrags aus arbeitsrechtlicher Sicht, NJW 1999, 750
Hobt, Klaus J.	Der Kapitalanlegerschutz im Recht der Banken, 1975
Höfling, Wolfram	Vertragsfreiheit: eine grundrechtsdogmatische Studie, 1991 (zit.: Vertragsfreiheit)

Höland, Armin	Das neue Nachweisgesetz, AuR 1996, 87
Hölters, Wolfgang (Hrsg.)	Handbuch des Unternehmens- und Beteiligungskaufs, 5. Aufl., 2002
Hoffmann, Jens	Kompetenzzuweisungen an den Betriebsrat.Grundlage für Individualrechte einzelner Arbeitnehmer ?, 1983
Hoffmann, Reinhard	Zur Frage der schriftlichen Information der Belegschaft durch den Betriebsrat, AuR 1974, 266
Hofmann, Paul	Zur Offenbarungspflicht des Arbeitnehmers, ZfA 1975, 1
Hold, Dieter	Nachweis der Arbeitsbedingungen nach dem Nachweisgesetz, ZTR 2000, 540
Hommelhoff, Peter	Zivilrecht unter dem Einfluß europäischer Rechtsangleichung, AcP 192 (1992), 71
Hopt, Klaus J.	Grundsatz- und Praxisprobleme nach dem Wertpapiererwerbs- und Übernahmegesetz, ZHR 166 (2002), 383
Hoß, Axel/ Ehrich, Christian	Hinweis- und Aufklärungspflichten beim Abschluß von Aufhebungsverträgen, DB 1997, 625
Hoyningen-Huene, Gerrick von	Der Schutz des Individualwillens in der Betriebsverfassung, ZRP 1978, 181
ders.	Die Information der Belegschaft durch Aufsichtsrats- und Betriebsratsmitglieder, DB 1979, 2422
ders.	Anmerkung zu BAG vom 14.1.1986, AP 5 zu § 1 BetrAVG Gleichbehandlung
ders.	Belästigungen und Beleidigungen von Arbeitnehmern durch Vorgesetzte, BB 1991, 2215
ders.	Drittbeziehungen in der Betriebsverfassung, RdA 1992, 355
ders.	Das „Betriebsverhältnis“ als Grundlage im Betriebsverfassungsrecht, Festschrift für Günther Wiese, 1998, S. 175

ders.	Betriebsverfassungsrecht, 5. Aufl., 2002
Hromadka, Wolfgang	Kommentar zum Sprecherausschußgesetz, 1991
ders.	Rechtsfragen zum Eurobetriebsrat, DB 1995, 1125
Hubmann, Heinrich	Das Persönlichkeitsrecht, 2. Aufl., 1967
Hueck, Alfred/ Nipperdey, Hans Carl	Lehrbuch des Arbeitsrechts, 6. Aufl., 1959 (zit. Hueck-Nipperdey, Arbeitsrecht)
Hüffer, Uwe	Aktiengesetz, 5. Aufl., 2002
Huke, Rainer	Die Unterrichtung der von einem Betriebsübergang betroffenen Arbeitnehmer gem. § 613a Abs. 5 BGB, FA 2002, 263
Hunold, Wolf	AR-Blattei SD Betriebsverfassung XI 530.11 Betriebsversammlung, Stand: 1992
Ingenfeld, Gisbert	Die Betriebsausgliederung aus der Sicht des Arbeitsrechts, 1992
Ingelfinger, Helmar	Widerspruch des Arbeitnehmers beim Betriebsübergang und Sozialauswahl bei anschließender betriebsbedingter Kündigung, ZfA 1996, 591
Isele, Hellmut Georg	Anmerkung zu BAG vom 1.3.1966, SAE 1967, 120
ders.	Der Stellenwert des Persönlichkeitsrechts in der Inhaltsbestimmung des Arbeitsverhältnisses, Festschrift für Erich Schwinge, 1973, S. 143
Jaeger, Georg/ Röder, Gerhard/ Heckelmann, Günther (Hrsg.)	Praxishandbuch Betriebsverfassungsrecht, 2003
Jarass, Hans D.	Richtlinienkonforme bzw. EG-rechtskonforme Auslegung nationalen Rechts, EuR 1991, 211
Joost, Detlev	Der Widerspruch des Arbeitnehmers beim Betriebsübergang - nunmehr europaweit ?, ZIP 1993, 178
ders.	Anmerkung zu BAG vom 22.4.1993, EWiR 1994, 239

ders. — Arbeitsrechtliche Angaben im Umwandlungsvertrag, ZIP 1995, 976

ders. — Anmerkung zu BAG vom 25.5.2000, EWiR 2000, 1009

Joussen, Jacob — Die Auslegung europäischen (Arbeits-)Rechts aus deutsch-italienischer Perspektive, 2000

Kaiser, Heinrich/ Heither, Friedrich/ Engels, Gerd/ Schmidt, Ingrid — Handkommentar zum Betriebsverfassungsgesetz, begründet von Karl Fitting, 21. Aufl., 2002 (zit.: Fitting)

Kallmeyer, Harald (Hrsg.) — Umwandlungsgesetz, 2. Aufl., 2001

Karlsfeld, Stephan — Das Widerspruchsrecht der Arbeitnehmer beim Betriebsübergang nach dem Umwandlungsgesetz, 2001

Kettler, Gero — Vertrauenstatbestände im Arbeitsrecht, NZA 2001, 928

Kiem, Roger — Unternehmensumwandlung, 2000

Kilian, Wolfgang — Auswirkungen des Bundesdatenschutzgesetzes auf das Betriebsverfassungsrecht, RdA 1978, 201

Kindscher, Reinhard — Die Kündigung wegen Betriebsübergangs, 1999

Kittner, Michael — Die Rechtsprechung des BVerfG zur "Wiederherstellung gestörter Vertragsparität" im Lichte der ökonomischen Analyse des Rechts und von Deregulierungspostulaten, Festschrift für Thomas Dieterich, München 1999, S. 279

Kittner, Michael/ Zwanziger, Bertram (Hrsg.) — Arbeitsrecht: Handbuch für die Praxis, 2001

Kliemt, Michael — Formerfordernisse im Arbeitsverhältnis, 1994

ders. — Nachweis des Arbeitsvertrages, EAS B 3050 (1995)

Klingler, Joachim — Aufklärungspflichten im Vertragsrecht, 1981

Koch, Ulrich — Der fehlende Hinweis auf tarifliche Ausschlußfristen und seine Folgen, Festschrift für Günter Schaub, 1998, S. 421

Kohte, Wolfhard	Die Schlüsselrolle der Aufklärungspflicht - neue Rechtsprechung zur Kombination von Verbraucherkredit und Kapitallebensversicherung, ZBB 1989, 130
ders.	Anmerkung zu BAG vom 13.11.1991, AR-Blattei ES 1130 Nr. 70
ders.	Die Privatisierung von Treuhandunternehmen - eine arbeitsrechtliche Grauzone ?, AuA 1995, Beilage 1 zu Heft 1, 1
ders.	Vertragsfreiheit und gestörte Vertragsparität, ZBB 1994, 172
ders.	Anmerkung zu BAG vom 19.2.1998, AuA 1999, 90
Kopp, Ferdinand O./ Ramsauer, Ulrich	Verwaltungsverfahrensgesetz, 7. Aufl., 2000
Kort, Michael	Inhalt und Grenzen der arbeitsrechtlichen Personenfürsorgepflicht, NZA 1996, 854
Kossens, Michael	Informationspflichten und Widerspruchsrechte normiert, AuA 2002, 158
Kramer, Ernst A.	Arbeitrechtliche Verbindlichkeiten neben Lohnzahlung und Dienstleistung, 1975
Krause, Rüdiger	Das Übergangsmandat des Betriebsrats im Lichte der novellierten Betriebsübergangsrichtlinie, NZA 1998, 1201
ders.	AR-Blattei SD Arbeitsvertrag - Arbeitsverhältnis II B 220.2.2, Nachweis von Arbeitsbedigungen, Stand: Oktober 1999
Krebs, Peter	Sonderverbindung und außerdeliktische Schutzpflichten, 2000
Kreitner, Jochen	Kündigungsrechtliche Probleme beim Betriebsinhaberwechsel, 1989
Kreßel, Eckhard	Arbeitsrechtliche Aspekte des neuen Umwandlungsbereinigungsgesetzes, BB 1995, 925
Krimphove, Dieter	Europäisches Arbeitsrecht, 2. Aufl., 2001

Krüger, Michael (Redakteur)	Münchner Kommentar zum Bürgerlichen Gesetzbuch, Bd. 2, 4. Aufl., 2001 (zit.: MüKo-Bearbeiter)
Küchenhoff, Günther	Anmerkung zu BAG vom 22.2.1978, AP 11 zu § 613a BGB
Künzelmann, Achim	Anmerkung zu LG Stuttgart vom 11.4.2000, GmbHR 2000, 622
Küttner, Wolfdieter (Hrsg.)	Personalbuch 2002, 9. Aufl., 2002 (zit.: Bearbeiter, in: Personalbuch 2002)
Kursawe, Stefan	Die Aufklärungspflicht des Arbeitgebers bei Abschluß von Arbeitsverträgen, NZA 1997, 245
Lambrich, Thomas	Anmerkung zu BAG vom 23.01.2002, EzA Nr. 3 zu § 2 NachwG
Lange, Oliver	Das Unternehmensinteresse der Zielgesellschaft und sein Einfluss auf die Rechtsstellung der die Übernahme fördernden Aufsichtsratsmitglieder, WM 2002, 1737
Langenbucher, Katja	Der Wiedereinstellungsanspruch des Arbeitnehmers beim Betriebsübergang, ZfA 1999, 299
Larenz, Karl	Lehrbuch des Schuldrechts Allgemeiner Teil, 14. Aufl., 1987
Larenz, Karl/Canaris, Claus-Wilhelm	Methodenlehre der Rechtswissenschaft, 3. Aufl., 1995 (zit.: Methodenlehre)
Larenz, Karl/Wolf, Manfred	BGB AT, 8. Aufl., 1997
Leinemann, Wolfgang (Hrsg.)	Kasseler Handbuch zum Arbeitsrecht, 2. Aufl., 1999 (zit.: KassHB-Bearbeiter)
Lepke, Achim	Begünstigter Personenkreis bei Betriebsübergang, BB 1979, 526
Lieb, Manfred	Culpa in contrahendo und rechtsgeschäftliche Entscheidungsfreiheit, Festschrift für Dieter Medicus zum 70. Geburtstag, 1999, S. 337

Liebs, Detlev	"Fahrlässige Täuschung" und Formularvertrag, AcP 174 (1974), 26
Liessem, Georg	Der Übergang der Arbeitsverhältnisse bei Betriebsverpachtung, 1983
Lindena, Bodo	Publizität von Tarifverträgen, DB 1988, 1114
Lipinski, Wolfgang	Sonderkündigungsschutz bei Betriebsübergang, 2001
ders.	Sozialauswahl bei Betriebsteilübergang zugunsten eines widersprechenden Arbeitnehmers ?, DB 2002, 1214
Lisec, Anja	Der Wiedereinstellungsanspruch des Arbeitnehmers nach betriebsbedingter Kündigung und Betriebsübergang, 2001
Lörcher, Klaus	Die EG-Nachweis-Richtlinie (91/533/EWG) und ihre Umsetzung in innerstaatliches Recht, AuR 1994, 450
Löw, Friederike	Die Betriebsveräußerung im europäischen Arbeitsrecht, 1991
Löwisch, Manfred	Schutz und Förderung der freien Entfaltung der Persönlichkeit der im Betrieb beschäftigten Arbeitnehmer (§ 75 Abs. 2 BetrVG 1972), AuR 1972, 359
ders.	Die Herausgabe schriftlicher Informationen für die Belegschaft durch den Betriebsrat, Festschrift für Marie Luise Hilger und Hermann Stumpf, 1983, S. 429
ders.	Kommentar zum Sprecherausschußgesetz, 1989
ders.	Kommentar zum Kündigungsschutzgesetz, 8. Aufl., 2000
Lohkemper, Wolfgang	Die Erwerberhaftung für Ruhegeldanwartschaften bei der übertragenden Sanierung, 1996
Lorenz, Stephan	Der Schutz vor dem unerwünschten Vertrag, 1997
ders.	Vertragsaufhebung wegen culpa in contrahendo: Schutz der Entscheidungsfreiheit oder des Vermögens ?, ZIP 1998, 1053
ders.	Haftungsausfüllung bei der culpa in contrahendo: Ende der "Minderung durch c.i.c." ?, NJW 1999, 1001

Loritz, Karl-Georg	Risiken für Arbeitgeber bei den geplanten kapitalgedeckten Altersvorsorgemodellen und bei sonstigen Investitionen der Arbeitnehmer außerhalb der arbeitsrechtlichen Leistungsbeziehungen, ZfA 2001, 183
Lüke, Gerhard	Der Informationsanspruch im Zivilrecht, JUS 1986, 2
Lüttge, Jörg W.	Unternehmensumwandlungen und Datenschutz, NJW 2000, 2463
Lunk, Stefan	Die Betriebsversammlung - das Mitgliederorgan des Belegschaftsverbandes, 1990
ders.	Widerspruch gegen Betriebsübergang und Sozialauswahl, NZA 1995, 711
Lutter, Marcus	Die Auslegung angeglichenen Rechts, JZ 1992, 593
Lutter, Marcus (Hrsg.)	Kölner Umwandlungsrechtstage, Verschmelzung - Spaltung - Formwechsel nach dem neuen Umwandlungsrecht, 1995 (zit.: Bearbeiter, in: Lutter, Kölner Umwandlungsrechtstage)
Lutter, Marcus (Hrsg.)	Umwandlungsgesetz, 2. Aufl., 2000
Medicus, Dieter	Grenzen der Haftung für culpa in contrahendo, JuS 1965, 209
Nagel, Bernhard	Verschlechternde Regelungen und Vereinbarungen zur Mitbestimmung in der Europäischen Aktiengesellschaft, AuR 2001, 406
Nägele, Stefan	Die Wettbewerbsabrede beim Betriebsinhaberwechsel, BB 1989, 1480
ders.	Aufklärungs- und Hinweispflichten des Arbeitgebers bei Abschluß eines Aufhebungsvertrages, BB 1992, 1274
Marsch-Barner, Reinhard/ Mackenthun, Thomas	Das Schicksal gespeicherter Daten bei Verschmelzung und Spaltung von Unternehmen, ZHR 165 (2001), 426
Mayer, Dieter	Erste Zweifelsfragen bei der Unternehmensspaltung, DB 1995, 861

Mayer, Joachim	Veränderung und Abweichung tarifvertraglich geregelter Arbeitsbedingungen nach Betriebsübergang (§ 613a Abs. 1 Satz 2-4 BGB), 2001
Mayer, Udo	Wirtschaftliche Informationen in Kleinunternehmen, AuR 1991, 14
Mechlem, Hans-Peter/ Melms, Christopher	Verfall- und Rückzahlungsklauseln bei Aktienoptionsplänen, DB 2000, 1614
Medicus, Dieter	Grenzen der Haftung für culpa in contrahendo, JuS 1965, 209
Meilicke, Wienand	Anmerkung zu EuGH vom 5.5.1988, DB 1990, 1770
ders.	Widerspruchsrecht des Arbeitnehmers bei Betriebsübergang - Wirkungen des Europarechts, DB 1991, 1326
Meinel, Gernod/ Bauer, Thorsten	Der Wiedereinstellungsanspruch, NZA 1999, 575
Meisel, Peter	Anmerkung zu BAG vom 21.12.1978, AP 15 zu § 40 BetrVG 1972
Melchior, Robin	Die Beteiligung von Betriebsräten an Umwandlungsvorgängen aus Sicht des Handelsregisters, GmbHR 1996, 833
Mengel, Anja	Umwandlungen im Arbeitsrecht, 1997
Menze, Sandra	Das Widerspruchsrecht der Arbeitnehmer beim Betriebsübergang: Bestehen, Voraussetzungen und individualrechtliche Rechtsfolgen, 2000
Mertens, Hans-Joachim (Redakteur)	Bürgerliches Gesetzbuch, Bd. 2, 12. Aufl., 1990 (zit.: Soergel/Bearbeiter)
Mertz, Ulrich	Der individuelle Schutz des Arbeitnehmers im Rahmen der Betriebsverfassung, RdA 1971, 203
Meyer, Cord	Betriebsübergang - Die Novelle im Praktikerblick, AuA 2002, 159
ders.	Regelungsfragen zumutbarer Weiterbeschäftigung beim Betriebsübergang, NJW 2002, 1615

Mohrenfels, Peter Winkler von — Abgeleitete Informationsleistungspflichten im deutschen Zivilrecht, 1986

Moll, Willhelm — Betriebsübergang und Arbeitsverhältnisse, AnwBl. 1991, 282

ders. — Die Rechtsstellung des Arbeitnehmers nach einem Betriebsübergang, NJW 1993, 2016

ders. — Anmerkung zu BAG vom 22.4.1993, AP 103 zu § 613a BGB

ders./ Jacobi, Jessica — Anmerkung zu BAG vom 19.3.1998, AP 177 zu § 613a BGB

ders./Reufels, Martin J. — Aufhebungsverträge - Abschluss und Zustandekommen, MDR 2001, 361

Moosmayer, Oliver — Aufklärungspflichten beim Unternehmenskauf, 2000

Mülbert, Peter O. — Shareholder Value aus rechtlicher Sicht, ZGR 1997, 129

ders./ Birke, Max — Das übernahmerechtliche Behinderungsverbot - Die angemessene Rolle der Verwaltung einer Zielgesellschaft in einer feindlichen Übernahme - , WM 2001, 705

Müller, Christopher — Arbeitsrechtliche Aufhebungsverträge: Möglichkeiten und Grenzen der einvernehmlichen Beendigung von Arbeitsverhältnissen, 1991

Müller, Gerhard — Einflüsse des kollektiven Arbeitsrechts auf das Arbeitsverhältnis, DB 1967, 903 (Teil 1), 948 (Teil 2)

Müller, Klaus — Die Zuleitung des Verschmelzungsvertrages an den Betriebsrat nach § 5 Abs. 3 Umwandlungsgesetz, DB 1997, 713

Müller-Ehlen, Frank — Der Übergang von Arbeitsverhältnissen im Umwandlungsrecht: eine Betrachtung des neuen Anwendungsbereichs des § 613a BGB, 1998

Müller-Glöge, Rudi — Bestandsschutz beim Betriebsübergang nach § 613a BGB, NZA 1999, 449

ders. — Zur Umsetzung der Nachweisrichtlinie in internationales Recht, RdA 2001, Beil. Heft 5, 46

Müller-Graf, Peter-Christian	Die Geschäftsverbindung als Schutzpflichtverhältnis, JZ 1976, 153
Münch, Ingo von/ Kunig, Philip (Hrsg.)	Grundgesetz-Kommentar, 5 Aufl., 2000
Nägele, Stefan	Aufklärungs- und Hinweispflichten des Arbeitgebers bei Abschluß eines Aufhebungsvertrages, BB 1992, 1274
Nebendahl, Mathias	Anmerkung zu BAG vom 21.5.1992 und EuGH vom 16.12.1992, SAE 1993, 217
Neef, Klaus	Betriebsübergang und Betriebsänderung, NZA 1994, 97
ders.	Wer schützt vor dem Betriebsrat ?, NZA 2001, 361
Neumann-Duesberg, Horst	Anmerkung zu BAG vom 1.3.1966, AP 1 zu § 69 BetrVG
Neye, Hans-Werner	Der gemeinsame Standpunkt des Rates zur 13. Richtlinie - ein entscheidener Schritt auf dem Weg zu einem europäischem Übernahmerecht, AG 2000, 289
Niebler, Michael/ Förschner, Petra	Betriebsveräusserung und Arbeitsrecht, 2. Aufl., 1995
Niederalt, Werner	Die Individualrechte des Arbeitnehmers nach dem Betriebsverfassungsgesetz 1972, 1976
Niehues, Karl	Unternehmensbewertung bei Unternehmensaktionen, BB 1993, 2241
Nowak, Alfons	Die EWG-RL über die Unterrichtung und Anhörung der Arbeitnehmer, 1985
Oetker, Hartmut/ Lunk, Stefan	Der Betriebsrat - ein Ersatzorgan für den Wirtschaftsausschuß ?, DB 1990, 2320
Oetker, Hartmut/ Busche, Jan	Entflechtung ehemals volkseigner Wirtschaftseinheiten im Lichte es Arbeitsrechts, NZA Beil. 1/1991, 18
Oetker, Hartmut	Das Widerspruchsrecht der Arbeitnehmer beim Betriebsübergang zwischen Freiheitsschutz und Bestandsschutz; zugleich Anmerkung zu EuGH vom 16.12.1992, DZWir 1993, 136

ders.	Die Vorgaben der Betriebsübergangsrichtlinie für die Beteiligungsrechte des Betriebsrats, NZA 1998, 1193
ders.	Betriebsübergangsrichtlinie, EAS B 7200 (1999)
ders.	Europäisches Betriebsverfassungsrecht, EAS B 8300 (1999)
ders.	Der Wiedereinstellungsanspruch des Arbeitnehmers bei nachträglichem Wegfall des Kündigungsgrundes, ZIP 2000, 643
ders.	Anmerkung zu BAG vom 28.06.2000, ZIP 2000, 1781
ders.	Anmerkung zu EuGH vom 08.02.2001, SAE 2002, 161, 163
Opitz, Dirk	Individualarbeitsrechtliche und sozialversicherungsrechtliche Probleme des arbeitnehmerseitigen Widerspruchs beim Betriebsübergang, 2001
Otto, Hansjörg	Personale Freiheit und soziale Bindung: zur Kontrolle und Gewährleistung personal motivierten Verhaltens im Privatrecht, 1978
ders.	Grünes Licht für die Wiedereinstellung bei betriebsbedingten Entlassungen ?, Festschrift für Alfons Kraft, 1998, S. 451
Paefgen, Walter	Haftung für mangelhafte Aufklärung aus culpa in contrahendo: Zur Täuschung über den Vertragsinhalt und ihren Folgen im Zivilrecht, 1999
Palandt, Otto	Bürgerliches Gesetzbuch, Kommentar, begründet von Otto Palandt, 62. Aufl. 2003 (zit.: Palandt/Bearbeiter)
Papier, Hans-Jürgen	Der verfassungsrechtliche Rahmen für Privatautonomie im Arbeitsrecht, RdA 1989, 137
Pauly, Holger	Widerrufsrecht bei arbeitsrechtlichen Aufhebungsverträgen, MDR 1995, 1081
Pfaff, Oliver	Dispositivität der Betriebsratsunterrichtung im Umwandlungsverfahren, DB 2002, 686
Pfeiffer, Susanne	Der Übergang von Arbeitsverhälnissen bei der Umstrukturierung von Unternehmen, 1999

Picker, Eduard	Zur Problematik der Haftungen "zwischen" Vertrag und Delikt, AcP 183 (1983), 369
Picot, Gerhard (Hrsg.)	Unternehmenskauf und Restrukturierung von Unternehmen, 2. Aufl., 1998
Picot, Gerhard/ Schnitker, Elmar	Arbeitsrecht bei Unternehmenskauf und Restrukturierung, 2001
Plander, Harro	Umstrukturierungen und Änderungen der Arbeitsorganisation als Gegenstände der Betriebsverfassung, NZA 2000, 393
ders./ Wißmann, Evelin	Anmerkung zu LAG Köln vom 6.12.2000, EWiR 2001, 543
Pietzko, Joachim	Der Tatbestand des § 613a BGB, 1987
Posth, Martin	Arbeitsrechtliche Probleme beim Betriebsinhaberwechsel (§ 613a BGB), 1978
Pottmeyer, Klaus	Die Überleitung der Arbeitsverhältnisse im Falle des Betriebsinhaberwechsels nach § 613a BGB und die Mitbestimmung gemäss §§ 111 ff. BetrVG, 1987
ders.	Das Widerspruchrecht des Arbeitnehmers im Falle des Betriebsinhaberwechsels und die Sperrzeit nach § 119 I AFG, NZA 1988, 521
ders.	Praktische Probleme im Zusammenhang mit dem Widerspruchsrecht des Arbeitnehmers beim Betriebsinhaberwechsel (§ 613a BGB), ZfA 1989, 239
Pouyandou, Richard M.	Die Abhängigkeit des Arbeitnehmers vom Betriebsrat, 1978
Preis, Ulrich	Grundfragen der Vertragsgestaltung im Arbeitsrecht, 1993
ders.	Das Nachweisgesetz - lästige Förmelei oder arbeitsrechtliche Zeitbombe ?, NZA 1997, 10
ders./ Steffan, Ralf	Neue Konzepte des BAG zum Betriebsübergang nach § 613a BGB, DB 1998, 309
ders.	Verhältnismäßigkeit und Privatrechtsordnug, Festschrift für Thomas Dieterich, 1999, S. 429

ders./ Willemsen, Heinz Josef	Kölner Tage des Arbeitsrechts, Umstrukturierung in Betrieb und Unternehmen im Arbeitsrecht, 1999 (zit.: Bearbeiter, in: Preis/Willemsen, Umstrukturierung in Betrieb und Unternehmen im Arbeitsrecht)
Raab, Thomas	Der Wiedereinstellungsanspruch des Arbeitnehmers bei Wegfall des Kündigungsgrundes, RdA 2001, 147
ders.	Anmerkung zu BAG vom 28.06.2000, RdA 2001, 248
Rademacher, Ulf	Der Europäische Betriebsrat: die Richtlinie 94/45/EG des Rates vom 22.9.1994 und ihre Umsetzung in nationales Recht, 1996
Ramme, Ludger Felix	Leitende Angestellte im Europäischen Betriebsrat - Information und Konsultation für alle Arbeitnehmer, DB 1995, 2066
Reichold, Hermann	Durchbruch zu einer europäischen Betriebsverfassung, NZA 2003, 289
Reufels, Martin J.	Aufklärungs- und Hinweispflichten des Arbeitgebers beim Abschluss von Aufhebungsverträgen, ArbRB 2001, 26
Richardi, Reinhard (Hrsg.)	Betriebsverfassungsgesetz, 8. Aufl., 2002
ders./ Wlotzke, Otfried (Hrsg.)	Münchener Handbuch zum Arbeitsrecht, 2. Aufl., 2000 (zit.: MüHB-Bearbeiter)
ders.	Formzwang im Arbeitsverhältnis, NZA 2001, 57
Richter, Karin/ Richter, Klaus	Anmerkung zu BAG vom 10.3.1988, AiB 1988, 319
Richter, Thorsten S./ Mitsch, Michael	Praktische Konsequenzen aus dem neuen Nachweisgesetz, AuA 1996, 7
Rieble, Volker	Verschmelzung und Spaltung von Unternehmen und ihre Folgen für Schuldverhältnisse mit Dritten, ZIP 1997, 301

ders.	Anmerkung zu LAG Hamm vom 27.1.1994, LAGE 65 zu § 5 KSchG
Röder, Gerhard/ Göpfert, Burkard	Unterrichtung des Wirtschaftsausschusses bei Unternehmenskauf und Umwandlung, BB 1997, 2105
Roemheld, Bernhard	Anmerkung zu BAG vom 21.11.1978, SAE 1979, 165
Rose, Eva	Betriebsübergänge in der Insolvenz: Die arbeitsrechtlichen Regelungen in Deutschland und Italien, 1999
Säcker, Franz-Jürgen	Gruppenautonomie und Übermachtskontrolle im Arbeitsrecht, 1972
ders./ Joost, Detlev	Auswirkungen eines Betriebsübergangs auf Ruhestandsverhältnisse, DB 1978, 1030 (Teil 1), 1078 (Teil 2)
ders.	Informationsrechte der Betriebs- und Aufsichtsratsmitglieder und Geheimsphäre des Unternehmens, 1979 (zit.: Säcker, Informationsrechte)
Sagasser, Bernd/ Bula, Thomas/ Brünger, Thomas	Umwandlungen, Verschmelzung - Spaltung - Formwechsel - Vermögensübertragung, 3. Aufl., 2002
Schäfer, Frank A. (Hrsg.)	Wertpapierhandelsgesetz, Börsengesetz, Verkaufsprospektgesetz - Kommentar, 1999
Schaefer, Rolf	Das Nachweisgesetz: Auswirkungen auf den Arbeitsvertrag, 2000
Schaffland, Hans-Jürgen	Datenschutz und Bankgeheimnis bei Fusion - (k)ein Thema ?, NJW 2002, 1539
Schanz, Kay-Michael	Mitarbeiterbeteiligungsprogramme, NZA 2000, 626
Schaub, Günter	Die Versorgung der Unterstützungskassen bei Betriebsnachfolge, NZA 1987, 1
ders.	Tarifverträge und Betriebsvereinbarungen beim Betriebsübergang und Umwandlung von Unternehmen, FS Wiese, 1998, 535

ders.	Arbeitsrechts-Handbuch, 9. Aufl., 2000; 10. Aufl. 2002 (zit.: Schaub, ArbRHB)
Schiefer, Bernd	Anmerkung zu BAG vom 18.3.99, SAE 2000, 286
Schiek, Dagmar	Europäisches Arbeitsrecht, 1997
Schirge, Barbara	Anmerkung zu BAG vom 22.4.1993, AiB 1994, 429
Schlachter, Monika	Die Rechtsstellung des widersprechenden Arbeitnehmers bei Betriebsübergang, NZA 1995, 705
Schleifer, Jörg/ Kliemt, Michael	Einschränkung betriebsverfassungsrechtlicher Unterrichtungspflichten durch Insiderrecht ?, DB 1995, 2214
Schliemann, Harald	Fürsorgepflicht und Haftung des Arbeitgebers beim Einsatz von Arbeitnehmern im Ausland, BB 2001, 1302
Schmalenberg, Werner	Die Tatbestandsvoraussetzungen des Betriebsübergangs gemäß § 613a BGB, NZA Beil. 3 /1989
Schmidt, Christof	Der Einfluß europäischer Richtlinien auf das innerstaatliche Privatrecht am Beispiel des Einwendungsdurchgriffs bei verbundenen Geschäften: Auslegung der Richtlinie, richtlinienkonforme Auslegung und unmittelbare Wirkung der Richtlinie, 1997
Schmidt, Karsten	Gläubigerschutz bei Umstrukturierungen, ZGR 1993, 366
Schmidt, Karsten (Hrsg.)	Münchner Kommentar zum Handelsgesetzbuch, Bd. 1, 1996 (zit.: Bearbeiter, in: MüKo-HGB)
Schmitt, Joachim/ Hörtnagel, Robert/ Stratz, Rolf-Christian	Umwandlungsgesetz und Umwandlungssteuergesetz, 3. Aufl., 2001
Schmitz, Thomas	Die EU-Grundrechtscharta aus grundrechtsdogmatischer und grundrechtstheoretischer Sicht, JZ 2001, 833
Schreiber, Klaus	Das Arbeitsverhältnis beim Übergang des Betriebs, RdA 1982, 137

Schulze, Reiner/ Schulte-Nölke, Hans (Hrsg.) — Die Schuldrechtsreform vor dem Hintergrund des Gemeinschaftsrechts, 2001

Schumacher, Rolf — Vertragsaufhebung wegen fahrlässiger Irreführung unerfahrener Vertragspartner, 1979

Schumacher, Thorsten — Ad hoc-Publizitätspflichten börsennotierter Fußballklubs, NZG 2001, 769

Schwarze, Jürgen (Hrsg.) — EU-Kommentar, 1. Aufl., 2000 (zit.: Bearbeiter, in: Schwarze)

Schwarze, Roland — Anmerkung zu LAG Hamburg vom 20.8.92, LAGE 9 zu § 611 BGB Aufhebungsvertrag

ders. — Beweiswirkungen des Heuerscheins, NZA 1996, 685

ders. — Praktische Handhabung und dogmatische Einordnung des Nachweisgesetzes, ZfA 1997, 43

ders. — Vorvertragliche Verständigungspflichten, 2001

Schwerdtner, Peter — Fürsorgetheorie und Entgelttheorie im Recht der Arbeitsbedingungen, 1970

ders. — Fürsorge- und Treuepflichten im Gefüge des Arbeitsverhältnisses oder: Vom Sinn und Unsinn einer Kodifikation des Allgemeinen Arbeitsvertragsrechts, ZfA 1979, 1

Seibt, Christoph — Arbeitsrechtliche Aspekte des Wertpapiererwerbs- und Übernahmegesetzes, DB 2002, 529

Seiter, Hugo — Betriebsinhaberwechsel: arbeitsrechtliche Auswirkungen eines Betriebsübergangs unter besonderer Berücksichtigung des § 613a BGB i.d.F. vom 13. August 1980, 1980 (zit.: Seiter, Betriebsinhaberwechsel)

Semler, Johannes/ Volhard, Rüdiger (Hrsg.) — Arbeitsrechtshandbuch für Unternehmensübernahmen, Bd. 1, 2001

Semler, Johannes/ Stengel, Arndt (Hrsg.) — Umwandlungsgesetz, 2003 (zit.: Bearbeiter, in: Semler/Stengel)

Sigeman, Tore	Zur Umsetzung der Nachweis-Richtlinie in nationales Recht, RdA 2001, Beil. Heft 5, 39
Simitis, Spiros	Umwandlungen: ein blinder Fleck im Datenschutz ?, ZHR 165 (2001), 453
Simon, Jürgen	Arbeitsrechtliche und Haftungsprobleme bei der Betriebsaufspaltung, ZfA 1987, 311
Söllner, Alfred	Der verfassungsrechtliche Rahmen für Privatautonomie im Arbeitsrecht, RdA 1989, 144
ders.	Verfassungsrechtliche Aspekte des Arbeitsrechts, Festschrift für Eugen Stahlhacke, 1995, S. 519
Sproll, Hans-Dieter	Individualrechtliche Probleme des Arbeitnehmerdatenschutzes, 1982
Staudinger, Julius von	Kommentar zum Bürgerlichen Gesetzbuch, begründet von Julius von Staudinger, Zweites Buch, Recht der Schuldverhältnisse, 13. Bearbeitung, §§ 241 -243 BGB, 1995, §§ 611 - 615 BGB, 1999 (zit.: Bearbeiter, in: Staudinger)
Steding, Ralf/ Meyer, Guido	Outsourcing von Bankdienstleistungen: Bank- und datenschutzrechtliche Probleme der Aufgabenverlagerung von Kreditinstituten auf Tochtergesellschaften und sonstige Dritte, BB 2001, 1693
Stein, Ekkenhart/ Frank, Götz	Staatsrecht, 17. Aufl., 2000
Stein, Jürgen von	Wiedereinstellungsanspruch des Arbeitnehmers bei Fehlprognose des Arbeitgebers ?, RdA 1991, 85
Steinbeck, Claudia	Überwachung und Einwirkungsmöglichkeiten des Aufsichtsrats der Aktiengesellschaft, 1991
Steinmeyer, Roland/ Häger, Michael/ Steinhardt, Florian	Kommentar zum Wertpapiererwerbs- und Übernahmegesetz, 2002
Stöckl, Siegfried	Das rechtliche Verhältnis zwischen Betriebsrat und einzelnem Arbeitnehmer, 1988

Stodolkowitz, Dieter	Beweislast und Beweiserleichterungen bei der Schadensursächlichkeit von Aufklärungspflichtverletzungen, VersR 1994, 11
Stoffels, Markus	Anmerkung zu BAG vom 16.3.1994, SAE 1995, 167
Stohlmeier, Thomas	Zuleitung der Umwandlungsdokumentation und Einhaltung der Monatsfrist: Verzicht des Betriebsrats ?, BB 1999, 1394
Stoll, Hans	Tatbestände und Funktionen der Haftung für culpa in contrahendo, Festschrift für Ernst von Caemmerer, 1978, S. 435
ders.	Schädigung durch Vertragsschluß, Festschrift für Erwin Deutsch, 1999, S. 361
Stratmann, Marita	Anmerkung zu BAG vom 2.10.1974, SAE 1976, 74
Stürner, Rolf	Der Anspruch auf Erfüllung von Treue- und Sorgfaltspflichten, JZ 1976, 384
Suffert, Christian	Schutz des Arbeitnehmers beim Betriebsübergang, 1999
Tamm, Manfred/ Pilger, Gerhard	Vertragliche Nebenpflicht zur Aufklärung und Beratung bei Lieferverträgen und deren Regelung in Geschäftsbedingungen des kaufmännischen Verkehrs, BB 1994, 729
Taupitz, Jochen	Die zivilrechtliche Pflicht zur unaufgeforderten Offenbarung eigenen Fehlverhaltens, 1989
Teichmann, Arndt	Nebenpflichten aus Treu und Glauben, JA 1984, 545 (Teil 1), 709 (Teil 2)
ders.	Aufklärungs- und Schutzpflichten gegenüber Verbrauchern, in: Festschrift für Alfons Kraft zum 70. Geburtstag, 1998, S. 629
ders./ Kiessling, Erik	Datenschutz bei Umwandlungen, ZGR 2001, 33
ders.	Strukturveränderungen im Recht der Leistungsstörungen nach dem Regierungsentwurf eines Schuldrechtmodernisierungsgesetzes, BB 2001, 1485

Tempelmann, Achim	Arbeitsrechtliche Probleme bei Spaltungen nach dem Umwandlungsgesetz, 2001
Thannheiser, Achim	Fusion von Unternehmen - Welche arbeitsrechtlichen Regeln gelten ?, AuA 2001, 100
Thees, Thomas	Das Arbeitnehmer-Persönlichkeitsrecht als Leitidee des Arbeitsrechts, 1995
Thiele, Wolfgang	Leistungsstörung und Schutzpflichtverletzung, JZ 1967, 649
Tomandl, Theodor (Hrsg.)	Treue- und Fürsorgepflicht im Arbeitsrecht, 1975
Trittin, Wolfgang	Betriebsübergang: Informationsanspruch des Betriebsrats, AiB 1994, 462
ders.	Umwandlungsgesetz, AiB 1996, 270
ders.	Der Betriebsübergang, Handlungshilfe für Betriebsräte, 1998
ders.	Fusion und Kündigungsschutz, AiB 2001, 147
Trölitzsch, Thomas	Anmerkung zu LG Stuttgart vom 11.12.1995, WiB 1996, 994
ders.	Anmerkung zu LG Stuttgart vom 29.3.1996, WiB 1997, 32
ders.	Anmerkung zu OLG Naumburg vom 6.2.1997, WiB 1997, 864
Trümner, Ralf	Mitbestimmungsvorgaben des Europäischen Arbeitsrechts bei Privatisierungen, PerR 1997, 197
Tschöpe, Ulrich	Rechtsfolgen eines arbeitnehmerseitigen Widerspruchsrechts beim Betriebsinhaberwechsel, 1984
Ulmer, Peter	Begründung von Rechten für Dritte in der Satzung einer GmbH ?, Festschrift für Winfried Werner, 1984, S. 911
Valentin, Achim	Arbeitgeberseitige Belehrungspflicht im Rahmen des § 4 KSchG de lege lata ?, AuR 1990, 276
Waas, Bernd/ Johanns, Anke	Die Änderung der Richtlinie zum Betriebsübergang, EuZW 1999, 458

Wagner, Jürgen	Das neue Umwandlungsrecht: Gesetze-Begründungen-Materialien, 1994
Walker, Wolf-Dietrich	Anmerkung zu BAG vom 27.02.1997, SAE 1998, 98
Wank, Rolf	Das Nachweisgesetz, RdA 1996, 21
ders.	Anmerkung zu BAG vom 14.2.1996, EzA 21 zu § 611 BGB Aufhebungsvertrag
Weber, Hansjörg	Die Nebenpflichten des Arbeitgebers, RdA 1980, 289
Weber, Ralph	Anmerkung zu BAG vom 19.3.1998, SAE 1998, 319
Weber, Ulrich/ Ehrich, Christian/ Burmester, Antje	Handbuch der arbeitsrechtlichen Aufhebungsverträge, 3. Aufl., 2003
Weber, Rolf	Berufsbildungsgesetz, Stand: September 2000
Weiss, Manfred	Grundrechte-Charta der EU auch für Arbeitnehmer ?, AuR 2001, 374
ders.	Arbeitnehmermitwirkung in Europa, NZA 2003, 177
Wellenhofer-Klein, Marina	Strukturell ungleiche Verhandlungsmacht und Inhaltskontrolle von Verträgen, ZIP 1997, 774
Welsau, Dietmar	Anmerkung zu LAG Hamburg, LAGE 9 zu § 611 BGB Aufhebungsvertrag
Wendeling-Schröder, Ulrike	Informationsrechte nach § 106 BetrVG in "Kleinunternehmen", AiB 1986, 226
dies.	Indivduum und Kollektiv in der neuen Betriebsverfassung, NZA 2001, 357
dies./Welkoborsky, H.	Beschäftigungssicherung und Transfersozialplan, NZA 2002, 1370
Wengert, Georg/ Widmann, Andreas/ Wengert, Katharina	Bankenfusionen und Datenschutz, NJW 2000, 1289

Wenking, Thomas	Der Betriebsübergang im europäischen und deutschen Arbeitsrecht, 1999
Wente, Jürgen K.	Ist die Veröffentlichung von Daten (k-)eine Übermittlung im Sinne von § 2 Abs. 2 Nr. 2 BDSG ?, RDV 1986, 256
Werres, Rüdiger	Aufklärungspflichten in Schuldverhältnissen und deren Grenzen, 1985
Wertenbruch, Johannes	Die Ad-hoc-Publizität bei der Fußball-AG, WM 2001, 193
Westermann, Harm Peter (Hrsg.)	Bürgerliches Gesetzbuch, Handkommentar, begründet von Walter Erman, 10. Aufl., 2000 (zit.: Erman-Bearbeiter)
Widlak, Harald	Neues beim Betriebsübergang: Informationspflichten von Veräußerer und Erwerber/ Widerspruchsrecht des Arbeitnehmers, FA 2001, 363
Widmann, Siegfried/ Mayer, Dieter (Hrsg.)	Umwandlungsrecht, Stand: November 2001
Wiedemann, Herbert	Zur culpa in contrahendo beim Abschluß des Arbeitsvertrages, Festschrift für Wilhelm Herschel, 1982, S. 463
ders.	Anmerkung zu BVerfG vom 19.10.1993, JZ 1994, 408
ders.	Anmerkung zu BGH vom 26.9.1997, JZ 1998, 176
ders.	Identität beim Rechtsformwechsel, ZGR 1999, 568
Wieling, Hans Josef	Venire contra factum proprium und Verschulden gegen sich selbst, AcP 176 (1976), 334
Wiese, Günther	Der Persönlichkeitsschutz des Arbeitnehmers gegenüber dem Arbeitgeber, ZfA 1971, 273
ders.	Individualrechte in der Betriebsverfassung, RdA 1973, 1
ders.	Der personale Gehalt des Arbeitsverhältnisses, ZfA 1996, 439
Wilburg, Walter	Zusammenspiel der Kräfte im Aufbau des Schuldrechts, AcP 163 (1963), 346

Willemsen, Heinz Josef	Arbeitnehmerschutz bei Betriebsänderungen im Konkurs: zur Anwendung der §§ 111 ff. bei Insolvenz des Arbeitgebers, 1980
ders.	Arbeitsrecht im Umwandlungsgesetz – Zehn Fragen aus der Sicht der Praxis, NZA 1996, 791
ders.	Anmerkung zu OLG Düsseldorf vom 15.5.1998, EWiR 1998, 855
ders	Die Beteiligung des Betriebsrats im Umwandlungsverfahren, RdA 1998, 23
ders./ Hohenstatt, Klaus-Stefan/ Schweibert Ulrike (Hrsg.)	Umstrukturierung und Übertragung von Unternehmen - Arbeitsrechtliches Handbuch, 1999 (zit.: Bearbeiter, in: Willemsen, Umstrukturierung)
ders./ Annuß, Georg	Neue Betriebsübergangsrichtlinie – Anpassungsbedarf im deutschen Recht ?, NJW 1999, 2073
ders. / Lembke, Mark	Die Neuregelung von Unterrichtung und Widerspruchsrecht der Arbeitnehmer beim Betriebsübergang, NJW 2002, 1159
Wisskirchen, Alfred/ Worzalla, Michael	Aktuelle Fragen zu arbeitsrechtlichen Aufhebungsverträgen, DB 1994, 577
Wisskirchen, Gerlind	Neue Entwicklungen im Arbeitsrecht, AE 01/2002, V
Wißmann, Hellmut	Zum Umgang des Bundesarbeitsgerichts mit europäischem Recht, AuR 2001, 370
Wlotzke, Ottfried	Arbeitsrechtliche Aspekte des neuen Umwandlungsrechts, DB 1995, 40
Wolf, Ernst	"Treu und Glauben", "Treue" und "Fürsorge" im Arbeitsverhältnis, DB 1971, 1263
Wolf, Manfred	Rechtsgeschäftliche Entscheidungsfreiheit und vertraglicher Interessenausgleich, 1970
ders.	Anmerkung zu BAG vom 6.2.1980, SAE 1981, 9

Wollenschläger, Michael/ Pollert, Dirk	Rechtsfragen des Betriebsübergangs nach § 613a BGB unter Berücksichtigung betriebsverfassungsrechtlicher Fragen und des Rechtes der Europäischen Union, ZfA 1996, 547
Worzalla, Michael	Neue Spielregeln bei Betriebsübergang - Die Änderungen des § 613a BGB, NZA 2002, 353
Wulff, Manfred	Betriebsübergang nach § 613a BGB - Neue Informationspflichten des Arbeitgebers und neue Regelungen zum Widerspruchsrecht des Arbeitnehmers, AiB 2002, 594
Zachert, Ulrich/ Kocher, Eva	Die Richtlinie 98/50/EG zum Betriebsübergang - aus Brüssel, Luxemburg und Kassel etwas Neues ?, Festschrift zum 50-jährigen Bestehen der Arbeitsgerichtsbarkeit in Rheinland-Pfalz 1999, S. 171
dies.	Die Richtlinie 98/50/EG zum Betriebsübergang: Impulse für § 613a BGB ?, EuroAS 1999, 213
Zachert, Ulrich	Die Arbeitnehmergrundrechte in einer Europäischen Grundrechtscharta, NZA 2001, 1041
Zerres, Thomas	Arbeitsrechtliche Aspekte bei der Verschmelzung von Unternehmen, DB 1994, 982
Zimmer, Daniel	Das neue Recht der Leistungsstörungen, NJW 2002, 1
Zöllner, Wolfgang	Privatautonomie und Arbeitsverhältnis, AcP 176 (1976), 221
ders.	Bemerkungen zu allgemeinen Fragen des Referentenentwurfs eines Umwandlungsgesetzes, ZGR 1993, 334
ders.	Regelungsspielräume im Schuldvertragsrecht, AcP 196 (1996),1
ders. / Loritz, Karl-Georg	Arbeitsrecht, 5. Aufl., 1998
ders.	Gerechtigkeit im Arbeitsverhältnis, Festschrift für Alfred Söllner, 2000, S. 1297
ders.	Umwandlung und Datenschutz, ZHR 165 (2001), 440

Zschocke, Christian/ Schuster, Stephan (Hrsg.)	Bad Homburger Handbuch zum Übernahmerecht, 2003
Zwanziger, Bertram	Arbeitsrechtliche Aufhebungsverträge und Vertragsfreiheit, DB 1994, 982
ders.	Ausgewählte Einzelprobleme des Nachweisgesetzes, DB 1996, 2027
ders.	Neue Tatsachen nach Zugang einer Kündigung, BB 1997, 42
ders.	Der Einfluß des Europäischen Rechts auf das Kündigungsschutzrecht, AuR 2001, 384

Volker Vogt

Betriebsübergang bei Fremdvergabe (contracting-out) staatlicher Dienstleistungen an Private

Studie zur rechtlichen Situation in Großbritannien und Deutschland

Frankfurt/M., Berlin, Bern, Bruxelles, New York, Oxford, Wien, 2002. 335 S.
Europäische Hochschulschriften: Reihe 2, Rechtswissenschaft. Bd. 3474
ISBN 3-631-39657-0 · br. € 50.10*

Die Arbeit beinhaltet eine ökonomische Untersuchung des Nutzens von Fremdvergaben staatlicher Dienstleistungen, aus der sich u.a. ergibt, daß eine wesentliche Komponente der Zweckmäßigkeit derartiger Vergaben die Einsparung von Personalkosten ist. Die Höhe dieser Ersparnisse ist von der Frage abhängig, ob mit der Fremdvergabe ein Betrieb(steil) nach der EWG-Richtlinie 77/187 auf den neuen Dienstleister übergeht. Hinsichtlich der dafür erforderlichen Voraussetzungen hat der EuGH in – teilweise widersprüchlicher – jahrelanger Rechtsprechung bestimmte Abgrenzungskriterien entwickelt, die ausführlich dargestellt werden. Diese Kriterien wurden von den Mitgliedstaaten teilweise unterschiedlich interpretiert. Deswegen wird im Anschluß untersucht, wie sich in Großbritannien und Deutschland das Recht und die Praxis bezüglich staatlicher Fremdvergaben seit der Entstehung der Richtlinie entwickelten.

Aus dem Inhalt: Terminologie, Ausmaße und rechtliche Hintergründe von Fremdvergaben staatlicher Dienstleistungen an Private in Großbritannien und Deutschland · Ökonomische Untersuchung hinsichtlich des Nutzens von staatlichen Fremdvergaben · Rechtsprechung des EuGH bezüglich der Anwendbarkeit der Richtlinie 77/187/EWG auf Fremdvergaben staatlicher Dienstleistungen an Private · Betriebsübergang und Fremdvergaben staatlicher Dienstleistungen in Großbritannien und Deutschland im Zusammenspiel mit der Richtlinie 77/187/EWG

Kolibri 360 GmbH
Ferdinand-Jühlke-Straße 7
99095 Erfurt, Deutschland
produktsicherheit@kolibri360.de

Druck:
CPI Druckdienstleistungen GmbH
im Auftrag der
Kolibri 360 GmbH
Ferdinand-Jühlke-Str. 7
99095 Erfurt